KB203960

이 책은 지금까지 접해본 구약주석 방법론 책 중에서 특별히 포괄적이면서도 아주 쉽다. 본래 구약성경이란 3,000년 전에 기록되어 3,000년간 전승되어 우리 손에까지 온 것으로서, 처음 저자의 목적과 의도를 파악하기란 쉬운 일이 아니다. 지금까지 이를 위해 많은 사람이 노력을 기울인 결과 여러 방법론이 제시되었다. 하지만 그 방법론들은 대개 우리 신학교와 목회 현장에는 잘 맞지 않아 어려움이 있었다. 그러던 차에 우리 현실에 맞게끔 구약주석 방법론의 핵심을 소개하고 실례를 보여주는 책이 나와 반가운 마음이 크다. 이 책은 히브리어 성경과 주요 번역 성경들에 관해 설명하면서 구약성경 본문의 구조와 역사를 소개하는 데 책의 반 정도를 할애한다(1-4부). 여기까지만 잘 습득해도 구약주석의 기본 지식을 충분히 이해하기에 별다른 문제가 없을 것이다. 구약성경 연구의 역사를 다루는 제5부는 구약성경을 좀 더 깊이 있게 연구하고자 하는 자들에게 권하고 싶다. 성경을 사랑하는 목회자, 신학생, 평신도 모두에게 이 책을 추천한다.

강사문 | 장로회신학대학교 명예교수

수천 년 전의 시대를 배경으로 시작해서 그만큼 오랫동안 말해지고 전해지고 기록된 구약성경을, 오늘을 살아가는 사람에게 향한 말씀으로 풀어내는 작업은 그리 간단하지 않다. 어쩌면 오늘날 우리네 교회의 문제는 이 쉽지 않은 작업을 매일 아침에 잠깐 하는 "큐티"를 통해 너무 쉽게 술술 해내고 있기 때문인지도 모른다. 그렇게 하면 구약 본문의 상황과 배경을 깡그리 무시한 채 마치 오늘날 자기 자신이 성경의 일차 독자인 것처럼 말씀을 대하게 된다. 구약성경을 풀이한다는 것이 무엇인지 매우 상세하고 꼼꼼하게 설명하는 이 책을 보라. 한 단락 한 단락마다 담고 있는 정보가 매우 풍성하며(특히 본문비평에 관한 부분은 그야말로 최상이다!), 복잡해서 어렵게 느끼기 쉬운 성서학 용어들을 다양한 예시를 통해 이해하기 쉽게 차근차근 설명한다. 매주 설교문을 작성하는 목회자와 신학을 공부하는 신학도에게 구약주석 방법론과 연관하여 이보다 더 세밀하면서도 간결한 책을 찾기는 이제 어려울 듯하다.

김근주 | 기독연구원 느헤미야 전임연구위원

이 책은 한국교회와 신학교의 상황을 염두에 두고 구약성경 본문을 바르게 이해하고 적용하는 데 도움을 주기 위해 이론과 실제의 두 측면에서 주석의 여러 방법을 소개한다. 단연코 이 책은 깊이가 있다. 하지만 쉽고 친절한 언어로 기록되어 있어 신학 전문가뿐 아니라 성경을 더 깊이 알기 원하는 일반 신도들에게도 큰 도움이 될 것이다.

김선종 | 호남신학대학교 구약학 교수

이 책은 구약학 분야의 최신 연구 결과까지 고려하면서 구약성경을 바르게 이해하고 풀이하는 방법을 친절하게 알려준다. 외국어 전문용어를 소리 나는 대로 적어주고, 한글 문헌도 최대로 활용하면서 복잡하고 어려운 내용을 쉽게 해설할 뿐 아니라, 독자가 스스로 생각하면서 공부의 방향을 잡아갈 수 있도록 생각할 거리와 연습과제를 제시한다. 구약 공부의 새로운 길잡이가 될 이 책을 신학생과 목회자에게 추천한다.

박동현 | 전 장로회신학대학교 구약학 교수

이 책의 저자는 한국의 신학대학원 학생들을 염두에 두고 구약주석 방법론을 소개하려 한다. 그러나 책의 부제가 보여주듯이 실제로는 구약주석을 위한 "길잡이" 역할에 방점을 찍는다. 저자가 책의 구성을 통해 주장하는 대로 실제로 구약 본문을 주석하기에 앞서 먼저 "구약 문헌" 자체를 이해하는 것이 매우 중요하다. 그런 관점에서 이 책은 구약성경 문헌사를 심도 있게 다룬다. 쿰란 사본, 칠십인역, 사마리아 오경, 타르굼, 시리아어 역본 등 고대 사본 및 역본들의 특징과 역사를 짚을 뿐 아니라, 마소라 사본 중 레닌그라드 사본을 본문으로 삼는 BHS와 BHQ를 비교하면서 그 특징과 사용법을 자세히 알려준다. 그리고 그에 따르는 본문비평의 이론과 실제, 본문 주석과 통시적/공시적 비평의 관계 등을 면밀하게 다룬다. 구약주석을 위해서 사전적으로 알아야 하는 각종 정보를 수록한 백과사전의 성격을 띠는 이 책은, 특별히 신학교의 구약주석 과목을 위한 주 교재나 참고서로 매우 유용할 것이다.

류호준 | 백석대학교 신학대학원 구약학 교수

구약 본문을 설교하기 위해서는 주석 단계를 반드시 거쳐야 한다. 그래서 "구약주석 방법론"은 신학교의 필수과목 중 하나다. 안타깝게도 지금까지는 신학교 교단이 우리말로 번역된 외국의 교과서에 의존할 수밖에 없었다. 한국교회 강단의 특성을 고려한 교과서가 절실하던 차에 드디어 토종 구약주석 방법론 교과서가 등장했다. 세계적 본문비평가인 저자에게 한국의 신학계와 교회가 또다시 빚을 지게 되었다. 이 책은 우리 교회 및 신학계의 사정과 수준에 최적화된 구약주석 도우미다.

차준희 | 한세대학교 구약학 교수

충실한 주석이 힘 있고 건강한 메시지의 원천이라는 사실은 누구나 안다. 하지만 그것을 실제로 실천에 옮기기란 쉬운 일이 아니다. 더구나 "구약성경" 주석은 신학생과 목회자에게 큰 장벽이 되곤 한다. 이 책은 그 장벽과 씨름하는 이들을 위한 친절한 길잡이다. 독일식 주석의 견실함을 유지하면서 본문비평부터 본문의 최종 형태까지 아우르는 주석의 전 단계를 꼼꼼히, 그리고 친절하게 설명하기 때문이다. 특히 본문비평을 다루는 부분에서 전문가의 역량이 돋보이는 이 책은, 주석 방법론을 공부하는 신학생과 충실한 주석 지침서에 목말라하는 현장의 목회자에게 가뭄의 단비가 될 것이다.

홍국평 | 연세대학교 신과대학 구약학 교수

구약주석
어떻게
할 것인가?

구 약 본문의 이해와 주석을 위한 길잡이

구약주석 어떻게 할 것인가?

תורה
נביאים
וכתובים

김정훈 지음

EXEGESIS OF THE OLD TESTAMENT

새물결플러스

차례

제5부 본문의 역사적 배경 관찰

제6부 본문 풀이

나는 2009년부터 매년 신학교 현장에서 신학대학원 학생들에게 "구약석의 방법론"(=구약주석 방법론) 과목을 가르쳐왔다. 충분하지 않은 경험일 수도 있지만 그럼에도 다양한 학생들과 어울리며 여러 각도에서 해당 과목에 관한 고민을 깊이 해보기에는 넉넉한 시간이었다. 처음에 나는 유학 시절 사용하던 교재(*Proseminar I: Altes Testament*)를 우리말로 번역해서 교재로 사용했다.[1]

그 책은 내가 박사학위를 받은 독일의 부퍼탈(Wuppertal) 신학대학교를 중심으로, 나의 지도교수였던 크로이처(Siegfried Kreutzer) 박사를 포함한 여러 교수가 최근의 연구 결과를 적극적으로 반영해가며 공동 저술한 것이다. 독일의 여러 신학교가 교재로 채택했으며, 조만간 개정 3판의 출간이 예정되어 있을 정도로 꾸준히 사랑받아온 명저로서 그 책은 기본적 이론 습득의 측면에서 여전히 읽을 만한 가치가 있다. 나도 그 책이 제시하는 구약성경 주석에 관한 전통적인 입장과 방법론에 대체로 동의한다.

하지만 그간 쓰던 교재가 훌륭함에도 내가 직접 책을 쓸 마음을 먹은 것은 독일과 한국의 신학교, 그리고 그 바탕이 되는 목회 현장 사이에 존재하는 불가피한 차이와 거리가 만들어내는 여러 가지 필요성 때문이었다.

첫째, 한국 신학교 현실에서 발생하는 실용적 요구 때문이다. 독일

1 S. 크로이처 등 지음/김정훈 옮김, 『구약성경 주석 방법론』(서울: 기독교문서선교회, 2011).

에서는 이 과목이 초급 세미나(Proseminar)에 해당한다. 그래서 교재의 내용이 오로지 주석 방법론 습득을 위한 학술적 목적으로만 기울어 있다. 그러나 한국의 신학대학원에서는 이에 상응하는 과목이 필수 이수 과목인 경우가 많다. 곧 이 과목을 수강하는 학생들 대부분은 구약학 연구 분야에 투신하기보다는 목회 현장에서 설교 사역을 할 사람들이다. 그들의 실제적 욕구를 고려할 때 번역 교재를 그대로 사용하기에는 무리가 있다.

둘째, 원론적인 교재만으로는 주석에 관한 실제적인 경험을 충족시킬 수 없었기 때문이다. 물론 내가 번역한 교재는 그간 한국의 신학생들이 오해하던, 독일 신학계를 중심으로 발달해온 역사비평에 관한 부정적 편견을 걷어내기에 충분한 내용을 담고 있었다. 그러나 주로 개별 비평 방법론을 다루다 보니 스스로 주석 작업을 시도할 때 어려움을 겪는 학생들이 많았다. 나는 우선 급한 대로 원서의 주 저자인 크로이처 박사께 부탁드려 주석의 예를 번역서에 덧붙였다. 그런데도 그 예시는 주석에 관한 나의 관점과 충분히 일치하지 않았다.

셋째, 주석 입문자를 위한 교재가 실용적이기를 바라는 나의 바람 때문이다. 주석 방법론을 다루는 여타의 교재들을 톺아보아도 1차 자료의 기본적인 사용 방법부터 세밀하고 친절하게 설명해주는 경우는 흔치 않았다. 하지만 실제로 학생들은 생소한 주석 방법론 자체를 이해하는 데 어려움을 겪을 뿐 아니라 히브리어 성경을 사용하는 데서부터 버거워하고 있었다. 기존의 교재들이 전제로 삼는 기본적인 사항들이 처음부터 학생들에게 벽처럼 느껴진다면 무언가 변화가 필요한 상황임이 분명하다.

이런 배경에서 나는 그동안 학생들과의 만남에서 다져진 교육 경험과 지금까지의 주석 경험을 바탕으로 직접 교재를 만들고자 했다. 그렇게 탄생한 이 책은 이전에 사용하던 『구약성경 주석 방법론』의 기본적인 장점을 살리면서도 구약성경 본문에 실제로 접근하면서 주석을 실습할 수 있게 하는 데 좀 더 무게를 두었다. 이때 필요하다면 다른 여러 학자의 이론이나 방법론도 수용하는 유연한 태도를 유지하려고 노력했다. 따라서 이 책의 목표는 기존의 정통 주석 방법론들을 제대로 익히면서도 본문 주석 및 적용, 그리고 특히 설교에 그 결과를 녹일 수 있도록 하는 데 있다. 이를 위해 나는 다음의 몇 가지 구체적 사항에 주안점을 두었다.

첫째, 무엇보다 이 책은 구약성경 본문이 형성되고 전승된 역사와 그 성격, 그리고 그 본문 자체를 이해하는 데서 주석이 시작되어야 한다는 점을 강조한다. 또한 주석을 위한 본문의 선택에서부터 번역까지의 기초적 과정이 얼마나 결정적으로 작용하는지를 보여주려 한다. 그래서 이 책에서는 본문의 선택과 번역뿐 아니라 본문비평이 분량과 심도의 측면에서 주된 부분을 차지한다.

둘째, 주석 과정을 따라가며 주석 방법론들을 그때그때 익힐 수 있게 했다. 다시 말해 이 책을 처음부터 따라가다 보면 끝에 가서는 주석 방법론이 녹아 있는 주석 작품을 완성할 수 있다는 말이다. 이로써 개별 주석 방법론이 따로따로 흩어져 무용지물이 되는 폐해를 넘어서고, 그것이 오히려 일관된 논지를 가진 주석을 완성하는 데 구체적으로 기여한다는 사실을 보여주고자 했다.

셋째, 히브리어 성경을 펼치고 주석을 시작하면서부터 마칠 때까지 쓰이는 여러 자료를 가능한 차근차근 설명하려고 노력했다. 그 결과 기존 번역 교재에서는 전제처럼 여겨지지만 실제로 많은 이들이 어려워하는 필수적인 정보들—예를 들어 원어 성경 보는 법, 사전 찾기, 본문 편집본 사용하기 등—이 과정별로 구체적으로 제시되었다.

넷째, 개별 사항들을 학습하기 위한 협력 작업을 염두에 두었다. 성경은 함께 읽고 새기는 책이다. 물론 개인의 주석 작업도 충분한 의미가 있지만, 입문자들은 특히 공동 작업을 통해 "시너지 효과"를 경험할 수 있다. 이는 내가 강의실에서 실제로 확인한 결과다.

다섯째, 개별 방법론을 쉽게 익힐 수 있도록 해당 부분 첫머리에 "생각해보기"를 제시했다. 여기서 독자들은 토의 과제를 통해 복잡하고 어려운 방법론을 단순화하여 경험하게 되고, 그때그때 제시되는 실습 과제를 통해 주석 작품을 효율적으로 만들어갈 수 있을 것이다.

여섯째, 입문자들이 느끼는 주석에 대한 공포(?)를 줄이기 위해 실제 학생들이 작성한 주석 작품을 첨부했다. 이는 나와 함께 주석 방법론을 공부하며 실습에 참여했던 학생 몇 명이 한 조가 되어 도움을 준 결과다. 그들은 내가 제시하는 방법에 따라 주석 작품을 만들어냈다. 그들이 작성한 예시들이 전문성이나 완성도 측면에서는 미흡할지도 모르지만 독자들에게는 현실적인 도움을 줄 수 있을 것이다.

일곱째, 구약주석 방법론 강의에서 사용할 것을 고려했다. 만약 그렇게 하고자 한다면 개별 방법론에 관한 토론과 실습, 강의는 되도록 수업 3분의 2 시점까지 끝내기를 권고한다. 주석 방법론을 고찰하는 것은 어디까지나 주석을 완성하기 위한 과정이기 때문이다. 나머지 시간에는 학생들이 조별, 또는 개인별로 완성한 주석을 발표하고 평가하는 시간을 갖는 것이 이상적이다.

글을 쓴다는 것은 언제나 두려운 일이다. 나의 서투른 글재주와 미천한 지식이 고스란히 드러날 수 있기 때문이다. 그런데도 내가 학생들을 가르치면서 절감한 실용적 교재의 필요성이 그 두려움을 이겨버렸다. 이에 관해 나의 이런 마음에 공감하고 출간을 허락해준 새물결플러스의 대표 김요한 목사님과 관계자들께 감사한다. 우리나라의 녹록지 않은 출판 여건에서도 연구자의 판단에 동의해주는 새물결플러스와 같은 출판사가 있기에 나와 같은 연구자들은 늘 용기를 내어 학술 활동을 펼쳐갈 수 있다. 또한 부산장신대학교에서 허락해준 연구년 덕분에 집필에 전념할 수 있었다는 사실도 고마운 마음으로 기억하고 있다. 특히 자발적으로 시간을 내어 함께 머리를 맞대고 본문과 씨름해가며 주석 예시를 작성해준 부산장신대학교 일반대학원의 구약학 전공 박성현, 이

선영, 신약학 전공 최윤철, 신학대학원의 조은아, 주민규 전도사, 초고를 꼼꼼하게 읽고 교정에 도움을 준 일반대학원 구약학 전공 김승혁 목사에게 고맙다는 말을 전한다. 여호와 이레의 하나님이 그들의 앞길에 늘 동행해주시기를 기도한다.

부족하지만 이 책이 성경을 통해 오늘도 말씀하시는 하나님의 음성을 대언하려는 신학생들과 목회자들을 비롯한 모든 말씀의 일꾼들에게 조금이라도 도움이 되기를 바라는 마음 간절하다.

2018년 여름 끝자락에 김해에서

김정훈

제 1 부

구약성경 주석의 의미

느헤미야 8:1-12과 사도행전 8:30-38을 읽고 성경 본문을 해석해야 하는 이유와 목적이 무엇인지 이야기해보시오.

◆ 느헤미야 8:1-12

1이스라엘 자손이 자기들의 성읍에 거주하였더니 일곱째 달에 이르
러 모든 백성이 일제히 수문 앞 광장에 모여 학사 에스라에게 여호
와께서 이스라엘에게 명령하신 모세의 율법책을 가져오기를 청하매,
2일곱째 달 초하루에 제사장 에스라가 율법책을 가지고 회중 앞 곧
남자나 여자나 알아들을 만한 모든 사람 앞에 이르러 3수문 앞 광장
에서 새벽부터 정오까지 남자나 여자나 알아들을 만한 모든 사람 앞
에서 읽으매 뭇 백성이 그 율법책에 귀를 기울였는데 4그때에 학사
에스라가 특별히 지은 나무 강단에 서고 그의 곁 오른쪽에 선 자는
맛디댜와 스마와 아나야와 우리야와 힐기야와 마아세야요, 그의 왼
쪽에 선 자는 브다야와 미사엘과 말기야와 하숨과 하스밧다나와 스
가랴와 므술람이라. 5에스라가 모든 백성 위에 서서 그들 목전에 책
을 펴니 책을 펼 때에 모든 백성이 일어서니라. 6에스라가 위대하신
하나님 여호와를 송축하매 모든 백성이 손을 들고 "아멘, 아멘!" 하고
응답하고 몸을 굽혀 얼굴을 땅에 대고 여호와께 경배하니라. 7예수
아와 바니와 세레뱌와 야민과 악굽과 사브대와 호디야와 마아세야와
그리다와 아사랴와 요사밧과 하난과 블라야와 레위 사람들은 백성이
제자리에 서 있는 동안 그들에게 율법을 깨닫게 하였는데 8하나님의
율법책을 낭독하고 그 뜻을 해석하여 백성에게 그 낭독하는 것을 다
깨닫게 하니 9백성이 율법의 말씀을 듣고 다 우는지라. 총독 느헤미
야와 제사장 겸 학사 에스라와 백성을 가르치는 레위 사람들이 모든
백성에게 이르기를 "오늘은 너희 하나님 여호와의 성일이니 슬퍼하
지 말며 울지 말라" 하고 10느헤미야가 또 그들에게 이르기를 "너희

는 가서 살진 것을 먹고 단 것을 마시되 준비하지 못한 자에게는 나
누어주라. 이날은 우리 주의 성일이니 근심하지 말라. 여호와로 인하
여 기뻐하는 것이 너희의 힘이니라" 하고 11레위 사람들도 모든 백성
을 정숙하게 하여 이르기를 "오늘은 성일이니 마땅히 조용하고 근심
하지 말라" 하니 12모든 백성이 곧 가서 먹고 마시며 나누어주고 크
게 즐거워하니 이는 그들이 그 읽어 들려준 말을 밝히 앎이라.

◆ 사도행전 8:30-38

30빌립이 달려가서 선지자 이사야의 글 읽는 것을 듣고 말하되 "읽는
것을 깨닫느냐?" 31대답하되 "지도해주는 사람이 없으니 어찌 깨달
을 수 있느냐?" 하고 빌립을 청하여 "수레에 올라 같이 앉으라" 하니
라. 32읽는 성경 구절은 이것이니 일렀으되 "그가 도살자에게로 가는
양과 같이 끌려갔고 털 깎는 자 앞에 있는 어린 양이 조용함과 같이
그의 입을 열지 아니하였도다. 33그가 굴욕을 당했을 때 공정한 재판
도 받지 못하였으니 누가 그의 세대를 말하리요. 그의 생명이 땅에서
빼앗김이로다" 하였거늘 34그 내시가 빌립에게 말하되 "청컨대 내가
묻노니 선지자가 이 말한 것이 누구를 가리킴이냐? 자기를 가리킴이
냐, 타인을 가리킴이냐?" 35빌립이 입을 열어 이 글에서 시작하여 예
수를 가르쳐 복음을 전하니 36가다가 물 있는 곳에 이르러 그 내시가
말하되 "보라! 물이 있으니 내가 세례를 받음에 무슨 거리낌이 있느
냐?" 37(없음)[1] 38이에 명하여 수레를 멈추고 빌립과 내시가 둘 다 물
에 내려가 빌립이 세례를 베풀고.

---

1 어떤 사본에는 "빌립이 이르되 '네가 마음을 온전히 하여 믿으면 가하니라.' 대답하여 이르되 '내가 예수 그리스도께서 하나님의 아들인 줄 믿노라'"는 내용이 있다.

이 말씀들은 성경 본문 해석의 필요성과 목적을 잘 드러내 준다. 먼저, 느헤미야서의 본문을 살펴보자. 주석가들 사이에는 느헤미야와 이 본문의 연관성, 그리고 그 구체적 연대에 관해서 논란이 있다. 하지만 최종 형태로서의 본문은 그 내용과 의도가 비교적 명확하다.

기원전 539년, 페르시아의 고레스 2세(Cyrus II, 기원전 590?-529)는 신바벨론 제국을 무너뜨리고 아케메네스 왕조의 세력을 굳건히 했다. 그가 펼친 이민족에 관한 포용 정책에 따라, 기원전 587년 이래 바벨론에 포로로 사로잡혀 갔던 유다 사람들도 고향으로 돌아올 수 있었다. 그러나 이 귀환 공동체가 율법이 기록된 히브리어를 이해하지 못한다는 문제가 대두했다. 공동체 전체가 오랜 시간 동안 타지 생활을 겪은 결과였다. 외국에서 오랫동안 살았거나 거기서 태어난 사람들은 율법이 낭독된 뒤 그 의미를 레위인들이 해석해주고 나서야 비로소 그 뜻을 깨달을 수 있었다. 이는 성경 본문과 독자 사이에 존재하는 언어의 차이에서 오는 문제였다.

반면 사도행전 본문에서 에티오피아의 내시는 초기 교회 당시의 정경이었던 이사야서의 본문—아마도 이사야 52:13-53:12에 기록된, 이른바 "종의 노래"였을 것이다—을 스스로 읽었지만 그 뜻을 전혀 이해하지 못하고 있었다. 그는 빌립이 이사야의 예언과 예수 그리스도 간의 연관성을 해석해준 뒤에야 비로소 자신이 읽은 본문의 의미를 깨달을 수 있었다. 이는 구약성경 본문 해석과 관련해 매우 흥미로운 현상이다. 신·구약성경의 연속성이라는 관점에서 구약성경 본문을 어떻게 다루어야 하는지를 보여주기 때문이다. 즉 사도행전 8:30-38은 구약성경 본문 해석의 필요성을 신약과의 연관성 속에서 찾는다.

이처럼 앞의 두 본문은 모두 성경 해석의 결과를 분명히 보여준다. 느헤미야 본문에서 율법의 뜻을 깨달은 귀환 공동체는 율법의 뜻을 전해 듣고 하나같이 눈물을 흘렸다. 그날은 율법을 다시 선포하는 감격스러운 날이었지만 그들은 "읽어 들려준 말을 밝히 알았기" 때문에 모두 감격하여 울었다. 달리 말하자면 그들은 자신들의 삶과 율법에서 드러난 하나님의 명령 사이에 얼마나 큰 간극이 있는지를 깨닫고 회개한 것이다. 더 나아가 그들은 회개에 이어 함께 나누는 공동체를 회복했다. 이처럼 성경은 단순히 문학작품이 아니라 신앙 공동체의 규범으로서 공동체 구성원의 모든 삶에 적용된다. 그러므로 성경 본문을 해석하는 일은 사변적인 풀이에 그칠 수 없고 그렇게 되어서도 안 된다. 신앙 공동체의 회개 및 공동체성의 회복이 언제나 성경 본문 해석의 중요한 목적이 되어야 한다.

한편 사도행전의 이야기는 "기독교" 정경의 한 부분인 구약성경의 의미와 그 해석의 목적을 되새기게 해준다. 이사야의 신탁이 예수 그리스도와 어떤 연관이 있는지에 관한 빌립의 해석을 들은 에티오피아의 내시는 곧바로 세례를 받는다. 이는 성경 본문의 해석, 특히 기독교 정경으로서의 구약성경 본문에 관한 해석이 기독교적 회심과 고백으로 이어질 수 있음을 보여주며, 또 그것을 지향해야 한다는 사실을 알려주는 장면이다.

구약성경 본문을 해석하는 사람은 그 해석의 필요성과 목적을 분명히 인지해야 한다. 특히 기독교인으로서 구약성경 본문을 해석한다는 것이 무슨 의미가 있는지를 늘 자문해야 한다. 그런 맥락에서 구약성경 주석을 구체적으로 살펴보기 전에 "구약성경"과 "주석", "구약성경 주석"(구약주석)의 의미를 명확히 정의해둘 필요가 있다. 이 정의는 구약성경을 주석해나가는 과정에서 재차 기억하면서 출발점과 지향점으로 삼아야 한다.

1장

용어 정의와 개념 이해

1. "구약성경"과 "주석"의 의미

1) 구약성경(舊約聖經, Old Testament)

한자의 의미만 보면 "성경"(聖經)이란 말은 "거룩한 경전"을 뜻한다. 하지만 우리말 사전에서 성경은 우선 "종교상 신앙의 최고 법전이 되는 책"으로 넓게 정의된다. 그리고 신약과 구약으로 되어 있는 기독교의 경전으로 구체적으로 정의된다.[1] 사실 성경은 그리스어 "타 비블리아[타 하기아]"(τὰ βιβλία [τὰ ἁγία]; [거룩한] 책들[비교. 라틴어 *biblia sacra*])[2]에서 비롯한 "바이블"(Bible) 또는 "비벨"(Bibel) 등을 옮긴 것으로, "구약"과 "신약"으로 구성된 기독교의 경전을 가리키는 데 쓰이는 것이 보

1 참조. 국립국어원 표준국어대사전(http://stdweb2.korean.go.kr/main.jsp).

2 중성 복수형인 이 형태의 단수형인 τὸ βιβλίον(토 비블리온)은 원래 페니키아의 항구 도시인 "비블로스"(Byblos)에 기원을 둔다. 이 도시에는 당시 책을 만드는 재료였던 파피루스(Papyrus)를 이집트에서 들여와 다른 나라로 수출하는 무역업이 발달했었다. 이후에는 도시 이름이 "책"을 뜻하는 말로 전용되었다.

통이다.

"구약"(舊約; Old Testament)은 좀 더 깊이 고려해보아야 할 용어다. 먼저, 여기서 "약"(約)으로 옮겨진 "테스터먼트"(Testament)는 원래 "유언"을 뜻하는 라틴어 "테스타멘툼"(*testamentum*)에서 비롯되었다. 이 말이 구약, 신약과 연관되기 시작한 것은 헬레니즘 시대 구약성경의 그리스어 역본인 이른바 "칠십인역"(Septuagint=LXX)[3] 으로 거슬러 올라간다. 히브리어 성경에서 "언약" 혹은 계약"을 뜻하는 단어는 "브리트"(בְּרִית)다. 그런데 칠십인역은 이 단어를 그리스어 "디아테케"(διαθήκη)로 옮겼다. "디아테케"는 원래 자발적인 의지로 재산을 처분한다는 의미에서 "유언"을 뜻한다. 여기서 "브리트"를 "디아테케"로 옮긴 이유는, 번역자가 그리스어 낱말의 문자적 의미보다는 "브리트"라는 히브리어의 관계성과 규정성을 염두에 두었기 때문인 것으로 보인다.[4] 그 결과 "언약을 맺다"라는 의미의 히브리어 어구 "카라트 브리트"(כָּרַת בְּרִית)[5]를 번역할 때도 "배열하다" 혹은 "처분하다"라는 뜻이 있는 동족동사 "디아티테미"(διατίθημι)를 함께 사용했다. 여기에는 이 동사가 그 구성(δια[꿰뚫어]+τίθημι[세우다])의 관점에서 "관계성을 전제

---

3 그리스어로 번역된 이 구약성경을 우리말로 일컫는 전통에는 두 가지가 있다. 어떤 이들은 이 책이 다름 아닌 "성경"의 번역으로서 번역자 또는 번역 공동체에게 단순한 번역문학이 아니라 경전으로서 역할했을 것이라는 사실을 강조하여 "칠십인경"(七十人經)이라고 부른다. 다른 이들은 이것이 그리스어로 저작된 몇몇 책들을 제외하면 주로 번역이라는 점을 강조하여 "칠십인역"(七十人譯)이라고 부른다. 나는 후자의 관점을 존중해 "칠십인역"이라는 용어를 사용하려고 한다. 하지만 엄밀히 말하자면 "칠십인역 그리스어 구약성경"이라고 해야 그 성격을 온전히 드러내게 된다. 이에 관한 자세한 설명은 이 책의 제6장에서 해당 부분을 확인하고 다음 자료를 참조하라. 김정훈, 『칠십인역 입문: 본문의 역사와 연구의 실제』(유다·그리스도교 고전 입문 총서 I-1; 서울: 바오로딸, 2009), 23-27.

4 참조. 김정훈, 『칠십인역 입문』, 375.

5 이 어구를 직역하면 "언약을 자르다"라는 의미다. 이런 표현은 언약을 맺는 두 당사자가 동물을 죽여 둘로 쪼갠 뒤 그 사이를 걷는, 고대 근동 사회의 풍속에 기원을 둔다. 언약의 당사자들은 죽은 짐승을 보면서 언약의 엄중성을 확인했을 것이다. 창 15:7-21과 렘 34:18-19 등에서 그 흔적을 찾아볼 수 있다.

로 한 결정"을 말한다는 점이 한몫을 했을 것이다.[6]

칠십인역의 이런 관점은 기원후 5세기 히에로니무스(Eusebius Hieronymus, 348-420)가 번역한 라틴어 성경 불가타(*Vulgata*)에 그대로 반영되었다. 이때 그리스어 "디아테케"에 해당하는 라틴어 "테스타멘툼"(*testamentum*)이 사용되어 하나님이 인간들과 맺은 언약의 말씀을 뜻하는 말로 오늘날에까지 이어지고 있다.

그런데 "구"약은 홀로 쓰이는 용어가 아니라는 점에 유의해야 한다. "옛" 언약은 "새" 언약을 전제하기 때문이다. 실제로 "구약"이라는 말은 구약성경에 등장하지 않는다. 이 말은 고린도후서 3:14에 가서야 직접 나온다

> 그러나 그들의 마음이 완고하여 오늘까지도 구약(ἡ παλαιὰ διαθήκη[헤 팔라이아 디아테케])을 읽을 때에 그 수건이 벗겨지지 아니하고 있으니 그 수건은 그리스도 안에서 없어질 것이라(고후 3:14).

곧 "구약"이라는 명칭은 히브리어 성경에서 비롯한 것이 아니라 "신약" 성경의 관점에서 본 상대적 개념인 셈이다. 마찬가지로 "신"약이라는 명칭도 구약성경의 표현에서 비롯한다. 이 말은 예레미야 31:31에서 처음 등장한다.

> 여호와의 말씀이니라. "보라! 날이 이르리니 내가 이스라엘 집과 유다 집에 새 언약(בְּרִית חֲדָשָׁה[브리트 하다샤], διαθήκη καινή[디아테케 카이네, LXX])을 맺으리라"(렘 31:31).

6 참조. LSJ, 415; T. Muraoka, *A Greek-English Lexicon of the Septuagint*(Louvain/Paris/Walpole, MA: Peeters, 2009), 161.

여기서 언급하는 "새 언약" 곧 "신약"은 예수 그리스도의 입을 통해 선포된 것으로서(눅 22:20; 고전 11:25), 초기 교회 공동체의 정체성을 규정하는 중요한 개념이었다(고후 3:6; 히 8:8, 13; 9:15). 이로써 다음 도식이 나타내듯 구약은 신약을 전제하며, 신약도 구약을 전제한다는 사실이 분명해진다.

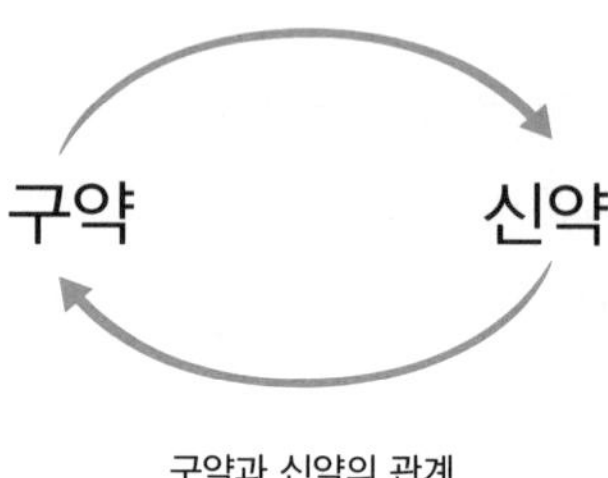

구약과 신약의 관계

따라서 **"구약성경"이라고 말하는 한 "구약"과 "신약"은 뗄 수 없는 관계로 묶이게 되며, 이 관계성은 당연히 기독교의 입장을 전제한다.**

이에 비해 유대인들은 히브리어 성경을 "미크라"(מִקְרָא; 낭독하는 것[참조. 느 8:8]), 또는 "타나크"(תָּנָ״ךְ)라고 부른다. "타나크"는 히브리어 성경을 구성하는 세 가지 구성 요소인 율법서, 예언서, 성문서를 뜻하는 "토라 느비임 우크투빔"(תּוֹרָה נְבִיאִים וּכְתוּבִים)의 첫 글자만 따온 두자어(頭字語; Akronym)다. 타나크를 영어로는 "Old Testament"가 아니라 "Hebrew Bible"이라 일컫는다.

보록

성경(聖經)과 성서(聖書)[7]

우리나라에서 "성경"과 "성서"는 아무런 기준 없이 섞여 쓰이기

7 이에 관해서는 대한성서공회에서 제공하는 설명을 좀 더 살펴보라(http://kbs.bskorea.or.kr/

도 하고, 대조되는 용어로 엄격히 구분되어 배타적으로 사용되기도 한다. "성경"을 선호하는 이들은 "경전"의 의미를 강조하는 반면, "성서"를 선호하는 이들은 이 말이 신약과 구약을 합쳐 일컫는 "성경전서"(聖經全書)를 줄인 말이라고 주장한다. 이웃나라의 경우 중국 전통에서는 기독교 경전을 "성경"이라 일컫지만, 일본에서는 "성경"이 불경을 일컫기 때문에 기독교 경전은 "성서"로 구분해서 부르는 전통이 있다. 그러나 우리나라에서는 이 두 명칭에 우열을 둘 근거는 없다고 하겠다.

2) 주석(註釋, exegesis)

보통 "주석"(註釋)은 "낱말이나 문장의 뜻을 쉽게 풀이함, 또는 그런 글"이라고 정의된다.[8] 그런데 성서학에서 이 말은 영어의 "exegesis"를 가리키며, 그 뿌리는 다시 그리스어 "엑스에게시스"(ἐξήγησις)로 거슬러 올라간다. 그리스어 "엑스에게시스"는 "진술"(statement), "이야기"(narrative) 등을 뜻하는 말인데[9] 어원을 따져보면 다음과 같다.

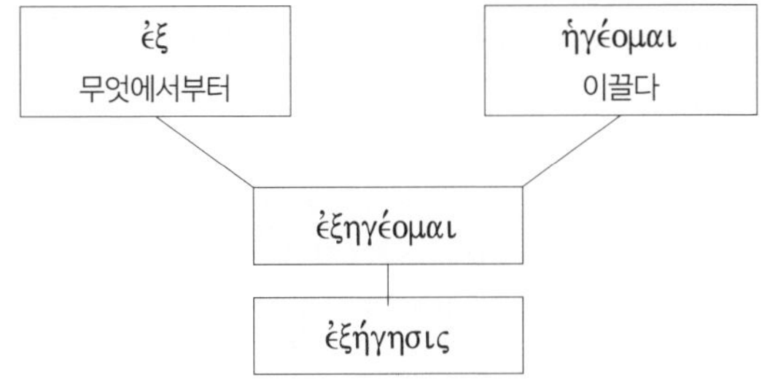

about/faq/faq_view.aspx?idx=10).

8 참조. 국립국어원 표준국어대사전(http://stdweb2.korean.go.kr/main.jsp).

9 LSJ, 593.

명사 "엑스에게시스"는 동사 "엑스에게오마이"(ἐξηγέομαι)에서 왔다. 그리고 이 말은 "무엇에서부터"를 뜻하는 접두어 "엑스"(ἐξ)와 "이끌다"는 뜻의 동사 "헤게오마이"(ἡγέομαι)로 구성된다. 따라서 성서학에서 "주석"의 의미는 "엑스에게시스"의 어원적 의미에 따라 "(어떤 글에서 의미를) **이끌어냄**"이라고 새길 수 있다.

구약성경의 관점에서 이 말을 좀 더 깊이 생각해보자. 칠십인역에서 "엑스에게시스"는 사사기 7:15에서 "이야기"를 뜻하는 "미스파르"(מִסְפָּר)의 번역어로 한 번 쓰인다. 그리고 이 낱말의 동사형인 "엑스에게오마이"는 "미스파르"의 동사형인 "사파르"(ספר)의 피엘 형을 번역하는 데 쓰인다(삿 7:13[말하여]; 왕하 8:5[이야기할]; 대상 16:24[선포할지어다]; 욥 12:8[설명하리라]; 28:27[선포하시며]). 그런데 히브리어에서 이 동사는 "(수를) 세다"라는 뜻으로도 쓰인다. 즉 이 동사에는 어떤 사건이나 이야기를 낱낱이 설명해준다는 뜻이 들어 있는 것이다. 신약성경 역시 이런 의미를 이어받아서 "엑스에게오마이"는 "(사건을) 이야기하다"(눅 24:35; 행15:14), "낱낱이 이야기하다"(행 21:19), "보고하다"(행 15:12) 등의 의미로 사용되었다.[10]

결론적으로 지금까지 어원을 통해 살펴본 의미를 종합해 본다면 "주석"은 "**어떤 본문에서 뜻을 이끌어내어 다른 사람들이 알기 쉽도록 그 뜻을 자세히 밝혀서 말해주는 것**"이라고 할 수 있다.

2. "구약성경 주석"의 정의

"구약성경"과 "주석"에 관한 정의를 바탕으로 "구약성경 주석"이 무엇

10 신약성경의 용례는 다음 자료를 확인하라. 왕대일, 『구약주석 새로 보기』(서울: 감신대성서학연구소, 2005), 52.

인지 정의해보자. "구약성경 주석"이란 **"기독교의 정경인 구약성경의 본문에서 뜻을 이끌어내어 다른 사람들이 알기 쉽도록 그 뜻을 자세히 밝혀서 말해주는 것"**이라고 할 수 있다. 이 정의를 세 부분으로 나누어서 자세히 살펴보면 다음과 같다.

1) "기독교의 정경인 구약성경의 본문에서"

"정경"(正經)을 뜻하는 영어 "캐논"(canon)은 원래 "갈대"를 뜻하는 셈어 "카네"(*qaneh*)에서 비롯했다. 고대 사회에서 측정 도구인 자를 갈대로 만들던 관습 때문에 이 낱말은 "측정 도구" 또는 "규범"이라는 뜻으로 전용되었고, 그 의미는 그리스어 "카논"(κανών)을 거쳐 영어 "캐논"으로 이어졌다. 따라서 종교의 경전을 가리키는 말로서 "정경"이란 신앙의 규범을 규정하는 것으로 공인된 책들을 일컫는다.

기독교 정경과 관련하여 가장 잘 알려진 문서로는 기원후 367년에 알렉산드리아의 주교였던 아타나시오스(Athanasius, 295?-373)가 보낸 39번째 부활절 편지가 있다. 거기서 아타나시오스는 오늘날 우리가 알고 있는 신약성경 27권의 정경성에 관해 이야기하는 동시에 "하나님께 감동받은"(θεόπνευστος) 것으로 여겨지는 22권의 구약성경을 언급한다. 여기서 흥미로운 사실은 그가 칠십인역과는 다르게 유대주의 전승에 따른 구약성경 목록을 받아들였다는 것이다(예레미야서와 관련된 문헌들은 예외였다).[11]

어쨌거나 기독교의 "정경"이 구약성경 주석의 대상이라는 말은 좀 더 깊이 생각해볼 필요가 있다. 특히 개신교회와 가톨릭교회는 다음 표

11 아타나시오스가 언급하는 구약성경의 목록과 그 순서는 다음과 같다. 창세기, 출애굽기, 레위기, 민수기, 신명기, 여호수아, 사사기, 룻기, 사무엘서, 열왕기, 역대기, 에스라(+느헤미야), 시편, 잠언, 전도서, 아가, 욥기, 열두 소예언서, 이사야, 예레미야(바룩, 애가, 예레미야의 편지), 에스겔, 다니엘.

와 같이 정경의 범위를 서로 다르게 설정하기 때문이다.

<table>
<tr><td rowspan="6">개신교회</td><td>오경</td><td colspan="2">창세기, 출애굽기, 레위기, 민수기, 신명기</td></tr>
<tr><td>역사서</td><td colspan="2">여호수아, 사사기, 룻기, 사무엘상, 사무엘하, 열왕기상, 열왕기하, 역대상, 역대하, 에스라, 느헤미야, 에스더</td></tr>
<tr><td>시가서</td><td colspan="2">욥기, 시편, 잠언, 전도서, 아가</td></tr>
<tr><td rowspan="2">예언서</td><td>대예언서</td><td>이사야, 예레미야, 예레미야 애가, 에스겔, 다니엘</td></tr>
<tr><td>소예언서</td><td>호세아, 요엘, 아모스, 오바댜, 요나, 미가, 나훔, 하박국, 스바냐, 학개, 스가랴, 말라기</td></tr>
<tr><td colspan="3"></td></tr>
<tr><td rowspan="5">가톨릭교회</td><td>모세 오경</td><td colspan="2">창세기, 탈출기, 레위기, 민수기, 신명기</td></tr>
<tr><td>역사서</td><td colspan="2">여호수아기, 판관기, 룻기, 사무엘기 상권, 사무엘기 하권, 열왕기 상권, 열왕기 하권, 역대기 상권, 역대기, 에즈라기, 느헤미야기, 토빗기, 유딧기, 에스테르기, 마카베오기상권, 마카베오기 하권</td></tr>
<tr><td>지혜문학서</td><td colspan="2">욥기, 시편, 잠언, 코헬렛, 아가, 지혜서, 집회서</td></tr>
<tr><td rowspan="2">예언서</td><td>대예언서</td><td>이사야서, 예레미야서, 애가, 바룩, 에제키엘서, 다니엘서(수산나 벨과 뱀)</td></tr>
<tr><td>소예언서</td><td>호세아서, 요엘서, 오바드야서, 요나서, 미카서, 나훔서, 하바쿡서, 스바니아서, 히까이서, 즈카르야서, 말라키서</td></tr>
<tr><td rowspan="4">히브리어 성경</td><td>율법서(토라)</td><td colspan="2">창세기, 출애굽기, 레위기, 민수기, 신명기</td></tr>
<tr><td rowspan="2">예언자들
(느비임)</td><td>전기예언서</td><td>여호수아, 사사기, 사무엘, 열왕기</td></tr>
<tr><td>후기예언서</td><td>이사야, 예레미야, 에스겔
호세아, 요엘, 아모스, 오바댜, 요나, 미가, 나훔, 하박국, 스바냐, 학개, 스가랴, 말라기</td></tr>
<tr><td>성문서
(크투빔)</td><td colspan="2">시편, 욥기, 잠언
(절기 두루마리) 룻기, 아가, 전도서, 애가, 에스더
다니엘, 에스라, 느헤미야, 역대기</td></tr>
</table>

개신교회, 가톨릭교회의 구약 정경 및 히브리어 성경의 구성[12]

12 가톨릭교회 성경 목록에 표시된 기호는 다음과 같은 의미가 있다. 윗줄: 명칭의 차이; 밑줄: 책

주석하는 사람이 개신교인이라면, 가톨릭교회에서 "제2경전"(Deuterocanonical Books)이라고 부르는 "외경"(Apocrypha)은 주석의 대상에서 제외될 수밖에 없다(앞의 비교표에서 밑줄 친 책들과 권점이 있는 책들의 추가 부분들이 여기에 해당한다). 외경은 헬레니즘 시대에 만들어진 저작들인데, 개신교회는 종교개혁 당시 그런 작품들을 정경에서 제외시켰다. 곧 개신교회는 그런 저작들이 신앙의 역사에서 헬레니즘 시대에 관한 중요한 정보들을 제공하지만, 그럼에도 정경으로서 주석의 대상이 되지는 않는다고 본 것이다.

한편 기독교에서 사용하는 "구약"이라는 말이 "신약"을 전제한다는 점에서 구약성경 주석은 신약성경과의 관계로 나아가는 것이 이상적이다. 그런데 이때 신약성경의 프리즘으로 구약성경의 본문을 본다면 문제가 발생한다. 독자의 의도를 본문에 집어넣어 읽는 "에이스에게시스"(εἰσήγεσις)가 되기에 십상이기 때문이다.[13] 더 심하면 구약성경 본래의 의미가 사라져버릴 수도 있다. 이런 문제를 방지하기 위해서는 구약성경의 본문에서 출발하여 신약성경으로 나아가는 것이 바람직하다. 구약성경과 신약성경의 관계는 여러 차원에서 고찰할 수 있다. 우선 신약성경에 등장하는 구약성경 인용문들과 구약성경 사이의 관계를 살펴볼 수도 있고, 신약성경에 수용된 구약성경의 신학적 개념을 탐구할 수도 있다. 그러나 구약성경은 그 자체만으로도 정경으로서 충분한 의미가 있으므로, 맹목적으로 신약과 연관시키려 할 필요는 없다는 사실을 늘 명심해야 한다.

전체가 히브리어 성경에 없음; 윗점: 책의 일부가 히브리어 성경에 없음.

13 이에 관한 자세한 논의는 이후에 이어지는 단락("3) 이끌어내어 다른 사람들이 알기 쉽도록 그 뜻을 자세히 밝혀서 말해줌")의 내용을 참조하라.

2) "뜻"

(1) 저자의 "의도"와 독자를 향한 "의미"

우리말에서 "뜻"은 "말이나 글에 담겨 있는 속사정이나 내용"을 의미한다. 그런데 말이나 글은 절대로 진공 상태에서 존재하지 않는다. 말이나 글은 그것을 전달하는 사람과 받는 사람, 그리고 그들이 공유하는 언어와 그것을 나타내는 기호 체계를 배경으로 한다. 더구나 그들 사이에 적절한 소통이 가능하려면 역사적·사회적·문화적 공감대도 있어야 한다. 이런 모든 요소를 배경으로 의미가 전달되는 것을 의사소통 과정이라고 일컫는다. 구약성경 본문도 여느 말이나 글처럼 저자와 독자 사이의 의사소통 과정을 거쳐야 의미가 전달되고 또 그 과정 안에서 드러나는 "뜻"을 말할 수 있게 된다. 이런 과정을 의사소통 모델을 바탕으로 도식화해보면 다음과 같다.[14]

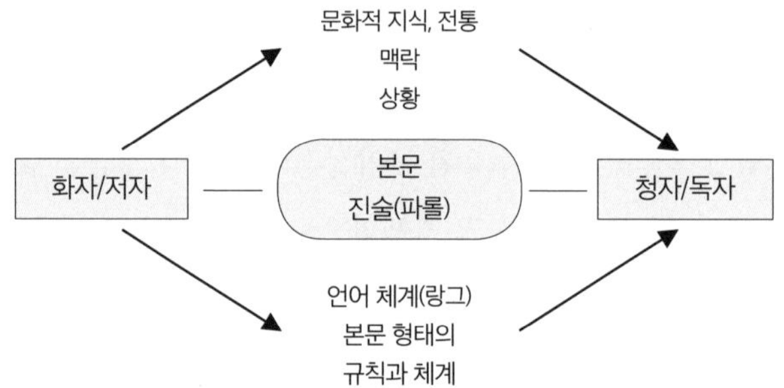

구약성경 본문의 저자 또는 번역자는 당대의 문화적 지식과 전통의 범위 안에서, 그가 맞닥뜨린 상황을 배경으로 자신이 속한 세계가 공유

14 H. Utzschneider, S. A. Nitsche, *Arbeitsbuch: Literturwissenschaftliche Bibelauslegung: Eine Methodenlehre zur Exegese des Alten Testaments*(Gütersloh: Gütersloher Verlaghaus, [4]2014), 66.

하는 "언어 체계"(랑그, langue)와 본문 구성의 일반적인 원칙에 따라 개별적 본문의 진술(파롤, parolé)을 형성한다.[15] 그리고 그 진술은 저자 또는 번역자와 언어 체계를 공유하는 독자에게 전달된다. 따라서 우리가 구약성경 주석을 위한 "뜻"을 말할 때도 좀 더 구체적으로 그 "뜻"이 의사소통 과정의 어느 단계에서 어느 주체를 향한 것인지를 구분해야 한다.

그렇다면 먼저 본문을 진술한 저자의 "의도"가 무엇인지, 곧 저자가 본문을 형성하는 데 영향을 준 여러 요소가 무엇인지를 파악할 수 있어야 한다. 이에 관해 이동수는 다음과 같이 말한다.

> 인간의 언어로 기록된 구약성경의 하나님 말씀은 구약성경 시대의 구체적인 역사적 상황에 처해 있었던 옛 이스라엘 사람들이 하나님의 백성답게 살도록 하기 위해서 그 종들을 통해 전해진 말씀이다. 따라서 구약성경의 주석은 하나님이 옛 이스라엘에게 말씀하신 그 말씀의 "의도"와 목적과 기능을 분석하여 그 말씀 속에 들어 있는 뜻을 신학으로 드러내야 한다.[16]

마찬가지로 여러 시대, 다양한 장소에서 구약성경 본문을 읽는 독자들은 저마다 당대의 문화적 지식과 전통, 그리고 그가 맞닥뜨린 상황, 더 나아가 자신이 속한 세계가 공유하는 "언어 체계"(랑그)와 본문 구성의 일반적인 원칙에 따라 통제를 받는다. 그런데 독자들이 마주한 이런 전제조건들이 저자들의 그것과 일치하는 경우는 극히 드물다. 따라서 주석은 저자와 독자의 서로 다른 경험 세계 사이에 놓인 틈을 메워주는 역할을 해야 한다. 이 "틈 메우기"를 통해 저자의 올바른 의도가 분명해진 뒤에는, 독자들의 경험 세계를 향한 본문의 "의미"를 구체화해주어

---

15 "랑그"와 "파롤"은 현대 언어학의 창시자로 알려진 Ferdinand de Saussure에게서 비롯한 개념이다. 이에 관해 F. 소쉬르 지음/김현권 옮김, 『일반언어학 강의』(서울: 지식을만드는지식, 2012)을 참고하라.

16 이동수, 『구약주석과 설교』(서울: 장로회신학대학교 출판부, 2000), 9.

야 한다. 왜냐하면 구약성경은 신앙인에게 삶의 규범 구실을 하는 경전으로서의 특성이 있기 때문이다. 이에 관해 이동수는 다음과 같이 설명한다.

> 구약성경의 하나님의 말씀은 옛 이스라엘 시대뿐만 아니라 시간과 공간을 초월하는 영원히 살아 있는 말씀이다(참조. 사 40:8; 벧전 1:24-25). 따라서 구약성경의 주석은 하나님의 말씀이 선포된 그 당시의 이스라엘을 향한 "의도"뿐만 아니라 오늘 새 이스라엘인 교회를 향한 "의미"도 찾아내야 한다. 즉 주석을 통해서 드러난 본문의 그 당시 상황에서의 신학적인 "의도"를, 오늘의 교회와 사회의 상황에 적용시켜서 선포하는 설교적인 "의미"로 연결시켜야 한다.[17]

여기서 말하는 "의미"는 신앙 세계를 향한 회심과 신앙고백, 그리고 신앙 공동체는 물론이고 본문을 읽는 독자들이 소속된 일반 공동체의 회복을 지향하는 것이 마땅하다. 이는 앞서 살펴본 느헤미야와 사도행전의 본문에서도 분명하게 드러나는 점이었다.

이런 뜻에서 주석은 저자의 의도와 독자를 향한 의미 간의 상호작용을 통해서,[18] "보편적인 학문의 담론 안에서 공감할 수 있는 주장을 가지고 본문에 접근해가는 과정"[19]이라고 할 수 있다.

(2) 구약성경 해석의 역사에서 "성경 본문의 뜻" 이해

구약성경의 의도와 의미를 파악하는 일은 구약성경 자체에서 시작되었

---

17 이동수, 『구약주석과 설교』, 10.

18 성경 본문의 해석학적 이해를 돕는 간략한 책으로는 L. A. Schökel, *A Manual of Hermeneutics*(Sheffield: Shefield Academic Press, 1998)를 참조할 수 있다.

19 크로이처, 『구약성경 주석 방법론』, 34.

지만 이스라엘의 역사를 배경으로 초기 유대 공동체, 초기 교회 공동체를 거쳐서 교부시대 및 중세 시대의 다양한 해석 방법, 그리고 마침내는 르네상스 이후 이른바 역사비평이 도입되고 다양한 접근법이 제기되는 등 오랜 세월 동안 씨름해온 문제다.[20] 그만큼 구약성경에는 직관적으로 해결할 수 없는 문제들이 많다. 그런 문제들은 시대의 차이, 문화의 차이, 언어의 차이 등에 기인하거나 구약성경의 형성 과정에서 발생한다. 사실 그런 문제들이 구약성경의 해석과 주석의 역사에서 논란을 일으켰던 주제들이었다.

그런데 우리는 문제의 핵심을 의사소통 이론의 관점에서 설명할 수 있다. 곧 구약성경 본문을 주석하는 관점과 목적의 초점이 어디에 있는지에 따라, 즉 본문을 형성한 저자나 최종 형태 본문 그 자체 혹은 본문을 읽는 독자인지에 따라 본문 이해를 다르게 할 수 있고, 또한 본문 이해의 폭을 좁히거나 넓힐 수도 있다는 말이다.

① 구약성경 시대

구약성경의 해석은 구약성경 안에서부터 시작되었다. 이는 구약성경 가운데 상대적으로 후대에 기록된 본문이 앞선 기록을 현재화하는 경우에서 분명하게 찾아볼 수 있다. 가령 신명기 1-3장은 앞서 출애굽기와 민수기에 기록된 역사를 후대의 배경에서 동시대화해서 다시 기록한다. 그런데 신명기는 이른바 "신명기계 역사서"(das deuteronomistische

20 구약성경 해석의 자세한 역사는 다음 자료를 참조하라. Henning G. Reventlow, *History of Biblical Interpretation, vol. 1. From the Old Testament to Origen*(trans. Leo G. Perdue); *vol. 2. From Late Antiquity to the End of the Middle Ages*(trans. James O. Duke); *vol. 3. Renaissance, Reformation, Humanism*(trans. James O. Duke); *vol. 4. From the Enlightment to the Twentieth Century*(trans. Leo G. Perdue)(Atlanta: Society of Biblical Literature, 2009-2010). 좀 더 간략한 역사는 다음 자료들을 참조하라. R. M. Grant, *A Short Hirtory of the Interpretation of the Bible*(Minneapolis: Fortress Press, 21984); 왕대일, 『구약주석 새로 보기』, 62-101; 크로이처, 『구약성경 주석 방법론』, 37-48; M. 드라이차 등 지음/하경택 옮김, 『구약성서 연구 방법론』(서울: 비블리아 아카데미아, 2005), 27-57.

Geschichtswerk)의 역사 서술에 규범으로 구실한다. 신명기계 역사서의 역사가들은 신명기의 신학을 바탕으로 동시대의 역사를 해석한다. 포로기 이후 역사 기록의 기준이 되는 것도 바로 이 신명기의 관점이었다. 그 결과 포로기 이후의 역사가들은 신명기계 역사서에서 제공하는 기록을 취사선택하여 그중 일부는 수정하거나 첨가하면서 현재화하는 작업을 했다.

또한 구약성경의 해석은 시편의 표제에서도 찾아볼 수 있다. 이를테면 시편 중 13개의 시(시 3, 7, 18, 34, 51, 52, 54, 56, 57, 59, 60, 63, 142편)에는 개별 시의 내용과는 별개로 그 시와 다윗의 생애에 있었던 사건을 연결하는 표제가 달려 있다. 이는 분명히 시편을 수집하고 편집한 사람의 해석이 반영된 결과다.[21]

한마디로 말한다면 구약성경 안에서는 시대별로 당대의 독자들을 염두에 둔 해석의 경향이 주를 이루었다고 하겠다.

② 신구약 중간기

구약과 신약의 중간 시대인 헬레니즘 시대에는 우선 구약성경의 그리스어 역본인 칠십인역이 제작된 사건이 두드러진다.[22] 번역은 곧 해석이다. 헬레니즘 시대를 배경으로 그리스어를 사용하던 번역자는 당연히 동시대 회당(Synagogue)에서 구약성경을 읽을 디아스포라(Diaspora) 유대인들을 염두에 두었을 것이다. 그리고 더 나아가 혹시라도 관심을 가지고 구약성경의 그리스어 역본을 읽으려는 이방인들에게 그 내용을 전달해주려는 목적을 가지고 있었을 것이다. 그런데 히브리어와 그리스어는 언어에서나 그 배경이 되는 문화에서 서로 차이가 크고, 두 언어가 공유하지 않는 개념이나 어법들이 수없이 많다. 이런 상황에서 칠

---

21 이에 대해서는 Reventlow, *History of the Biblical Interpretation 1*, 12을 보라.

22 칠십인역에 관한 자세한 설명은 이 책의 제5장에서 해당 부분을 살펴보라.

십인역의 번역자들은 해당 개념이나 어법을 독자들의 관점에서 풀어서 설명해주거나 신조어(neologism)를 만들어 정확하게 전달하려고 노력했다. 그 결과 칠십인역은 단순한 번역을 넘어 헬레니즘 시대의 구약성경 이해와 해석을 보여주는 중요한 통로 구실을 하게 되었다. 개별 번역자들의 번역 원칙에 따라 다소 차이는 있겠지만, 크게 보면 칠십인역은 독자들의 본문 이해에 초점을 맞추어 구약성경 본문을 해석한 경우라고 할 수 있다.

③ 초기 유대주의

초기 유대주의의 구약성경 본문 해석을 가장 잘 드러내 주는 사례는 쿰란 공동체의 성경 해석, 즉 "페샤림"(pesharim)이다.[23] 페샤림은 구약성경 가운데 주로 예언서 본문을 한 구절 쓰고, 그에 관한 해석(פֵּשֶׁר[페셰르])을 적는 형식으로 되어 있다. 그런데 쿰란 공동체의 이 성경 해석에는 동시대의 묵시문학적 분위기가 영향을 끼쳤다. 그 결과 페샤림에서 해석하는 예언서 본문은 대부분 임박한 종말과 메시아를 대망하는 묵시문학적 의미로 귀결된다. 또한 이런 해석을 뒷받침하기 위해서 종종 예언서 본문이 수정되기도 했다.[24] 결국 쿰란 공동체도 철저히 독자 중심의 성경 해석을 지향했다고 볼 수 있다.

한편 쿰란 공동체와 구분되는 초기 유대주의 랍비들의 성경 해석은 철저하게 자음 본문 중심이었다. 그들은 구문적 의미가 없는 불변화사들까지도 모두 뜻을 새기려 시도했다.[25] 여기에는 칠십인역 본문의 의

23 페샤림의 구체적 특징에 관해서는 다음 자료를 확인하라. J. H. Charlesworth, L. Novakovic, *The Pesharim and Qumran History: Chaos or Consensus?*(Grand Rapids: Eerdmans, 2002).

24 구약성경 본문에 대한 페샤림의 이런 태도와 접근 방법에 관해서는 다음 논문을 참조하라. Jong-Hoon Kim, "Intetionale Varianten der Habakukzitate im Pesher Habakuk: Rezeptionsästhetisch untersucht," *Biblica* 88(2007), 23-37.

25 초기 유대주의 랍비들의 성경 해석 원칙에 대해서는 G. 스템베르거 지음/이수민 옮김, 『미드라쉬 입문』(유다·그리스도교 고전 입문 총서 III-2; 서울: 바오로딸, 2009)를 참조하라.

미 훼손에 대한 위기의식이 한몫했을 것으로 여겨진다. 이는 의사소통의 관점에서 보면 철저히 "본문"을 중심에 둔 최초의 시도라고 할 수 있다.

이후 유대주의 진영에서는 이른바 "미드라쉬"(Midrash)와 "탈무드"(Talmud) 등을 통해서 시대의 변화에 적응하며 구약성경 독자들이 맞닥뜨렸던 상황에 따른 해석을 축적해나갔다.

④ 신약성경 시대

신약성경이 기록되기 시작하면서 구약성경 본문 해석은 새로운 판세를 맞게 된다. 이제 구약성경에서 메시아를 예언하는 본문들은 당연히 예수 그리스도를 가리키는 것으로 해석되었다. 또한 구약성경의 많은 본문이 예수가 그리스도이심을 변증하기 위한 목적으로 사용되었다. 실제로 구약의 모든 약속과 예언이 예수 그리스도에게서 성취되었다고 강조하는 것이 신약성경의 일관된 해석 관점이었다. 이런 관점은 구약성경의 유형(Typus)이 예수 그리스도 사건이라는 대형(Antitypus)에 따라 해석되는 일종의 유형론(Typologie)을 드러내 준다. 이는 초기 기독교의 독자 공동체를 가장 우선적으로 염두에 둔 해석이라고 할 수 있다.

⑤ 교부시대

초기 유대주의와 신약성경 시대, 그리고 초기 기독교 교부들의 시대에는 성경의 본문—특히 직관적으로 이해하기 어려운 본문—을 해석할 때 "알레고리"(allegory)를 염두에 두었다. "알레고리"란 어떤 한 주제를 말하기 위해 다른 주제를 사용하여 그 유사성을 적절히 암시하면서 주제를 나타내는 수사법이다.[26] 알레고리가 사용된 본문에서는 본래 전달하려는 개념이나 주제가 감추어지기 때문에 독자는 본문의 표면에 나

---

26 참고. 국립국어원 표준국어대사전(http://stdweb2.korean.go.kr/main.jsp).

타난 것 이상의 깊은 뜻이나 내용을 미루어 짐작해야 한다. 이때 전달 수단과 그 의미는 논리적으로 연결되는 것이 아니라 자의적이고 주관적으로 관찰된 두 주제의 유사성이 연결 고리가 된다. 그러므로 알레고리의 의미 체계는 그것이 사용된 문맥을 넘어서까지 일반화하기는 어렵다.

신약성경에서 구약성경을 알레고리로 해석한 예는 드물기는 하지만 아예 없는 것은 아니다. 가령 아브라함의 두 부인인 사라와 하갈을 두 언약으로 해석하거나(갈 4:24-26), 모세의 반석을 그리스도와 동일시(고전 10:4)하는 등의 해석이 대표적이다. 초기 유대주의에서도 알레고리 해석이 발견되는데,[27] 정결과 부정의 구분을(레 11; 신 14) 알레고리화하여 윤리적으로 해석하는 경우가 대표적이다. 이에 해당하는 실례로는 정결한 짐승의 갈라진 발굽은 사람들이 늘 선한 것과 악한 것을 구분해야 한다는 사실에 관한 암시라고 보는 해석, 지느러미와 비늘이 있는 물고기가 정결하다는 규례는 물살에 휩쓸리지 말고 독립적으로 움직이라는 경고라고 보는 해석이 있다. 구약성경의 의미를 알레고리로 해석하는 이런 방법은 본문을 형성한 저자의 의도가 더 이상 파악되지 않는 상황에서 독자들에게 본문의 뜻을 풀어주려는 당대의 시대정신에 따른 시도라고 할 수 있다.

⑥ 중세 시대

중세 시대의 구약성경 해석을 가장 잘 특징짓는 말은 "다중의미론"이다.[28] "다중의미론"이란 구약성경 본문에는 하나가 아니라 여러 관점에서 파악할 수 있는 의미가 존재한다는 말이다. 먼저 등장한 것은 삼중의미론이었다. 이는 데살로니가전서 5:23에 기록된 "너희의 온 **영**(τὸ

27 참고. 크로이처, 『구약성경 주석 방법론』, 39-40.

28 중세의 성경 해석에 관해서는 Reventlow, *History of Biblical Interpretation 2*를 참조하라.

πνεῦμα)과 혼(ἡ ψυχή)과 몸(τὸ σῶμα)이"라는 표현에서 비롯되었으며 이 세 요소에 따라 성경의 의미를 세 가지 측면에서 살펴볼 수 있다는 것이었다. 여기서 세 가지 측면은 "문자적 의미"(*historia, sensus literalis*), "윤리적 의미"(*tropologia, sensus moralis*), "우의적 의미"(*allegoria, sensus mysticus*)였다.

삼중의미론이 발전하면서 중세의 사중의미론(*Quadriga*, 사마전차[四馬戰車])이 등장했다. 사중의미론을 대변하는 표어는 다음과 같았다.

> 문자적인 것은 일어난 일을 가르치고, 우의적인 것은 그대가 믿는 바를, 윤리적인 것은 그대가 해야 할 바를, 영적인 것은 그대가 가야 할 곳을 가르친다(*Littera gesta docet, quid credas allegoria, moralis quid agas, quo tendas anagogia*).[29]

사중의미론에 따르면 성경의 의미는 과거에 일어난 사건들, 과거와 현재의 연결, 현재 일어나는 사건들, 미래에 일어날 일 모두와 연결되어 있고 독자는 그것을 파악해야 한다.[30] 가령 사중의미론으로 "예루살렘"이 가진 의미를 분석해보자. 예루살렘은 문자적으로 팔레스타인의 산악지대에 자리 잡은 도시를 의미하고, 윤리적으로는 하나님이 임재하시는 곳으로서 인간의 영혼을 뜻할 수 있다. 또한 우의적으로는 오늘날의 배

29 크로이처, 『구약성경 주석 방법론』, 41. "이 문구는 리라(Lyra)의 니콜라우스(Nikolaus)가 쓴 갈라디아서 설교집에서 찾아볼 수 있다. 이것은 1260년에 다치아의 아우구스티누스(Augustinus de Dacia)가 이미 그의 신학편람인 *Rotulus pugillaris*에서 언급했다(여기서는 네 번째 문장이 다음과 같다: '*quid speres anagogia*'[영적인 것은 그대가 바라는 바를 〈가르친다〉])."

30 한편 중세 유대교 랍비들의 다중의미론은 "파르데스"(ParDeS)라는 개념으로 설명할 수 있다. "파르데스"는 "단어의 표면적/문자적 의미"(פְּשָׁט[페샤트]), "문자적 의미 너머에 있는 심층적 의미"(רֶמֶז[레메즈]), "비슷한 용례를 통해 주어지는 상대적 의미"(דְּרַשׁ[데라쉬]), "영감이나 계시를 통해 주어지는 내밀하고 신비로운 의미"(סוֹד[소드])를 요약한 두자어(acronym)다.

경에서 교회를 가리킬 수 있으며, 영적으로는 종말의 관점에서 영원한 하나님 나라를 뜻할 수 있다. 이런 접근 방법이 직관적으로 의미를 알아채기 힘든 구약성경의 본문들을 이해하는 데 어느 정도 도움을 준 것은 사실이다. 하지만 이는 결국 저자의 의도나 본문의 문맥을 고려하지 않은 채 독자의 자의적 해석에 빠질 우려를 안고 있다.

⑦ 종교개혁 시대

중세 시대를 풍미했던 성경의 다중의미론은 종교개혁 시대를 거치면서 격렬한 반박에 부딪혔다. 잘 알려진 대로 마르틴 루터(Martin Luther, 1483-1546)를 비롯한 종교개혁자들은 초기 교회에서부터 지속해온 알레고리 성경 해석을 지양하고 본문의 문자적·문법적 의미에 집중했다. 왜냐하면 알레고리 성경 해석은 자의성 경향이 강해 성경 자체의 권위보다 그것을 해석하는 교회의 권위를 우선시하는 데 악용될 수 있기 때문이었다.

루터는 "성경이 스스로를 해석한다"(*scriptura sacra sui ipius interpres*)라는 구호를 내세우며 성경 본문의 문자적·문법적 의미를 밝히는 것을 최우선 목표로 삼았다. 여기에는 성경의 명확성(*claritas scripturae*)에 대한 신념이 작용했다. 종교개혁자들은 성경의 명확성은 오로지 예수 그리스도가 중심이 되는(*solus Christus*) 하나님 이해를 기준으로 할 때 획득될 수 있다고 보았다. 그렇기에 성경은 전통이나 교회 조직과 나란히 서 있는 두 기둥 중 하나가 아니라 유일한 기둥(*sola scriptura*)으로 격상되었다. 의사소통의 관점에서 본 종교개혁 시대의 성경 해석에서 흥미로운 점은 본문 자체에 대한 관심이다. 종교개혁 시대에야 비로소 그때까지 오래도록 독자들의 세계에 집착했던 성경 해석이 새로운 장으로 나아가게 되었다고 평가할 수 있다.

⑧ 역사 실증주의 시대

르네상스 및 계몽주의 시대를 거치면서 성경을 역사의 산물로 보는 경향이 생겨났다. 이는 학계에 대두한 역사 실증주의에 영향을 받은 결과였다. 이제 해석자들은 성경의 본문 너머에 있는 저자의 세계를 밝혀 그들의 "의도"를 파악하려고 시도했다. 이런 태도는 언어학에서 쓰는 말인 "통시"(diachrony)로 표현되는데, "역사비평"(historical criticism)으로 알려진 이 방법을 통해 고대에서부터 제대로 풀리지 않았던 많은 난제가 해결되었다.[31] 예를 들어 본문이 한 번에 기록되지 않고 오랜 세월을 거쳐 수집되고 편집되었다는 사실을 확인하면서 성경에서 서로 모순되거나 중복되는 본문들에 관한 이해가 넓어지게 되었다. 또한 고대 사회의 구두 전승에 대한 관심 및 주변 세계와의 연관성에 관한 고찰은 직관적으로 이해되지 않던 성경 본문들을 폭넓게 이해할 수 있는 길을 열어주었다. 그러나 성경 본문에 관한 통시적 접근은 최종 형태의 본문 자체에 관한 세밀한 관찰이나 현재 신앙 공동체의 구체적 경험 세계를 위한 의미의 도출에는 근본적으로 한계를 가지고 있다.

⑨ 20세기 이후[32]

20세기 중반 이후, 역사비평의 통시적 관점에 한계를 절감한 성서학자들은 저자의 세계보다는 최종 형태의 본문 자체에서 시작하자는 주장을 내놓기 시작했다. 이런 태도는 본문의 동시적 "의미"를 강조한다는 의미에서 "공시"(synchrony)라는 말로 표현된다.

---

31 역사비평의 구체적인 역사는 이 책의 제7장에서 개별적 방법론을 살펴보면서 자세히 다룰 것이다.

32 여기서 소개하는 다양한 관점의 접근 방법들에 대해서는 다음 자료를 참고하라. 스티븐 헤이네스, 스티븐 메켄지 지음/김은규, 김수남 옮김, 『성서비평방법론과 그 적용: 역사비평에서 사회과학적 비평을 거쳐 해체주의까지』(서울: 대한기독교서회, 1997); 이동수, 『구약주석과 설교』. 좀 더 간략한 설명으로는 다음 자료를 참고하라. 박동현, 『구약학 개관』(서울: 장로회신학대학교출판부, ^{2}2016), 165-71.

구약성경 본문에 대한 공시적 접근은 두 가지 방향에서 이해할 수 있다. 먼저는 최종 형태로 남은 본문 자체의 세계에 관심을 두는 방법이다. 이는 이른바 "수사비평"(rhetorical criticism)의 중심이 되는 접근법이다. 이 방법에서는 본문 자체가 보여주는 여러 가지 수사적 장치들을 분석하면서 그것들의 유기적이고 역동적인 상호관계를 밝혀 의미를 이끌어내거나, 본문의 호소 구조를 분석해 본문이 독자에게 강조하는 의미를 이끌어낼 수 있다.

공시적 접근법의 또 다른 방향은 본문을 읽는 독자의 세계에 관심을 두는 것이다. 이는 이른바 "수용미학"(Rezeptionsästhetik) 또는 "독자반응비평"(reader response criticism)이라 할 수 있다. 이 방법에 따르면 본문의 의미는 확정되어 있지 않으며, 결국 그것은 독자의 독서 과정에서 생성된다. 그렇다면 독자의 경험 세계는 본문의 의미에 결정적인 영향을 미칠 수 있다.

구약성경 본문의 주석에서 이런 공시적 방법들은 통시적 방법이 고려하지 않은 부분을 문제 삼았다. 곧 공시적 방법은 독자를 향하는 본문 자체의 의미 구조에 관심을 두었다는 점에서 유의미하다. 그러나 저자의 세계를 배제한 본문 관찰도 의사소통의 관점에서 보면 미완성일 뿐이다.

결국 구약성경 본문의 의도와 의미는 본문을 형성한 저자의 고유한 경험 세계가 본문의 호소 구조를 통해 개별적 경험 세계를 보유한 독자와 만나는 지점에서 가장 이상적으로 발견될 수 있다. 그간 구약성경 주석에서 통시적 방법론들과 공시적 방법론들이 서로 배타적인 입장을 취해온 것이 사실이다. 이는 접근 방법의 차이로 인해 본문의 뜻을 파악한 결과가 저마다 달랐기에 나타난 현상이었다. 그러나 두 관점이 만나는 지점은 분명히 존재하며, 그것을 통합적으로 찾으려는 노력이 중요하다. 구약성경 본문을 형성한 저자들의 세계를 관찰함으로써 그들의 "의도"를 충분히 고려한 뒤, 본문의 호소 구조와 수사적 장치들, 그리고 독자의 경험 세계를 함께 살펴봄으로써 그 접촉점에서 가장 적합한 의미를 이끌어내는 것이 주석의 목표가 되어야 한다.

3) "이끌어내어 다른 사람들이 알기 쉽도록 그 뜻을 자세히 밝혀서 말해줌"

(1) "이끌어내어": 주석의 본문 지향성

주석은 본문에서 뜻을 "이끌어내는 것"(엑스에게시스)이다. 이는 주석자가 원하는 뜻을 본문에 집어넣는 것과 명확하게 구분된다. 주석자의 견해를 본문에 투영하는 것을 일컬어 "에이스에게시스"(εἰσήγεσις)라 하는데, "엑스에게시스"로서의 주석은 그런 자의적 해석을 삼가야 한다.[33]

그러나 한국교회의 강단을 자세히 들여다보면 설교자의 개인적 감정이나 정치적 견해, 공동체에서 겪은 경험을 본문에 투영하는 "에이스에게시스"가 아무런 거리낌 없이 자행되고 있다는 사실을 알게 된다. 이는 주석이나 설교가 공동체의 현장성을 반영하는 것과는 분명히 다른데, 대부분의 "에이스에게시스"에서는 성경 본문이 설교의 주체가 아니라 수단이 되어버리기 때문이다. 곧 성경 본문이 설교자의 주장을 뒷받침하는 각주 정도로 전락해버리는 것이다. "엑스에게시스"로서의 주석은 철저히 성경 본문에서 출발해야 한다. 그리고 그 본문이 주석이나 설교의 주체가 되어야 한다.

(2) "다른 사람들": 주석의 현장성

성경 본문의 뜻은 무엇인가? 이 질문은 주석의 핵심에 관한 것이라고

33 이에 관해 다음 자료를 참조하라. 왕대일, 『구약주석 새로 보기』, 53, 61-62.

할 수 있다. 의사소통의 관점에서 보았을 때, 본문의 뜻은 저자의 경험 세계, 본문의 호소 구조, 독자의 경험 세계의 세 가지 차원에서 생각할 수 있다. 이 세 가지 차원을 모두 아우르는 구약성경 주석이야말로 가장 이상적이라고 할 만하다.

따라서 구약성경 주석은 현장의 신앙 공동체가 맞닥뜨린 상황을 절대로 간과해서는 안 된다. 주석이 저자의 세계나 본문의 세계에만 머무른다면 현학적인 이론과 수사의 늪에 빠져 성경이 신앙 공동체의 정경으로서 갖는 지향성을 잃어버릴 우려가 있다. 구약성경은 단순한 역사서나 문학작품이 아니다. 구약성경은 기독교의 정경이다. 곧 구약성경의 주석은 동시대 기독교인들에게 신앙 규범을 제시해주어야 한다는 말이다.

그러므로 주석을 하는 사람은 반드시 동시대의 "다른 사람들"을 염두에 두어야 한다. 주석가 자신의 세계에만 빠지지 않도록 동시대의 신앙 공동체가 어떤 상황인지, 본문에서 그 신앙 공동체를 향한 어떤 의미를 이끌어낼 수 있는지를 항상 고민하며 주석이 현장성을 확보할 수 있도록 유의해야 한다.[34] 이 말은 앞서 느헤미야서와 사도행전의 예시에서 살펴보았듯이 동시대 기독교인들에게 언어적으로나 상황적으로나 규범적으로나 시의적절한 의미를 이끌어내려고 노력해야 한다는 말이기도 하다.

(3) "알기 쉽도록": 주석의 용이성

구약성경의 주석은 해당 본문이 형성된 시간과 공간 및 그 과정의 관점

---

34 주석의 현장성을 역설하는 다음 자료를 참고하라. 김근주, 『나를 넘어서는 성경읽기』(서울: 성서유니온, 2017).

에서 시작하여 그 고유한 의도를 밝히고,[35] 독자들을 향한 의미를 이끌어내는 작업이다. 구약성경 본문의 언어, 세계관, 가치관, 윤리관, 신앙관 등은 독자들의 그것과는 다르며 그로 인해 성경 본문 자체로는 정확한 의미가 오늘의 독자들에게는 제대로 전달되지 않을 수 있기 때문이다. 그렇다면 주석이 본문보다 쉬워야 하는 것은 매우 당연하다.

단적으로 말해 성경을 좀 더 쉽게 이해하는 데 도움을 주지 못한다면 그것은 올바른 주석이라고 할 수 없다. 그러나 때로는 방법론에 관한 이해와 그 적용의 미숙함 때문에, 또는 주석가의 현학적 태도 때문에 주석이 성경 본문보다 더 이해하기 어려워지는 경우가 있다. 성경 주석에 입문하는 사람은 그것이 본문을 알기 쉽게 해주는 과정임을 명심하고, 논리성이나 명확성이나 창의적인 측면에서 이해하기 쉽게 서술하려고 거듭 노력해야 한다. 이는 설교 현장을 염두에 두는 주석에서는 더더욱 강조되어야 할 자세다. 설교는 일회적인 데다가 구두 전달에 의존하기 때문에 복잡하고 어려운 해석이나 설명은 제대로 전달되기 어렵다.

(4) "그 뜻을 자세히": 주석의 통합성

그 뜻을 자세히 살핀다는 말은 앞서 논의한 바와 같이, 의사소통의 관점에서 본문 너머에 있는 저자들의 세계는 물론이고 본문의 형성 과정을 통과해 최종 형태의 본문에 이르게 된 모든 양상에 관한 관찰을 포괄한다. 이는 "분석"(analysis)과 "종합"(synthesis)의 개념으로 설명할 수도 있다. 또한 이 말은 주석에서 "비평"(Kritik)과 "역사"(Geschichte)를 분명히 구분해야 한다는 말이기도 하다. 주석에서 말하는 "비평"은 분석적

---

35 참조. H. Barth, O. H. Steck, *Exegese des Alten Testaments: Leitfaden der Metodik: Eine Arbeitsbuch für Proseminare, Seminare und Vorlesungen*(Neukirchen: Neukirchener Verlag, [11]1987), 1.

방법이고, "역사"는 종합적 방법이다. 그래서 우리나라에서 흔히 오해되는 것과는 달리,[36] "역사비평"으로 알려진 전통적인 주석 방법은 분석적 비평과 종합적 역사 재구성의 과정을 모두 아우른다.[37] 개별 주석 방법에서 적용되는 분석적 비평과 종합적 역사의 관계는 다음과 같이 요약할 수 있다.

① 본문비평과 본문 역사

어떤 성경의 필사본이나 역본에서 서로 다른 이형(異形, variants) 본문이 발견된다면 그것들의 선후 관계를 먼저 분석해야 한다. 그래야 가장 오래된 하나의 본문 형태를 주석의 기준으로 선택할 수 있다. 물론 거기서 작업이 끝나는 것이 아니다. 이형들이 생겨난 이유를 밝히지 않는다면 주석자의 선택은 논리성을 확보할 수 없기 때문이다. 그래서 본문의 이형을 분석(Textkritik, 본문비평)했다면, 반드시 본문의 역사를 종합적으로 재구성해야 한다(Textgeschichte).

② 문헌비평과 편집사

어떤 본문을 주석할 때 단락 내부의 통일성이 의심된다면 단락 안의 소단위들을 면밀하게 분석해야 한다. 그래서 과연 그 단락이 원래 하나의 단위였는지, 아니면 서로 다른 기원을 가지는 소단위들이 합쳐졌는지, 또 그 상대적 연대기는 어떤지를 밝혀내야 한다(Literarkritik, 문헌비평). 하지만 성경 본문 주석은 그렇게 분석해낸 소단위가 아니라 최종 형태의 본문을 대상으로 한다. 여기서 본문의 이질적 소단위들이 어떤 편집 단계와 과정을 거쳐서 최종 형태를 갖추게 되었는지의 역사를 재구성

36 이런 오해를 대표하는 문구로는 "본문을 난도질한다"는 말이 있다. 이는 역사비평의 분석적 특징만을 표적으로 삼은 것으로, 역사비평에 관한 무지에서 비롯한 선입견을 드러내 준다.

37 이에 관해 다음 자료를 참고하라. Barth, Steck, *Exegese des AT*, 9-14. 대표적으로 크로이처의 『구약성경 주석 방법론』이 이런 구분을 적용해 구성되었다.

할 수 있어야 한다(Redaktionsgeschichte, 편집사).

③ 양식비평과 양식사

어느 나라든지, 어떤 문화권이든지 특정 상황이나 배경에서 쓰이는 관용적인 표현들이 있기 마련이다. 구약성경에도 이런 관용어(Formel)가 많이 사용되었다. 문제는 그런 표현들은 개별 본문만 연구해서는 제대로 파악할 수 없다는 것이다. 그렇기에 주석가는 구약성경 전체의 배경에서 특정 어휘를 수집하고 분류하는 작업을 통해 과연 그 표현이 관용어인지, 또 그것이 어떤 장르(Gattung)인지, 어떤 상황(Sitz im Leben, 삶의 자리)을 전제하는지를 분석해내야 한다(Formkritik, 양식비평). 더불어 그런 관용어가 기나긴 역사를 거치면서 의미가 변화했는지의 역사를 재구성하고, 그것이 사용된 개별 본문이 그 역사에서 어느 시점에 해당하는지를 밝혀야 한다(Formgeschichte, 양식사).

④ 전승비평과 전승사

구약성경 본문의 기원은 종종 문헌 단계 이전, 곧 구두 전승의 단계로 거슬러 올라간다. 그 결과 주석가는 구약성경 안이나 밖에 존재하는 "전승 형태"(*traditio*)를 발견하게 된다. 이런 경우 서로 유사한 형태의 전승에서 공통점과 차이점을 찾아내고 분석해서 개별 전승의 의미를 파악할 필요가 있다(Überlieferungskritik, 전승비평). 그와 더불어 전승의 역사를 종합해야 개별 전승의 역사적 의미를 설명할 수 있다(Überlieferungsgeschichte, 전승사).

⑤ 전통비평과 전통사

구약성경 본문에는 문자적 의미가 아니라 상징적 의미로 쓰이는 개념들이 많다(*traditum*). 주석가는 그 개념이 구약성경에서 일반적으로 쓰이는 사례를 조사한 다음 그 의미 영역이 어디까지인지를 분류하고 분석해야 한다(Traditionskritik, 전통비평). 여기서도 마찬가지로 구약성경 전체에서 해당 개념의 역사를 재구성함으로써 개별 본문의 역사적 의미를 밝혀줄 필요가 있다(Traditionsgeschichte, 전통사).

지금까지 살펴본, 구약성경 주석에서 본문의 의미를 자세히 밝히기 위해 고려해야 할 분석 작업과 종합 작업을 대강 정리하면 다음과 같은 도식으로 나타낼 수 있다.[38]

(5) "밝혀서 말해줌": 주석의 명료성

① 주석의 논리성

주석의 진술은 감성에 기대는 수필이나 감정에 호소하는 선동과는 다르다. 주석은 객관적 논증을 지향하는 글로 표현된다. 그러므로 어떤 진술이든 분명한 근거를 갖추어야 하고 논리적이어야 하며 내용이나 형식이 명료해야 한다. 특히 한국교회의 설교 현장에서 주석의 논리성은 깊이 새겨두어야 할 요소다. 자칫 목회자의 불명료하고 비논리적이며 주관적인 본문 해석이 "말씀 선포"라는 명분 아래 회중에게 일방적으로 강요될 수 있기 때문이다. 이에 관한 크로이처의 말은 눈여겨볼 만하다.

> 진보하는 인식의 과정으로서의 주석에서 완전히 명백한 최종 해석은 존재하지 않는다. 그러나 오류와의 경계는 분명히 존재한다. 자의적인 것이 어떤 한 본문에서 나와서도 안 되고 어떤 한 본문으로 들어가서도 안

---

38 이와 비슷한 개념을 설명해주는 다음 자료를 참조하라. Barth, Steck, *Exegese des AT*, 10.

된다. 명백히(eindeutig) 틀린 것과 개연적으로(wahrscheinlich) 틀린 것이 있다.…이런 점에서 주석의 본질적 관심사는 본문의 진술을 분명하게 보여주고 본문과 그 이면에 있는 사람들을 올바르게 평가하는 것이다.[39]

오로지 하나의 의미만 고집하는 것도 문제지만, 논리의 오류가 있는 주관적 주장을 저마다 내세우는 것도 올바른 주석일 수 없다. 그렇기에 주석의 명료성을 위해서는 본문에 관한 진술을 거듭 검증하면서 논리적 근거를 찾는 노력을 게을리하지 말아야 한다.

② 주석의 일관성

주석에는 일관된 논지가 있어야 한다. 한 주석에서 본문의 모든 의미를 다 담으려 할 필요가 없고 그럴 수도 없다. 앞서 언급한 대로 본문의 뜻은 저자의 경험 세계와 본문의 호소 구조, 독자의 경험 세계가 만나는 지점에서 드러나게 된다. 그런데 이 세 차원은 매우 다양한 양상을 보인다. 그렇기에 이 세 차원의 어떤 점을 강조하느냐에 따라 본문의 뜻은 사실상 무한대로 확장될 수 있다. 물론 그렇다고 해서 본문의 뜻 자체가 해체된다는 말은 아니다. 주석은 결국 본문의 구조 안에서 이루어지기 때문이다. 그런데도 주석은 주석자가 특별한 관점에서 재구성한 저자의 경험 세계와 본문의 호소 구조를 통해 독자로서 주석자의 경험 세계를 향한 뜻을 이끌어내는 하나의 가능성이다. 주석의 이런 성격 때문에 주석자가 일관된 논지와 목적을 유지하지 않는다면 그 주석은 일관성 없는 정보의 나열에 그치기에 십상일 것이다. 그러므로 주석자는 본문에 대한 수많은 해석의 가능성 가운데 하나의 일관된 뜻을 이끌어내어 모든 단계에서 그것을 해설해나가야 한다.

39 크로이처, 『구약성경 주석 방법론』, 33.

2장

구약성경 주석의 구성

1. 구약성경 주석의 일반적인 구성 요소

구약성경 주석에서는 과연 무엇을 어떻게 다루는가? 이 질문은 구약성경 주석 방법론을 실습하고, 더 나아가 구약성경의 본문을 실제로 주석하려면 반드시 살펴보아야 할 질문이다. 달리 말해 본문의 뜻을 이끌어 내는 주석 작업을 제대로 수행하기 위해서는 시작에서부터 마무리까지의 "로드맵"(road-map)을 가지고 있어야 한다. 이 로드맵을 통해 주석의 과정을 처음부터 끝까지 염두에 두게 되면 개별 항목이 무엇을 하는 작업인지, 또 그것이 어떤 의미가 있는지 방향을 잃지 않을 수 있다.

이를 위해 기존에 출간된 주석 전집을 살펴보면서 주석의 기본 구성을 파악해볼 필요가 있다. 여기서 예시로 소개되는 주석 전집 가운데 외국어 서적은 역사비평적 관점을 기본 전제로 하는 것들이며, 우리말 서적은 분명한 편집 기준을 가지고 저술된 것들이다.[1]

1 영미권에서 나온 주석 전집류의 특징에 관한 간략한 설명은 다음 자료를 참고하라. 데이비드 R. 바우어 지음/황의무, 왕희광 옮김, 『성경연구를 위한 손안의 서재』(서울: 새물결플러

1) 기존 주석 전집의 기본 구성

(1) Biblischer Kommentar: Altes Testament (= BKAT)[2]

구분	내용
참고 문헌(Literatur)	개별 단락의 주석적 주제 관련 참고 문헌 제시
본문 번역(Text)	본문 사역 다음에 별다른 소제목 없이 곧바로 본문비평 제공
양식(Form)	본문의 문학적 성격과 양식비평 관점의 특징 서술
자리(Ort)	본문의 다양한 역사적 배경 논의
말씀(Wort)	개별 구절 주석
목적(Ziel)	주석적 핵심 요약

(2) Hermeneia: A Critical and Historical Commentary on the Bible[3]

구분	내용
참고 문헌(Bibliography)	개별 단락의 주석적 주제 관련 참고 문헌 제시
본문 번역(Translation)	"본문 번역"의 미주 형태로 본문비평 제공
분석(Analysis)	본문의 언어와 문학, 역사적 특징 등 논의
구조 개관(Structural Plan)	본문의 짜임새가 한눈에 보이도록 제시
주해(Exposition)	개별 구절 주석
의미(Significance)	주석적 핵심 요약

(3) The Anchor Yale Bible: A New Translation with Introduction and Commentary (= AB)[4]

구분	내용
본문 번역(Translation)	-

스, 2014), 86-99. 특히 구약성경 개별 책들의 주석에 관한 설명은 같은 책 161-314을 확인하라. 또한 외국어로 저술된 성경 주석들을 검색할 수 있는 웹사이트를 활용하라(https://www.bestcommentaries.com)

2 Edited by S. Herrmann etc./Neukirchen: Neukirchener Verlag, 1961-.

3 Edited by F. M. Cross, H. Koester/Minneapolis: Fotress, 1971-.

4 Edited by W. F. Albright, D. N. Freedman/Garden City, N. Y.: Doubleday, 1964-(『앵커바이블 주석』, 서울: CLC, 2013-).

비평 주(Notes)	본문비평과 관련한 사항 언급(저자에 따라 문학 양식, 짜임새, 배경 등 상술)
주석(Comments)	개별 단락의 문맥적·역사적·주석적 의미 서술

(4) Word Biblical Commentary (=WBC)[5]

구분	내용
참고 문헌(Bibliography)	개별 단락의 주석적 주제 관련 참고 문헌 제시
본문 번역(Translation)	-
비평 주(Notes)	본문비평과 관련한 정보를 가능한 한 간결하게 제공
양식/구조/배경 (Form/Structure/Setting)	최종 형태 본문의 문학적 특징, 짜임새, 역사 · 문학적 배경 서술
주석(Comments)	개별 구절 주석
해설(Explanation)	주석적 핵심 요약, 새 언약의 관점에서 본문의 의미 제시

(5) 『대한기독교서회 창립 100주년 기념 성서 주석』[6]

구분	내용
본문	개역개정 본문 사용
개요	본문의 구성과 문학적 특징, 역사적 배경 등 서술
주석	개별 구절 주석
메시지	주석적 핵심 요약

(6) 『한국장로교총회창립 100주년기념 표준주석』[7]

구분	내용
[본문][8]	개역개정 본문 사용
[주석]	개별 구절 주석
설교를 위한 묵상	설교 대지를 중심으로 한 주석적 핵심 요약

---

5 Edited by B. M. Metzger/Nashville: Thomas Nelson, 1982-(『WBC 성경주석』, 서울: 솔로몬, 1999-).

6 이상훈 등 엮음, 서울: 대한기독교서회, 1993-2012.

7 대한예수교장로회총회교육자원부 엮음, 서울: 한국장로교출판사, 2012-.

8 각진 괄호 안의 내용은 항목에 해당하는 독자적인 제목이 없는 경우다.

2) 기존 주석 전집의 구성 요소 정리

(1) 제목

모든 주석의 기본적 요소 중 빠지지 않는 것은 주석의 대상이 되는 개별 단락에 관한 제목이다. 이 제목은 개별 단락에 관한 주석가의 이해를 압축한 것이므로 주석의 구체적인 내용만큼이나 중요하다고 할 수 있다.

(2) 참고 문헌

개별 주석가들이 내놓은 주석의 학문적 권위를 보증하는 동시에 본문의 주제나 특징의 심화 연구를 위한 안내를 제공하는 구실도 한다.

(3) 본문 번역

대다수 주석 전집은 단위 본문을 직접 번역해 제공한다. 이 번역은 대개 해당 본문이 정경으로 쓰이는 것을 염두에 둔 것이 아니라, 그것을 향한 학술적 접근의 관점에서 시도한 것이다. 개별 주석가들의 이런 번역들은 정경으로서의 성경 번역이 개정되는 데 영향을 줄 수 있다는 점에서 그 의미를 찾을 수 있다. 그러므로 주석에서의 번역은 교리나 기존 번역에서 가능한 한 독립되어 자유로울 수 있어야 한다.

이런 점에서 우리말로 저술된 주석 전집들은 한계를 드러낸다. 왜냐하면 우리말 주석 전집들은 보통 교회 현장의 실용적 목적을 겨냥한 듯 "개역개정" 본문을 사용하기 때문이다. 주석을 위한 사역(私譯) 없이 개역개정 본문을 가지고 주석을 하다 보면 종종 본문과 주석 내용 사이의 불일치를 감수해야 할 상황이 벌어지기도 한다. 이런 한계를 극복하려는 주석가들은 본문에 관한 자신의 견해가 개역개정의 관점과 다를 경우 해당 본문에 관한 자신의 번역을 따로 기재하기도 한다.

(4) 본문비평

권위 있는 주석 전집 대부분은 사역의 바탕이 되는 본문비평을 제공한다. 물론 우리는 이 책에서 훨씬 자세하고 형식화한 본문비평을 다루겠지만, 실제 주석에서는 본문비평의 과정을 생략하고 결과를 중심으로 하여 간략한 정보를 보여주는 경우가 많다. 본문비평을 어떻게 하느냐에 따라 본문에 관한 색다른 번역과 이해가 제기될 수 있다. 따라서 본문 번역과 마찬가지로 본문비평도 가능한 자유롭게 시도되어야 한다. 이때 본문비평의 결과는 반드시 본문 번역에 반영되어야 하는 것이 원칙이다.

(5) 본문의 배경에 관한 고찰

이 부분은 주석의 신학적 성향이나 편집 원칙에 따라 매우 다양하게 구성된다. 어쨌거나 여기에는 본문의 짜임새, 본문의 문학적 특징, 본문의 역사적 배경 등이 포함되면서 본문을 주석하고 이해하기 위한 기본적인 전제들이 포괄적으로 다루어진다. 이로써 주석을 읽는 독자들은 본문 문맥의 미시적 의미뿐 아니라, 이스라엘의 역사와 정신사에서 본문을 조망하는 거시적 의미도 더불어 파악할 수 있게 된다.

(6) 개별 본문 주석

주석의 핵심은 무엇보다 개별 본문의 의미를 이끌어내는 개별 본문 주석에 있다. 이를 위해서 많은 주석 전집들이 본문의 배경에 관한 고찰을 제공한다. 해당 본문에서 드러나는 주제들이 구약성경에서 차지하는 위치를 고찰하는 작업은 실제로 개별 본문을 이해하고 주석하는 데 결정적인 근거로 작용한다.

(7) 본문 해설

개별 본문의 주석에서 분석적으로 다루었던 본문의 주석적 의미는 마지막 본문 해설에서 종합적으로 요약 진술된다. 이때 많은 주석서가 새 언약의 관점에서 구약 본문을 해설하기도 한다.

2. 구약성경 주석을 구성하는 목차

기존 주석서들의 기본 구성 요소들은 이 책에서 주석의 실제적 목적 달성과 교육 효과의 극대화를 위해 수정·종합하여 제시될 필요가 있다. 이 책은 일차적으로 신학생들이 구약성경 주석 방법을 실제로 습득하는 데 도움을 주려는 목적이 있다. 따라서 여기서 제시하는 주석의 목차는 주석 실습 과제를 염두에 둔 것임을 밝힌다. 물론 여기에는 앞서 살펴본 일반적 주석들이 기본적으로 포함하는 요소들이 빠질 수 없다. 특히 "3. 2) 본문의 역사적 배경"은 이른바 역사비평의 핵심적 요소들을 관찰하는 부분이다. 그리고 그 하위 순서는 앞서 주석의 역사에서 간략하게 살펴본 대로 역사비평의 발전 단계를 반영한다. 이 목차의 각 항목에 무슨 내용이 담겨야 하는지 간략하게 알아보자.

1. 본문 번역
2. 본문비평
3. 본문의 짜임새와 역사적 배경
    1) 본문의 짜임새

(1) 본문의 언어적 특징

(2) 본문의 짜임새

2) 본문의 역사적 배경

(1) 본문의 통일성/비통일성

(2) 본문의 장르와 삶의 자리

(3) 본문의 전승과 전통

(4) 최종 형태 본문의 형성사

4. 개별 주석

5. 종합 해석

6. 참고 문헌

1) 본문 번역

구약성경 본문의 주석은 해당 본문의 원문을 읽고 번역하여 분석하는 데서 시작한다. 이 과정은 당연히 구약성경의 원문인 히브리어와 아람어에 관한 지식을 전제한다. 원어 본문에 접근하는 것은 주석의 풍부함과 깊이를 담보할 수 있는 가장 기본적인 방법이다. 원어 본문을 다른 말로 옮길 때는 원칙을 정해야 한다. 그 원칙이란 크게 원문의 특징을 그대로 전달하는 데 주안점을 두어 가능한 한 직역을 할 것인지, 아니면 번역문의 이해도를 높이는 데 강조점을 두어 의역을 할 것인지의 문제로 귀결된다.

좋은 본문 번역은 이 둘 사이의 적정 지점에서 균형을 맞추어야 할 필요가 있다. 하지만 주석을 위한 번역에서는 직역에 더 주안점을 두는 것이 좀 더 권장할 만하다. 물론 용언을 문장의 마지막에 두는 경향이 강한 우리말은 동사가 문장의 첫머리에 오는 경향이 있는 히브리어와 어순 자체가 달라서 히브리어를 있는 그대로 직역하는 데 어려움이 따른다. 그래서 신학생이라면 원전 강독 수업 등을 통해 히브리어 본문을 자주 접하고 번역하는 연습이 끊이지 않도록 노력해야 한다. 해당 본문을 초벌로 번역한 다음에는 기존의 역본들과 견주어 보는 것이 도움이 된다. 우리말 성경의 경우에는 개역개정(1998), 새번역(2001), 가톨릭 성경(2005) 등이 공인된 역본으로 참고할 만하다. 이 과정을 통해 자신의 번역이 정당한지 검증하는 동시에 곧 이어질 본문비평에서 문제가 될 듯한 본문을 일차적으로 확인할 수 있다.

2) 본문비평

본문을 번역한 뒤에는 본문의 역사를 검증하고 주석할 본문을 확정해야 한다. 이 과정이 본문비평에 해당한다. 구약성경은 굉장히 오랜 세월에 걸쳐 형성되었다. 그 과정에서 여러 사본이 일부 차이를 드러내는 현상은 피하기 어려웠다. 여기에는 필사 오류 등의 비의도적인 원인과 여러 가지 이유에서 기인한 수정 등의 의도적 원인이 작용했다.

앞서 언급했듯이 이렇게 차이를 보이는 본문들을 이형(異形, variant)이라고 일컫는다. 본문비평에서는 본문을 전승하는 여러 필사본이나 번역본들 사이에 이형이 발견될 경우에, 이들 가운데 도달할 수 있는 가장 오래된 본문 형태를 결정하고 나머지 이형들이 발생하게 된 이유를 설명하면서 본문의 역사를 재구성하는 작업을 한다. 이를 위해서는 두 가지 선이해가 있어야 한다. 첫째, 구약성경 본문의 전승 과정에서 흔히 일어나는 본문 변경의 원인들에 관한 전반적인 선이해다. 둘째, 여러 이형 가운데 가장 오래된 본문을 찾아가는 일반적인 원칙에 관한 선이해다. 본문비평을 하는 과정에서 초벌로 한 본문 번역을 재고하고 수정하면서 개선하는 작업이 함께 이루어져야 한다.

3) 본문의 짜임새와 역사적 배경

① 본문의 짜임새

먼저 **본문의 언어적 특징**을 분석해야 한다. 여기서는 주로 본문 안에 있는 여러 언어적·문학적 특징들을 찾고 분석한다(독일어에서는 이 작업을 "Sprachliche Beschreibung"[언어 설명]이라고 표현한다). 이 작업은 앞으로 이어질 모든 주석 단계를 위해서 중요한 통찰력을 얻게 해준다.

본문에 관한 이런 분석적 관찰을 바탕으로 **본문의 짜임새**를 종합적인 관점에서 파악하는 단계로 나아가야 한다. 본문의 언어 세계에 관한 분석적 관찰 단계를 거치면 본문이 개별 소단위로 어떻게 나뉘는지에 대한 통찰을 얻을 수 있다. 이런 언어적 통찰을 바탕으로 개별 소단위의 내용과 상호 연관성을 간략하게 정리하는 것이 본문의 짜임새를 분석하는 주된 목적이다.

② 본문의 역사적 배경

성경 본문의 주석은 앞서 언급한 대로 본문 형성의 통시적 배경과 최종 본문의 공시적 의미를 모두 아우르는 것이다. 본문의 공시적 의미를 이끌어내는 데는 당연히 통시적 배경에 관한 이해가 전제되어야 한다. 사실 우리가 다루는 **역사적 배경** 관찰의 단계는 실제로 구약주석의 역사와 직접 연관된다.

가장 먼저 주석할 **본문의 통일성**을 검증한다. 이는 문헌 형태의 본문이 처음부터 완결된 형태로 시작했는지, 아니면 두 개 이상의 서로 다른 문헌이 합쳐지든지 부연되는 형태로 연결되었는지 등의 **문헌비평**(Literarkritik) 관점에서의 분석을 말한다. 이 분석은 본문 안에서 모순되거나 중복되는 요소를 찾는 데서 시작한다. 만약 본문이 여러 단위로 나뉜다면, 역사적 관점으로 관찰하는 모든 단계의 마지막에서 최종 형태 본문의 형성사를 **편집사**(Redationsgeschichte) 관점에서 다루어야 한다.

구약성경의 본문은 처음부터 문헌으로 시작한 것도 있지만, 오랜 세월에 걸쳐 구전(口傳) 단계를 거친 경우가 많다. 우리에게 전해진 구약성경의 본문에는 이런 구전의 흔적이 문헌 저술들과 더불어 공존한다. 성경에서 구전의 흔적을 살펴보려 할 때 가장 먼저 고려해야 할 것은 언어의 일반성이다. 구약성경의 본문에는 특정한 상황에서 쓰던 일반적인 관용구(Formel)가 들어 있는 경우가 많다. 이런 관용구들은 해당 본문이 어떤 상황(Sitz im Leben[삶의 자리])에서 어떤 목적으로 쓰인 장르(Gattung)인지를 알게 해준다. 이런 고찰은 보통 **양식비평**(Formkritik)을 통해 이루어진다. 그런데 개별적 관용구와 함께 쓰이는 특정 장르는 세월이 흐르면서 그 삶의 자리도 달라지는 경우가 많다. 구약성경 안에는 이 세월의 흐름이 켜켜이 쌓여 있기에 이런 장르의 역사 역시 **양식사**(Formgeschichte)의 관점에서 재구성해야 한다.

구약성경 본문의 구전으로 더 깊이 들어가는 단계는 본문의 전승 과정(*traditio*)을 다루는 **전승비평/전승사**(Überlerferungskritik/-geschichte)[9]와 연관된다. 이는 해당 본문과 유사점이 있는 평행 본문을 구약성경 내부나 고대 근동 문헌에서 찾아 그것들을 서로 비교해 공통점과 차이점을 찾는 것에서 시작한다. 전승들 사이의 공통점인 "불변 요소"가 구두 전승의 기본 뼈대를 드러낸다면, 전승들 사이의 차이점인 가변 요소는 개별 전승의 고유성을 보여준다. 전승사는 이들 전승의 역사를 재구성한다.

본문 전승의 내용(*traditum*)은 **전통비평/전통사**(Traditionskritik/-geschichte)에서 다룬다. 이스라엘의 정신사는 오랜 세월을 거치면서 서서히 형성되었다. 전통비평과 그 역사는 이런 이스라엘 정신사의 주요 개념들을 소재로 삼는다. 여기서는 주석 본문에 등장하는 여러 개념 중 이스라엘 정신사 형성에서 중요한 것을 찾아 그 개념이 구약성경 안에

9 이 용어의 넓은 의미와 좁은 의미에 관한 논의는 이 책의 제11장에서 확인하라.

서 어떤 의미로 쓰였는지를 분류·분석한다. 그런 뒤 해당 개념의 정신사적 의미 계승 과정 또는 변화의 역사를 재구성한다.

이상의 고찰이 마무리되면 최종 형태 본문의 형성 연대와 저자를 **편집사**의 관점에서 종합하여 재구성하는 것으로 본문의 역사적 배경에 관한 논의를 마무리한다. 물론 하나의 주석에서 각 본문에 해당하는 역사적 배경과 관련한 관점들을 다 고찰할 수는 없다. 방법론이 본문의 내용적 특성을 초월해서는 안 된다. 주석가는 본문의 의미를 가장 잘 이끌어내고 본문의 역사적 배경에 가장 특징적으로 접근할 수 있는 연구 방법을 지혜롭게 적용해야 한다.

4) 개별 주석

개별 주석(Einzelexegese)은 지금까지 고찰한 내용들을 바탕으로 개별 구절들의 의미를 이끌어내는 분석 방법이다. 한 절 한 절 순서를 따라가며 주석하거나 필요에 따라 몇 절씩 묶어서 다룰 수도 있다. 이때 모든 개별적 고찰들은 본문의 전체적인 문맥을 염두에 두고 이루어져야 한다.

5) 종합 해석

마지막으로 본문 해설(Gesamtinterpretation)에서는 본문의 개별 주석에서 드러난 요점, 구약성경에서 본문이 차지하는 의미, 새 언약의 관점에서 본 본문의 의미 등을 종합적인 관점에서 요약해 서술한다.

6) 참고 문헌

주석 과정에서 사용된 모든 참고 문헌을 체계적으로 정리한다. 이에 관해서는 이 책의 제11장을 참조하라.

7) 주석의 제목

주석에는 제목이 있어야 한다. 이것은 모든 주석에서 빠지지 않는 요소다. 주석의 제목은 주석자가 본문에서 이끌어낸 뜻의 핵심, 곧 본문의 "의도"와 "의미"를 요약해준다. 설교 현장에서 이는 설교 제목과 연결된다. 그 제목은 본문에 등장하는 핵심 어구일 수도 있고, 주석에서 이끌어낸 의미의 핵심을 요약해 진술한 간단한 문장일 수도 있다. 주석의 어느 단계에서 제목을 정해야 하는지에 대한 정답은 없다. 그러나 아무래도 주석의 마지막 단계인 "종합 해석"을 하면서 제목을 정하는 것이 바람직할 듯하다. 해당 본문에 관한 모든 논의를 요약해서 그 의미를 핵심적인 한마디로 표현할 수 있으려면 본문을 바라보는 다양한 관점이 충분히 전제되어야 하기 때문이다.

제 2 부

주석 본문의 선택과 번역

3장

주석 본문 선택

구약성경 본문을 제대로 주석하기 위해서는 다른 무엇보다 본문 자체에 대한 세밀한 관찰에서 시작해야 한다. 그래서 보통 주석에 입문할 때는 2차 문헌부터 조사하기보다는 먼저 본문과 씨름하는 습관을 들이라고 말한다. 자칫 2차 문헌의 번역이나 견해가 본문 주석에 선입견으로 작용하여 부정적인 영향을 끼칠 수 있기 때문이다. 특히 구약성경의 원문에는 역본에서 파악하기 힘든 고유한 특징들이 꽤 많다. 이는 종종 주석자에게 결정적인 통찰력을 제공해주기도 한다. 주석에 입문하는 사람은 이런 점을 분명히 인지하고 반드시 원문을 다루기 위해 노력해야 할 것이다.

주석에서 본문 선택은 첫 단추와 같다. 선택한 본문의 범위가 서로 연관된 단락을 중간에서 끊게 되거나, 그 반대로 의미 진술이 서로 다른 단락을 이어 붙인 꼴이 되면 이후의 주석 과정이 모두 꼬이면서 본문의 원래 의도와는 거리가 먼 주석 결과가 나올 수 있기 때문이다. 그래서 합리적이고 타당한 본문 선택은 주석의 질을 좌우할 정도로 중요하다.

하지만 많은 사람이 정작 본문에 구체적으로 어떻게 접근해서 어디까지 경계를 설정할지 생각하면 막연함을 느낀다. 그런 사람들을 위해서 본문의 선택과 선정에 도움이 될 만한 몇 가지 고려 사항을 정리해보았다.

1. 구약성경 개별 본문의 특징 이해

구약성경 본문에 효과적으로 접근하려면 무엇보다 구약성경 본문의 개별적 특징을 전반적으로 알고 있어야 한다. 이는 신학교에서 구약성경과 관련해 가장 먼저 배우는 성경 개관(Bibelkunde) 과목에서 다루는 주제다. 이 과목을 통해 성경 본문을 꼼꼼하게 읽으면서 전체와 개별을 아우르는 개관적 지식을 제대로 습득한 사람은 유의미하고 타당한 본문을 선정해 올바르게 주석해갈 발판을 마련한 것이다.

오경에서 율법 조항을 다루는 본문과 시편에 수록된 시를 주석하는 데에는 분명히 차이가 있을 것이다. 또한 열왕기 본문 및 역대기의 평행 본문을 주석하는 일도 앞의 경우들과는 분명하게 구분되어야 하지 않겠는가? 마찬가지로 예언서의 신탁 본문과 지혜문학의 격언은 분명히 다른 관점에서 접근하는 주석이 이루어져야 한다. 여기서 우리는 구약성경 개별 본문의 다양한 특성을 습득할 수 있는 성경 개관이 뒷받침되어야 올바른 주석이 가능하다는 사실을 확인할 수 있다. 주석 본문의 올바른 선택은 성경 개관의 기본 지식을 전제한다.

성경 개관을 목표로 하는 책은 매우 많다. 하지만 그 수많은 책 가운데서 구약성경 주석 방법론의 관점에서 필수적인 요소를 모두 다루거나 성경 개관의 관점에서 구약성경을 효율적으로 다루는 책들은 의외로 많지 않다. 다만 여기 선별해놓은 책들은 본문 선택에 기초가 되는 성경 개관을 습득하는 데 유용할 것이다.

- 에리히 쳉어 등 지음/이종한 옮김, 『구약성경개론』(왜관: 분도출판사, 2012).[1]

1 이 책은 우리말 용어들이 가톨릭교회의 기준에 맞추어져 있다. 이 책은 2005년에 출간된 제5판의 번역인데, 원서는 그 이후 계속해서 개정되어 2015년에 9판이 출간된 상태다. 따라서

- 한스-크리스토프 슈미트 지음/차준희 등 옮김, 『구약, 어떻게 공부할 것인가?』(서울: 대한기독교서회, 2014).
- 마르틴 뢰젤 지음/김정훈 옮김, 『구약성경 입문』(서울: 기독교문서선교회, 2017).
- 버나드 W. 앤더슨 지음/김성천 옮김, 『구약성경 탐구』(서울: 기독교문서선교회, 2017).
- 김혜윤 지음, 『구약성경 통권노트』(서울: 생활성서사, 2009).[2]
- 김근주 지음, 『구약의 숲』(대전: 도서출판 대장간, 2014).
- 박동현 지음, 『구약성경 개관』(서울: 장로회신학대학교출판부, ²2016).

2. 주석의 목적 고려

성경 개관에 관한 정보를 바탕으로 성경 본문을 자세히 읽었다면 주석의 목적을 고려해 주석 본문을 결정해야 한다. 본문 선택과 관련한 주석의 목적은 다음과 같이 크게 세 가지로 나눌 수 있다.[3]

1) 성서학자들의 주석 본문 선택

성서학자들이 주석 논문을 작성하기 위해 본문을 선택할 때는 주로 두 가지 경우가 있다.

첫째, 구약성경 본문 주석을 주제로 한 학위 논문, 또는 성서학자들

가장 최근의 경향을 접하고자 한다면 독일어 원서를 읽어보기를 권한다.

2 이 책은 우리말 용어들이 가톨릭교회의 기준에 맞추어져 있다.

3 본문 주석의 배경이 되는 다양한 현실에 관한 논의는 다음 자료를 참고하라. Utzschneider, *Arbeitsbuch*, 345-59. Utzschneider는 독일의 신학교와 목회자들이 맞닥뜨리는 여러 현실에 따라 ① 시간의 제한을 받지 않는 학술적 주석, ② 시간의 제약을 받는 신학교 학과목 주석, ③ 목회 현장의 설교를 위한 주석 등을 언급한다.

의 주석 논문처럼 전문적인 영역에서 이루어지는 주석을 위해 본문을 선택할 때다. 이런 경우에는 성경 개관의 기초 지식뿐 아니라 해당 본문을 둘러싼 최근의 연구 경향에 관한 통찰도 필요하다. 따라서 이때는 본문 관찰과 2차 문헌 고찰을 동시에 진행하며 주로 성서학계에서 쟁점이 되는 본문이 선택의 대상이 된다.

둘째, 성서학자가 개별 책의 주석서를 저술할 때다. 이런 경우에는 구약성경 개별 책을 처음부터 주석해나가야 하기에 곧바로 본문의 경계 설정과 짜임새 분석에서 시작한다. 이때 주석 본문을 특별히 선택하는 과정은 생략되지만 개별 책의 전반적인 특징과 논쟁점에 관한 통찰이 선행되어야 한다. 곧 주석가는 선행 연구를 조사하는 과정에서 주석의 새로운 관점을 고민해야 한다. 이런 형태의 주석은 개별 본문의 일반적 특징을 넘어 심화된 문제점들을 주석가의 고유한 관점에서 새롭게 논증하는 것을 목표로 한다. 그 목표에 따라 성경 본문에서 이끌어내는 의미는 학문적·역사적 관점이 우선적으로 고려된 결과다.

2) 목회 현장의 설교를 위한 본문 선택

설교는 대다수 신학생이나 목회자에게 가장 현실적인 필요를 불러일으키는 사안이다. 그런데 설교도 기본적으로 본문에서 뜻을 이끌어내는 주석 과정이 전제된다. 따라서 본문의 선택 방식이 고려되어야 하는데, 설교를 위한 본문 선택은 통상 다음 세 가지 방식으로 이루어진다.

첫째, 성서정과(聖書定課, Lectionary)에 따라 설교의 본문을 정하는 경우다. 성서정과란 교회력에 따라 배치한 "성경 읽기표"라고 볼 수 있다. 개신교회에서는 이를 적극적으로 적용하지 않는 분위기이지만, 동방정교회나 가톨릭교회, 성공회 등에서는 적극적으로 사용한다(*Ordo Lectionum Missae*, Revised Common Lectionary). 성서정과에 따라 성경을 읽으면 구약성경을 먼저 읽은 뒤 시편, 신약의 서신서, 복음서 등의 순서에 따라 성경을 골고루 읽을 수 있다. 개신교회 일부에서도 매년 이 성서정과에 따라 설교 본문을 제시하고 설교문 작성을 위한 기초 자료를 제공하려는 시도가 있어왔다.[4] 성서정과에 따라 설교 본문을 정할 경우 본문을 다양하게 다룰 수 있다는 장점이 있다. 하지만 공동체가 실제적으로 당면한 과제나 깊이 다루어야 할 문제에 즉각적으로 반응하기 어렵다는 단점이 있다.

둘째, 특정 책의 본문을 차례차례 이어서 설교하는 이른바 "강해설교"(expository preaching, biblical preaching)의 경우다. 강해설교도 본문이 미리 정해져 있다는 점에서 임의로 설교 본문을 선택할 때 특정 주제가 담긴 본문을 편식(偏食)하게 되는 폐단으로부터 비교적 자유로울 수 있다. 그러나 다루어야 하는 본문이 교회력이나 공동체의 역동적 상황과 어울리지 않을 우려가 있다.

셋째, 목회자가 공동체의 상황에 따라 임의로 본문을 정하는 경우다. 이때 목회자는 성경에 대한 개론적 지식을 필수적으로 갖추어야 한다. 각급 신학교에서 입학이나 진급을 위해 성경 시험을 치르는 이유도 목회자 후보생이 성경 개관 지식을 갖추게 하려는 것이다. 그도 그럴 것이 목회 현장에서 목회자는 공동체가 맞닥뜨린 실천적 문제에 알맞게 설교 본문을 직접 정해야 하는 경우가 많다.

그러나 목회 현장의 실천적 문제에만 초점을 맞추다 보면, 자칫 본문의 고유한 의미보다 실천적 문제가 우선시—에이스에게시스가 되는 경우다—될 수 있다. 더욱이 설교자의 성경 개관 지식이 부족하면 알맞은 성경 본문을 선택하는 데서부터 근본적인 한계에 부딪힐 수밖에 없다. 많은 설교 현장에서 구약성경 본문이 설교자들에게 외면당하곤

---

4 예를 들어 다음과 같은 자료들이 있다. 김종렬 엮음, 『총회교회력과 성서정과에 따른 예배와 강단』(서울: 기독교문사, 1988ff); 정장복 엮음, 『예배와 설교 핸드북』(서울: 양서각, 1984ff). 전자는 성서학자들을 중심으로 본문을 풀이하고 후자는 설교학과 예배학을 전공한 실천신학자들을 중심으로 본문을 풀이한다.

하는데, 그 이유를 근본적으로 따져보면 설교자들이 구약성경에 관한 개관적인 지식이 부족하기 때문인 경우가 대부분이다. "인풋"(input) 없이 "아웃풋"(output)을 기대할 수 없다. 설교자가 성경을 개관하는 지식이 탄탄하다면, 본문을 선택하는 과정에서 본문의 고유한 의미와 공동체의 실천적 문제가 이상적인 상호작용을 통해 자연스럽게 만나게 될 확률이 높다. 이때 결정된 주석 본문은 청중에게 중요한 의미를 가지게 될 것이다.

3) 구약주석 방법론 실습에서의 본문 선택

신학교의 구약주석 방법론 과목에서 실습을 위해 하는 본문 선택은 앞서 언급한 두 경우의 중간 지점이라고 할 수 있다. 여러 주석 방법론을 실습하기 위해 알맞은 본문을 선택하려면 본문의 특징에 관한 지식과 함께 본문을 둘러싼 학문적 논의도 고려해야 한다. 더불어 본문의 실천적 의미도 함께 염두에 두어야 한다. 그래서 구약주석 방법론 실습 수업에서 (몇 명이 한 조가 되어) 주석을 시도할 때는 앞서 강조한 두 측면을 포괄적으로 염두에 두고 본문을 선택해야 한다.

3. 주석 본문의 경계 설정

주석 본문을 제대로 선택하기 위해서, 그리고 합리적이고 타당한 주석을 위해서 주석 본문의 경계를 설정할 때는 특별히 주의를 기울여야 한다. 이는 주석자가 본문을 바라보는 관점과도 연관될 뿐 아니라 더러는 본문의 경계 설정에서 보이는 작은 차이가 주석의 결론에 이르러 매우 큰 차이로 나타나기도 한다. 본문의 경계를 설정하는 방법에서도 정답이 따로 있는 것은 아니다. 다만 다음의 세 가지 표지를 논리적으로

면밀하게 검토하는 작업은 소홀히 하면 안 된다.[5]

첫째, 본문의 시작을 알리는 표지다. 성경 본문에는 표제가 달려 있거나 새로운 장소 및 시간을 언급하는 부분이 나온다. 이는 본문의 경계를 설정할 때 유의해야 할 결정적인 단서들이다. "그 후에 이 일이 있으니라", 또는 "너희는 여호와의 말씀을 들을지어다" 등과 같은 전형적인 문구가 등장하는 부분 역시 중요한 기준점이 된다.

둘째, 본문의 진행을 알리는 표지다. "그들이 듣고", "그들이 갈 때에", "그가 말하기를", "그가 대답하기를" 등과 같이 앞선 구절에 이은 사건이나 대화의 연속을 나타내는 문구 등도 중요하게 살펴보아야 한다.

셋째, 본문의 마침을 알리는 표지다. "각기 집으로 돌아가니라"와 같은 표현이 여기에 해당한다. 어떤 사건에 관한 후기(창 2:4a; 느 1:31b 등), 결론적 평가나 재확인(창 1:5, 8, 13; 1:31; 신 34:10-13; 삿 21:25[17:6]; 왕상 14:20b; 전 12:9-11, 12-14 등), 사망이나 장례에 관한 언급(신 34:5 이하; 왕상 14:31; 15:8 등)도 유의해서 살펴보아야 한다. 또한 표제에서 말한 이야기가 끝나고 새로운 단위의 이야기가 시작되는 순간을 놓치면 안 된다.

본문의 경계를 제대로 설정하려면 이런 표지들을 바탕으로 다음과 같은 질문을 던져보아야 한다.[6] 경계를 지으려는 본문의 처음 구절에 대해 다음과 같은 질문을 던지고 긍정적으로 답을 할 수 있다면 새로운 본문이 시작되었다는 사실을 확신해도 좋다.

- 새로운 시간이나 장소가 소개되는가?
- 주제가 새로워지는가?
- 화자가 바뀌는가? 혹은 화자의 시점이 바뀌는가?

5 크로이처, 『구약성경 주석 방법론』, 94-95; 참조. Utzschneider, *Arbeitsbuch*, 91-93.

6 크로이처, 『구약성경 주석 방법론』, 95-96, 106.

• 본문의 주된 내용을 소개하는 특별한 문구가 있는가?

반대로 경계를 지은 본문의 바로 다음 구절에서 이 질문들에 대한 긍정적인 답이 나온다면 경계가 올바로 설정되었다고 볼 수 있다. 대개 이 정도의 관찰을 통해 본문 선택이 합리적이라는 결론을 내릴 수 있지만 좀 더 넓게 보아 몇 단락 이후에 원래의 시간, 장소, 주제, 화자가 다시 등장한다면 그 사이에 끼인 구절들은 삽입된 문단일 가능성이 커진다. 거기까지가 한 단위의 본문임이 밝혀지면 "본문의 진행을 알리는 표지"를 중심으로 시간, 장소, 주제, 화자 등의 관점에서 본문을 좀 더 구체적으로 분석할 수 있을 것이다.

4. 주석을 위한 질문

주석은 본문을 향해 끊임없는 질문을 던지고 그에 대한 대답을 찾아가는 과정이다. 주석자는 본문을 되풀이해서 읽으며 단락 차원에서, 문장 차원에서, 낱말 차원에서, 음운 차원에서 불거지는 궁금점들을 해결해나가야 한다. 그래서 일단 주석할 본문을 선택했다면 먼저 읽기 쉬운 역본—예를 들어 개역개정이나 새번역이 여기에 해당한다—으로 본문을 반복하여 읽으면서 직관적으로 떠오르는 질문을 정리해야 한다. 본문을 자세히 읽으면서 떠오르는 질문은 종류를 가리지 말고 모두 모아서 분류해놓을 필요가 있다(이는 특히 주석을 여럿이 함께 할 때 더욱 효과적인 접근법이다). 이렇게 분류된 질문들은 주석 과정에서 적절한 방법론을 통해 해결되어야 한다. 따라서 질문의 수집과 분류는 주석 작업을 수월하게 해주는 중요한 사전 작업이다. 원칙적으로 본문과 관련한 질문에는 어떤 제한을 둘 수 없으나 주석을 위한 가장 기본적인 질문들은 다음과 같다.[7]

① 본문은 어떤 종류의 글인가?

- 사건의 흐름이 담긴 이야기체 본문인가?
- 법 조항을 다루는 본문인가?
- 역사 서술인가?
- 지혜문학에 해당하는 격언, 또는 잠언인가?
- 상징성이 있는 시문인가?
- 특정한 대상을 향한 예언 신탁인가?

② 본문의 핵심적 내용은 무엇인가?

- 이야기체 본문: 주인공은 누구인가? 주인공의 상대는 누구인가? 어떤 사건인가? 그 사건의 핵심적인 특징은 무엇인가?
- 율법 본문: 어떤 법 조항을 다루는가? 비슷한 법 조항이 구약성경 안에 또 기록되어 있는가? 이 법 조항과 오늘날 법 조항과의 공통점 및 차이점은 무엇인가?
- 역사 서술: 어느 시대, 누구에 관한 것인가? 사실(史實)과 평가를 구분할 수 있는가? 구약성경에 평행 본문이 있는가? 그 평행 본문과의 공통점이나 차이점은 무엇인가?
- 지혜문학: 본문의 잠언이나 격언은 어떤 형식(대구[對句], 대조, 비유, 과장 등)으로 구성되었는가? 어떤 관습을 전제하는가? 비슷한 잠언이나 격언이 또 있는가?

---

7 주석을 위한 사전 작업으로서의, 본문 관찰을 통한 질문에 관해서는 다음 자료를 참고하라. G. Fohrer et al., *Exegese des Alten Testaments: Einführung in die Methodik*(Heidelberg: Quelle und Meyer, [4]1983), 14-24. 다음 자료도 참조하라. H. Barth, O. H. Steck, *Exegese des Alten Trestaments: Leitfaden der Methodik: Ein Arbeitsbuch für Proseminare, Seminare und Vorlesungen*(Neukirchen: Neukirchener Verlag, [11]1987), 4-8.

• 시편(또는 시문학) 본문: 본문의 분위기는 어떤가? 무엇이 해당 시편의 주제인가? 시편에서 주된 심상을 이끌어가는 상징적 시어는 무엇인가?
• 예언 신탁 본문: 본문은 어떤 상황(심판 선고, 구원의 소망 선포 등)을 전제하는가? 신탁의 주제는 무엇인가? 신탁의 전달을 위해 쓰인 상징어는 무엇이 있는가? 신탁을 전하는 예언자는 누구이며 그가 활동했던 역사적 배경은 무엇인가?

③ 본문의 흐름은 어떠한가(자연스러운가)?
• 본문은 시작에서부터 끝까지 일관된 이야기의 흐름이나 논지를 보이는가?
• 본문의 흐름을 깨는 것이 있다면 어떤 점에서 그런가? 중복되거나 모순되는 개념이나 인물, 사건이 본문 안에 공존하는가?
• 본문이 둘 이상으로 분리되는가? 본문의 흐름에 다른 것이 끼어들었는가?
• 본문 바깥에서 본문에 등장하는 개념이나 인물, 사건 등을 찾아볼 수 있는가?
• 본문의 짜임새를 결정짓는 요소들은 무엇인가?

④ 본문에서 이해되지 않는 문장이나 낱말은 무엇인가? 그 이유는 무엇인가?
• 기존 역본들이 서로 다르게 옮긴 문장이나 낱말이 있는가?
• 본문의 특정 낱말이 이해되지 않는 경우: 번역어의 문제인가, 아니면 낱말의 상징성 문제인가?
• 본문이 다루는 특정 내용이 이해되지 않는 경우: 번역상의 문제인

가, 아니면 오늘날과 다른 관습, 가치관, 세계관 따위의 문제인가? 또는 구약성경 안에서 서로 일치하지 않거나 모순되는 내용이 있기 때문인가?

지금까지 다룬 과정을 통해 본문을 선택하고 경계를 설정하여 기본적으로 분석해놓은 결과는 직접 원문을 번역한 뒤 재검토하여 본문의 구조를 밝히는 데 요긴한 자료가 된다. 또한 본문의 이질적 요소에 대한 관찰은 통일성을 염두에 두면서 본문의 형성 과정을 논의하는 데 출발점 구실을 한다. 또한 본문의 성격, 비슷한 본문에 대한 관찰 등은 본문의 역사적 배경을 풀어나가는 중요한 통찰을 제공한다. 본문에서 눈에 띄거나 이해되지 않는 낱말이나 내용을 발견했다면 본문을 문맥의 관점에서 주석하는 데 요긴한 소재를 찾은 셈이다. 그러므로 본문을 번역하기 전에 본문을 정하고 경계를 설정하며 기본적 질문을 던지는 작업은 반드시 성실하게 수행되어야 한다.

4장

주석 본문 번역의 실제

구약성경은 아람어로 기록된 몇몇 본문(스 4:8-6:18; 7:12-26; 단 2:4-7:28; 렘 10:11)을 빼고는 대부분이 히브리어로 기록되었다. 따라서 주석을 위해 본문을 직접 번역하려면 무엇보다 히브리어에 관한 기본 지식이 필수적이다.[1] 하지만 히브리어를 익힌 정도나 히브리어 원문을 분석할 수 있는 능력은 개인마다 차이가 있다. 구약성경 주석을 처음 시작하는 이들에게 공동 작업을 권장하는 이유가 바로 이것이다. 적게는 두세 명, 많게는 대여섯 명이 협력한다면 상대적으로 히브리어가 낯설거나 서툰 사람도 좀 더 수월하게 본문에 접근할 수 있다. 여하간 주석자는 번역 작업을 통해 히브리어 본문을 언어의 측면에서 명백하게 정리해야 한다.[2]

1 구약성경 히브리어를 좀 더 쉽게 익히는 데는 다음 자료가 도움이 된다. M. 푸타토 지음/김정훈 옮김, 『구약성경 히브리어 시작하기』(서울: 기독교문서선교회, 2013). 이 책은 구약성경을 읽는 데 기초가 되는 문법 사항들을 간결하게 소개해준다. 나는 이 교재를 번역했을 뿐 아니라 내가 소장으로 있는 우리말씀연구소(Woori Biblical Institute)의 홈페이지(www.wooribi.org)에 히브리어 학습을 위한 강의 영상을 올려두었다. 온라인에서 히브리어의 기초를 학습하려는 사람들에게 유용할 것이다.

2 U. Becker, *Exegese des Alten Testaments*(Tübingen: Mohr Siebeck, [4]2015), 12-16. Becker는 여

1. 본문 분석표를 사용한 본문 번역과 분석

히브리어 본문을 번역하기 위해서는 먼저 본문을 읽고 개별 낱말들의 문법 요소를 분해(parsing)해야 한다. 히브리어 번역에서 가장 중요한 작업은 동사들의 형태를 찾아 분석하는 일이다.[3] 이를 위해 나는 아래와 같은 본문 분석표를 사용하라고 권장한다. 호세아 1:9의 본문을 예로 들어 본문 분석표를 작성해보면 다음과 같다.

- 호세아서 1:9의 분석

<table>
<tr><td colspan="3">וַיֹּאמֶר קְרָא שְׁמוֹ לֹא עַמִּי
כִּי אַתֶּם לֹא עַמִּי
וְאָנֹכִי לֹא־אֶהְיֶה לָכֶם</td><td>히브리어
본문 쓰기</td></tr>
<tr><td rowspan="4">동사 분해</td><td>낱말</td><td>분해</td><td>어근</td></tr>
<tr><td>וַיֹּאמֶר</td><td>wci 3ms</td><td>אמר</td></tr>
<tr><td>קְרָא</td><td>impv 2ms</td><td>קרא</td></tr>
<tr><td>אֶהְיֶה</td><td>impf 1cs</td><td>היה</td></tr>
<tr><td>문장 구조 및
문법 특이 사항</td><td colspan="3"><문장 구조>
- 명령: “로 암미”로 불러라
- 근거 ①: 너희는 내 백성이 아니다
- 근거 ②: 나는 너희를 위해 있지 않다

<특이 사항>
- 명령의 “로 암미”가 근거 ①에서 “로 암미”로 해석됨
- 문장 구조에서 근거 ①의 “로 암미”가 근거 ②의 “로 에흐예 라켐”과 평행을 이룸</td></tr>
</table>

기서 주석 입문자들을 위해 원어의 번역과 관련된 실제적 조언을 해준다.

3 물론 이 작업을 위해서 어코던스(Accordance)나 바이블웍스(BibleWorks)와 같은 소프트웨어의 도움을 받을 수도 있다. 이런 소프트웨어들은 원어 어휘를 수월하게 분석하게 도와준다. 하지만 초보자들이 처음부터 소프트웨어를 사용하는 것은 권장할 만하지 않다. 왜냐하면 일찌감치 소프트웨어에 길들면 스스로 성경 원어를 분석할 수 있는 능력이 진보하지 않거나 퇴보하기에 십상이기 때문이다.

<table>
<tr><td rowspan="2">본문 번역</td><td>그리고-그분이-말씀하셨다.
불러라, 그의-이름을, "로 암미"라고.
이는 너희가 아님이다, 내-백성이.
그리고-나는 있지-않다, 너희를-위하여.</td></tr>
<tr><td>그리고 그분이 말씀하셨다.
"그 (아이)의 이름을 '로 암미'라 부르거라.
이는 너희는 내 백성이 아니기(로 암미) 때문이다.
그리고 나도 너희를 위해 있지 않기(로 에흐예 라켐) 때문이다."</td></tr>
</table>

직관적으로 생각해보아도 외국어 본문을 번역할 때는 분명한 원칙이 필요하다. 번역과 관련하여 가장 많이 입에 오르내리는 말이 "직역"과 "의역"이다. 베커(U. Becker)에 따르면 성경 번역은 다음 네 가지 형태로 나눌 수 있다.[4]

- 극단적 직역: 이해의 어려움을 감수하고서라도 원어의 모든 구성 요소를 재현하는 것이 일차적 목표인 번역
- 원어 어법에 정확한 학술적 번역: 원어 본문에 대한 정확한 문법 분석을 바탕으로 하면서 번역어의 어법에도 어긋나지 않도록 애쓰는 번역, 혹은 원어의 개념들을 번역어에서 그대로 재현하는 개념 일치의 번역(begriffskonkordante Übersetzung)
- 번역어의 오늘날 어법에 맞춘 번역: 대상 본문의 문자적 번역보다는 내용의 전달에 초점을 맞추는 번역. 직접적인 이해를 지향하기 때문에 의사소통적인 번역(kommunikative Übersetzung)이라 일컬음
- 자유로운 의역: 원어의 요소를 일부 포기하고서라도 독자의 수월한 이해에 초점을 맞추는 번역

4 참조. Becker, *Exegese des AT*, 14-15.

앞서 다룬 호세아 1:9의 본문 분석표에서는 네 가지 번역 중 첫째와 둘째 번역이 제시되었다. 본문 번역을 위한 문법 분석 과정에서 일차적으로 극단적인 직역 형태의 번역을 끌어낼 수 있다. 이 직역은 본문의 의미보다는 언어적·문학적 특징을 파악하는 데 큰 도움이 된다. 실제로 최종 형태의 본문을 분석해서 의미를 이끌어내는 것을 목표로 하는 이른바 "수사비평"(rhetorical criticism)에서는 앞에서 사용한 이음줄(-)뿐 아니라, 여러 가지 표시들(밑줄, 깨어진 밑줄, 점선 등)을 사용해 본문과 그대로 상응하는 낱말을 표시함으로써 짜임새를 도식화하기를 권장한다.[5] 호세아 1:9의 예시에서는 이와 같은 직역을 통해 3행과 4행이 다음과 같이 교차대칭을 이루고 있음을 직관적으로 알아볼 수 있다.[6]

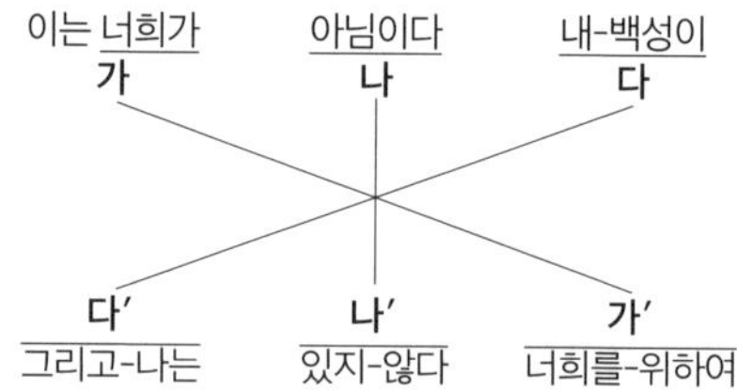

극단적인 직역은 본문의 구조나 문학적 특징을 파악하는 데 큰 도움이 되지만, 우리말 어법에서는 이해하기 어려운 형태가 되어버린다. 그래서 앞의 분석표 둘째 번역에서 볼 수 있듯이 우리말 어법에 맞게 문장을 개선해야 한다. 물론 이 번역도 여전히 어색한 부분이 있다. 따라서 히브리어 본문의 구성과 어법을 우선으로 고려한 이런 번역은 주석하는 과정에서 더 개선할 필요가 있다. 주석의 궁극적인 목적은 원문의 재현이 아니라 독자들의 이해를 돕는 것이기 때문이다. 곧 주석에서는

5 참고. P. Trible, *Rhetorical Criticism: Context, Method and the Book of Jonah*(Minneapolis: Fortress Press, 1994), 101-6.

6 참조. F. I. Anderson, D. N. Freedman, *Hosea*(AYB 24; New Haven/London: Yale University Press, 2008), 197.

베커가 언급한 세 번째 번역—"번역어의 오늘날 어법에 맞춘 번역"—이 지향점이 되어야 한다. 그러나 첫 번째와 두 번째 번역 과정을 거치지 않고 섣부르게 세 번째 번역으로 곧장 나아가는 것은 삼가야 한다. 훌륭한 주석은 원문에 대한 충분한 고민이 전제되어야 하기 때문이다. 한편 원어 본문을 직접 번역할 때는 그간에 성경을 읽으면서 익숙해진 번역 어투를 철저하게 재고해야 한다. 이는 번역의 통일성과 창의성을 확보하기 위해서 매우 중요하다.

2. 본문 번역을 위한 히브리어 사전 활용

번역을 하려면 원어의 문법은 물론이고 각종 어휘에 관한 지식이 필수적이다. 모국어가 아닌 언어의 각 어휘가 갖는 의미를 제대로 파악하는 일은 어떤 면에서 그 문법을 익히는 것보다 훨씬 어렵다. 만약 어떤 어휘의 의미를 제대로 파악하지 못한다면 바로 그 순간부터 주석의 방향은 어긋나버린다. 더욱이 히브리어는 개별 문맥에 따라 특정 어휘의 의미가 달라지는 경우가 많다. 그렇기에 어휘의 용례를 세심하게 살펴서 해당 문맥에 가장 적합한 의미를 찾아내는 과정은 매우 중요다.

주석자는 이 작업을 위해서 직접 성구 사전을 들고 해당 어휘의 문맥적 의미 체계를 분류하면서 본문의 의미를 규정할 수 있다. 그러나 주석의 입문자들에게, 그리고 히브리어에 완전히 숙달하지 않은 이에게 이는 매우 버거운 짐으로 느껴진다. 이럴 때 사용할 수 있는 것이 바로 충분한 용례를 담고 있는 사전이다. 그런 사전들이 소개해주는 각 어휘의 용례와 문맥에 따른 다양한 의미들을 꼼꼼히 살펴보아야 큰 실수 없이 원문을 번역해갈 수 있다.

1) 『게제니우스 히브리어 아람어 사전』

오늘날 우리가 사용할 수 있는 히브리어 사전은 여러 가지다.[7] 하지만 그중 가장 정평이 나 있는 것은 오래도록 독일에서 사용되면서 검증을 받은 게제니우스(W. Gesenius, 1786-1842)의 사전이다. 이 사전은 1815년에 처음 출간된 이후로 개정을 거듭해 1915년에 17판이 출간되었다.[8] 그리고 2013년에는 18판이 완간되어 나왔다.[9] 이 사전의 가장 중요한 특징은 두 가지를 들 수 있다. 첫째, 낱말을 찾기 수월하다. 영어권에서 가장 널리 알려진 BDB는 어근을 표제로 하는 사전으로서 어근 아래에 모든 파생어를 정렬하는 형태다. 따라서 어근을 파악하지 못하는 사람은 해당 낱말을 찾지 못하는 경우가 생기기 쉽다. 그에 비해 게제니우스 사전은 동사 변화형을 제외한 모든 형태의 낱말이 알파벳 순서로 정렬되어 있고 어근에 관한 참조 지시가 되어 있어서 낱말을 찾기가 상대적으로 수월하다. 둘째, 구약성경에 나오는 용례 대부분을 문맥에 따라 체계적으로 분류해놓았다. 이 때문에 주석을 위한 번역을 할 때 용례와 의미 관계를 파악하기에 매우 유용하다.

그런데 우리나라에는 아쉽게도 이 책의 17판만 번역되어 출간된 상태다.[10] 그 외에도 번역자의 언어학적 한계 때문에 북서 셈어(northwest

7 여기서 소개하는 두 가지 사전은 가장 널리 사용되는 것이다. ① L. Koehler, W. Baumgartner, *Hebräisches und Aramäisches Lexikon zum Alten Testament*(5 Bände; Leiden: Brill, 1967-1995; HALAT). 이 책은 2004년에 2권으로 묶여서 출간되었다. 이 책의 영어 번역본은 다음과 같다. M. E. J. Richardson(trans. and ed.), *Hebrew Aramaic Lexicon of the Old Testament*(2 vols.; Leiden: Brill, 2001; HALOT); ② F. Brown, S. R. Driver, C. A. Briggs, *A Hebrew Lexicon of the Old Testament with an appendix containing the Biblical Aramaic*(Oxford: Clarandon Press, 1906; BDB).

8 W. Gesenius, F. Buhl(ed.), *Hebräisches Aramäisches Handwörterbuch über das Alte Testament*(Leipzig: F. C. W. Vogel, 1921).

9 W. Gesenius, H. Donner(ed.), *Hebräisches Aramäisches Handwörterbuch über das Alte Testament*(Berlin: Springer, 2013).

10 빌헬름 게제니우스 지음/이정의 옮김, 『게제니우스 히브리어 아람어 사전』(서울: 생명의 말씀

semitic)의 여러 어근을 다루는 첫 부분이 많이 생략되었다는 점, 그리고 어휘를 번역할 때 대부분 개역 성경의 번역을 따랐다는 점은 이 사전의 치명적인 한계다. 그런데도 이 번역 사전을 통해 해당 어휘의 용례 분류를 파악할 수 있기에 초보 주석자들에게는 참조할 만한 충분한 가치가 있다고 하겠다.

2) 번역에서 사전을 활용하는 보기: 호세아 2:16[14][11]

לָכֵן הִנֵּה אָנֹכִי מְפַתֶּיהָ וְהֹלַכְתִּיהָ הַמִּדְבָּר
וְדִבַּרְתִּי עַל־לִבָּהּ׃

호세아 2:16[14]의 원어 본문이다. 여기서 네모로 표시한 동사를 사전에서 찾아보려고 한다. 우리말 역본들은 이 낱말을 다양하게 번역하면서 개역개정 성경은 "타이르다"로, 새번역 성경은 "꾀다"로, 가톨릭 성경은 "달래다"로 옮겼다.[12] 이 세 가지 번역어는 의미나 어감이 제각각이다. 하지만 본문의 문맥은 앞부분에 기록된, 이스라엘을 향한 하나님의 심판 선언에 이어 구원의 신탁을 요약하기 시작하는 상황이다. 이 낱말은 문맥의 전환점이 되는 자리에 있으며 그렇기에 이것을 어떻게 이해하고 번역할지는 신학적으로 중요한 문제다. 이 단어의 의미를 확정하지 않고 일단 나머지 본문을 번역해보면 다음과 같다.

사, 2007).

11 호세아 1장과 2장은 히브리어 성경과 우리말 성경의 장, 절 구분이 다르다. 이에 관해서는 박동현, 『구약성경개관』(서울: 장로회신학대학교 출판부, ²2016), 28-29의 비교표와 이번 장의 "보록"에 요약된 내용을 확인하라.

12 역본과 관련한 이 구절의 분석에 대해서는 다음 자료를 확인하라. 김정훈, 『우리말 역본과 함께 하는 호세아 주석』(서울: 기독교문서선교회, 2013), 118-19.

그러므로 보라! 내가 그 여자를 [ ] 하겠다. 그리고 그를 광야로 데려가겠다.

그리고 그의 마음에 말하겠다.

여기서 네모로 표시한 מְפַתֶּיהָ(므퐛테하)를 사전에서 찾으려면 우선 이 낱말을 문법적으로 분해할 수 있어야 한다. 이 낱말은 피엘(Piel)형의 남성단수분사에 3인칭 여성단수 인칭 대명접미어가 합쳐진 꼴이다. 그래서 일단 인칭 대명접미어를 뗀 칼(Qal) 형의 어근 פתה에서 시작해야 한다. 왜냐하면 히브리어 동사를 설명하는 사전의 표제가 바로 그 꼴로 되어 있기 때문이다.

사전을 찾아보면 이 어근을 쓰는 낱말이 두 개임을 알 수 있다. 이는 마치 우리말의 "배"나 "밤"이 여러 가지 의미가 있는 동음이의어의 형태소인 것과 같은 현상이다. 게제니우스 사전은 그 같은 경우에는 로마 숫자(I, II, III…)를 어근 뒤에 붙여서 단어를 구분한다. פתה의 경우 "벌리다"는 뜻을 가진 둘째(II) 낱말은 호세아서의 문맥에 맞지 않을 뿐 아니라 구약성경에서 피엘 형으로 쓰이지 않는다. 따라서 이 경우에는 "I פתה"의 피엘 형을 살펴보아야 한다. 우리말 게제니우스 사전의 해당 항목은 다음과 같다.

Pi: Pf: פִּתִּיתִי, suff: פִּתִּיתַנִי. Impf: יְפַתֶּה, suff: אֲפַתֶּנּוּ, וַיְפַתּוּהוּ. Imp: f. פַּתִּי. Inf: + suff: לְפַתֹּתְךָ. Pt: + suff: מְפַתֶּיהָ – [+ 목]: – ① 누구를 **구슬리다, 권유하다, 설득하다** (렘 20,7 호 2,16. 시락 30,23). – ② **매혹하다, 유혹하다** (잠 1,10; 16,29), 처녀를 (출 22,15), 하나님이 선지자를 (겔 14,9: 왕상 22,20-22 비교, 대하 18,19-21). **간사한 말로 속이다, 기만하다** (삿 14,15; 16,5 삼하 3,25), + בְּפִיהֶם (시 78,36), 이와 반대로: + בִּשְׂפָתֶיךָ 까닭 없는 증언을 하다 (잠 24,28). †

게제니우스 사전

여기서 맨 마지막에 있는 기호 "†"는 해당 어휘가 구약성경에 해당 형태로 등장하는 모든 용례를 분석했다는 의미다. 따라서 여기에 나오는 내용만 분석해도 구약성경에 쓰인 이 낱말의 의미 영역을 전부 파악할 수 있다. 이 사전의 분류에 따르면 "I פתה"의 피엘 형은 구약성경에서 크게 세 가지 뜻으로 쓰인다. 새번역 성경의 "꾀다"는 이 가운데 둘째 뜻에 해당한다. 반면 게제니우스 사전은 호세아서 2:16의 용례를 첫째 뜻인 "설득하다"의 범주로 분류했다.

이 용례 분석에서 흥미로운 점은 하나님과 예언자의 관계를 다루는 예레미야 20:7과 에스겔 14:9의 분류다. 전자는 하나님이 예언자에게 개인적 고난을 무릅쓰고서라도 신탁을 전하도록 하셨다는 내용이고, 후자는 거짓 예언을 하는 예언자도 하나님이 그렇게 유혹받게 하셨다는 내용이다. 그러니 이 낱말은 긍정적인 뜻으로는 무엇을 하도록 설득한다는 의미가 있고, 부정적인 뜻으로는 부적절한 행동을 하도록 유혹한다는 의미가 있음을 알게 된다. 결과적으로 호세아서의 본문은 긍정적인 흐름이 형성되는 분위기로서 "꾀다"라는 번역보다는 "타이르다"나 "달래다"가 어원적으로 더 나은 번역이라고 할 수 있다. 결국 이 낱말의 번역을 통한 본문의 의미는 다음과 같이 새길 수 있다.

> 광야는 출애굽 전승에서 이스라엘이 여호와 하나님과 관계를 형성한 곳이다. 따라서 이 구절은 출애굽 전승을 매우 중시하던 북이스라엘의 전통이 배경이 된다고 볼 수 있다. 바알의 꾐에 넘어갔던 이스라엘을 다시 설득하여 첫사랑의 추억이 있는 곳으로 데려가겠다는 것이다. 그리고 심판이 아닌 구원을 애타게 바라시는 여호와 하나님의 마음을 이스라엘이 진심으로 알아주기를 바라는 간절함이 배어 있는 구절이다.[13]

13 김정훈, 『호세아 주석』, 120.

3. 우리말 역본 견주기

1) 우리말 역본 견주기의 필요성과 한계

주석 작업의 첫 단계로 하는 번역은 두말할 필요 없이 원어 본문에 대한 직접 번역이다. 하지만 이 번역은 앞으로 주석을 해나가면서 새롭게 습득한 지식이나 관점에 따라 고칠 수 있고, 고쳐야 한다.[14] 이 작업은 기존의 역본들과 자신의 번역을 견주는 데서 시작한다.

번역은 완전히 객관적일 수 없다. 역본마다 번역의 원칙이 다르고 그에 따라 의미 선택이나 문장 구성에서 차이점이 드러난다. 그 가운데는 더러 신학적 해석의 결과가 반영되는 경우도 있다. 그래서 주석자는 되도록 많은 역본과 자신의 번역을 견주며 점검할 필요가 있다. 고대의 역본들과 견주는 작업은 본문비평에서 해야 하는 것이므로 일단은 보류한다. 현대어 역본들도 되도록 많은 언어를 찾아보는 것이 좋겠지만 그런 과정이 필수적이라고 말할 수는 없으며 특정한 필요에 따라 비교 대상을 확장하는 정도면 된다. 우리말 역본들은 반드시 주석자가 스스로 원문을 번역해본 뒤에(!) 참조해야 한다. 그렇지 않으면 기존 역본의 내용이 선입견으로 작용할 가능성이 커지기 때문이다.

우리말 역본 견주기는 주석을 위한 번역의 재고를 위해서뿐 아니라 한국교회 목회 현장의 현실에서도 매우 중요하다. 신학교에서 히브리어를 배운다고 해서 모든 목회자가 히브리어 성경에 자유롭게 접근할 수 있는 것은 아니기 때문이다. 더구나 교회 현장에서 사역에 몰두하다 보면 히브리어 자체를 잊어버리기에 십상이다. 그리하여 몇 년 후에는 히브리어 본문을 전혀 읽을 수조차 없는 경우가 부지기수다. 이런 현상은 우리나라 신학계만 그런 것이 아니다.[15]

---

14 참조. 크로이처, 『구약성경 주석 방법론』, 87.

원어 성경을 직접 다룰 수 없다고 해서 구약주석에서 원문을 배제할 수는 없다. 이 경우 교회 현장의 목회자들이 흔히 하는 것은 영어 역본을 참조하는 일이다. 이는 물론 현실적인 대안 중 하나라고 할 만하다. 영어 역본들은 우리말 역본들보다 훨씬 오랜 세월을 거치면서 개정되었기에 개별 역본의 번역 원칙만 잘 알고 있다면 유용하게 사용할 수 있다. 하지만 여기에도 위험성은 있다. 히브리어 성경을 영어로 번역한 내용을 모국어가 한국어인 사람이 읽을 때, 제각각의 언어들이 가지고 있는 의미 영역 차이로 본문의 의미가 제대로 전달되지 않을 수 있기 때문이다. 이런 뜻에서 다음 도식은 의미심장하다.

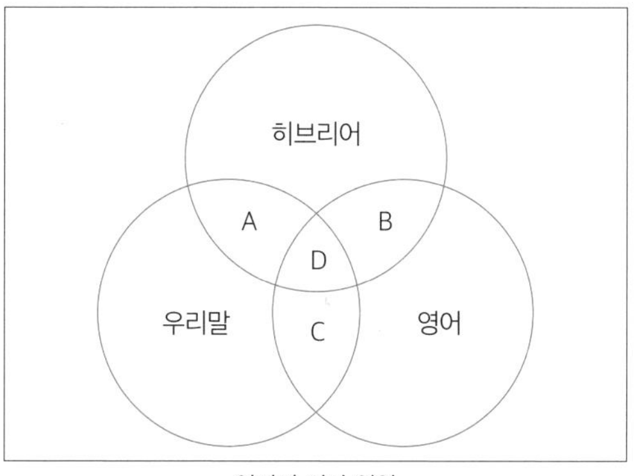

언어의 의미 영역

15 독일의 경우도 상황이 크게 다르지 않아 보인다. 가령 독일 바이에른 지방의 신학교를 중심으로 실제로 사용되는 교재에서도 마지막에 실제적 조언을 하면서 "히브리어 지식 없이 하는 구약주석"(Exegese des Alten Testaments ohne Hebräischkenntnisse) 항목을 두었다. 참조. Utzschneider, *Arbeitsbuch*, 343-44. 이 책의 저자는 "본 교재는 **모든** 성경 독자를 대상으로 한다. 이 말은 성서 히브리어를 배우지 않았거나 잊어버린 이들도 포함한다. 진심으로 그렇다"라고 말하면서 본문 번역과 본문비평을 제외한 나머지 모든 방법론은 히브리어에 대한 지식 없이도 가능하다고 독자를 격려한다. 그리고 히브리어가 필요한 부분은 다양한 역본이나 현대 저서들의 도움을 받으라고 조언한다. 이에 관해 다음 자료의 내용도 참조하라. Becker, *Exegese des AT*, 13.

이 그림에서 볼 수 있듯이 언어 사이에는 서로 공유하는 의미 영역이 존재한다. 그러나 각각의 언어마다 고유한 의미 영역을 가지고 있기도 하다. 우리말을 쓰는 주석자가 성경의 이해를 위해 영어 성경만 참조할 경우 그림의 D와 C를 파악하게 된다. 히브리어와도 공유되는 D는 문제가 되지 않겠지만, 히브리어의 의미와 상관없이 영어와 우리말만 공유하는 C는 주석에 문제를 일으킬 수도 있다. 그 대신 우리말 역본들을 비교하는 주석자는 A와 D만 접하게 되어 위험성을 줄일 수 있다. 물론 성경 본문의 모든 의미를 이렇게 단순화해서 이해할 수는 없다. 그런데도 실용적인 목적으로 가능한 한 원문에 가깝게 접근하기 위해서 우리말 역본들을 여러 개 견주어야 할 필요가 있다는 사실은 분명해진다.

역본을 견주는 작업은 분명히 요긴한 통찰을 제공한다. 하지만 원문에 대한 직접적인 접근이 없을 때는 근본적인 한계를 경험할 수밖에 없다는 사실 역시 분명하다. 히브리어에는 현대 언어와 공유되지 않는 고유한 의미 영역이 있어서 히브리어 본문을 직접 다루거나 그것과 시간적 거리가 훨씬 더 가까운 고대 역본들을 참조하지 않으면 결코 해결할 수 없는 문제들이 불거지기 마련이다. 결과적으로 구약성경 주석에서 역본 견주기는 가능한 한 자신의 원문 관찰 결과를 검증하는 차원에 제한시키는 것이 원칙이라고 할 수 있다.

2) 우리말 역본 견주기의 예: 호세아 6:7-8[16]

구체적으로 주석이나 설교를 위해 우리말 역본들을 어떻게 견주어야 하는지의 문제는 단순화해서 말하기는 어렵다.[17] 그런데도 주석의 관점

16 참조. 김정훈, 『호세아 주석』, 249-42.

17 우리말 역본 비교를 통한 주석의 가능성에 관한 논의와 실제 주석의 보기는 다음 자료를 참조하라. 김정훈, 『호세아 주석』.

에서 도움이 될 만한 예를 제시해보고자 한다.

호세아 6:7-8의 배경은 이른바 "시리아-에브라임 형제 전쟁"이다(참조. 왕하 16:5-9; 사 7:1-9). 북이스라엘 왕 베가와 아람 왕 르신은 반-아시리아 동맹을 맺고 남유다 왕 아하스에게도 동참하라고 압박하지만, 아하스가 오히려 아시리아 왕 디글랏 빌레셀 3세에게 도움을 요청하면서 전쟁이 발발한다. 이 전쟁을 겪으면서 북이스라엘은 빠른 속도로 몰락의 길을 걷게 된다.

예언자 호세아는 이에 관해 우선 몰락으로 치닫는 북이스라엘에서 자행되는 갖가지 사회 문제(호 6:7-7:2)와 정변으로 얼룩진 정치 문제(호 7:3-7), 그리고 아시리아 제국과 이집트 제국의 틈바구니에서 하나님 없이 줄타기를 하려다 급기야 몰락의 길을 선택하게 된 외교 문제(호 7:8-16)에 관한 신탁을 차례로 전한다. 이런 배경을 바탕으로 호세아 6:7-8의 우리말 역본들을 견주어보면 다음과 같다.

개역개정(1998)	새번역(2001)	가톨릭 성경(2005)
7그들은 아담처럼 언약을 어기고 거기에서 나를 반역하였느니라. 8길르앗은 악을 행하는 자의 고을이라. 피 발자국으로 가득 찼도다.	7그런데 이 백성은 아담처럼 언약을 어기고 나를 배반하였다. 8길르앗은 폭력배들의 성읍이다. 발자국마다 핏자국이 뚜렷하다.	7그들은 아담에서 계약을 어기고 거기에서 나를 배신하였다. 8길르앗은 악을 저지르는 자들의 성읍, 그곳에는 핏자국뿐이다.

세 가지 역본을 견주면 가장 눈에 띄는 차이점은 7절의 "아담"에 관한 이해다. 곧 개역개정과 새번역 성경은 아담을 사람을 나타내는 고유명사로 보고 "아담처럼"이라고 번역했고, 가톨릭 성경은 장소를 나타내는 명사로 보고 "아담에서"로 번역했다.

이 문제를 풀기 위해서는 우선 전체적인 문장 구조를 파악해야 한다. 이때 8절 후반부의 본문 이해가 관건이다. "피 때문에 (생긴) 발자국"(עקבה מדם[아캅바 밋담])은 이 구절을 "길르앗"과 연관시켜준다. 그런데 히브리어 성경(BHS) 편집자의 제안대로 "그들의 발자국은 피투성이다"(עקביהם דם[익크베헴 담])로 읽으면, "길르앗"이 아니라 앞 구절의 "아담"과 대칭을 이루게 된다. 곧 역본들의 차이는 문장 구조에 관한 이해와 연관된다.

개역개정과 새번역 성경의 "아담처럼"은 마소라 본문의 읽기(כאדם[크아담], ὡς ἄνθρωπος[호스 안트로포스, LXX])를 그대로 수용한 결과다. 반면 가톨릭 성경은 히브리어 성경(BHS) 편집자의 수정 제안(באדם[브아담])을 받아들여서 "아담에서"로 옮겼다. 이 번역은 우리말 성경에서 공동번역 성경이 처음 시도했다.

"아담"은 "아담처럼"으로 읽으면 인명이 되지만 "아담에서"로 읽으면 지명이 된다. 아담을 지명으로 읽는 근거는 두 가지다. 첫째, 7절 후반부의 "그곳에서"(שם[샴])는 "아담"이 지명임을 추측하게 해준다. 둘째, 8절의 "길르앗", 9절의 "세겜"이라는 지명은 반역이나 배신과 연루된 지명들이 나열되는 문맥을 형성한다. "아담"이라는 지명은 일찍이 여호수아가 요단강을 건널 때, 물길이 막혀 둑이 생겼던 곳이다(수 3:16). 아마도 그곳은 얍복강과 요단강이 합류하는 지점 즈음에 자리한 성읍이었을 것이다. 그러나 문제는 성경 어디에도 그곳과 관련한 "배반"이 언급되지 않는다는 사실이다.

오히려 "언약을 어긴 아담"을 창세기 첫머리에 나오는 첫 사람 아담으로 보는 것이 더 자연스럽게 느껴진다. 따라서 "아담"이 사람을 가리키며 "길르앗"이나 "세겜"과 대응하는 것이 아니라, 8절의 "죄짓는 사람들"과 9절의 "강도 떼" 및 "제사장 무리"와 연결된다고 보는 관점이 더 설득력을 얻는다.

그렇다면 문제는 7절 후반부의 "그곳에서"다. 하지만 이는 아담이 아니라 8-9절에 이어지는 내용과 연관지어 설명하는 것이 더 자연스럽다. 지금까지의 논의를 바탕으로 호세아 6:7-8을 한 단위로 보고 문장 구조를 분석하면 다음과 같은 교차대칭 구조를 확인할 수 있다.

가: 아담처럼 언약을 어긴 사람들

나: 그들이 거기서 여호와를 배반하였다.

나′: 그들이 길르앗에서 죄를 지었다.

가′: 그 사람들의 발자국은 피투성이다.

그러니까 이 구절은 사람들을 말하는 부분(가-가′)과 장소를 말하는 부분(나-나′)으로 뚜렷이 구분된다. 에덴동산에서의 언약을 어긴 아담은 그 아들 대에서 살인의 피를 보았다. 우리가 살펴보는 호세아 본문은 아마도 이 모티브에서 시작하는 듯하다.

그렇다면 이제 문제는 길르앗에서 무슨 일이 있었는지다. 먼저 우리는 사사기 12장에서 사사 입다를 중심으로 한 길르앗 사람들이 암몬과의 전투 과정에서 불거진 문제로 동족인 에브라임 사람들과 싸움을 벌여 동족을 해친 이야기를 기억하게 된다. 그다음으로는 열왕기하 15:25에서 시리아-에브라임 전쟁을 일으켰던 베가가 길르앗 사람들과 연합하여 브가히야를 살해한 반역 사건을 떠올리게 된다. 호세아서의 역사적 맥락을 고려하면 이 두 이야기 중 후자가 더 개연성이 있다고 볼 수 있다.

호세아 6:7-8의 예시에서 볼 수 있듯이 우리말 역본 비교는 히브리어 본문 번역의 문제와 본문비평의 문제를 인지하고 본격적인 논의를 가능하게 해주는 결정적인 통찰을 제공해줄 수 있다.

보록

히브리어 성경과 개역성경의 장, 절 구분 차이

히브리어 성경에는 원래 장 구분이 없었으며, 오늘날 우리가 보는 장 구분은 기원후 1200년 무렵 캔터베리의 주교 랭턴(Stephen Langton, ?-1228)이 라틴어 역본 성경 불가타에 삽입한 것에서 유래했고, 절 구분은 16세기에야 비로소 갖추어졌다.[18] 이렇게 중세 이후에 생긴 구약성경의 장, 절 구분은 종종 히브리어 성경의 그것과 차이가 나는데, 몇 가지 보기를 들어보면 다음과 같다.[19]

① 시편의 표제: 히브리어 성경에서는 대부분 표제를 1절로 여기지만 우리말 성경—특히 개역 성경—의 전통에서는 표제를 절 구분에 넣지 않아서 히브리어 성경과 한 절씩 차이가 난다.

② 히브리어 성경의 말라기 3:19-24이 우리말 개역 성경 전통에서는 말라기 4장으로 구분된다.

③ 요엘서의 경우 히브리어 성경에서는 2장이 27절로 끝나고, 5절로 된 3장을 구분하는 데 비해 우리말 개역 성경 전통에서는 3장의 다섯 절이 요엘 2:28-32에 해당한다.

④ 나머지 경우는 한 장의 마지막 구절(들)과 그다음 장의 첫 구절(들)이 달리 구분되는 것들로 다음과 같다. 이들은 대개 단락 나누기 관점의 차이에서 비롯한다.

18 참조. 크로이처, 『구약성경 주석 방법론』, 58.

19 이 분석과 비교표는 다음 자료를 참조하라. 박동현, 『구약성경개관』, 28-29.

히브리어 성경	개역개정	히브리어 성경	개역개정
창 32:1, 32:2-33	창 31:55, 32:1-32	대하 1:18, 2:1-17	대하 2:1, 2-18
출 7:26-29, 8:1-28	출 8:1-4, 5-32	대하 13:23, 14:1-14	대하 14:1, 2-15
출 21:37, 22:1-30	출 22:1, 22:2-31	느 3:33-38, 4:1-17	느 4:1-6, 7-23
레 5:20-26, 6:1-23	레 6:1-7, 8-30	느 7:68, 69-71	느 7:68-69, 70-72
민 17:1-15, 16-28	민 16:36-50, 17:1-13	느 7:72a, 72b+8:1	느 7:73, 8:1
민 25:19-26:1	민 26:1	느 10:1, 2-40	느 9:38, 10:1-39
민 30:1, 2-17	민 29:40, 30:1-16	욥 40:25-32, 42:1-26	욥 41:1-8, 9-34
신 13:1, 2-19	신 12:31, 13:1-18	전 4:17, 5:1-19	전 5:1, 2-20
신 23:1, 2-26	신 22:30, 23:1-25	아 7:1, 2-14	아 6:13-14, 7:1-13
신 28:69, 29:1-28	신 29:1, 2-29	사 8:22-23aα, 23aβ-b	사 8:22, 9:1
삼상 3:21, 4:1	삼상 3:21+4:1a, 1b	사 9:1-20	사 9:2-21
삼상 20:42-21:1, 2-16	삼상 20:42, 21:1-15	사 63:19b, 64:1-11	사 64:1, 2-12
삼상 24:1, 2-23	삼상 23:29, 24:1-22	렘 8:23, 9:1-25	렘 9:1, 2-26
삼하 19:1, 2-44	삼하 18:33, 19:1-43	겔 21:1-5, 6-37	겔 20:45-49, 21:1-32
왕상 5:1-14, 15-32	왕상 4:21-34, 5:1-18	단 3:31-33, 4:1-34	단 4:1-3, 4-37
왕상 18:33-34a, 34b	왕상 18:33, 34	단 6:1, 2-29	단 5:31, 6:1-28
왕상 20:2-3aα, 3aβ-b	왕상 20:2, 3	호 2:1-2, 3-25	호 1:10-11, 2:1-23
왕상 22:21, 22	왕상 22:21-22a, 22b	호 12:1, 2-15	호 11:12, 12:1-14
왕상 22:43-44, 45-54	왕상 22:43, 44-53	호 14:1, 2-10	호 13:16, 14:1-9
왕하 12:1, 2-22	왕하 11:21, 12:1-21	욜 2:1, 2-11	욜 1:17, 2:1-10
대상 5:27-41, 6:1-66	대상 6:1-15, 16-81	미 4:14, 5:1-14	미 5:1, 2-15
대상 12:4-5, 6-41	대상 12:4, 5-40	나 2:1, 2-14	나 1:15, 2:1-13
대상 27:30+31a, 31b	대상 27:30, 31	슥 2:1-4, 5-17	슥 1:18-21, 2:1-13

⑤ 우리말 성경 가운데는 가톨릭 성경이 히브리어 성경의 장, 절 구분 전통을 적극적으로 수용했다.

- 구약성경에서 10절 내외의 본문을 선택하시오. 선택한 본문에서 주된 주제와 특징을 찾고, 역본을 읽으며 본문에서 생기는 질문들을 나열하고 분류해보시오.

- 선택한 본문의 히브리어 원문을 읽고 번역을 위한 본문 분석표를 작성하시오.

제 3 부

구약성경 본문의 역사 이해

아래의 본문을 읽고, 두 본문이 공통으로 말하는 핵심 사건이 무엇인지 생각해보시오. 또한 출애굽기 14장 본문에서 서로 부딪히는 부분은 없는지, 있다면 무엇이 왜 부딪히는지 생각해보시오.

◆ 출애굽기 14:21–29

21모세가 바다 위로 손을 내밀매 여호와께서 큰 동풍이 밤새도록 바
닷물을 물러가게 하시니 물이 갈라져 바다가 마른 땅이 된지라. 22이
스라엘 자손이 바다 가운데를 육지로 걸어가고 물은 그들의 좌우에
벽이 되니 23애굽 사람들과 바로의 말들, 병거들과 그 마병들이 다
그들의 뒤를 추격하여 바다 가운데로 들어오는지라. 24새벽에 여호
와께서 불과 구름 기둥 가운데서 애굽 군대를 보시고 애굽 군대를 어
지럽게 하시며 25그들의 병거 바퀴를 벗겨서 달리기가 어렵게 하시
니 애굽 사람들이 이르되 "이스라엘 앞에서 우리가 도망하자. 여호와
가 그들을 위하여 싸워 애굽 사람들을 치는도다." 26여호와께서 모세
에게 이르시되 "네 손을 바다 위로 내밀어 물이 애굽 사람들과 그들
의 병거들과 마병들 위에 다시 흐르게 하라" 하시니 27모세가 곧 손
을 바다 위로 내밀매 새벽이 되어 바다의 힘이 회복된지라. 애굽 사
람들이 물을 거슬러 도망하나 여호와께서 애굽 사람들을 바다 가운
데 엎으시니 28물이 다시 흘러 병거들과 기병들을 덮되 그들의 뒤를
따라 바다에 들어간 바로의 군대를 다 덮으니 하나도 남지 아니하였
더라. 29그러나 이스라엘 자손은 바다 가운데를 육지로 행하였고 물
이 좌우에 벽이 되었더라.

◆ 출애굽기 15:19–21

19바로의 말과 병거와 마병이 함께 바다에 들어가매 여호와께서 바
닷물을 그들 위에 되돌려 흐르게 하셨으나 이스라엘 자손은 바다 가
운데서 마른 땅으로 지나간지라. 20아론의 누이 선지자 미리암이 손

> 에 소고를 잡으매 모든 여인도 그를 따라 나오며 소고를 잡고 춤추니
> 21 미리암이 그들에게 화답하여 이르되 “너희는 여호와를 찬송하라.
> 그는 높고 영화로우심이요, 말과 그 탄 자를 바다에 던지셨음이로다”
> 하였더라.

구약성경 본문을 주석할 때는 기본적으로 “하나의” 본문을 대상으로 한다. 그렇기에 필사본이나 역본들 사이에서 서로 다른 내용이 발견될 경우에는 반드시 그 가운데 하나를 선택해야 한다. 이 선택은 논리적이어야 하고 개연성이 있어야 한다. 본문비평은 바로 이 본문 선택의 문제를 다룬다. 하나의 본문이 논리적으로 가장 오래되었다고 판단하여 주석의 대상으로 선택할 때는 분명한 기준이 있어야 한다. 그 기준에서 중시되는 우선적인 요소는 구약성경 본문이 어떻게 형성되었고 전승되었는지의 역사다. 이 역사는 어느 한 본문을 선택할지 판단하는 데는 물론이고, 나머지 이형들(variants)의 역사를 재구성하는 데도 중요한 역할을 한다. 사실 구약성경이 형성되고 기록되며 전승된 역사는 복잡다단하다. 하지만 개연성 있는 추론과 핵심적인 증거들을 바탕으로 그 역사를 개관하자면 다음의 도식과 같이 나타낼 수 있다. 앞으로 살펴볼 제5장과 제6장에서 다루는 구약성경의 역사에 대한 재구성은 다음 도식을 바탕으로 한다.

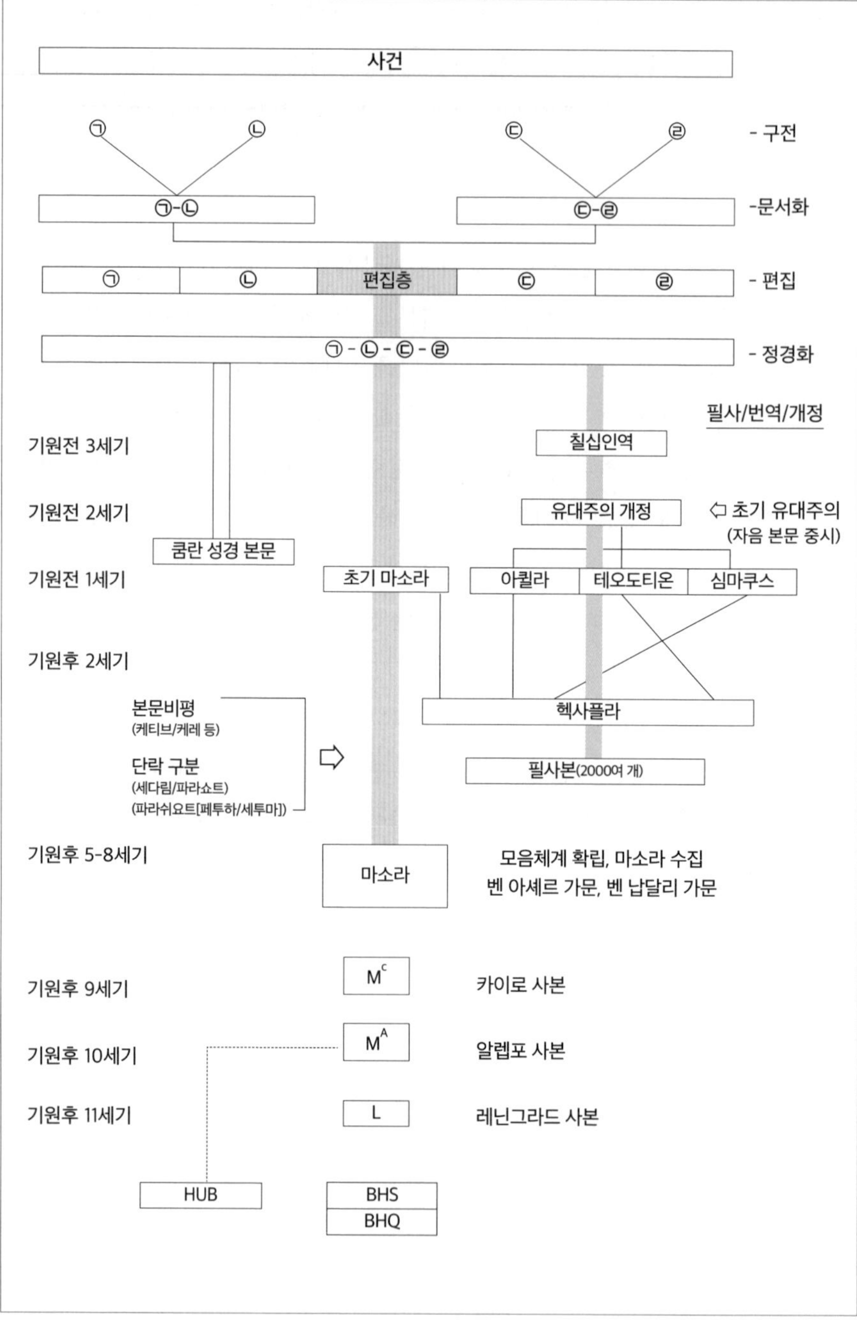
사건
㉠
㉡
㉢
㉣
- 구전
㉠-㉡
㉢-㉣
-문서화
㉠
㉡
편집층
㉢
㉣
- 편집
㉠ - ㉡ - ㉢ - ㉣
- 정경화
필사/번역/개정
기원전 3세기
칠십인역
기원전 2세기
유대주의 개정
⇦ 초기 유대주의
(자음 본문 중시)
쿰란 성경 본문
기원전 1세기
초기 마소라
아퀼라
테오도티온
심마쿠스
기원후 2세기
본문비평
(케티브/케레 등)
헥사플라
단락 구분
(세다림/파라쇼트)
(파라쉬요트[페투하/세투마])
필사본(2000여 개)
기원후 5-8세기
마소라
모음체계 확립, 마소라 수집
벤 아셰르 가문, 벤 납달리 가문
기원후 9세기
M^C
카이로 사본
기원후 10세기
M^A
알렙포 사본
기원후 11세기
L
레닌그라드 사본
HUB
BHS
BHQ

구약성경 본문의 역사

구약성경의 초기 전승

문헌화, 필사와 번역

1. 구약성경의 문헌화

먼저 앞서 "생각해보기"에서 다룬 출애굽기 본문을 예로 들어 구약성경 본문의 형성 및 전승의 역사를 재구성해보자. 물론 본문 형성의 역사는 상당 부분 추론에 의존하기 때문에 본문비평의 대상이 아니라 문헌비평과 편집비평의 대상이다. 하지만 이는 현존하는 본문 증거들의 배경으로서 중요한 전제 구실을 하므로 간략하게 살펴볼 필요가 있다.

출애굽기 14장의 이야기체 본문과 15장의 운문체 본문을 바탕으로 그 핵심 사건(core event)을 한마디로 요약하자면 다음과 같다. "이집트에서 살던 이스라엘 백성을 모세가 이끌고 나왔고, 그들은 뒤따르던 파라오를 홍해에서 물리쳤다." 이 사건의 핵심 내용은 처음에는 입에서 입으로 전해졌을 것이다. 출애굽 사건의 시점을 아무리 늦게 잡아도 기원전 13세기인데,[1] 이스라엘에서 문서가 기록되기 시작한 시점은 일반적으로

1 출애굽 사건의 연대에 관한 논의는 다음 자료를 참고하라. K. A. Kitchen, "Exodus, The," *ABD* 2, 700-8.

기원전 10세기로 여겨지기 때문에 그사이를 출애굽 사건에 대한 구두 전승의 시기로 볼 수 있을 것이다. 물론 구약성경의 다른 전승들도 이때까지는 구두 전승의 형태였을 가능성이 크다. 그런데 출애굽 사건을 예로 들어 생각해보면 두 가지 형태의 구두 전승이 있음을 알 수 있다.

- 출애굽 사건을 직접 서술하는 이야기체 형태
- 출애굽 사건을 기리기 위한 노래나 시 형태

이런 구두 전승은 핵심 사건을 공유하지만 경험자나 경험 집단의 경험 세계, 신학적 관점과 가치관에 따라 조금씩 차이가 나기 마련이다. 특히 출애굽기 14장의 본문에는 관점에서 미묘하게 차이가 있는 두 가지 이야기를 구분해낼 수 있다. 그 내용을 정리하면 다음과 같다.

㉠ 여호와께서 밤새 동풍을 불게 하셔서 바다가 마른 땅(חרבה[하라바])이 되다(출 14:21).

㉡ 여호와께서 이집트 군대를 어지럽게 하시고 병거 바퀴를 벗기시니 이집트 군대가 도망치려다가 실패하다(출 14:24-25, 26-28).

㉢ 물이 좌우에 벽이 되고 이스라엘 백성들이 마른 땅(יבשה[얍바샤])으로 건너다(출 14:22, 29).

㉣ 좌우에 벽으로 서 있던 물이 다시 흘러 이집트 군대가 물에 빠져 전멸하다(출 14:26-28).

크게 보면 "마른 땅"에 대한 서로 다른 낱말 선택(하라바/얍바샤)을 하는 두 전승은 홍해를 건너는 장면에 관한 이해도 달리한다. 먼저 "하라바"를 선택한 전승(㉠-㉡)에서는 밤새 동풍이 불어서 홍해가 마른 땅이 되었으며, 이집트 군대는 개펄에 마차의 바퀴가 빠져 그곳에서 나오지 못했다고 전한다. 반면에 "얍바샤"를 선택한 전승(㉢-㉣)에서는 홍해가 일순간 갈라져서 좌우에 벽처럼 서 있었다는 점을 강조하며, 이집트 군대는 그 물이 다시 합쳐져서 수몰되었다고 전한다. 원래 이 두 전승은 독자적으로 형성되어 구두 전승의 형태로 존재했을 것이다.

그러다가 시간이 흐르면서 이 독자적인 전승들은 서서히 문서화되었을 것이고(㉠-㉡//㉢-㉣), 두 전승이 부분적으로 합쳐져서 문서화되기도 했던 것으로 보인다(출 14:26-28의 "미리암의 노래"). 일반적으로 이런 초기 문헌화 및 문헌 단위의 교차는 이스라엘에 다윗 왕조가 들어선 기원전 10세기부터 분열 왕국의 막바지 시기인 기원전 7세기까지 일어난 것으로 추정한다.

보록

성경 본문과 초기 이스라엘 명문(銘文)

이스라엘에서 기원전 10세기는 성경 본문이 문헌화되기 시작했던 시기로 여겨지지만 이와 관련한 이스라엘의 기록물은 거의 남아 있지 않다. 성경 본문과 연관된 것으로 여겨지는 유물 중 가장 오래된 것은 2008년에 발견된 기원전 10세기의 오스트라콘(ostracon)[2]이다. 이 오스트라콘이 발견된 장소는 "키르벳 케이야파"(Khirbet Qeiyafa)로서,[3] 이곳에서는 서쪽과 북쪽으로 향하는 두 개의 문이 발견되었기 때문에 성경(수 15:36; 삼상 17:52; 대상 4:31-32)에 등장하는 엘라 골짜기의 "샤아라임"(שַׁעֲרַיִם; 두 문)과 동일시된다.

2 오스트라콘은 고대의 필기 수단 가운데 하나로서 도자기 파편에 잉크로 기록한 것을 일컫는 용어다.

3 이 유적에 관한 주요 발굴 보고서는 다음 자료를 참고하라. Y. Garfinkal, S. Ganor, M. G. Hasel, *Khirbet Qeiyafa Vol. 2. Excavation Report 2009-2013: Stratigraphy and Architecture*(*Areas B, C, D, E*)(Jerusalem: Israel Exploration Society, 2014). 이 발굴단이 운영하는 웹사이트에서 더 자세한 내용을 확인해보라(http://qeiyafa.huji.ac.il/index.asp).

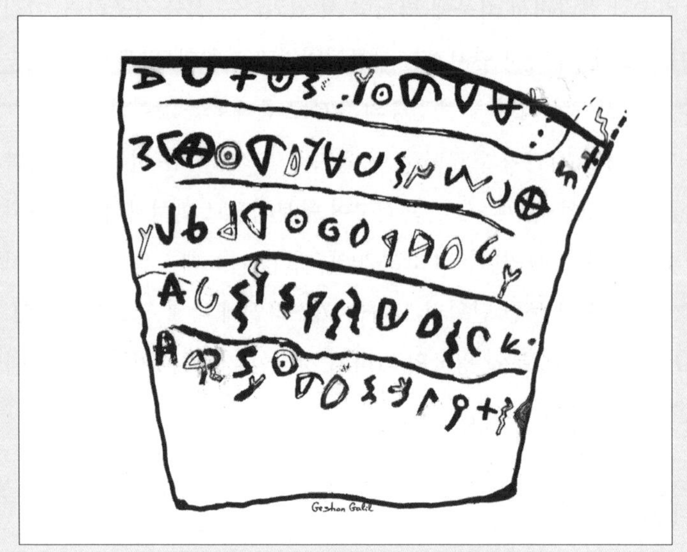

키르벳 케이야파에서 발견된 오스트라콘
(http://qeiyafa.huji.ac.il/ostracon/Fig7.jpg)

고대 히브리어의 자음만으로 기록된 이 오스트라콘의 해독과 관련한 문제는 여전히 논란거리다. 그러나 여기에는 구약성경 히브리어의 고유한 낱말인 "아사"(עשה; 행하다), "아바드"(עבד; 섬기다), "알마나"(עלמנה; 과부) 등이 등장하며, 성경에 나오는 약자보호법(사 1:17; 시 72:3; 출 23:3 등)과 유사한 내용도 읽을 수 있다. 따라서 이 오스트라콘의 명문(銘文)과 구약성경이 어떤 형태로든 관련이 있을 것이라는 추정이 가능해진다. 물론 그 내용이 구약성경 본문을 직접 인용한 것은 아니어서 구약성경의 문헌화를 직접적으로 뒷받침해주는 증거로 보기는 어렵다.

반면에 예루살렘의 케텝 힌놈(Ketef Hinnom, 힌놈 골짜기)에서 1976년에 발견된 두 개의 원통형 은판 가운데 둘째 것에는 민수기 6:24-26의 본문이 기록되어 있는데, 이 유물의 연대는 기원전 7-6세기 무렵으로 추정된다.

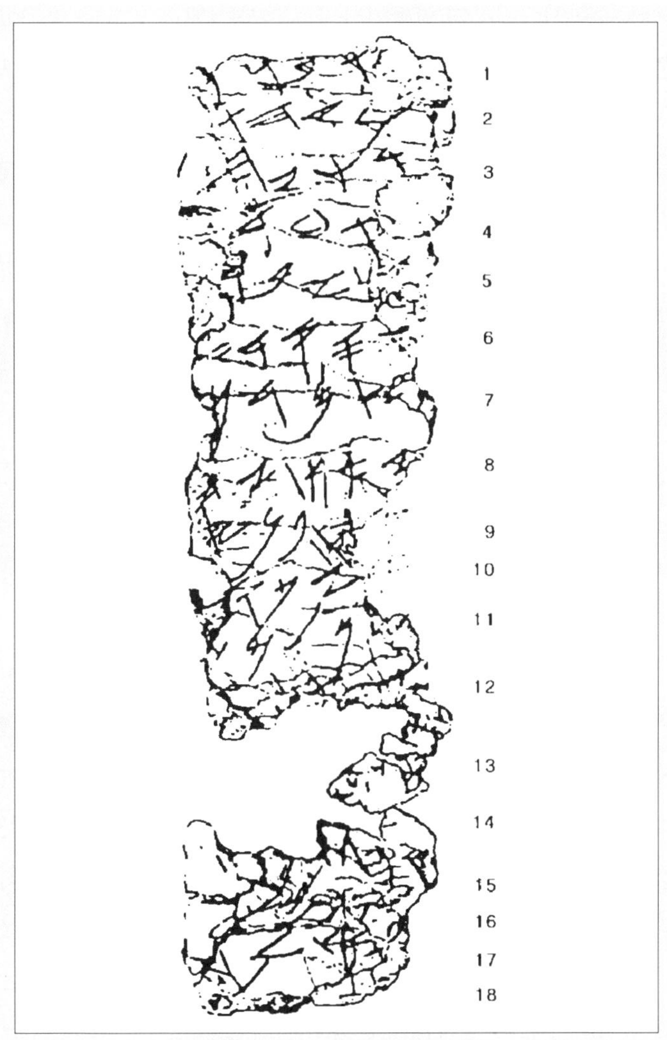

케텝 힌놈의 둘째 은판(Jaroš, *Nr.* 152)

이 은판은 의심의 여지 없이 성경 본문을 전해주기에 성경 문헌화의 하한선(*terminus ad quem*) 구실을 한다. 즉 적어도 이때는 민수기의 제사장 축복 본문이 문헌화된 상태로 전승되고 있었음이 분명하다.

여호수아서에서부터 열왕기까지의 역사는 보통 남유다 왕국이 바벨론 제국에 멸망한 기원전 587년 이후, 그러니까 이른바 "바벨론 포로기"에 기록된 것으로 여겨진다. 이 계통의 역사서에서 분명하게 알아볼 수 있는 것은 이전 기록들을 재평가하고 편집한 흔적, 곧 신명기계 역사가들의 활동 흔적이다.[4] 이런 사실을 미루어 볼 때 구약성경의 내용을 구성하는 서로 다른 전승 문헌들은 이 시기(기원전 6-5세기)에 편집을 통해서 하나의 작품으로 합쳐지는 과정을 겪었을 가능성이 크다. 출애굽기 14장의 내용도 서로 다른 전승이 합쳐진 것으로서 그 시기에 이르러 오늘날 우리가 읽는 순서(㉠-㉡-㉢-㉣)의 본문으로 형성되었다고 추정할 수 있다. 다만 출애굽기 14:30-31에서 보듯 서로 다른 전승들을 잇는 이음매가 필요한 부분에서 내용이 덧붙거나 해석이 갈리는 경우가 생기는데 이를 일컬어 "편집"(Redaktion)이라 한다(이 책의 9장과 13장을 참고하라).

포로기 이후 이스라엘의 정체성이 정치권력이 아니라 종교에 바탕을 두게 되면서 기원전 5-4세기 무렵에는 종교 공동체의 규범인 경전의 중요성이 강조되었던 것으로 보인다. 그 흔적은 에스라의 귀환과 활동의 이야기에 남아 있다(스 7장; 느 8장). 아마도 이때부터 여러 본문 전승 가운데 어느 한 본문의 형태가 우선권을 차지하기 시작했고, 특히 오경의 경우에는 정경화라고 일컬어도 좋을 정도로 본문이 고정되어갔을 것이다. 그런데도 여러 지역에 흩어져 살던 디아스포라 유대인들은 저마다 독자적인 본문 형태를 전승했고, 이들은 다층적(multiple)이고 유동적(flexible)인 형태로 공존했을 것이다.[5]

---

4 신명기계 역사서의 특징과 저작 연대에 관해서는 다음 자료를 확인하라. 한스-크리스토프 슈미트 지음/차준희, 김정훈 옮김, 『구약, 어떻게 공부할 것인가?』(서울: 대한기독교서회, 2014), 369-98.

5 초기 헬레니즘 유대주의까지 이어온 구약성경 본문의 다층성과 유동성에 대해서는 다음 자료를 참고하라. S. Kreuzer, "Von der Vielfalt zur Einheitlichkeit: Wie kam es zur Vorherrschaft des Masoretischen Textes?," in A. Vonach et al.(eds.), *Horizonte biblischer*

2. 구약성경 본문의 필사본과 역본

현존하는 구약성경의 본문 증거들은 기원전 3세기 이후의 것들이다. 이 시기부터의 본문의 역사는 분명한 본문비평의 대상이다. 이 시기의 본문 증거들에서 알 수 있는 사실은 이제 구약성경은 (적어도 히브리어에서는) 더 이상 새롭게 저작되지 않고 필사되었으며, 디아스포라 유대인들의 영향으로 다른 언어로 번역되기 시작했다는 점이다.

기원전 3세기부터 기원후 1세기까지는 어느 한 본문의 형태가 두드러지지 않았다. 그 대신 앞서 언급한 대로 칠십인역의 히브리어 대본이었을 본문 형태, 쿰란 성경 본문에서 찾아볼 수 있는 본문 형태, 마소라 본문의 선행 본문 형태 등 다층적인 본문 형태들이 유동적으로 공존하고 있었을 것이다.

그런데 기원전 1세기 무렵에는 유대 랍비들을 중심으로 히브리어 자음 본문의 중요성이 강조되기 시작했고, 이는 다시금 칠십인역의 "유대주의 개정"으로 이어졌다. 이 유대주의 개정은 그리스어에서 뜻이 통하지 않더라도, 히브리어 본문의 요소를 번역문에 일대일로 반영하려는 경향을 띠었다. 그리고 기원후 2세기에는 칠십인역의 이런 다양한 본문 전승들이 오리게네스(Oregenes, 185?-254?)가 편집한 이른바 "헥사플

Texte: FS Josef M. Oesch zum 60. Geburtstag(OBO 196; Fribourg/Göttingen: Vandenhoeck & Ruprecht, 2003), 117-29. 구체적인 예시를 통해 이 현상을 검증한 다음 논문들도 참고하라. Kim Jong-Hoon, "The tradition of Ketib/Qere and its relation to the Septuagint text of 2.Samuel," ZAW 123(2011), 27-46; "Zu den Texformen der neutestamentlichen Zitate aus den Zwölfprophetenbuch," in S. Kereuzer, M. Sigismund(eds.), *Der Antiochenische Text der Septuaginta in seiner Bezeugung und seiner Bedeutung*(De Septuaginta Investigationes Vol. 4; Göttingen: Vandenhoeck & Ruprecht, 2013), 164-78; "Der hebraeischen Textformen der hellenistisch-fruehjuedischen Zeit: Ausgehend vom Habakuk-Text der griechischen Zwoelfprophetenrolle aus Nahal Hever," in J. M. Robker, F. Ueberschaer, T. Wagner(eds.), *Text-Textgeschichte-Textwirkung*. FS zum 65. Geburtstag von Siegfried Kreuzer(AOAT 419; Muenster: Ugarit Verlag, 2014), 347-57 등.

라"(*Hexapla*)에서 집대성되기에 이르렀다.

한편 기원후 2세기 무렵에는 유대주의 진영에서 "마소라 본문"의 초기 형태가 배타적으로 인정받기 시작하면서 이 본문의 형태로 성경의 본문을 고정하려는 움직임이 강하게 일어났다. 이런 움직임은 고정된 "초기 마소라 본문" 필사본의 난외에 여러 정보를 기입하는 전통으로 이어졌고 그 정보들은 이후 마소라 본문의 영향을 받은 필사본들에도 전승되어 오늘에 이르렀다.

또한 기원후 5세기 이후 10세기까지는 자음뿐이었던 히브리어 성경의 본문에 모음을 표시하려는 다양한 시도가 있었다. 그리고 결국 오늘날까지 주로 전승된 전통이 "마소라 학자(들)"의 모음체계다. 그들은 히브리어 모음체계를 확립했을 뿐 아니라 초기 마소라 본문의 여러 전승을 수집해서 필사본을 생산해냈다. 오늘날 우리가 사용하는 히브리어 성경의 필사본들은[6] 대부분 기원후 10세기를 전후해서 마소라 학자들이 필사한 것들이며 거기에 기초해 비평편집본들이 만들어졌다.

이제 우리는 성경 본문의 필사와 번역이 이루어지던 시대의 역사를 되짚어볼 것이다. 물론 모든 사례를 다룰 수는 없고 본문의 고대성과 자료의 풍부함을 기준으로 본문비평에서 중요한 역할을 차지하는 "쿰란 성경 본문", "칠십인역"과 그 전승, "마소라 본문"을 주로 살펴볼 것이다. 특별히 이 본문들이 본문비평에서 갖는 의미뿐 아니라 실제 본문비평과 주석 과정에서 사용하는 자료들이 무엇인지 알아보고 또 그 사용법까지 간단하게나마 소개하는 것이 이번 단락의 목표다.

6 필사본들의 재료와 그 특징에 관한 개괄적 설명은 다음 자료를 참고하라. 김정훈, 『칠십인역 입문』(서울: 바오로딸, 2009), 211-12.

1) 쿰란 성경 본문(BHS: 𝔔, BHQ: Q)[7]

1947년, 한 베두인 젊은이가 여리고 남방 14킬로미터, 사해 서북쪽 2킬로미터 지점 해안에 위치한 이른바 "쿰란[8] 동굴"(Khirbet Qumran)에서 우연히 2,000여 년 전의 성경 필사본들이 든 항아리를 발견했다. 그 이후로 근처의 열한 개 동굴과 유다 광야에서 900여 개에 달하는 (단편) 필사본들이 2,000년의 어둠을 깨고 세상으로 쏟아져 나왔다.[9] 이 필사본의 대부분은 히브리어로 쓰인 구약성경과 쿰란 공동체의 다양한 저작물들이었다. 이 필사본들이 구약성경의 본문비평에 끼친 영향은 이루 말할 수 없을 정도로 강력했다.

쿰란 문헌을 누가 기록하고 보관했는지에 관한 논의의 역사는 복잡하며 여전히 진행 중이다.[10] 하지만 와디 쿰란에서 발견된 첫 동굴로부터 멀리 떨어지지 않은 곳에서 고대 유적지가 발견되었고 이는 쿰란 문헌을 남긴 이들이 누구인지를 알려주는 유력한 증거로 받아들여지고 있다. 그 유적지는 헤롯 시대로 거슬러 올라가는 공동 주거 유적층(Stratum III)의 특징을 가지고 있는데, 금욕주의를 바탕으로 공동생활

---

7 더불어 다음 자료들을 참고하라. E. Tov, *Textual Criticism of the Hebrew Bible*(Minneapolis: Fortress Press, 2012), 93-115; A. A. Fischer, *Der Text des Alten Testaments: Neubearbeitung der Einführung in die Biblia Hebraica von Ernst Würthwein*(Stuttgart: Deutsche Bibelgesellschaft, 2009), 68-94.

8 "쿰란"이라는 용어는 동굴이 위치한 와디(Wadi, "와디"는 아랍어로서 겨울 우기 때에만 물이 흐르는 마른 강바닥 또는 계곡을 말한다)의 명칭에서 유래했다. Hershel Shanks(ed.), *Understanding the Dead Sea Scrolls: A Reader from the Biblical Archeology Review*(New York: Random House, 1993) xvi.

9 쿰란에서 발견된 문헌들에 관한 전반적인 개관은 다음 자료를 참고하라. J. A. Fitzmyer, *A Guide to the Dead Sea Scrolls and Related Literature*(Grand Rapids: Eerdmans, 2008). 쿰란 필사본에 관한 전반적인 특징은 다음 자료에서 참고하라. E. Tov, *Scribal Practices and Approaches Reflected in the Texts Found in the Judean Desert*(Leiden/Boston: Brill, 2004).

10 쿰란 유적지와 쿰란 문헌에 관한 간략한 논의는 다음 자료를 참조하라. 티모시 H. 림 지음/황선우 옮김, 『사해 두루마리 사본』(서울: 동연, 2011).

을 했던 "에세네파"에 관한 요세푸스(Flavius Josephus, 기원후 37?-100?)의 기록이 묘사하는 것과 유사한 "공동체 규율"(1QS)이 이곳에서 발견됨으로써 이곳이 에세네파의 거주지였으며 그들이 쿰란 문헌을 제작한 주인공이었다고 보는 것이 일반적인 견해가 되었다.[11]

(1) 쿰란 필사본 표시 체계

쿰란 성경 본문에 입문하기 위해서는 먼저 수많은 기호에 익숙해져야 한다. 학자들은 쿰란에서 발견된 (단편) 필사본 하나하나마다 고유한 식별 기호를 부여했다. 가장 널리 쓰이는 두 가지 체계는 다음과 같다. 각 기호는 기본적으로 발견 장소와 발견 순서로 구성된다.

약어 체계				일련번호 체계
4QGen^{b}	=	쿰란 제4동굴에서 발견된 2번 필사본으로서 창세기 둘째 필사본 단편	=	4Q2

① 약어 체계

쿰란 필사본을 약어 체계로 표기할 때는 발견된 장소 다음에 필사본의 내용을 약어로 나타낸다. 앞의 보기에서 "4Q"가 바로 이 필사본 단편이 발견된 장소로서 와디 쿰란(Q)의 네 번째 동굴을 의미한다. 필사본의 발견지는 와디 쿰란(Q) 말고도 "와디 무라바앗"(Mur), "나할 헤베르"(Ḥev), "마사다"(Mas) 등이 있다. 장소 다음에는 필사본의 내용을 표

11 J. Murphy-O'Connor, "Qumran, Khirbet," *ABD* 5, 590-94; 또한 이 유적을 둘러싼 논의에 관해서는 다음 자료들을 확인하라. J. C. Vanderkam, "Identity and History of the Community," in P. W. Flint, J. C. Vanderkam (eds.), *The Dead Sea Scrolls after Fifty Years: A Comprehensive Assessment* (vol. 2; Leiden/Boston/Köln, 1999), 487-533; T. H. Lim, *The Dead Sea Scrolls: A Very Short Introduction* (Oxford: Oxford University Press, 2005), 58-65.

시하는데 해당 내용이 성경이면 "Gen"(창세기)처럼 책의 약자로 나타내고 이외의 문헌들은 "p"(페샤림; 성경 해석), "Midr"(미드라쉬), "Tg"(타르굼) 등과 같이 나타낸다. 더불어 발견된 필사본의 재질을 "pap"(파피루스)로 표기하는 경우도 있고, 그 기록 언어를 "gr"(그리스어)로 표기하거나 "LXX"(칠십인역)의 내용임을 표기하기도 한다. 이 때 같은 문헌의 단편이 여럿 발견되어 구분이 필요하다면 앞서 예에서처럼 끝에 위첨자 알파벳을 기입하여 몇 번째 단편인지 표시한다. 이렇게 약어로 필사본을 분류하면 직관적으로 해당 필사본의 특징을 알아보기는 쉽지만 전체적인 분류 체계가 복잡해진다는 단점이 있다.

② 일련번호 체계

일련번호 체계는 약어 체계보다 더 간단하다. 발견 장소를 나타내는 앞부분은 약어 체계와 동일하지만 뒷부분은 앞의 예시처럼 무조건 일련번호로 구분하기 때문이다. 이 체계는 간결하지만 해당 필사본의 특징을 한눈에 알아보기가 힘들다는 단점이 있다.

(2) 쿰란 성경 필사본의 특징

"쿰란 본문"(Qumran text) 또는 "사해 사본"(Dead Sea Scrolls)이라고 일컫는 이 문헌들의 내용은 "Discoveries in the Judaean Desert"(DJD) 시리즈로 출간되었고 이 시리즈는 2002년에 색인집인 39권을 끝으로 마무리되었다.[12] 그 내용은 이제 디지털 자료화되어 온라인에서 자유롭게 찾아볼 수 있다(http://www.deadseascrolls.org.il/home).

---

12 E. Tov(ed.), *The Text from the Judaean Desert: Indices and an Introduction to the Discoveries in the Judaean Desert Series*(DJD XXXIX; Oxford: Clarendon Press, 2002).

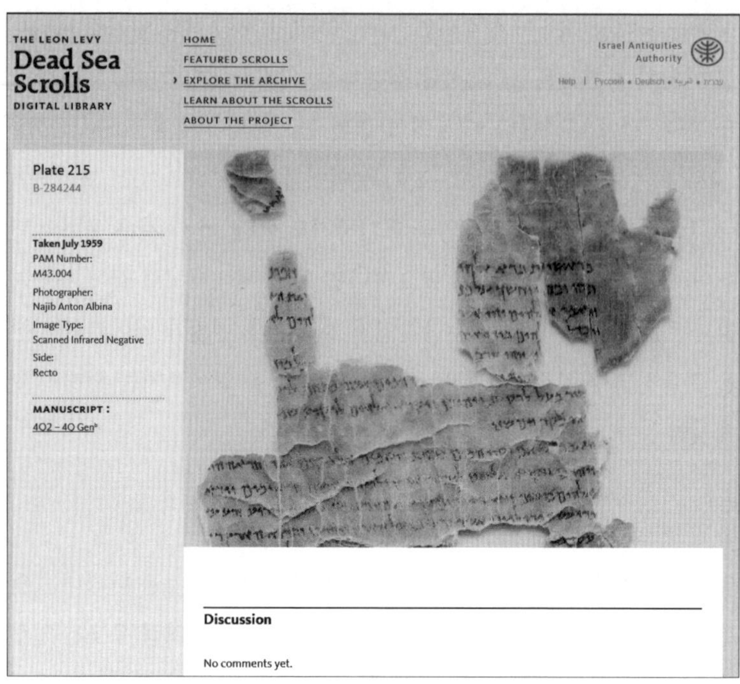

http://www.deadseascrolls.org.il/explore-the-archive/image/B-284244; 4QGen^{b}=4Q2

이 디지털 도서관에 게재된 성경 본문 필사본의 단편은 모두 223개다.[13] 하지만 이들 가운데 몇몇 단편은 원래 하나의 필사본에서 비롯한 것으로 보인다(4QGen^{h1}=4Q8a, 4QGen^{h2}=4Q8b; Mur 1의 단편들 등). 쿰란 필사본들의 소재는 대개 동물 가죽이며, 일부가 파피루스로 되어 있다(4QpapIsa^{p}=4Q69, 4QpapLXXLev^{b}=4Q120, 7QpapLXXExod=7Q1 등).

쿰란 성경 필사본 단편은 대부분 히브리어로 기록되었다. 그중 대다수는 우리에게도 익숙한 정방형 히브리어 문자이지만 더러는 고대 히브리어 형태로 필사된 것도 있다(1QpaleoLev-Num, 2QpaleoLev, 4QpaleoGen-Exod^{l}, 4QpaleoGen^{m}, 4QpaleoExod^{m}, 4QpaleoDeut^{r},

13 쿰란 성경 본문 필사본들에 관한 정보는 다음 자료에서 확인하라. Tov, *Indices*, 165-201.

4QpaleoDeut[s], 4QpaleoJob[c], 6QpaleoGen, 6QpaleoLev, 11QpaleoLev). 또한 타르굼과 같이 아람어로 쓰인 경우도 있고(4QtgLev=4Q156, 4QtgJob=4Q157, 11QtgJob=11Q10), 그리스어 역본인 칠십인역을 기록한 경우도 있다(4QLXXLev[a]=4Q119, 4QpapLXXLev[b]=4Q120, 4QLXXNum=4Q121, 4QLXXDeut=4Q122, 7QpapLXXExod=7Q1, 8HevXIIgr=8Hev1).

이전에 쿰란 성경 본문들은 DJD 시리즈에서 개별 출간되었는데, 지금은 다음과 같이 한데 모아 편집되고 영어로 번역되어 다소 수월하게 참고할 수 있게 되었다.

- 쿰란 성경 편집본: E. Ulrich(ed.), *The Biblical Qumran Scrolls: Transcriptions and Textual Variants*(S.VT 134; Leiden/Boston: Brill, 2010).
- 쿰란 성경 영어 역본: M. Abegg Jr., P. Flint, E. Ulrich, *The Dead Sea Scrolls Bible*(New York: Harper Collins, 1999).

더불어 지금까지 발견되어 분석된 쿰란 성경 본문의 모든 낱말은 다음의 성구 사전(Concordance)에 수록되었다.

- Martin G. Abegg et al.(eds.), *Dead Sea Scrolls Concordance, Vol. 3: The Biblical Texts from the Jedaean Desert*(2 Vols.; Leiden: Brill, 2009).

(3) 쿰란 성경 필사본의 의미

첫째, 쿰란 성경 필사본은 에스더서를 제외한 모든 히브리어 구약성경의 개별 책들을 일부는 온전한 두루마리 형태로, 더러는 단편(fragment)의 형태로 전한다는 점에 주목해야 한다. 이는 쿰란 성경 필사본이 작성되던 당시에 이미 구약성경의 범위가 어느 정도 형성되어 있었음을 알

려주는 증거다. 구약성경 본문이 기록된 필사본들을 책별로 정리해보면 다음과 같다.[14]

- 창세기: 1Q1, 2Q1, 4Q1-7, 4Q8(a), 4Q8(b), 4Q9-12, 4Q483, 4Q576, 6Q1, 8Q1; Mur 1, Mur ?, Sdeir 1, Mas 1
- 출애굽기: 1Q2, 2Q2-4, 4Q1, 4Q11, 4Q13-22, 4Q37; 7Q1 (그리스어); Mur 1
- 레위기: 1Q3, 2Q5, 4Q17, 4Q23-26, 4Q26a, 4Q26b, 4Q249j, 6Q2, 11Q1-2; 4Q119-120(그리스어); 4Q156(타르굼); Mas 1a, Mas 1b
- 민수기: 1Q3, 2Q6-9, 4Q23, 4Q27; 4Q121(그리스어); Mur 1, 5/6Hev 1a, XHev/Se 2, 34Ṣe 2
- 신명기: 1Q4-5, 2Q10-12, 4Q28-38, 4Q38a, 4Q38b, 4Q39-46, 5Q1, 6Q3, 6Q20, 11Q3; 4Q122(그리스어); Mur 2, XHev/Se 3, Mas 1c
- 여호수아서: 4Q47—48; XJosh
- 사사기: 1Q6, 4Q49-50; XJudg
- 사무엘서: 1Q7, 4Q51-53
- 열왕기: 4Q54, 5Q2, 6Q4
- 이사야서: 1QIsa^{a}, 1Q8, 4Q55-62, 4Q62a, 4Q63-69, 4Q69a, 4Q69b, 5Q3; Mur 3
- 예레미야서: 2Q13, 4Q70-72, 4Q72a, 4Q72b
- 에스겔서: 1Q9, 3Q1, 4Q73-75, 11Q4; Mas 1d

14 이 표에서 이음줄(-)은 거기에 포함된 연이은 필사본들이 다 해당한다는 뜻이다. 이에 관한 자세한 내용과 출간 사항은 Tov, *Indices*, 167-81을, 성경 본문 중심의 색인은 같은 책 185-201을 보라. 필사본 중심으로 관련 정보를 정렬해놓은 자료는 Fischer, *Der Text des AT*, 79을 보라.

- 소예언서: 4Q76-82, 4Q168, 5Q4; Mur 88; 8Hev 1(그리스어)
- 시편: 1Q10-12, 2Q14, 3Q2, 4Q83-98, 4Q98a-g, 5Q5, 6Q5, 8Q2, 11Q5-9; 5/6Hev 1b, Mas 1e, Mas 1f
- 욥기: 2Q15, 4Q99-101; 4Q157, 11Q10(타르굼)
- 잠언: 4Q102-103
- 룻기: 2Q16-17, 4Q104-105
- 아가: 4Q106-108, 6Q6
- 전도서: 4Q109-110
- 애가: 3Q3, 4Q111, 5Q6-7
- 에스더서: (-)
- 다니엘서: 1Q71-72, 4Q112-116, 6Q7
- 에스라서-느헤미야서: 4Q117
- 역대기: 4Q118

둘째, 쿰란 성경 본문이 본문비평에서 중요한 점은 무엇보다 가장 오래된 히브리어 필사본이라는 점이다.[15] 필사본의 연대는 두 가지 방법으로 측정할 수 있다. 첫 번째 방법은 방사성 탄소 동위원소 연대 측정법이다.[16] 이는 필사본의 소재인 가죽이나 파피루스 자체의 연대를 측정하는 방법이다. 이에 따르면 성경 필사본 가운데 가장 오래된 것은 멀리 기원전 4세기경 자료로 추정되는 이사야서 두루마리(1QIsa[a])다. 두 번째 방법은 글자체(paleography) 분석을 통한 연대 측정법이다. 이에 따르면 기원전 3세기 중반 자료로 추정되는 쿰란 제4동굴 출애굽기-레위기 단편(4Q17=4QExod-Lev[f])이 가장 오래된 성경 필사체를 보여준다.

---

15 쿰란 문헌의 연대 추정에 대한 자세한 논의는 Tov, *Indices*, 351-446을 보라.

16 동물이나 식물 등의 유기체는 살아 있을 때는 호흡이나 광합성을 통해서 C-14 원소량을 일정하게 유지하지만, 죽고 나면 이 원소량이 감소한다. 그 반감기는 대략 5,000년 정도인데, 특정 유물에서 이 원소량을 원심분리기로 추출하여 분석하면 그것이 죽은 연대를 추정할 수 있다.

또한 와디 무라바앗에서 발견된 열두 소예언서의 필사본 단편(Mur 88=MurXII)이 기원후 115년 무렵에 가장 마지막으로 작성된 것으로 보인다. 쿰란 성경 필사본 이전에는 이렇게 오래된 성경 필사본이 존재하지 않았다. 그 결과 연구가들은 칠십인역 등의 고대 역본들을 통해 고대 본문의 존재와 내용을 추론해야만 했다. 그러나 칠십인역의 필사본들과 동일하거나 더 오래된 시기에 제작된 히브리어 필사본 성경들이 발견되면서 본문비평에는 새로운 전환점이 마련될 수 있었다.

셋째, 구약성경 본문 역사의 관점에서는 쿰란 성경 본문의 형태(textual form)가 중요하다. 쿰란 성경 본문은 오늘날 전해진 마소라 본문의 가장 오래된 형태를 뒷받침하는가 하면(1QIsa[a], 1QIsa[b]), 마소라 본문과 구분되는 칠십인역의 본문을 지지하기도 한다(4QJer[b,d] 등). 또한 출애굽기 단편은 사마리아 오경의 본문 전승과 유사한 본문 형태를 보이기도 한다.[17] 그래서 토브(E. Tov)는 쿰란 성경 본문의 형태를 마소라 본문과 유사한 형태, 사마리아 오경의 이전 형태, 칠십인역의 히브리어 대본과 가까운 형태, 독자적인 형태로 나누어 살펴보았다.[18] 이처럼 쿰란 성경 필사본의 본문이 다양한 형태라는 점은 아직 마소라 본문이 주된 본문으로서의 구실을 하지 않았고 오히려 다양한 형태가 유동적인 상태로 공존했다는 사실을 알려준다. 쿰란 성경 본문은 후대에 고정된 마소라 본문보다 더 오래된 형태를 보여주는 경우가 많으므로 연구자는 더 세심하게 그 내용을 살펴보고 그에 따른 다양한 가능성을 고려해야 한다.

17 여기서 언급하는 예시를 구체적으로 살펴보려면 김정훈, 『칠십인역 입문』, 250-56을 확인하라.

18 Tov, *Textual Criticism of the Hebrew Bible*, 108-10.

2) 칠십인역(BHS: 𝔊, BHQ: G)[19]

알렉산드로스 대왕(Alexandros the Great, 기원전 356-323)의 등장과 더불어 기원전 4세기부터 본격적으로 시작된 헬레니즘의 영향은 당시 팔레스타인뿐 아니라 여러 지역에 흩어져 살던, 무엇보다 기원전 3세기에 알렉산드리아 등지에 살던 디아스포라 유대인들의 경제와 문화, 종교적 삶에 커다란 변화를 가져왔다. 특히 회당을 중심으로 한 그들의 종교생활과 그 중심에 있던 토라(율법)에도 큰 변화를 가져왔는데, 구약성경(특히 오경)의 그리스어 번역본이 탄생한 사건이 두드러졌다. 이때 구약성경은 마침내 그리스어로 번역되기에 이르렀는데, 이 칠십인역을 가리켜 70을 뜻하는 로마숫자 "LXX"로 표기하고 영어로는 "Septuagint", 독일어로는 "Septuaginta" 등으로 부른다.

이 명칭의 기원은 이른바 『아리스테아스의 편지』(이하 『편지』)로 거슬러 올라간다. 이 『편지』가 전하는 이야기에 따르면 당시 이집트의 왕이었던 프톨레마이오스 2세 필라델포스(Ptolemaios II Philadelphos, 기원전 285-247 통치)는 알렉산드리아에 도서관을 세우면서 유대인들의 율법서(토라)를 그리스어로 번역하고자 했다. 이를 위해 그는 유다의 대제사장에게 번역자들을 보내달라고 요청했다. 대제사장은 뛰어난 번역자들을 열두 지파에서 각 여섯 명씩 뽑아 보냈다. 이 이야기에 따르면 번역자는 모두 72명이었다.[20]

하지만 『편지』에 나타난 이 이야기는 익명의 초기 교부들을 거치면서 다소 윤색되어 "72인"이 아닌 "70인에 의한 성서"(ἡ ἁγία γραφὴ

19 칠십인역에 관한 전반적인 안내는 김정훈, 『칠십인역 입문』, 23-208을 참조하라. 또한 Fischer, *Der Text des AT*, 115-56; Tov, *Textual Criticism of the Hebrew Bible*, 127-47도 견주어 보라. "칠십인역/칠십인경"이라는 용어에 대해서는 앞의 1장에서 "각주 3"을 확인하라.

20 『편지』 §§47-50은 번역자들의 명단을 구체적으로 나열한다.

κατὰ τοὺς ἑβδομήκοντα)라는 명칭으로 바뀌고,[21] 여러 필사본에서 "70인에 의한 (번역)"(κατὰ τοὺς ἑβδομήκοντα, παρὰ ἑβδομήκοντα)으로 간소화되었다. 그 사이 이 명칭은 라틴어로 옮겨져 "*Interpretatio septuaginta virorum*(*seniorum*)"(70인[장로들]의 번역)이라고 일컬어졌고,[22] 이것이 바로 영어(the Septuagint)나 독일어(die Septuaginta), 불어(la Septante) 등에서 쓰는 명칭들과 기호(LXX)의 기원이 되었다.

(1) 『아리스테아스의 편지』와 칠십인역의 기원 논의

칠십인역의 기원에 관해 가장 상세한 정보를 제공해주는 것은 무엇보다 『편지』다.[23] 『편지』는 기원전 3세기에 활동한 프톨레마이오스 2세 필라델포스 시대에 있었던 이야기를 전해준다. 하지만 모두 322 단락으로 이루어진 이 편지는 문헌비평이나 문체의 관점에서,[24] 또 내용에 연대기 착오가 드러나는 측면에서[25] 기원전 3세기가 아니라 더 이후

---

21 숫자 70을 선호하는 경향은 구약성경 안에서도 찾아볼 수 있다. 가령 이집트에 내려간 야곱의 자손이 70명이었다는 이야기(창 47:26; 출 1:5), 모세와 함께 시내산에 오른 70명의 장로 이야기(출 24:1-11) 등이 좋은 예다. 구약성경의 번역자가 72명에서 70명으로 바뀐 데는 이런 경향도 한몫했으리라 짐작할 수 있다.

22 H. B. Swete, *An Introduction to the Old Testament in Greek*(Peabody: Hendrickson, 1989), 9-10. 라틴 교부들의 언급을 살펴보면 다음과 같다. 이레나이우스(iii. 21. 3): "*seniorum interpretatio*"; 테르툴리아누스(Apol. 18): "*septuaginta et duo interpretes*"; 히에로니무스: LXX. *interpretes/translatores*(praeff. in Esdr., Isai), LXX. *editio*(praef. in Job, ep ad Pammach), editio LXX.(praef. in Paralipp.); 아우구스티누스(de siv. Dei, xviii. 42): "*quorum interpretatio ut Septuaginta vocetur iam obtinuit consuetudo*" 등.

23 이밖에 칠십인역의 기원을 언급하는 자료로는 그리스어 역본 집회서의 머리말과 그리스어 역본 에스더서의 붙임말 등이 있다. 이에 관해서는 김정훈, 『칠십인역 입문』, 41-44을 보라.

24 『편지』의 대부분 분량(§187-300)을 차지하는, 프톨레마이오스 왕과 번역자들이 나눈 만찬담화(심포지엄)는 기원전 2세기 문헌인 "왕국"(περὶ βασιλείας)을 모티프로 한다고 여겨진다. 이에 관해 다음 자료들을 참고하라. Meisner, "Aristeasbrief," JSHRZ II-1, 40; Fernández Marcos, *The Septuagint in Context*(Leiden: Brill, 2000), 42.

25 데메트리오스가 프톨레마이오스 2세 필라델포스 왕실의 관리였다는 기록에는 역사적인 혼동이 있는 듯하다. 역사가 플루타르크에 따르면 데메트리오스는 프톨레마이오스 1세 때 왕실

인 기원전 2세기에 저작되었다고 보는 것이 일반적인 견해다.[26] 더욱이 『편지』의 내용은 토라 번역 이야기를 틀로 하지만 실제로는 유대교를 변증하려는 데 목적이 있는 듯하다.

어쨌거나 이 이야기에 따르면 필라델포스는 프톨레마이오스 왕가에서 주도한 문화 정책의 하나로 알렉산드리아에 도서관을 짓고 장서를 모으기 시작한다. 이 일의 실무를 책임지던 사서 데메트리오스는 필라델포스에게 유대인들의 율법도 도서관에 소장할 가치가 있으니 유대인의 대제사장에게 번역자를 파송해줄 것을 요청하라고 보고한다(§29-32). 『편지』의 §301-303와 §307에 따르면 72명의 번역자들은 매일 일정량을 번역한 뒤에 서로 대조하며 면밀하게 검토해서 데메트리오스에게 그때그때 보고했다.[27] 번역에 걸린 기간이 우연히도 번역자들의 숫자와 같은 72일이었다고 하는데, 이는 이 번역의 권위를 뒷받침해주는 내용이다.

『편지』가 전하는 내용의 진정성과 역사성의 문제는 여전히 논란거리다.[28] 하지만 『편지』의 증언에서 우리는 히브리어 성경이 그리스어로 번역되었고, 그것이 프톨레마이오스 왕실과 관련이 있다는 두 가지 핵심적인 사실을 뽑아낼 수 있다. 다른 한편으로 『편지』의 이야기와는 달

도서관 관리로 활동했다. 또 다른 사료에 따르면 필라델포스 왕의 통치 시기에는 데메트리오스가 이미 국외로 추방을 당한 뒤였다. 이에 관해 Veltri, "Aristeasbrief," RGG[4] 1, 731을 보라.

26 이에 관한 논의는 김정훈, 『칠십인역 입문』, 28-40을 참고하라.

27 오늘날 칠십인역에 관해서는 좀 더 신비한 이야기가 널리 알려졌다. 곧 번역자들이 72일 동안 각자 흩어져 번역을 하고 나서 맞춰보니 놀랍게도 결과가 똑같았다는 것이다. 하지만 이 이야기는 칠십인역 번역에 관한 초기 교부들의 전승에서 비롯한 것이다. 특히 이레나이우스(Irenaeus, 130?-202?)는 이 사건이 프톨레마이오스 1세 라고스(Ptolemaios I Lagos, 기원전 305-285년 통치) 시대에 일어났다고 기록했다. 또한 그는 번역자들이 각자 따로 번역을 했는데, 나중에 왕이 보는 앞에서 번역을 비교해보았더니 모두 똑같았다는, 다소 신비주의적인 각색을 추가했다(*Adv. Haereses* III, 21,2. 이레나이우스의 단편들은 Eusebius, *Hist. Ecc.* V. 8,11-15에 보존되어 있음).

28 칠십인역의 기원과 관련한 좀 더 자세한 논의와 참고 문헌은 다음 자료에서 확인하라. 김정훈, 『칠십인역 입문』, 44-52.

리 현존하는 여러 필사본의 본문 증거들은 매우 다양한 형태의 본문이 존재했음을 보여준다는 사실도 부정할 수 없다. 곧 히브리어 구약성경은 본디 알렉산드리아의 유대 공동체의 내적 필요와 요구에 따라 기원전 3세기 이전에 이미 그리스어로 번역되기 시작했으며, 『편지』가 증언하는 대로 프톨레마이오스 왕조의 문화 정책에 따라 기원전 3세기 중엽에 공인된 번역본으로 공포되었다고 보는 것이 합리적이라 하겠다. 또한 구약성경 전체를 포함한 원-칠십인역(Ur-Septuaginta, Old Greek)은 그렇지 않더라도 칠십인역에 포함된 각 책은 분명히 첫 번역을 전제한다고 보아야 할 것이다.

(2) 칠십인역의 특징

① 주요 칠십인역 필사본

사실 "칠십인역"은 추상적 개념이다. 앞서 살펴보았듯이 이 명칭 자체가 설화에 바탕을 두고 있으며, 히브리어 성경과 마찬가지로 구약성경의 첫 그리스어 번역도 전해지지 않기 때문이다. 그 대신 기원전 2세기의 파피루스 필사본에서부터 최초로 인쇄본이 나온 16세기의 필사본까지 수많은 필사본이 존재한다.[29]

칠십인역 필사본은 글씨체에 따라 크게 두 가지로 나뉜다. 고대 그리스어는 원래 대문자(uncial) 글씨체밖에 없었다. 오늘날 알려진 그리스어 소문자(minuscule) 글씨체는 기원후 9세기 이후에야 생겨났다. 그래서 필사본들 역시 기원후 8세기까지는 대문자, 그 후에는 소문자로 기록되었다. 대문자 필사본들은 파피루스와 양피지에 기록되었고, 소문

29 칠십인역 필사본의 역사에 관해서는 김정훈, 『칠십인역 입문』, 211-58을 참고하라. 칠십인역 본문을 전하는 최초의 필사본은 신명기의 일부를 전하는 파피루스 단편(Papyrus Rylands Greek 458)이다. 이 필사본에 관한 설명은 김정훈, 『칠십인역 입문』, 217을 보라.

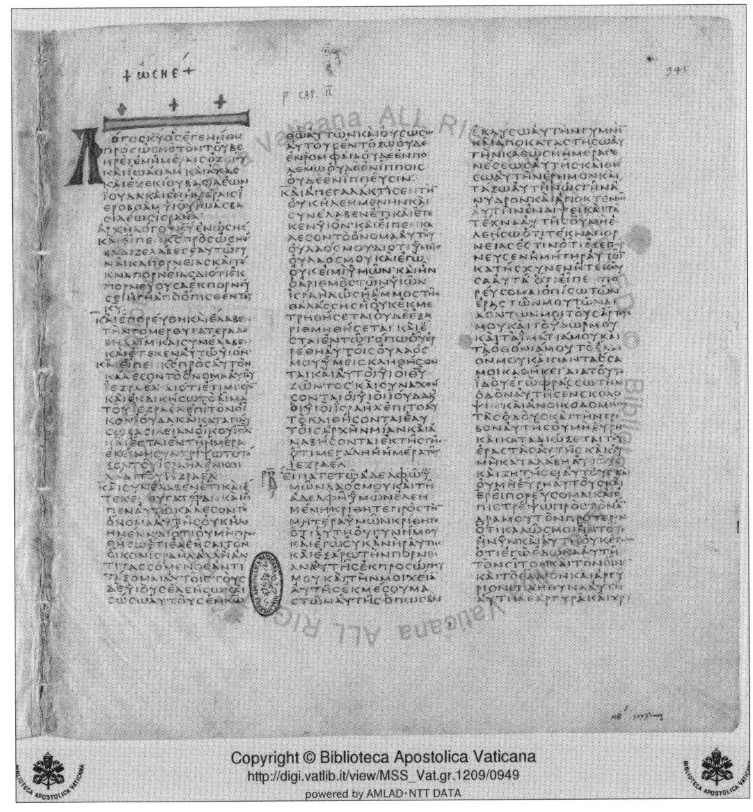

바티칸 사본(Cod. B), 945 recto, 호 1:1–2:10

자 필사본들은 처음에는 양피지에 기록되다가 유럽에 종이가 보편화되면서부터는 대부분 종이에 기록되었다. 칠십인역의 본문을 전하는 대문자 필사본들 가운데 가장 대표적인 것은 다음 세 가지다.

- 바티칸 사본(기원후 4세기): Codex Vaticanus(Cod. B); Vat. gr. 1209[30]

---

30 이 사본을 디지털화한 자료는 바티칸에서 운영하는 디지털 도서관(http://digi.vatlib.it/view/MSS_Vat.gr.1209)에서 확인할 수 있다. 이 필사본의 영인본으로는 *Bibliotheca apostolicae vaticanae codex vaticanus graecus 1209: bibliorum sacrum graecum codex vaticanus B*(Rome: Instituto Poligrafico e Zecca dello Stato, 1999)가 있다. 대한성서공회는 이 영인본을 소장하고

- 알렉산드리아 사본(기원후 5세기): Codex Alexandrinus(Cod. A); MS Royal 1. D. V-VIII[31]
- 시나이 사본(기원후 4세기); Codex Sinaiticus(Cod. S); Add. 43725[32]

② 칠십인역의 범위와 구성

칠십인역 본문을 전하는 초기 필사본들은, 포함하는 책들의 범위와 구성은 물론 본문의 형태에 있어서도 여러 가지 차이를 보인다. 예를 들어 칠십인역의 주요 대문자 필사본을 비롯한 칠십인역의 필사본들이 포함하는 책들의 순서와 범위조차 서로 일치하지 않는다. 그래서 히브리어 성경 본문과 마찬가지로 칠십인역의 본문도 유동적이고 다층적인 과정을 거쳐 형성되었다고 추정할 수 있다.

앞서 언급한 대문자 필사본 세 가지 중 가장 오래된 것은 시나이 사본이다. 하지만 시나이 사본은 훼손의 정도가 심하여 어떤 기준으로 삼기가 어렵다. 그래서 일반적으로는 바티칸 사본을 칠십인역의 범위와 구성을 비교하는 바탕으로 삼는다. 반면 알렉산드리아 사본은 바티칸 사본보다 시대는 조금 뒤지지만 더 많은 책을 담고 있다. 그리고 칠십인역의 현대 편집본 전통에서는 알렉산드리아 사본에만 포함된 책들도 칠십인역의 범주에 넣는 것이 보통이다. 곧 우리가 "칠십인역"이라고

있다. 이 필사본에 관한 자세한 설명은 이 영인본과 함께 출간된 "Prolegomena"를 참고하라.

31 이 필사본의 영인본은 웹사이트 "아카이브"의 해당 페이지(https://archive.org/details/CodexAlexandrinus)에서 내려받을 수 있다. 이 영인본의 원서는 E. M. Tompson, *Facsimile of the Codex Alexandrinus*(4 vols.; London, 1879-1883)이다. 그 이후에 나온 영인본으로는 F. G. Kenyon, H. J. M. Milne, *The Codex Alexandrinus: in reduced photographic facsimile*(5 vols.; London, 1909-1957)이 있다.

32 이 필사본은 일부만 현존한다. 자세한 사항은 "시나이 사본" 홈페이지(http://www.codex-sinaiticus.net/en/)에서 확인하라. 이 웹사이트에는 시나이 사본을 정밀 촬영한 고해상도 이미지가 게재되어 있다. 그리고 이 필사본에 대한 전반적인 논의는 다음 자료를 확인하라. D. C. Parker, *Codex Sinaiticus: The Story of the World's Oldest Bible*(London: The Britisch Library, 2010).

말할 때는 바티칸 사본의 기본적인 순서와 알렉산드리아 사본에 포함된 다음 책들을 염두에 두어야 한다.

개역개정 성경 제목	그리스어 제목	우리말 음역	그리스어 제목의 뜻
창세기	Γένεσις	게네시스	기원
출애굽기	Ἔξοδος	엑스호도스	탈출
레위기	Λευϊτικόν	레위티콘	레위인들의 [책]
민수기	Ἀριθμοί	아리트모이	숫자들
신명기	Δευτερονόμιον	데우테로노미온	두 번째 율법
여호수아	Ἰησοῦς	예수스	여호수아
사사기	Κρίται	크리타이	재판관들
룻기	Ῥούθ	룻	룻
사무엘상·하	[Βίβλος] Βασιλειῶν Α·Β	[비블로스] 바실레이온 알파·베타	왕국들의 [책] 1·2권
열왕기상·하	[Βίβλος] Βασιλειῶν Γ·Δ	[비블로스] 바실레이온 감마·델타	왕국들의 [책] 3·4권
역대상·하	[Βίβλος τῶν] Παραλιπομένων [βασιλέων Ιουδα] Α·Β	[비블로스 톤] 파랄리포메논 [바실레온 유다] 알파·베타	[유다 왕들에 대해] 빠뜨린 것들[을 쓴 책] 1·2권
(-)	Ἔσδρας Α΄	에스드라스 알파	에스드라스 1권
에스라-느헤미야	Ἔσδρας Β΄	에스드라스 베타	에스드라스 2권
에스더	Ἐσθήρ	에스테르	에스더
(-)	Ἰουδίθ	유딧	유딧
(-)	Τωβίτ	토빗	토빗
(-)	[Βίβλος] Μακκαβαίων Α΄-Δ΄	[비블로스] 마카바이온 알파-델타	마카비 (가문의) [책] 1-4권
시편	Ψαλμοί	프살모이	시편
(-)	Ὠδαί	오다이	송가(頌歌)들
잠언	Παροιμίαι	파로이미아이	잠언
전도서	Ἐκκλησιαστής	에클레시아스테스	모임의 일원
아가	Ἆσμα	아스마	노래
욥기	Ἰώβ	욥	욥
(-)	Σοφία Σαλωμῶντος	소피아 살로몬토스	솔로몬의 지혜
(-)	Σοφία Σιράχ	소피아 시락	시락의 지혜
(-)	Ψαλμοί Σαλωμῶντος	프살모이 살로몬토스	솔로몬의 시편

호세아	’Ωσηέ	오세에	호세아
아모스	’Αμώς	아모스	아모스
미가	Μιχαίας	미카이아스	미가
요엘	’Ιωήλ	요엘	요엘
오바댜	’Αβδιού	아브디우	오바댜
요나	’Ιωνᾶς	요나스	요나
나훔	Ναούμ	나움	나훔
하박국	’Αμβακούμ	암바쿰	하박국
스바냐	Σοφονίας	소포니아스	스바냐
학개	‘Αγγαῖος	학가이오스	학개
스가랴	Ζαχαρίας	자카리아스	스가랴
말라기	Μαλαχίας	말라키아스	말라기
이사야	’Ησαΐας	에사이아스	이사야
예레미야	’Ιερεμίας	예레미아스	예레미야
(-)	Βαρούχ	바룩	바룩
예레미야 애가	Θρῆνοι	트레노이	애가
(-)	’Επιστολὴ ’Ιερεμίου	에피스톨레 예레미우	예레미야의 편지
에스겔	’Ιεζεκιήλ	예제키엘	에스겔
(-)	Σουσάννα	수산나	수산나
다니엘	Δανιήλ	다니엘	다니엘
(-)	Βὴλ καὶ Δράκων	벨 카이 드라콘	벨과 뱀

필사본들을 바탕으로 재구성한 칠십인역의 범위와 구성에서 주목할 만한 두 가지 특징은 다음과 같다.[33]

첫째, 히브리어 성경과 전체 구성이 다르다. “오경-예언서-성문서”의 삼분법으로 구분할 수 있는 히브리어 성경과는 달리 칠십인역은 사분법, 곧 “오경-역사서-성문서-예언서”로 구성된다. 이는 칠십인역의 전통에서 생겨난 새로운 짜임새로서 “과거-현재-미래”의 구도에 맞

33 이에 관한 좀 더 자세한 설명은 다음 자료들을 참고하라. 김정훈, 『칠십인역 입문』, 71-118; 캐런 줍스, 모세 실바 지음/김구원 옮김, 『70인역 성경으로의 초대』(서울: 기독교문서선교회, 2007), 187-97.

추어진 것으로 보인다. 이 구분법은 오늘날까지 영향을 끼쳤고 현대의 대다수 번역 성경은 히브리어 성경의 삼분법이 아니라 칠십인역의 사분법을 따라 구성된다. 더욱이 이 구분법이 신약성경을 염두에 둔, 그리스도에 관한 "예언과 성취"의 구도에 매우 잘 들어맞는다는 사실을 감안한다면 이런 사분법 전통이 아마도 칠십인역 본문을 사용하던 초기 기독교의 산물이라고 추측할 수도 있다. 더불어 지금 우리가 쓰는 성경과는 다른 시가서와 예언서의 순서도 주목해서 살펴볼 필요가 있다.

둘째, 히브리어 성경에 없는 책들이 더 있다. 칠십인역의 오경을 제외한 나머지 부분에는 헬레니즘 시대에 저작된 책들이 추가되어 있다. "에스드라스 1권"은 에스라서-느헤미야서의 일부 내용과 두 책에 없는 새로운 내용을 모두 담고 있다. "유딧기"는 헬레니즘 시대에 박해받는 상황을 전제하는 저작물이며, "토빗기"는 영웅담의 틀에 담은 지혜문학이다. "마카비서"는 히브리어 성경의 전통에는 누락된 헬레니즘 시대, 특히 안티오쿠스 에피파네스(Antiochos IV Epiphanes, 기원전 215-164)의 박해와 마카비 혁명기, 그를 통해 하스모니아 왕조가 생겨난 역사를 보여준다. 예레미야서와 관련해서 칠십인역에는 예레미야의 서기관이었던 바룩(렘 36, 45장)의 편지와 이집트로 끌려간 예레미야가 바벨론 포로들에게 보내는 편지가 수록되어 있다. 마지막으로 다니엘서와 관련해서 그리스어 전승인 "수산나"와 "벨과 뱀"도 포함되어 있다. 칠십인역에만 포함된 이 책들 가운데 일부는 우리가 앞서 살펴본 대로 가톨릭 성경에 "제2경전"이라는 이름으로 여전히 포함되어 있다.

③ 칠십인역의 편집본[34]

칠십인역의 필사본들은 인쇄술이 발명, 보급되어 인쇄본이 나오기 시

34 칠십인역 편집본들의 좀 더 자세한 소개와 사용법은 김정훈, 『칠십인역 입문』, 259-96을 보라. 또한 이 책의 "7장-2-2)-(1)-①-ii) 칠십인역 본문"을 보라.

작한 16세기까지 계속해서 만들어졌다. 그리고 마침내 인쇄본 칠십인역이 나오기 시작하면서 성경 본문의 전승은 엄청난 진보를 맛보게 되었다.[35] 16세기에 출간된 칠십인역 인쇄본 가운데 가장 영향력이 큰 것은 1578년 교황 식스투스 5세(Sixtus V, 1520-1590)가 주도해서 펴낸 "식스티나"(Sixtina; 줄여서 **Sixt**)로서, 이 인쇄본은 이후 17세기와 18세기에 나온 대다수 인쇄본의 바탕이 되었다. 하지만 이들 인쇄본은 특정 필사본의 본문을 그대로 활자화한 형태에 불과했다.

19세기에 들어서자 영국에서는 드디어 여러 필사본을 대조해서 본문의 이형 정보를 제공하는 비평편집본(critical edition)이 등장하기 시작했다. 18세기 말과 19세기 초반에 걸쳐 홈즈(Holmes)와 파슨스(Parsons)는 당시 알려져 있던 300여 개의 필사본을 바탕으로 다섯 권으로 이루어진 방대한 칠십인역의 편집본을 펴냈다(줄여서 **H.-P.**).[36] 이 편집본은 "Sixt."를 주본문으로 하면서 나머지 이형들을 비평 각주로 처리한 "고문서본"(diplomatic edition)이었다.

---

35 칠십인역 최초의 인쇄본은 1518년 이탈리아 베니스의 "알두스 출판사"(Aldine Press)에서 펴낸 것으로서 보통 "알디나"(Aldina;=Ald)라고 부른다(*Sacrae scripturae veteris novaeque omnia*[Colophon: Venetii in aedib[us] Aldi et Andreae soceri, mdxviii, mense Februario]).

36 *Vetus Testamentum Graecum cum variis lectionibus*. Edidit Robertus Holmes, S.T.P., R.S.S., Aedis Christi Canonicus. Tomus primus. Oxonii: e typographeo Clarendoniano. MDCCXCVIII; 1권 "오경"(1804); 2권 "여호수아기-역대기 하권"(1810); 3권 "2 에스드라스기-아가"(1823); 4권 "예언서"(1827); 5권 "외경 1 에스드라스기-마카베오기 3권"(1827).

보록

고문서본(diplomatic edition)[37]과 절충본(eclectic edition)[38]

성경 본문을 편집하는 데 쓰이는 대표적인 두 가지 방법에 따른 성경 편집본을 일컫는 말이다. 먼저 고문서본은 신뢰할 만한 필사본 하나를 편집 본문으로 삼고 다른 이형들을 모두 비평 각주로 처리하는 방법에 따른다. 고문서본 히브리어 성경으로는 레닌그라드 사본을 주본문으로 하여 독일에서 편집한 BHS와 BHQ, 알렙포 사본을 주본문으로 하여 이스라엘에서 편집한 히브리 대학 성경(Hebrew University Bible=HUB)[39]이 있으며, 칠십인역으로는 영국에서 편집된 케임브리지 편집본(Swete, Brooke-McLean)이 있다.

다음으로 절충본, 또는 비평편집본(critical eiditon)은 편집자가 여러 필사본을 바탕으로 본문비평한 결과를 주본문으로 만들고 그와 관련한 내용을 비평 각주로 제공하는 방법에 따른다. 히브리어 성경으로는 옥스퍼드 대학교에서 편집하는 옥스퍼드 히브리어 성경 프로젝트(Oxford Hebrew Bible Project=OHB)[40]가 이 방법을 사용

37 이 용어의 어원적 의미에 대해서는 김정훈, 『칠십인역 입문』, 189의 다음 언급을 참고하라. "'diplomatic'이라는 용어의 어원이 되는 그리스어 'διπλώμα'는 본디 '두 겹, 두 쌍, 두 벌 등 두 번 거듭한 것'을 일컫는 말이었다. 더 구체적으로는 '파피루스나 둘로 접는 기록판(diptych)을 두 번 필사한 뒤 접거나 말아서 하나가 그 안에 있는 다른 하나의 사본 역할을 하도록 만든 이중 증명서'를 뜻하게 되었다. 이에 대해 LSJ, 436을 보라. 그것이 라틴어로 이어져 '*diploma*'는 '원본'(Urkunde)을 뜻한다. 그리고 더 나아가 '로마의 공화정 시대에 원로원에서 발급했던 여행 증명서'를 뜻하게 되었다. 오늘날 우리가 '외교의'(diplomatic)라고 할 때는, 이는 '*diploma*'의 두 번째 뜻에서 파생된 말이다. 즉 국가원수의 공식 증서를 받아 국가를 대표하는 자격을 지니고 업무를 수행하는 사람이나 그 사람이 하는 일을 뜻하는 것이다. 하지만 어떤 비평편집본을 'diplomatic text'로 일컫는 것은 '원본'으로 여기는 본문을 주본문으로 한다는 말이다. 이를 '외교본' 따위로 옮기는 것은 어원을 잘 모르고 하는 무의미한 오역이다. 따라서 우리는 이 낱말의 어원을 고려하여 '고문서본'으로 옮긴다."

38 이 개념에 관한 논의로는 Fischer, *Der Text des AT*, 59-60도 참조하라.

39 이 편집본에 관한 설명은 Fischer, *Der Text des AT*, 64-65을 보라.

40 이 편집본에 관한 설명은 Fischer, *Der Text des AT*, 65-66을 보라.

한다. 칠십인역으로는 독일의 괴팅엔에서 나온 편집본들(LXX-Ra, LXX-Gö, 다음에 이어지는 "본문비평" 항목 참조)이 있다.

"H.-P."는 영국에서 칠십인역 고문서본 편집 전통을 촉발했다. 그 결과 19세기 후반에는 영국의 케임브리지(Cambridge)를 중심으로 스위트(H. B. Swete)가 주본문으로 "Sixt."가 아닌 바티칸 사본을 채택한 칠십인역 소편집본(a portable text)을 펴냈고,[41] 20세기에 들어서는 비록 미완성이지만 브룩-맥린(Brooke-McLean)의 "케임브리지 대비평편집본"(줄여서 **Br.-M.**)이 나오기에 이르렀다.[42] 아쉽게도 이 대비평편집본은 35년여에 걸쳐 오경과 역사서만을 다룬 후 더 이상 나오지 않고 있다. 하지만 이 책이 제공하는 방대한 비평 장치들은 여전히 유용하다. 더욱이 괴팅엔 비평본이 아직 다루지 않은 역사서(사사기, 사무엘서-열왕기, 역대기) 분야에서 이 책은 여전히 절대적인 역할을 한다.

한편 독일에서는 영국의 고문서본 편집 전통과는 대조적으로 "절충본" 편집 전통이 발전했다. 영국과 마찬가지로 19세기 중반 이후부터 괴팅엔(Göttingen)을 중심으로 라가르드(Paul A. de Lagarde)가 설립한 "칠십인역 연구소"(Septuaginta Unternehmen)는 이 분야에서 핵심적이었다. 이 연구소는 이른바 "원-칠십인역"(Ur-Septuaginta, The Old Greek)을 재구성하는 것을 목표로 했다. 그렇기에 어느 한 필사본을 중심으로 하는 고문서본 편집 방법을 따르는 대신 본문비평 결과를 반영한 본문을 채

41 H. B. Swete(ed.), *The Old Testament in Greek according to the Septuagint*(Cambridge, 1887-1894), "I Genesis-IV Kings"(1887, 1909[4]), "II Chron.-Tobit"(1890, 1907[2]), "III Hosea-IV Macc."(1894, 1912[4]); *The Psalms in Greek according to the Septuagint*(Cambridge, 1896).

42 A. Brooke, N. McLean(eds.), *The Old Testament in Greek according to the Text of Codex Vaticanus: supplemented from other uncial manuscripts*(ambridge 1906-1940), "I/1-4 팔경: 창세기-룻기", "II/1-4 역사서: 사무엘서, 열왕기, 역대기, 에스드라스 1·2권", "III/1 에스더, 유딧, 토빗".

택하는 절충본 편집의 기초를 세울 수 있었다. 라가르드의 목표는 그의 제자 랄프스(A. Rahlfs)에게 이어졌다. 그는 전 세계 여러 곳에 흩어져 있는 필사본들을 마이크로필름(microfilm)에 담아 모으면서 여러 본문 형태를 체계적으로 분류했다. 그가 기울인 노력은 그의 사망 직전에 완성된 소비평편집본(줄여서 **LXX-Ra**)으로 결실을 맺었다.[43] 그 책은 우선 주요 대문자 사본들을 중심으로 칠십인역을 재구성하고 비평 결과를 수록해놓은 것이었다. 더불어 그는 본문 형태에 따른 필사본의 체계적인 분류와 본문비평을 바탕으로 한 대비평편집본(줄여서 **LXX-Gö**)을 만들기 시작했고 시편을 완성할 수 있었다. 그의 뒤를 이어 치글러(J. Ziegler), 위버스(J. W. Wevers), 한하르트(R. Hanhart), 크바스트(U. Quast), 프랭켈(D. Fraenkel) 등의 학자를 거치면서 대비평편집본의 상당 부분이 완성되어 출간되었다.[44] 2016년부터는 기존의 칠십인역 연구소를 뒤로하고 "칠십인역 편집·연구 위원회"(Forschungskommission zur Edition und Erforschung der Septuaginta)가 새로 조직되어 그 일을 계속하고 있다.

---

43 A. Rahlfs(ed.), *Septuaginta Id est vetus testamentum Graece iuxta LXX interpretes*(Würtemberg: Würtembergische Bibelanstalt, 1935). Rahlfs-Hanhart는 이 편집본의 구두점과 오타 등을 교정해 개정본을 펴냈다(*Rahlfs-Hanhart, Septuaginta: Editio altera*[Stuttgart: Deutsche Bibelgesellschaft, 2006]).

44 *Septuaginta Vetus Testamentum Graecum: Auctoritate Academiae Scientiarum Gottingensis editum*(Göttingen: Vandenhoeck & Ruprecht), "I Genesis"(Wevers, 1974), "II,1 Exodus"(Wevers/Quast, 1991), "II,2 Leviticus"(Wevers/Quast, 1986), "III,1 Numeri"(Wevers/Quast, 1982), "III,2 Deuteronomium"(Wevers/Quast, ^{2}2006), "IV,3 Ruth"(Quast, ^{2}2009), "VII,2 Paralipomenon II"(Hanhart, 2014), "VIII,1 Esdrae liber I"(Hanhart, ^{2}1991), "VIII,2 Esdrae liber II"(Hanhart, 1993), "VIII,3 Esther"(Hanhart, ^{2}1983), "VIII,4 Iudith"(Hanhart, 1979), "VIII,5 Tobit"(Hanhart, 1983), "IX,1 Maccabaeorum liber I"(Kappler, 1990), "IX,2 Maccabaeorum liber II"(Hanhart, ^{3}2008), "IX,3 Maccabaeorum liber III"(Hanhart, ^{2}1980), "X Psalmi cum Odis"(Rahlfs, ^{3}1979), "XI,4 Iob"(Ziegler, 1982), "XII,1 Sapientia Salomonis"(Ziegler, ^{2}1980), "XII,2 Sapientia Jesu Filii Sirach"(Ziegler, ^{2}1980), "XIII Duodecim Prophetae"(Ziegler, 1943), "XIV Isaias"(Ziegler, ^{3}1983), "XV Ieremias, Baruch, Threni, Epistula Ieremiae"(Ziegler, ^{4}2013), "XVI,1 Ezechiel"(Ziegler/Fraenkel, ^{2}1999), "XVI,2 Susanna, Daniel, Bel et Dracho"(Ziegler/Fraenkel, ^{2}1999).

또한 비평 편집이 적용된 칠십인역의 현대어 번역본이 출간되기도 했다. 이 번역본들은 대부분 괴팅엔 대비평편집본이 출간된 책들은 그것을 따르고 나머지는 랄프스의 소비평편집본을 따른다. 영어(A New Translation of the Septuagint; NETS), 프랑스어(La Bible d'Alexandrie), 독일어(Septuaginta Deutsch) 등의 칠십인역 번역본이 나왔으며,[45] 우리말로는 랄프스의 창세기 편집본을 번역한 책이 나왔다.[46]

(3) 칠십인역의 의미

첫째, 칠십인역은 무엇보다 헬레니즘 인문학에서 차지하는 비중이 크다. 칠십인역은 헬레니즘 시대 프톨레마이오스 왕조 초기의 문화 정책을 짐작할 수 있는 중요한 단서이며 당시에 발생한 그리스어의 세계화 현상을 보여주는 증거이기도 하다. 비록 특정 종교의 경전이라는 특성 때문에 유대인과 기독교인 외에 이 엄청난 역본을 직접 언급하는 이들은 당시에 매우 드물었지만,[47] 칠십인역이 디아스포라 유대인들은 물론이고 이 문헌을 접한 수많은 이들의 정신세계와 언어활동에 미친 영향은 절대로 부정할 수 없을 것이다. 당시까지 한 민족의 종교 세계와 정신사를 다른 언어 세계로 옮겨놓은 것으로서 그처럼 방대한 분량의 저작은 결코 존재하지 않았다. 한마디로 칠십인역의 형성은 고대 헬레니즘 시대의 가장 획기적인 사건 가운데 하나였음이 틀림없다.

---

45 칠십인역의 현대어 역본에 관한 관찰과 설명은 다음 자료를 참고하라. 김근주, 김선종, 김정훈, 우상혁, "칠십인경 우리말 번역을 위한 연구: 창세기 1,1-2,3절의 예로(1)", 「성경원문연구」 21(2007), 53-68.

46 정태현, 강선남 역주, 『칠십인역 창세기』(왜관: 분도출판사, 2006).

47 이교도 가운데 칠십인역의 번역을 언급하는 경우로는 기원후 1세기 익명의 저자가 지은 『숭고함』(*De sublimitate*)이라는 책에서 창 1:3, 9의 그리스어 번역문을 인용한 사례를 들 수 있다. 이에 관해 다음 자료를 참고하라. M. Tilly, *Einführung in die Septuaginta*(Darmstadt: Wissenschaftliche Buchgesellschaft, 2005), 9.

둘째, 필사본의 고대성 관점에서 칠십인역은 매우 중요하다. 현존하는 히브리어 성경 본문 중 가장 오래된 것은 칠십인역과 거의 시대를 같이하는 쿰란 본문이다. 그러나 쿰란 본문은 대부분 심하게 훼손되어 전체 본문의 일부만 남아 있을 뿐이다. 히브리어 구약성경의 본문을 온전히 포함한 자료 중 가장 오래된 것은 이후에 자세히 살펴볼, 기원후 11세기에 제작된 레닌그라드 사본(Codex Leningradensis)이다. 반면 풍성한 자료가 남아 있는 칠십인역의 필사본은 역본이라는 한계를 감안하더라도 그 고대성이 확실하기에[48] 본문비평에서 매우 큰 비중을 차지할 수밖에 없다.

셋째, 칠십인역의 고대 필사본들이 다양한 본문 형태를 반영한다는 점도 주목할 필요가 있다. 칠십인역의 필사본들 사이에서 본문의 차이가 발견되는 경우가 있다고 하자. 이는 번역 기법의 문제일 수도 있지만 "번역 대본"(Vorlage)의 차이에서 비롯했을 수도 있다. 번역 대본이었던 히브리어 본문이 지금 우리가 보는 히브리어 본문과 달랐다면 이는 본문비평적 가치가 매우 높은 사례에 해당한다. 그런 사례는 구약성경 본문이 어떤 과정을 거쳐서 오늘날까지 전달되었는지 그 역사를 재구성하는 데도 중요한 구실을 한다.

넷째, 칠십인역이 기독교인들에게 중요한 의미가 있는 까닭은 신약과 구약을 연결하는 가교(架橋) 구실을 하기 때문이다. 칠십인역은 디아스포라 유대인들에게서 비롯했다. 그러나 그 전파에는 기독교 선교의 영향이 결정적이었다. 이에 관해 중요한 내용을 정리하면 다음과 같다.

---

48 칠십인역 필사본 목록집으로는 다음 자료들을 참고하라. A. Rahlfs, *Verzeichnis der griechischen Handschriften des Alten Testaments*(MSU II; Göttingen: Vandenhoeck & Ruprecht, 1914); D. Fraenkel, *Die Überlieferung bis zum VIII Jahrhundert*(Septuaginta Vetus testamentum Graecum Auctoritate Academiae Scientiarum Gottingensis editum Supplimentum I,1; Göttingen: Vandenhoeck & Ruprecht, 2004). Rahlfs의 것은 간략하나마 대문자 사본과 소문자 사본을 모두 다루고 있는 반면, Fraenkel은 기원후 8세기까지의 대문자 사본들만을 대상으로 상세한 설명을 제공한다.

① 초기 교회의 기독교인들은 히브리어 구약성경이 아니라 그리스어로 번역된 칠십인역을 정경으로 읽었다. 더욱이 신약성경 기자들은 구약을 인용할 때 대부분 칠십인역을 사용했다.[49]

② 신약성경 그리스어의 어휘나 구문들도 칠십인역의 영향을 받았다. 즉 순수한 그리스어가 아닌 번역 투의 표현들이나 칠십인역에서 새로 생겨난 신조어(neologism)가 신약성경 그리스어에 유입되었다.[50] 이는 신약성경의 기자들이 칠십인역을 그들의 "성경"으로 읽으면서 알게 모르게 영향을 받았기 때문일 것이다. 가령 신약성경에서 흔히 찾아볼 수 있는 표현 중에 "καὶ ἐγένετο+ 정동사"(마 9:10; 눅 5:1, 12, 17; 8:1, 22; 9:28, 51; 10:38; 14:1; 17:11; 19:15; 24:15 등) 또는 "ἐγένετο δὲ+ 정동사"(마 7:28; 막 1:9; 눅 1:8, 23; 2:1; 행 4:5 등)가 있다. 이는 히브리어 표현 "וַיְהִי+ 정동사"를 직역한 칠십인역의 어투에 영향을 받은 결과로 여겨진다.[51]

③ 칠십인역은 신약성경의 신학에도 영향을 미쳤다. 특히 코이네 그리스어에서 쓰이는 용법과는 달리 칠십인역에서 신학적 이유로 전용한 어휘들이 신약성경에 그대로 수용된 경우를 볼 수 있는데,[52] 이는 칠십인역이 신약성경 기자들의 신학적 관점에 얼마나 지대한 영향을 미치고 있었는지를 잘 드러내는 증거다. 또한 신약성경은 어떤 낱말을 사용할 때 구약성경의 해당 개념에 해당하는 칠십인역의 번역에 따르는 경우가 많다. 따라서 신약과 구약의 연속성과 통일성을 염두에 두고 성경을 읽고자 한다면 반드시 칠십

---

49 신약성경의 구약 인용에 대한 본문비평적 고찰로는, G. L. Archer, G. Chirichigno, *Old Testament Quotations in the New Testament*(Eugene: Wipf & Stock Pub, 1983). 또한 김정훈, 『칠십인역 입문』, 347-69의 목록과 설명도 보라.

50 참고. 김정훈, 『칠십인역 입문』, 369-74. 특히 칠십인역의 신조어가 신약성경에 쓰인 경우는 372-74에 차례대로 정리되어 있다.

51 BDR §442, 4, a.

52 구체적인 예시는 다음 자료를 확인하라. 김정훈, 『칠십인역 입문』, 375-78.

인역의 번역어 및 히브리어 성경의 대응어를 살펴보아야 한다.

이처럼 칠십인역을 제대로 알지 못하고는 충분히 신약성경을 이해할 수 없다고 해도 지나친 말이 아니다. 그 정도로 신약성경에 큰 영향을 끼친 칠십인역은 히브리어 구약성경의 세계와 헬레니즘 시대에 꽃을 피운 신약성경을 자연스레 이어주는 결정적인 역할을 한다.

3) 초기 헬레니즘 유대주의의 개정과 헥사플라

(1) 칠십인역의 초기 헬레니즘 유대주의 개정본

기원전 3세기 무렵 디아스포라 유대 공동체에서 나타난 칠십인역은, 기원전 2세기에 접어들어 팔레스타인을 중심으로 하는 초기 유대주의가 움트고 꽃피기 시작하면서 중대한 위협에 맞닥뜨렸다. 초기 유대주의 랍비들은 칠십인역의 그리스어 중심 번역이 히브리어 본문의 위기를 초래한다고 본 듯하다. 더욱이 그들의 성경 해석 원칙은 그리스어 역본을 부정적으로 바라보는 쪽으로 흘러갔다. 그들의 원칙은 히브리어 자음 본문의 중요성을 한층 더 강조하는 것이었다. 이는 그리스어로 번역된 구약성경에 대한 정통파 유대인들의 위기의식에서 비롯한 듯하다. 그들이 고수한 성경 해석의 기본 사상은 히브리어 자음 본문에는 "불필요한 말이 없다"는 것이었다.[53] 그에 따라 얼핏 보기에 부수적이라 여길 만한 정관사, 불변화사 등의 모든 요소가 해석의 대상으로 여겨졌다.

랍비들은 이런 기본 원칙을 바탕으로 "힐렐의 일곱 규칙", "이쉬마

53 스템베르거, 『미드라쉬 입문』, 85. "랍비들이 성경에 접근하는 방법은 해석 원칙만으로 설명되지 않는다. 랍비들이 토라 원문을 절대적으로 존중하는 마음도 고려해야 한다. 이런 태도는 어떤 랍비들에게는 성경 속에 불필요한 것이 없으니 모든 것이 해석되어야 한다는 긍정적인 입장을 갖게 했다."

엘의 열세 규칙", "엘리에제르의 서른두 규칙" 등 다양한 자음 본문 중심의 성경 해석 방법들을 내놓았다.[54] 특히 랍비 "엘리에제르의 서른두 규칙"은 처음부터 히브리어 불변화사 אף(아프; 더욱이, 참으로), גם(감; 또한), 정관사, 목적격을 나타내는 את(에트, nota accusativi), אך(아크; 참으로, 오직), רק(라크; 다만, 오직), מן(민; ~에서부터) 등의 의미를 강조했다.

이런 관점에서 당대의 유대인들은 그리스어 번역 성경이더라도 히브리어 자음 본문의 요소를 가능한 한 충실하게 반영해서 그리스어만 보고도 히브리어 본문을 쉽사리 재구성할 수 있어야 한다고 생각했다. 그 결과 히브리어의 특정 낱말을 그리스어의 용례나 문맥과는 상관없이 일대일로 직역하는 경향이 생겼고 그리스어 성경의 개정본이 제작되기에 이르렀다. 그것을 일찍이 바르텔레미(D. Barthélemy, 1921-2002)가 이름 붙인 대로 "카이게 개정본"(Kaige-Recension)이라고 일컫는다.[55] 이 이름은 히브리어 גם(감; 또한)이나 여기에 접속사가 붙은 형태인 וגם(브감; 그리고 또한)을 항상 그리스어 καὶγε(카이게)로 옮기는 경향에서 따왔다. 이 개정본에서는 그 밖에도 단수 일인칭 대명사인 אני(아니)와 이 낱말을 강조한 형태인 אנכי(아노키)의 번역을 구분해서 제각각 ἐγὼ(에고)와 ἐγώ εἰμι(에고 에이미)로 옮기는 경향을 살펴볼 수 있다.

카이게 개정본에 관한 주된 논란은 과연 이런 본문 형태가 언제부터 있었는가 하는 것이었다. 하지만 이 논란은 1952년에 유대 광야의 나할 헤베르(Naḥal Ḥever)에서 발견된, 열두 소예언서의 그리스어 필사본이 그와 같은 형태인 것이 확인되면서 일단락된 듯하다. 이 필사본의 연대가 기원전 1세기로 판명되면서 초기 유대주의의 개정 요구에 관한 추측과 잘 들어맞았기 때문이다.

유대주의의 요구가 반영된 카이게 개정본은 히브리어 본문의 형태

---

54 이 원칙들에 대한 전반적인 해설은 다음 자료를 보라. 스템베르거, 『미드라쉬 입문』, 70-89.

55 D. Barthélemy, *Les Devanciers d'Aquila*(VTS 10; Leiden: Brill, 1963) 31-47.

를 매우 충실히 재현하려 했다. 따라서 이 개정본을 살펴보면 기원전 1세기에 있었던 히브리어 본문의 형태를 짐작해볼 수 있다. 곧 카이게 개정본이 다른 히브리어 본문과 차이가 나는 부분을 유의해서 살펴보면 의미 있는 연구 결과를 얻을 확률이 높은 것이다.

(2) 기원후 2세기의 개정본들: 아퀼라(α′), 심마쿠스(σ′), 테오도티온(θ′)[56]

기원후 2세기가 되자 유대주의 개정본의 여파는 번역의 양극화 양상으로 흘러갔다. 기원후 140년 무렵에 아퀼라(Aquila)는 카이게 개정본이 내세운 원어 중심의 직역 원칙을 극대화한 번역을 내놓았다. 그의 번역본은 그리스어만 아는 사람은 거의 내용을 이해하지 못할 정도였다. 그에게 그리스어 번역본의 역할은 그야말로 히브리어 성경을 이해하기 위한 대조에 국한되었던 것으로 보인다. 다른 한편 기원후 2세기 후반에 활동했을 것으로 여겨지는 심마쿠스(Symmachus)는 이런 원어 중심의 직역에 환멸을 느꼈던 듯싶다. 왜냐하면 심마쿠스는 다른 무엇보다 번역된 결과물의 가역성에 초점을 맞추면서 원어인 히브리어의 요소를 다소 훼손하더라도 좋은 그리스어 번역을 만들어내는 데 치중한 번역어 중심의 의역을 추구했기 때문이다. 히에로니무스(Eusebius Hieronymus, 347?-420?)는 아퀼라의 번역은 "낱말 대 낱말을 표현하는 것"(*verbum de verbo exprimere*)이며, 심마쿠스의 번역은 "더 좋은 의미를 따르는 것"(*sensum potius sequi*)이라고 평했다.[57] 이 두 극단적인 번역의 한 가운데에 오늘날까지도 그 정체가 의문스럽고 신비롭기까지 한 테오도티온(Theodotion)의 번역이 있다. 테오도티온이 누구였는지, 또한 그가 과연 언제 어떤 본문을 만들어냈는지는 명확하지 않다. 일반적으

56 더 자세한 서술은 김정훈, 『칠십인역 입문』, 141-53을 보라.

57 praef. in Chron. Eus.

로 그가 번역한 성경의 본문은 일관된 형태를 지니기보다는 당시 알려진 본문들의 장점을 따르고자 한 "절충 본문"이라고 여겨진다. 히에로니무스는 테오도티온의 번역을 "혼합"(*commixtum*)이라고 평가했다.

(3) 헥사플라(Hexapla=O′)[58]

카이게 개정본으로부터 아퀼라, 심마쿠스, 테오도티온에 이르는 번역본들은 기원후 2세기 말까지 주로 유대교 내에서 이루어진 칠십인역 전승의 역사를 보여준다. 반면 기원후 3세기에 들어서면서부터는 기독교 학자들이 칠십인역의 전승에 본격적으로 참여하기 시작했다. 특히 기원후 3세기 전반기에 등장한 오리게네스의 대작 헥사플라의 존재가 무엇보다 두드러진다.

① 오리게네스와 헥사플라

오리게네스는 기원후 185년경 이집트의 알렉산드리아에서 태어난 것으로 여겨진다. 에우세비우스(Eusebius, 기원후 263?-339?)와 히에로니무스의 증언에 따르면 오리게네스는 그리스어에 능통하면서 히브리어를 배웠던 첫 그리스도인이었다.[59] 251년에 데키우스 황제(Gaius Messius Quintus Traianus Decius, 249-251 재위)의 기독교 박해 때 투옥되어 고문을 당했던 오리게네스는 253년에 그 후유증으로 두로(Tyre)에서 사망했다.

오리게네스는 유대교와의 대결 구도 속에서 기독교의 관점에서 설교, 주석, 논쟁 편지 등을 쓰면서 구약성경 본문의 확정에 대한 필요성을 절감하게 되었다. 그는 "아프리카누스에게 보낸 편지"에서 다음과 같이 이 문제를 언급한다.

---

58 더 자세한 서술은 김정훈, 『칠십인역 입문』, 154-65을 보라.

59 Eusebius, *Hist. Ecc.* vi, 16; Hieronymus, *de virr. ill.* 54.

…내가 이것을 말하는 것은 유대인들의 성경을 연구하고 우리의 것과 비교하며 다양한 이형들을 논평하는 일을 회피하려는 것이 아닙니다. 거만하게 들릴지도 모르지만 나는 이미 모든 역본과 다양한 이형들 가운데 있는 의미를 파악하는 데 주력하며 최선을 다해 상당 부분을 수행했습니다. 특별히 나는 칠십인역을 해석하는 일에 주의를 기울였는데 이는 그 어떤 위조품을 하늘 아래 있는 교회들에게 돌리지 않기 위함이며…그리고 나는 칠십인역의 다양한 이형들을 무시하지 않으려 노력했습니다. 이는 유대인들과의 논쟁 가운데 내가 그들이 가지고 있는 사본들에 없는 것을 인용하는 일이 없도록 하기 위함이고, 우리의 성경에는 없더라도 거기에 있는 것들을 이용하기 위함입니다. 우리가 만약 그렇게 그들을 위해 우리의 토론을 준비한다면, 그들은 이방인 신자들이 그들이 가진 진정한 본문을 무시하고 있다고 지금처럼 비웃지는 않을 것입니다.[60]

이런 목적에서 오리게네스는 당시 자신이 알고 있던 히브리어 본문과 칠십인역 본문, 그리고 아퀼라, 심마쿠스, 테오도티온 역본을 대조하여 기원후 240년 또는 245년에 이른바 "헥사플라"라는 구약성경을 완성했다. 오리게네스의 헥사플라에 실린 본문들의 순서는 다음과 같다.

1단: 히브리어 본문
2단: 히브리어 본문의 그리스어 음역
3단: 아퀼라(α′)
4단: 심마쿠스(σ′)
5단: 오리게네스가 편집한 칠십인역($\mathfrak{G}^{O}$)
6단: 테오도티온(θ′)

60 Oregenes, *ad Afric*., 5

보록

"헥사플라"의 뜻

"헥사플라"라는 명칭은 그리스어에서 비롯했다. 이 명칭은 오리게네스의 본문 대조가 여섯 단으로 이루어졌음에 착안하여 그리스어에서 "여섯"을 뜻하는 ἑξ(헥스)와 "한 겹[배]"을 뜻하는 ἁπλοῦν(하플룬)을 연결해서 만든 것이다. 에우세비우스와 에피파니우스(Epiphanius of Constantia, 315?-403)가 먼저 이 작품을 복수 형태인 τὰ ἑξαπλᾶ(타 헥스-하플라)로 일컬었으며 이것이 오늘날 우리에게로 이어졌다. 하지만 후대의 저술가들은 단수형인 τὸ ἑξαπλοῦν(토 헥스-하플룬)으로 부르기도 했다. 한편 오리게네스 자신의 작품들에서는 그리스어로 "단"(column)을 뜻하는 σελίς(셀리스)가 사용되어 τὸ ἑξασέλιδον(토 헥사셀리돈)이라고 불린다.[61]

에우세비우스와 에피파니우스의 증언에 의하면 헥사플라를 완성한 오리게네스는 말년에 히브리어 본문과 그것의 그리스어 음역을 빼고 네 단으로만 이루어진 "테트라플라"(Tetrapla)를 완성했다고 한다.[62]

② 헥사플라의 특징

19세기까지 헥사플라의 실체는 필사본들의 난외에 기입된 단편들이나 교부들의 성경 인용, 시리아어-헥사플라 등을 통해서만 부분적으로 알 수 있을 뿐이었다. 필드(Frederick Field)는 이런 단편들을 모아 19세기 중

61 이에 관해 N. Fernández Marcos, The Septuagint in Context(Leiden: Brill, 2000), 206을 보라.

62 Eusebius, *Hist. Ecc. vi*, 16; Epiphanius, *de mens. et pond.* 18-19.

엽 헥사플라를 편집하기도 했다.[63] 필드의 작업은 방대했지만 당시까지도 헥사플라만을 필사한 필사본이 발견되지 않았기 때문에 그 실제 모습에 대한 의문이 끊임없이 제기되었다.

그런데 1895년에 밀라노의 암브로시아나 도서관에서 메르카티(Mercati)가 시편 헥사플라 재록 필사본(Palimpsest)을 발견하면서 그 실제 모습이 드러나게 되었다. 13세기 혹은 14세기에 재록된 이 필사본의 아래에서 10세기의 소문자 필사본이 인식된 것이다. 가령 시편 18[17]:26b-27의 단편을 보자.

	a	b	c	d	e	f
26	עם	ουεμ	καὶ μετὰ	πρὸς	καὶ μετὰ	καὶ μετὰ
	גבר	γαβρ	ἀνδροὶ	ἄνδρα	ἀνδρὸς	ἀνδρὸς
	תמים	θαμιμ	ἀνδροὶ	ἀκέραιον	ἀθώιου	ἀθώιου
	תתמם	θεμαμμαμ	τελειωθήσηι	ἀκέραιαπράξεις	ἀθῷος ἔσηι	ἄμωμος ἔσηι
27	עם	ουεμ	καὶ μετα	πρὸς	καὶ μετὰ	μετα
	נבר	ναβαρ	ἐκλεκτου	καθαρὸν	ἐκλεκτου	ἐκλεκτου
	תתברר	θεθβαραβ	ἐκλεκτωθήσηι (και)	καθαρεύση	ἐκλεκτὸ ςἔσηι	ἐκλεκτο ςἔσηι
	ועם	θεθβαραβ	μετὰ	καὶ πρὸς	καὶ μετὰ	(και) μετὰ
	עקש	εκκης	στρεβλοῦ	σκολιόν	στρεβλοῦ	στρεβλοῦ
	תתפתל	θεθφαθθαλ	διαστρέψεις	σκολιεύσηι	διαστρέψεις	διαστρέψεις

※ a=마소라 본문; b=히브리어 본문의 그리스어 음역; c=아퀼라; d=심마쿠스; e=오리게네스의 칠십인역; f=퀸타[sic]

63 Frederick Field, *Origenis Hexaplorum quae supersunt: sive veterum interpretum graecorum in totum vetus testamentum fragmenta*(Oxford, 1867, 1874), 2 vols(reprinted Hildesheim, 1964). Field가 편집한 헥사플라의 직접적인 선행 연구로는 프랑스 학자 Bernard de Montfaucon(1655-1741)이 16세기부터 알려지고 수집된 자료들을 모아 1713년에 두 권으로 펴낸 헥사플라 편집본이 있다(D. Bernard de Montfaucon, *Origenis Hexaplorum quae supersunt: multi partibus auctiora quam a Flamino Nobilio et Joanne Drusio edita fuerint*, 2 vols[Paris; 1713]).

이 발견을 통해 이제 우리는 오리게네스의 헥사플라가 어떤 모습이었으며 또 어떤 모습으로 전승되었는지를 좀 더 구체적으로 알 수 있게 되었다.

③ 헥사플라의 기호들

오리게네스는 헥사플라의 다섯째 단, 즉 칠십인역 본문을 편집하면서 오벨로스(ὁ ὀβελός), 아스테리스코스(ὁ αχστερίσκος), 메트오벨로스(ὁ μετοβελός) 등의 기호를 사용했다. 이는 아리스타르코스(Aristarchus of Samothrace, 기원전 217?-145)와 같은 고대 알렉산드리아 문법가들이 호메로스 등의 고전 작품을 편집하며 사용하던 본문비평 기호들에서 따온 것이었다.

먼저 **오벨로스**는 "–, ⸚, ÷" 등의 기호다. 이는 오리게네스의 설명대로 그가 참조했던 히브리어 본문에 없는 말이 칠십인역에 있는 경우를 나타낸다. 그리고 **아스테리스코스**는 그 기호가 "※"이고 이는 오리게네스가 참조한 히브리어 본문에는 있지만 칠십인역에 없는 경우에 해당 본문을 그리스어로 쓴 뒤 그 본문에 표시한다. **메트오벨로스**는 "./, /., ⁒., ⁒., ✓" 등의 기호로 표시되며, 오벨로스나 아스테리스코스와 함께 쓰여 오늘날 괄호처럼 해당 본문의 처음과 끝을 표시한다.

앞서 언급한 필드의 헥사플라 편집본에서 실례를 살펴보자. 다음 그림은 창세기 1:6, 7에 관한 필드의 헥사플라 편집 본문이다.[64]

먼저 "O´"로 표시된 헥사플라 다섯째 단의 맨 마지막 부분을 보면 "⸚καὶ ἐγένετο οὕτως ✓"라고 본문이 편집되어 있다. 이 정보는 아랍어 역본의 표시에 따른 것이다. 이 전승에 따르면 오리게네스는 우리가 보는 것과 같이, 해당하는 부분이 없는 히브리어 본문을 참조한 듯하다. 그러나 그는 당시에 통용되던 칠십인역 본문에는 창세기 1장에서

64 Field, *Origenis Hexaplorum*, 8.

6. וַיֹּאמֶר אֱלֹהִים יְהִי רָקִיעַ בְּתוֹךְ הַמָּיִם וִיהִי
מַבְדִּיל בֵּין מַיִם לָמָיִם. *Et dixit Deus: Fiat expansum solidum in medio aquarum, et discernat aquas ab aquis.* Ο΄. καὶ εἶπεν ὁ θεός· γενηθήτω στερέωμα ἐν μέσῳ τοῦ ὕδατος, καὶ ἔστω διαχωρίζον ἀναμέσον ὕδατος καὶ ὕδατος· ÷ καὶ ἐγένετο οὕτως ↙.[14] Ἀ. καὶ εἶπεν ὁ θεός· γενηθήτω στερέωμα ἐν μέσῳ τῶν ὑδάτων, καὶ ἔστω διαχωρίζον μεταξὺ ὑδάτων εἰς ὕδατα. Σ. καὶ εἶπεν ὁ θεός· γενηθήτω στερέωμα ἐν μέσῳ ὑδάτων, καὶ ἔστω διαχωρίζον ἐν μέσῳ ὕδατος καὶ εἰς ὕδωρ. Θ. καὶ εἶπεν ὁ θεός· γενηθήτω στερέωμα ἐν μέσῳ τοῦ ὕδατος, καὶ ἔσται διαχωρίζον ἀναμέσον ὕδατος εἰς ὕδατα.[15]

7. וַיְהִי־כֵן. Ο΄. Vacat. ※ καὶ ἐγένετο οὕτως ↙.[16]

8. וַיִּקְרָא אֱלֹהִים לָרָקִיעַ שָׁמָיִם. Ο΄. καὶ ἐκάλεσεν

필드의 헥사플라

자주 등장하는 "וַיְהִי כֵן"(바예히 켄; 그대로 되니라)의 번역 "καὶ ἐγένετο οὕτως"가 있었다는 본문비평 정보를 오벨로스 기호를 사용해 표시해 두었다. 반면 7절에서 중세 필사본에 표시된 헥사플라 본문에 따르면 "※ καὶ ἐγένετο οὕτως ↙"라고 되어 있다. 이 말은 오리게네스가 참조한 히브리어 본문에는 "וַיְהִי כֵן"이 있었지만, 당시 통용되던 칠십인역 본문에는 이에 해당하는 번역이 없었다는 말이다.

그래서 추정컨대 오리게네스는 히브리어 본문에 해당하는 번역을 아스테리스코스 표시와 더불어 삽입했다. 문제는 이 본문이 어디서 왔느냐이다. 오리게네스가 직접 번역했는지, 아니면 오리게네스가 또 다른 본문 형태를 참조했는지가 논의의 핵심이 된다. 어쨌거나 아스테리스코스가 있는 이 본문은 중세 칠십인역 필사본들에서도 종종 발견되어 LXX-Gö에서는 이런 필사본들을 헥사플라의 영향을 받은 본문 형태(O-Group)로 분류한다.

④ 헥사플라의 의미

성서학 역사에 큰 획을 그었던 이 대작 헥사플라는 아쉽게도 대부분 소실되어 오늘날에는 그 완전한 모습을 알 길이 없다. 다만 당시 필사의 관습에 따라 그 방대한 분량을 추정할 수 있을 뿐이다. 스위트의 계산을 통해서 그 방대함을 가늠해볼 수 있다.[65] 스위트는 현존하는 가장 완전하고 오래된 칠십인역의 필사본인 바티칸 사본을 기준으로 헥사플라의 분량을 추정했다. 바티칸 사본에서 소실된 창세기를 뺀 구약성경의 양피지가 617장이다. 그렇다면 스위트가 추정한 대로, 창세기를 합친다면 적어도 650장 정도의 양피지가 전체 구약성경의 분량이 될 것이다. 헥사플라는 이것의 다섯 배일 터이니 적어도 양피지 3,250장이며 6,500쪽이나 되는 엄청난 분량이다. 테트라플라만 해도 2,000장 이상의 양피지가 사용되었을 것이다. 그러나 이 추정은 한 단을 본문으로 빼곡히 채웠다는 가정에서 나온 결과이며, 스위트의 말대로, 오늘날 남아 있는 헥사플라 필사본의 단편이 낱말 별로 대조하고 있는 점을 고려한다면 그 양은 상상을 초월한다고 할 수 있다.

헥사플라는 그 엄청난 양 때문에 전체가 다시 필사된 적이 없는 듯하다. 오리게네스가 헥사플라를 완성한 뒤 테트라플라만을 다시 만들었다는 사실에서 볼 수 있듯이, 오리게네스 자신도 이 엄청난 일을 두 번 반복하지는 않았다. 다만 필요에 따라 개별 책들이 필사되거나 헥사플라의 다섯 번째 단, 그러니까 오리게네스가 편집한 칠십인역 본문만이 4세기 초반 팜필루스(Phamphilus, ?-309)와 에우세비우스에 의해 예루살렘에서 필사되었다고 전해질 뿐이다.[66] 이렇게 전해진 헥사플라의 다섯 번째 단은 이내 팔레스타인은 물론 동방교회에까지도 지대한 영향력을 끼치게 되었다. 헥사플라 이후의 필사본들은 헥사플라의 다섯

---

65 Swete, *An Introduction to the Old Testament in Greek*, 74.

66 Hieronymus, *praef. in Chron.*

번째 단에 있는 오리게네스의 칠십인역으로부터 많은 영향을 받아 이른바 "헥사플라 본문"(hexaplaric text)을 형성했다. 그리고 마침내 "시리아어-헥사플라"(Syro-Hexapla; Syh)라고 일컬어지는 다섯 번째 단의 시리아어 역본이 탄생하기에 이른다. 오늘날에는 오리게네스의 헥사플라 다섯 번째 단은 그 영향을 받은 본문들이 본문비평에서 차지하는 비중 때문에 매우 중요한 자료였음이 인정되고 있다.

4) 사마리아 오경(BHS: ꝏꝏꝏ, BHQ: Smr)[67]

(1) 사마리아 공동체와 사마리아 오경(Samaritan Pentateuch; Samaritanus)

기원전 722년 북이스라엘이 아시리아에게 멸망한 뒤(왕하 17:6)에 북왕국은 역사의 뒤안길로 영원히 사라져 버렸다. 북이스라엘의 주민들은 아시리아 제국의 민족 혼합 정책에 따라 타지로 이주하거나 이민족들과 뒤섞여 살아가야 했다(왕하 17:24-41). 그럼에도 본토에 남아 있던 사람들은 종교적 정체성을 여전히 유지하고 있었으며, 페르시아 시대에 귀환한 바벨론 포로들과 종교적 갈등을 빚었던 것으로 보인다(스 4:1-5). 요세푸스의 기록에 따르면 기원전 320년에 알렉산드로스는 그리심산의 세겜을 중심으로 하는 "사마리아인들"(Σαμαρεῖται [사마레이타이])이 투항해 오자 그들을 받아들였다.[68] 물론 기원후 1세기의 요세푸스의 보도가 얼마나 역사적 진정성이 있을지는 논란의 대상이지만, "사마리아인들"과 "그리심산의 세겜"이 연관되어 있음은 분명히 알 수 있다.

---

67 더 자세한 내용은 다음 자료들을 참고하라. R. T. Anderson, *T. Giles, The Samaritan Pentateuch: An Introduction to Its Origin, History, and Significance for Biblical Studies*(Atlanta: Society of Biblical Literature, 2012); Fischer, *Der Text des AT*, 96-111; Tov, *Textual Criticism of the Hebrew Bible*, 74-93.

68 Josephus, *Antiquitates Iudaicae XI*, 340-47.

또한 요세푸스는 하스모니아 시대에 요한 히르카누스 1세(John Hyrcanus I, 기원전 175-104)가 기원전 128년 또는 111년[69]에 세겜을 파괴했다고도 전한다.[70] 대다수 학자들은 유대인들과 사마리아인들의 결정적인 결별이 이때 일어났을 것으로 추정한다.[71] 그렇지 않더라도 적어도 신약 시대에는 그들이 분명히 그리심산을 중심으로 공동체를 이루고 유대인들과 극단적으로 분리되어 살아가고 있었음을 확인할 수 있다(요 4:20).

후대에 이르러 이 공동체의 자기 인식은 아람어 명칭인 "샤므라인"(שמרין)에 관한 이해에서 찾아볼 수 있다. 그들은 이 낱말을 북이스라엘의 수도였던 "사마리아"(שמרון[쇼므론])가 아니라 이 낱말의 본뜻인 "지키다", "수호하다"와 연관지었다.[72] 곧 그들은 자신들이 "토라의 수호자"라고 여겼다는 말이다. 이를 입증이라도 하듯 사마리아 공동체는 오경만을 정경으로 인정하며 독자적인 자음 형태와 본문 형태를 보존하고 있었다. 그들은 하나님이 모세에게 주신 율법만이 진정한 권위가 있으며 자신들이 훼손되지 않은 오경을 지키고 있다고 믿었다. 그리고 그 오경을 일반적으로 "코쉬타"(קושטה; 진리)라고 일컫는다.[73]

(2) 사마리아 오경의 특징

① 본문의 특징

서방 세계에 사마리아 오경이 알려진 것은 1616년에 발레(Pietro della

69 요세푸스와 현대 학자들 사이의 연대 추정에 대한 이견은 Anderson, Giles, *The Samaritan Pentateuch*, 13-21을 참조하라. 기원전 111년으로 보는 견해는 세겜의 파괴 지층에서 발견된 주화(鑄貨)의 연대 추정에 바탕을 둔 것이다.

70 Josephus, *Antiquitates Iudaicae XIII*, 254-258.

71 Fischer, *Der Text des AT*, 98-99.

72 Fischer, *Der Text des AT*, 97.

73 참조. T. H. Gaster, "Samaritans," *IDB* 4(1962), 190-97.

Valle, 1586-1652)가 필사본을 가지고 오면서부터였다.[74] 당시 사람들은 사마리아 오경의 필사본을 보고 굉장히 오래된 본문이라고 여겼다. 왜냐하면 사마리아 오경의 히브리어는 고대 히브리어와 비슷한 모양으로 발전했기 때문이었다(다음 페이지의 이미지를 보라). 그러나 현존하는 필사본들은 모두 중세 시대에 제작된 것이었다.

마소라 본문과 비교할 때 사마리아 오경에서는 6,000여 개의 이형을 찾아볼 수 있다.[75] 이 이형들의 대부분은 극단적인 완전서법(*scriptio plena*) 등의 정서법이나 언어상의 이형들 등 비의도적 이형들이다. 흥미로운 점은 이 가운데 3분의 1 정도인 2,000여 개의 이형들이 칠십인역과 일치하며, 더러는 라틴어 역본인 불가타(*Vulgata*)와 일치하는 경우가 있다는 사실이다. 이런 부분들은 사마리아 오경의 본문 전통이 구약성경 본문 역사에서 차지하는 위치를 추정하게 해줄 수도 있으므로 유의해서 다루어야 한다.

사마리아 오경 본문 형태의 가장 큰 특징은 조화(Harmonization)의 경향이다. 이는 내적 모순과 불규칙성을 배제하려는 방향성을 말한다. 가장 대표적인 경우가 신명기 1-3장에서 드러난다. 지난 역사를 회고하는 이 본문에서 마소라 본문은 출애굽기와 민수기의 내용과 차이 나는 부분들이 존재하는 반면, 사마리아 오경은 그런 부분을 모두 일치시켰다.[76] 사마리아 오경이 보이는 다음 특징은 단순화(Vereinfachung)다. 이는 불규칙한 문법 형태나 어휘를 좀 더 쉬운 것으로 교체하는 등의 경향을 말한다. 가장 인상적인 또 다른 특징은 사마리아 공동체의 관점에 따른 수정(Samaritanische Korrektur)이다. 가령 출애굽기 20장의 십계명 바로 다음에 긴 추가 본문이 있는데, 그 가운데는 "네가 요단강을

---

74 Tov, *Textual Criticism of the Hebrew Bible*, 78.

75 Fischer, *Der Text des AT*, 99-100.

76 자세한 목록과 논의는 E. Tov, *Hebrew Bible, Greek Bible, and Qumran: Collected Essays*(Tübingen: Mohr Siebeck, 2008), 57-70을 보라.

건너가면, 내가 오늘 너희에게 명령하는 이 돌들을 그리심산(한 낱말로 הרגריזים)에 쌓아라"는 구절이 있다. 그리고 성소 단일화의 본문으로 중요한 신명기 12장에서는 마소라 본문이 "그분께서 선택하실"이라고 미완료로 된 표현(יבחר)을 모두 "그분께서 선택하신"이라는 뜻의 완료형(בחר)으로 바꾸었다(신 12:5, 11, 14, 21). 이는 신명기 11:29-30에서 언급하는 그리심산이 바로 그곳이라고 보는 해석을 반영한다. 곧 사마리아 오경에서는 그리심산이 중앙 성소로 해석되었다.

② 필사본과 편집본

사마리아 오경의 본문을 전하는 필사본은 모두 기원후 9-13세기 작품으로 중세의 것들이다. 책의 형태로 남아 있는 가장 오래된 필사본은 12세기에 필사된 것으로 알려진 "코덱스 추르빌"(Codex Zurbil; Ms. Add. 1846)인데, 이것은 중세 전승에 따라 "아비샤 두루마리"(Abisha' scroll)로 불리기도 했다. 이 필사본의 한쪽을 보면 다음과 같다.

사마리아 오경을 편집한 본문은 몇 가지가 있지만,[77] 여전히 폰 갈(August von Gall, 1872-1946)이 편집한 본문이 유효하다.

- August von Gall, *Der hebräische Pentateuch der Samaritaner*, vol s. I-V(Giessen: Töpelmann, 1914-1918; repr. Berlin 1966).

더불어 사마리아 오경의 본문을 경험하는 데는 마소라 본문과 대조하여 엮은 다음 영역본도 참조할 만하다.

- B. Tsedaka, S. Sullivan, *The Israelite Saramitan Version of the Torah*(Grandrapids/Cambridge: Eerdmans, 2013)

---

77 참조. Tov, *Textual Criticism of the Hebrew Bible*, 78.

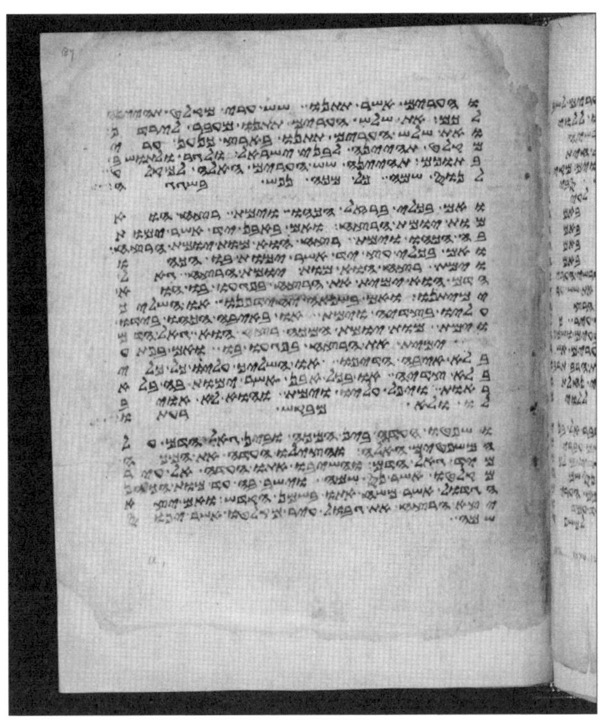

Codex Zurbil(MS Add.1846), 189 recto(http://cudl.lib.cam.ac.uk/view/MS-ADD-01846/)

③ 전(前)-사마리아 오경 본문(Pre-Samaritantexts)

쿰란 본문이 발견되기 전까지 사마리아 오경 본문은 필사본들이 모두 중세의 것들이기 때문에 그 고대성에 의문을 품는 이들이 많았다. 그러나 쿰란에서 사마리아 오경의 고유한 특징을 나타내는 이형들과 배타적으로 일치하는 필사본 단편들(4QpaleoEx^{m}, 4QNum^{b}, 4QRP$^{a\text{-}e}$ 등)이 발견되면서, 이 본문 형태의 본문비평적 가치에 관한 논의는 새로운 판세를 맞이하게 되었다. 문제는 과연 이 필사본 단편들이 사마리아 오경 본문과 직접 연관되느냐 하는 것이었다. 대다수 학자는 이 본문이 사마리아 공동체가 직접 만들어낸 것이 아니며, 이런 본문 형태를 사마리아 오경 본문을 필사한 공동체가 수용했을 뿐이라고 주장한다. 이런 고대 본문 형태를 사마리아 오경 본문의 전신(前身)이라는 뜻에서 "전-사마리아 오경 본문"(Pre-Samaritantexts)이라고 일컫는데, 이는 이제 본문 역사에서 한 자리를 차지한다.

5) 그 밖의 구약성경 역본들

(1) 타르굼(Targumim; BHS: 𝔗, BHQ: T)[78]

"타르굼"은 원래 "해설", "주석", "번역"을 뜻하는데, 이것은 후대로 가면서 특히 구약성경의 아람어 역본을 일컫는 말로 사용되었다. 전통적으로는 에스라를 첫 타르굼 저자로 여기지만 정확히 언제 타르굼 전통이 시작되었는지는 알려져 있지 않다. 다만 쿰란 문헌들 가운데, 기원전 2-1세기의 단편(4QtgLev)과 기원후 1세기의 단편(4QtgJob, 11QtgJob)이 확인되어 타르굼 형성의 하한선(*terminus ad quem*)이 설정되었다. 타르굼에는 에스라-느헤미야, 다니엘을 제외한 모든 책이 있다. 타르굼은 시대에 따라, 저자에 따라 다양한 번역 원칙을 적용하지만 자유로운 의역의 경향이 앞서고 직역의 경향은 후대에 등장한 것으로 여겨진다.

① 오경의 타르굼

i) 바벨론 전통의 타르굼

타르굼 옹켈로스(Targum Onkelos; $\mathfrak{T}^{O}$/T^{O}): 기원후 3-5세기 무렵 유대교로 개종한 옹켈로스(Onkelos)가 번역했다(b. Meg. 3a). 성경 본문을 비교적 쉽게 풀어서 번역했으며, 시문이 있는 부분에는 주석적 요소를

78 더 자세한 내용은 Tov, *Textual Criticism of the Hebrew Bible*, 147-54; Fischer, *Der Text des AT*, 157-64를 보라.

많이 첨가했다.[79]

ii) 팔레스타인 전통의 타르굼

㉠ 예루살렘 타르굼 I(Jerusalem Targum I)=타르굼 차명 요나탄(Targum Pseudo-Jonathan; $\mathfrak{T}^{Ps\text{-}J}$; 기원후 14세기): 원래 "예루살렘 타르굼"을 가리키기 위해 "요드"와 타르굼을 가리키는 "타브"가 조합된 약자(ת״י)를 기원후 2세기 힐렐(Hillel)의 제자였던 요나탄 벤 우지엘(Jonathan ben Uzziel)을 가리키는 것으로 잘못 해석했던 데서 비롯한 명칭이다. 번역 본문은 타르굼 옹켈로스와 유사한 것으로 밝혀졌다.

㉡ 단편 예루살렘 타르굼 II, III.

㉢ 카이로 게니자의 타르굼.

㉣ Ms Vatican Neophyti 1(=$\mathfrak{T}^{N}$): 기원후 1504년 무렵에 필사된 사본으로서 본문은 기원후 1-4세기 탈무드 시대의 것으로 추정된다.

② 예언서 타르굼: 타르굼 요나탄(Targum Jonathan=$\mathfrak{T}^{J}$)

한때 히브리어 "요나탄"(여호와가 주셨다)과 같은 뜻의 이름으로 칠십인역 개정본을 만들었던 "테오도티온"(하나님의 선물)이 번역한 것으로 알려지기도 했지만, 앞서 언급한 요나탄 벤 우지엘이 번역한 것으로 밝혀졌다. 이 번역도 타르굼 옹켈로스와 비슷한 문체를 보여준다.

③ 성문서 타르굼

유대 전승(Shabb. 13.2; b. Shabb. 115b; y. Shabb 16.15c)에 따르면 기원후 1세기에 가말리엘(Gamaliel)의 타르굼이 있었다고 전해지며, 실제로 발

---

79 타르굼 옹켈로스 가운데 창세기는 해설과 더불어 우리말로 번역되었다. 배철현 역주, 『타르굼 옹켈로스 창세기』(의정부: 한님성서연구소, 2005).

견된 것으로는 쿰란 문헌 가운데 욥기 타르굼 단편이 있다(4QtgJob, 11QtgJob).

(2) 고대 라틴어 역본(BHS: 𝔏, BHQ: La)과 불가타(BHS: 𝒱, BHQ: V)

① 고대 라틴어 역본(Vetus Latina, Old Latin)

이 용어는 히에로니무스의 "*Vulgata*"(불가타; 다음 항목을 보라) 이전에 존재하던 그리스어 구약성경의 여러 고대 라틴어 번역들을 가리키는 집합적 개념이다.[80] 고대 라틴어 번역은 기원후 2세기경 북아프리카(특히 카르타고)와 이탈리아의 기독교회를 중심으로 생겨난 것으로 여겨진다. 기원후 2세기 중반 이후로부터 테르툴리아누스(Tertullianus, 160?-220?)나 카르타고의 키프리아누스(Thascius Caecilius Cyprianus, 200?-258)와 같은 교부들은 이미 칠십인역 라틴어 역본을 사용했다. 오늘날까지 전해지는 가장 오래된 필사본 단편은 기원후 5세기로 거슬러 올라간다. 그 외에 대다수 고대 라틴어 역본의 본문은 중세 불가타 필사본들의 난외주에서 확인할 수 있다. 고대 라틴어 역본에 대한 최초의 편집본으로는 프랑스의 신부 피에르 사바티에(Pierre Sabatier, † 1742)가 라틴 교부들 60여 명의 성경 인용을 토대로 편집한 *Vetus Italica*가 있다. 현재 고대 라틴어 역본은 독일의 보이론(Beuron)에 있는 "베투스 라티나 연구소"(Vetus Latina Institut)에서 편집되고 있다. 고대 라틴어 번역은 본문 자료의 부족에도 불구하고 그 고대성으로 인해 본문비평에서 중요한 역할을 한다.

---

80 참조. S. P. Brock, "Die altlateinische Übersetzung des alten Testaments," *TRE* 6(1980), 177-78.

② 불가타(*Vulgata*)[81]

라틴어로 "널리 퍼진 것"이라는 뜻인 이 용어는 16세기부터 히에로니무스(Hieronymus=Jerome, † 420)가 번역한 라틴어 역본 성경을 가리키게 되었다. 히에로니무스는 먼저 382년에 교황 다마수스 1세(Damasus I, 304?-384)의 명령에 따라 이전에 사용하던 고대 라틴어 역본의 복음서와 시편(*Psalterium Romanum*)을 개정하면서 번역 작업을 시작했다. 이후에 그는 팔레스타인으로 이주하여 당시에 입수했던 헥사플라를 바탕으로 다시금 시편을 개정했다(*Psalterium Gallicanum*).

더 나아가 히에로니무스는 390-405년에 히브리어 본문에서 직접 구약성경을 번역했다. 이 과정에서 원어를 번역하고자 했던 그는 칠십인역에 바탕을 둔 라틴어 개정본을 원하는 아우구스티누스(Aurelius Augustinus, 354-430)와 격론을 벌이기도 했다. 어쨌거나 히에로니무스가 번역한 불가타는 서방교회의 표준 성경으로 자리 잡아 계속해서 사용되어왔다. 1979년에 불가타는 현대 성서학의 성과를 반영하여 개정되었는데, 이를 "노바 불가타"(*Nova Vulgata*)라 일컫는다.

본문비평의 관점에서 볼 때 불가타를 번역하며 히에로니무스가 사용했던 히브리어 성경 본문이 흥미를 끈다. 적어도 기원후 4세기까지 거슬러 올라가는 그 본문이 마소라 본문, 또는 칠십인역, 쿰란 성경 본문과 어떤 관계가 있는지도 살필 가치가 있다는 말이다.

(3) 페쉬타(Peshitta, 𝔖)와 시리아어 헥사플라(Syro-Hexapla=**Syh**)

모세스 바르-케파스(Moses bar-Cephas, † 913)의 증언에 따르면, 구약성경에는 두 가지 시리아어 역본이 있었다. 그 하나는 히브리어로부터 번역된 페쉬타였고, 다른 하나는 칠십인역에서 번역된 시리아어 역

81 더 자세한 내용은 Fischer, *Der Text des AT*, 169-75를 보라.

본이었다. 두 번째 역본을 일컬어 시리아어-헥사플라(Syro-Hexapla)라고 한다. 왜냐하면 이 번역의 필사본에서 우리는 수많은 헥사플라 기호들을 발견할 수 있기 때문이다. 따라서 그 본문은 헥사플라의 다섯 번째 단, 곧 오리게네스가 편집한 칠십인역 본문의 번역인 것으로 여겨진다. 이 시리아어-헥사플라는 그 붙임말(Kolophon)에서 말하는 대로,[82] 616/17년에 시리아의 주교였던 텔라의 파울루스(Paulus of Tella-dhe-Mauzelath [Constantine])가 알렉산드리아에서 완성했다. 그가 새로운 시리아어 역본을 만든 이유는 의역 위주로 번역된 당시의 페쉬타 본문에 대한 불만족이었다. 따라서 파울루스는 자신이 가지고 있던 (헥사플라) 그리스어 본문을 최대한 직역하기에 힘썼다. 오리게네스의 헥사플라 원본에 더 이상 접근할 수 없는 상황에서 시리아어-헥사플라는 헥사플라 칠십인역 본문을 재구성하는 데 있어 매우 중요한 구실을 한다.

(4) 아르메니아어 역본(BHS/BHQ: Arm)

칠십인역을 번역한 아르메니아어 역본은 아르메니아 문자를 발명했다고 여겨지는 메스롭(Mesrop, † 439)과 사학(Sahak, † 439)이 410-414년 무렵에 완성했다고 전해진다. 아르메니아어 번역 본문 역시 전반적으로 헥사플라의 영향을 받은 것으로 여겨진다.

(5) 콥트어 역본(BHS: 𝔎, BHQ: Bo, Sa)

헬레니즘 시대 이후 그리스어의 문자와 이집트어가 혼합된 콥트어는 기원후 3-4세기 기독교의 선교와 더불어 전성기를 누렸다. 콥트어에는

---

82 S. P. Brock, "Die Übersetzungen ins Syrische," *TRE* 6(1980), 186.

몇 가지 방언들이 더 있지만,[83] 크게 두 방언을 주목할 만하다. 즉 나일강 상류 지방인 상부 이집트의 방언이었던 "사히드어"(Sahidic=Sa)와, 나일강 하류 지방 곧 하부 이집트의 "보하이르어"(Bohairic=Bo)다. 칠십인역은 기원후 3세기 후반쯤에 먼저 사히드어로 번역되고 기원후 4세기쯤 보하이르어로 번역되었다. 그리고 이 두 역본은 따로 번역되었다고 여겨진다. 일부 사히드어 번역은 우리가 알고 있는 칠십인역보다 히브리어 본문에 더 가까운 것으로 밝혀지기도 했다. 그러나 이 번역은 히브리어를 참고한 것이 아니라 히브리어화된 그리스어 번역, 즉 칠십인역의 유대주의 개정본을 번역한 것으로 여겨진다.

83 아흐밈어(Achminic=Ach), 파윰어(Fajumic=Fa) 등.

마소라 본문 전통

오늘날 우리가 보통 쓰는 히브리어 성경은 앞서 몇 번 언급한 것처럼 "마소라 본문"(masoretic text=𝔐 또는 MT)이라고 일컫는다. 이 용어는 이 본문이 이른바 "마소라 학자들"(Masoretes)과 관련 있음을 말해준다. 마소라 학자들의 역사는 기원후 2세기로 거슬러 올라가며, 그때부터 기원후 10세기 무렵에 이르기까지 마소라 본문의 전통은 여러 본문 형태 중 히브리어 본문의 고정화와 우위를 이끌어내는 데 결정적인 역할을 했다. 이 과정에서 본문의 고정, 본문비평, 모음화, 본문 읽기와 관련한 여러 정보 기입 등의 작업이 이루어졌다.

1. 히브리어 성경의 정경화와 본문의 고정화

1) 히브리어 성경의 정경화

(1) 히브리어 성경의 정경화 과정

히브리어 구약성경이 정경화된 과정은 세 단계로 나누어 생각할 수 있다. 먼저 특정 문서가 지속적인 의미를 획득한다. 그런 다음에 그 문서가 후대에 전승된다. 마지막으로 더 이상의 본문 변경으로부터 보호된다. 이런 관점에서 일반적으로 구약성경은 기원전 4-2세기 무렵에 정경화되었을 것으로 여겨진다. 정경화가 어떻게 이루어졌는지는 집회서의 서문(율법, 예언서, 그 밖의 책들)이나 누가복음 24:27, 44의 언급(모세[오경], 선지자[예언서]), 시편에 비추었을 때 오늘날 우리가 보는 삼분법의 순서가 정경화의 순서일 것으로 추정해볼 수 있다.[1]

(2) 정경의 범위에 관한 증언들

① 야브네(얌니아) 회의

구약성경의 정경화와 관련해서 가장 많이 입에 오르내리는 말이 야브네(얌니아) 회의다. 야브네는 팔레스타인 중부의 지중해 연안 도시인데, 1871년에 유대인 학자 그레츠(H. Graetz, 1817-1891)가 이 도시에서 기원후 79-90년 무렵에 히브리어 성경의 정경이 확정되었다고 주장한 이후에 이른바 "얌니아 회의"를 통해 유대인들의 정경이 확정되었다는

---

1 이에 관해 다음 자료를 참고하라. Fischer, *Der Text des AT*, 22-23; 강사문 등, 『구약성서개론』(서울: 한국장로교출판사, 2000), 208-38.

이론이 제기되어왔다.[2] 그러나 사실상 초기 유대주의 기록물에서는 그런 회의를 확인할 수 없다. 다만 미쉬나 전승에 다음과 같은 기록이 전해질 뿐이다.

> 랍비 시므온 벤 앗자이가 (110년경에) 말했다. "나는 72명의 장로가 랍비 벤 아사르야를 그 학교(야브네의 유대인 학교)에서 임명하던 날의 구전을 가지고 있는데, 이는 아가와 전도서가 손을 더럽힌다는 것이다."[3]

이 기록에 따르면 기원후 1세기 후반에 야브네에 있었던 유대인 학교에서 아가서와 전도서의 정경성이 논의되었다는 사실이 확실해 보인다. 하지만 이것이 정경이 확정되었다는 기록이라고 할 수는 없다.

② 요세푸스

기원후 1세기의 유대 역사가 요세푸스는 『아피온 반박문』에서 22권의 정경을 언급한다.[4] 여기서 요세푸스가 언급하는 책들은 다음과 같다.

- 모세 오경(πέντε μέν ἐστι Μωυσέως)
- 13권의 예언서(ἐν τρισὶ καὶ δέκα βιβλίοις): 여호수아서, 사사기, [룻기], 사무엘서, 열왕기, 이사야서, 예레미야서, [애가], 에스겔서, 열두 소예언서, 역대기, 에스라서, [느헤미야서]
- 4권의 찬양과 삶의 지침서(αἱ δὲ λοιπαὶ τέσσαρες ὕμνους εἰς τὸν θεὸν καὶ τοῖς ἀνθρώποις ὑποθήκας τοῦ βίου: 시편, 아가, 잠언, 전도서)

---

2 H. Graetz, *Heinrich, Kohelet, oder der Salomonische Prediger*(Leipzig: Carl Winters Universitätsbuchhandlung, 1871), 147–73.

3 Traktat Jadaim 3,5.

4 Josephus, *Contra Apionem I*, 38-40.

③ 에스드라4서

외경 가운데 에스드라4서 4:19 이하에는 오경이 불태워져서 에스라가 다시 받아썼다는 사건을 기록하며 다시 쓴 책들의 목록을 언급한다. 그런데 사실 이 기록의 실제적인 배경은 예루살렘 성전이 파괴된 이후인 기원후 1세기 말 무렵으로 여겨진다. 이 기록에 따르면 94권이 다시 기록되었으며, 그 가운데 24권이 정경으로 받아들여지고 나머지 70권도 보존되었다고 한다. 이 기록의 진정성은 그대로 수용하기 어렵지만 저작 당시에 발생했을 정경화에 관한 논의를 반영하는 것으로 추측할 수 있다.

④ 탈무드 전승

기원후 3-5세기 수집된 것으로 전해지는 바벨론 탈무드의 전승(Baba Batra 14a+15a)은 성경 저자에 관한 논쟁의 배경에서 오늘날 우리가 알고 있는 히브리어 구약성경의 책들을 정경으로 언급한다. 이 목록에 따르면 오경과 욥기는 모세가 썼으며, 모세가 죽는 장면인 신명기 34:5-12과 여호수아서는 여호수아가 썼다고 한다. 그리고 사무엘서와 사사기와 룻기를 쓴 사람은 사무엘—단, 사무엘 사후의 기록은 갓과 나단의 저술이다—이다. 시편은 다윗에게 저작권을 돌리는데, 그 일부는 10명의 "장로들"(아담, 멜기세덱, 아브라함, 모세, 헤만, 여두둔, 아삽, 고라의 세 아들)이 썼다고 한다. 그리고 예레미야는 예레미야서, 열왕기, 애가를 썼고, 히스기야 임금과 그의 신하들이 이사야서와 잠언, 아가와 전도서를 저작했다고 한다. 에스겔서와 열두 소예언서, 다니엘서와 에스더서는 대회당에 속한 사람들이 기록했고, 에스라서와 역대기는 에스라가 저술했으며 이 모든 책의 순서도 에스라가 결정했다고 한다.

2) 히브리어 본문의 고정화: 원-마소라 본문

기원전 2세기 무렵부터 칠십인역이 확산되면서 그와 더불어 히브리어 자음 본문의 중요성도 더해져 갔다. 이런 경향은 앞서 칠십인역의 유대주의 개정을 다룰 때도 언급했듯이 초기 유대주의를 형성했던 랍비들을 중심으로 히브리어 성경 해석 원칙이 구체화하고 심화하는 과정에서 기원후 2세기 무렵에는 유동적이고 다층적이던 본문의 형태가 점점 하나의 전통, 곧 "원-마소라 본문"(Proto-Masoretic Tradition)으로 고정되어가던 상황과 맞물려 있다.

오늘날 마소라 본문의 고정화 경향과 그런 현상이 나타난 시대를 추정할 수 있게 해주는 중요한 증거는 쿰란과 유다 광야 등에서 발견된 성경 본문 필사본들의 본문 형태다. 토브의 분류에 따르면[5] 오로지 마소라 본문과의 연관성만 가지고 있는 것으로 판단되는 필사본들, 즉 원-마소라 본문의 전통과 연관이 있을 필사본들은 다음과 같다.

- 4QGen-Exod[a], 4QGen[b], 4QpaleoGen-Exod[l], 4QExod[c], 4QJosh[b], 4QJudg[b], 1QSam, 4QSam[b], 4QKgs, 1QIsa[b], 4QJer[a], 4QJer[c], 11QEzek, 4QPs[c, g], 4QProv[a, b], 1QDan, 4QEzra, MurGen[(a)], SDeirGen, MurExod, MasLev[a, b], MurNum, XH≥en/SeNum[b], MasDeut, XJosh, MurIsa, MasEzek, MurXII, 5/6≥enPs, MasPs[a, b](이상 34개).

특히 마사다(Masada)와 와디 무라바앗(Wadi Muraba[c]ât=Naḥal Darga)에서 발견된 필사본들이 원-마소라 본문의 전통을 강하게 내비치는

5 쿰란 성경 필사본들 가운데 마소라 본문과 같은 본문 형태 범주(M-Like Texts)에 드는 것들의 목록은 다음 자료에서 확인하라. E. Tov, "Appendix 8. Scribal Features of Biblical Manuscripts," *Scribal Practices and Approaches*, 313-17.

데, 이 필사본들은 주로 기원후 2세기 무렵에 필사된 것으로 여겨진다. 이를테면 와디 무라바앗에서 발견된 열두 소예언서 두루마리 단편(MurXII)[6]의 하박국서에서 비교 가능한 75개의 본문 형태 가운데 단 하나만 마소라 본문과 다른 이형을 보일 뿐이다.[7] 원-마소라 본문 전통을 반영하는 이들 쿰란 성경 필사본들은 이 본문의 고대성과 실재성을 잘 입증해준다.

결국 원-마소라 본문이 고정되어가면서 본문은 그대로 두고 본문과 연관된 여러 정보가 축적되어가는 현상이 두드러지게 되었다. 이른바 "마소라 전통"은 이런 배경에서 나온 결과다.

2. 원-마소라 전승(Proto-Masoretic Tradition)과 초기 마소라 학자들[8]

"마소라"(מָסוֹרָה)라는 용어는 "에워싸다"는 뜻의 동사 "수르"(סור)에서 파생한 명사다. 기원후 2세기에 랍비 아키바(Akiba ben Joseph, 기원후 40?-135?)는 "마소라는 토라를 에워싸고 있는 울타리다"(Pirqe Abot 3,14)라는 유명한 말로 이 당시의 전통을 잘 요약해주었다.[9] 일반적으

6 이 필사본의 편집본문은 P. Benot et al.(eds.), *Les grottes de Murabaʿât*(DJD II; Oxford: Clarendon, 1961)을 보라.

7 참조. 김정훈, "8ḥevXIIgr 하박국 본문을 중심으로 본 헬라/초기 유대주의 시대 히브리어 자음 본문의 형태", 「구약논단」 46(2012), 123-50, 특히 132.

8 초기 마소라 학자들이 남긴 전통에 관한 좀 더 자세한 설명은 다음 자료들을 참고하라. C. D. Ginsburg, *Introduction to the Messoretico-Critical Edition of the Hebrew Bible*(London: Trinitarian Bible Society, 1897; repr. New York: Ktav Publishing House, 1966), 287-486; I. Yeivin, *Introduction to the Tiberian Masorah*(Atlanta: Scholars Press, 1980), 44-64; Tov, *Textual Criticism of the Hebrew Bible*, 47-62; Fischer, Der Text des AT, 27-33; 페이지 H. 켈리 등 지음/강성열 옮김, 『히브리어 성서(BHS)의 마소라 해설』(서울: 비블리카 아카데미아, 2005), 37-54.

9 크로이처, 『구약성경 주석 방법론』, 56-57.

로 자음만 있는 히브리어 본문의 모음체계를 만든 이들을 "마소라 학자"(Masoretes)라고 일컫기 때문에, 히브리어 본문이 고정되어가던 초기 유대주의 시대에 히브리어 성경 본문에 관여한 자들을 가정하여 "초기 마소라 학자"라고 부른다.

중세 필사본에 남아 있는 이들의 전승 요소(Para-Textual Elements)는 크게 단락 구분 전통과 본문비평 전통으로 나누어볼 수 있다. 비록 이런 전통은 중세 필사본에서만 실제로 확인할 수 있지만 초기 마소라 학자들의 시대로 여겨지는 기원후 2세기까지 거슬러 올라가는 랍비 문헌들이나 탈무드 등에서도 이런 특징들이 언급되고 있어서 그 고대성을 충분히 추측할 수 있다.

1) 단락 구분 전통

히브리어 성경에는 원래 장 구분이 없었다. 오늘날 우리가 사용하는 장 구분은 기원후 1200년 무렵 캔터베리의 주교 랭턴(Stephan Langton, ?-1228)이 라틴어 역본 성경 불가타(*Vulgata*)에 삽입한 것에서 유래했고, 절 구분은 16세기에 이르러서야 비로소 갖추어졌다.[10] 그 대신 초기 마소라 전통에는 의미에 따른 단락 구분과 회당의 독서 주기에 따른 단락 구분이 있었고 그 표시가 필사본에 남아 전해졌다.

(1) 의미 단락 구분

초기 마소라 전통의 단락 나누기를 전해주는 중세 히브리어 성경 필사본은 유대 전통의 의미 단락 구분인 "페투하"(פתוחא)와 "세투마"(סתומא)를 반영해 한 줄을 띄어 쓰거나 들여쓰기를 했다(이후에 제

10 참조. 크로이처, 『구약성경 주석 방법론』, 58.

시되는 레닌그라드 사본을 보라). 이를 일컬어 "파라쉬요트"(parashiyyot) 또는 "피스카오트"(pisqa'ot)라고 한다.[11] 이런 단락 구분은 구두 전승에서부터 비롯했을 것으로 추정되며, 페투하가 세투마보다 더 큰 단위를 구분하는 것으로 여겨진다. 하지만 현대의 인쇄본에서는 필사본의 들여쓰기나 줄 나누기를 그대로 재현할 수 없었기 때문에, 페투하는 "פ", 세투마는 "ס"라는 약자를 사용해 해당 위치에 표시했다.[12]

(2) 독서 주기에 따른 단락 구분

초기 마소라 학자들의 단락 구분은 유대 회당의 독서 주기와도 관련되어 전승되었다. 이 구분에 따라 토라 또는 구약성경을 읽으면 일정 기간에 완독할 수 있다.

① 세다림(סדרים=ס̇)

"세다림"의 단수형인 "세데르"(סֵדֶר)는 "배열", "정렬", "규칙" 등을 뜻한다. 바벨론 탈무드(Megillah 29b)에 따르면 이 기호는 팔레스타인 유대 회당의 3년 주기 토라 독서를 위한 표시다. 오경과 관련해 가장 권위를 인정받는 전통에서는 167개의 세다림이 표시된다(이후에 제시되는 레닌그라드 사본을 보라).[13] 오경 세다림은 필사본 전통에 따라 141, 152개 등으로 조금씩 차이가 나기도 한다. 구약성경의 나머지 부분에도 세다림이 표시되어 있는데, 대략 452개 정도다.

---

11 Tov, *Textual Criticism of the Hebrew Bible*, 48.

12 이것은 이후에 BHS와 BHQ의 구성 및 사용법을 해설하면서 다시 설명할 것이다.

13 Fischer, *Der Text des AT*, 41.

② **파라쇼트(פרשות=פרש)**

"장"(章)을 뜻하는 낱말을 나타내는 이 기호는 오경의 1년 독서 주기를 나타내는 바벨론 전통에서 유래했다. 오경은 53-54개의 파라쇼트로 구분된다(이후에 제시되는 레닌그라드 사본을 보라).

2) 본문비평 전통

중세 마소라 필사본들에는 초기 마소라 학자들에게서부터 전승되어온 여러 가지 기호가 남아 있다. 이 기호들은 자음 본문이 고정된 상태에서 필사자들이나 서기관들에게 전승되었던 또 다른 본문 형태나 그들이 새로 제기한 수정 제안 등을 나타낸다.

(1) 특별한 점들(*puncta extraordinaria* 또는 네쿠도트[Nequdoth])

마소라 전통의 중세 필사본을 살펴보면 다음과 같이 열다섯 군데 정도에서 낱말 위에 찍힌 점을 확인할 수 있다.

- 창세기 16:5(ובינך); 18:9(אליו); 19:33(ובקומה); 33:4(וישקהו); 37:12(את)
- 민수기 3:39(ואהרן); 9:10(רחקה); 21:30(אשר); 29:15(ועשרון)
- 신명기 29:28(לנו ולבנינו עד)
- 사무엘하 19:20(יצא)
- 이사야 44:9(המה)
- 에스겔 41:20(ההיכל); 46:22(מהקצעות)
- 시편 27:13(לולא)

이 점들의 기능에 관한 정보는 제대로 알려진 것이 없다. 다만 예이

빈(I. Yeivin)은 삭제 제안, 본문 전승에 관한 의문, 미드라쉬 주석과의 연관성 등으로 추정한다.[14]

(2) 뒤집힌 눈(*Nun Inversum*)

이는 히브리어 자음 "נ"(눈)이 뒤집힌 형태와 비슷하다고 해서 붙여진 이름이다. 중세 마소라 필사본을 살펴보면 아홉 군데 정도에서 이 기호를 찾을 수 있다(민 10:35-36; 시 107:23, 24, 25, 26, 27, 28).[15] 일반적으로 이 기호는 헬레니즘 시대 알렉산드리아의 문헌들에서 발견되는 시그마(sigma, σίγμα)와 뒤집힌 시그마(antisigma, ἀντίσιγμα)의 유비로 여겨진다. 즉 해당 본문을 괄호 쳐서 올바른 자리가 아님을 나타낸다고 보는 것이다.

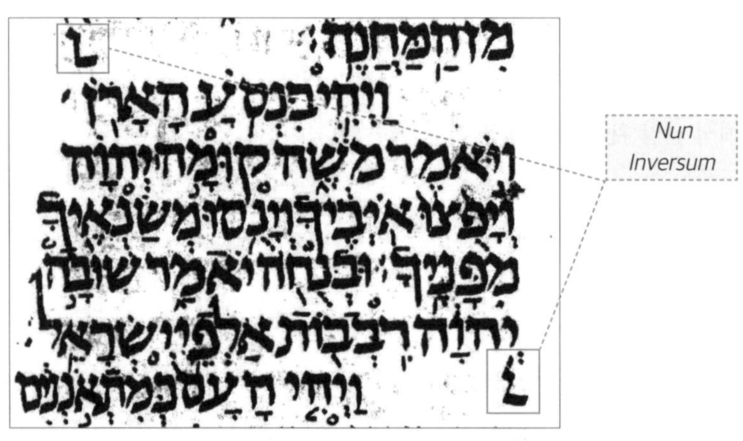

레닌그라드 사본, 81 verso, 민 10:35–36

14 Yeivin, *Introduction to the Tiberian Masorah*, 45-46.

15 목록은 Ginsburg, *Introduction*, 342를 보라.

(3) 특별하게 필사된 자음들

마소라 본문에서는 일부 자음이 보통과는 다르게 필사된 경우를 찾아볼 수 있다. 이 자음들의 기능이 정확히 밝혀진 것은 아니다. 하지만 초기 마소라 학자들에게서부터 이어져 온 제안을 나타내는 것임은 틀림없다. 이런 제안들은 문맥이나 본문 전통 중 어느 하나에 바탕을 두고 수정하거나 주의를 기울이게 하려는 용도였을 것이다.

① 올려 쓴 자음(Litterae suspensae)

- 사사기 18:20의 "눈"(מְנַשֶּׁה)
- 시편 80:14의 "아인"(מִיָּעַר)
- 욥기 38:13, 15의 "아인"(מֵרְשָׁעִים רְשָׁעִים)

② 크게 쓴 자음(Litterae majusculae)

- 레위기 11:42의 "바브"(גָּחוֹן)
- 민수기 27:5의 "눈"(מִשְׁפָּטָן)
- 신명기 6:4의 "아인"(שְׁמַע)과 "달렛"(אֶחָד)[16]

③ 작게 쓴 자음(Litterae minusculae)

- 이사야 44:14의 "눈"(אֹרֶן)
- 예레미야 39:13의 "눈"(וּנְבוּשַׁזְבָּן)
- 잠언 16:28의 "눈"(וְנִרְגָּן)

---

16 유대 전통에서 이 "쉐마" 구절은 유일신 신앙(monotheism)의 중요한 근거 구실을 하는데, 마소라 전통에서는 이 구절의 첫 낱말과 마지막 낱말의 끝 자음들을 크게 쓴다. 이 두 자음을 합쳐서 읽으면 עֵד (에드; 증언)가 된다. 이로써 독자들에 대한 "신앙 선언"의 효과를 노릴 수 있었다. 참조. M. Weinfeld, *Deuteronomy 1-11* (AYB 5; New Haven/Oxford: Yale University Press, 2008), 338.

(4) 본문 읽기 수정 제안

기원후 2세기 무렵에는 히브리어 자음 본문이 고정되기 시작하면서, 유대주의는 더 이상 본문의 다층성과 유동성을 허용하지 않았다. 그런데도 고정된 히브리어 본문 자체에서 비롯한 읽기의 문제나 다른 본문 증거들의 이형을 바탕으로 한 제안은 계속해서 발생했다. 초기 마소라 전통부터 이런 제안들은 하나씩 축적되어갔다.

① 영속적 케레(Qere perpetuum)

이 전통은 히브리어 성경에서 특히 자주 쓰이는 세 낱말에 해당한다. 이에 해당하는 본문은 난외주에 별다른 케레 제안이 없더라도 본문의 철자와는 다르게 읽는다. 먼저 이른바 신명사문자(神名四文字, *Tetragrammaton*)인 יהוה(YHWH)가 여기에 해당한다. 이 신명의 자음 본문은 유대 전통에서 십계명의 제3계명에 따라 발음하지 않고 그 대신 אֲדֹנָי(아도나이; 나의 주님)라고 읽는 관습이 있었다. 그 결과 후대에 모음체계가 생긴 뒤에도 신명사문자의 자음에 "아도나이"의 모음을 적용해서 표기하고(יְהֹוָה) 자음과는 상관없이 여전히 "아도나이"로 읽게 되었다.[17]

영속적 케레의 나머지 두 경우는 "예루살렘"의 읽기(יְרוּשָׁלַםִ[예루살라임])와, 오경에만 나오는 것으로 3인칭 남성단수형 인칭 대명사의 여성형 읽기(הִוא=הִיא)다. 곧 자음 본문에 3인칭 여성형 인칭 대명사

---

17 참조. Fischer, *Der Text des AT*, 30. 후대에 모음 부호가 붙은 마소라 전통의 이 יְהֹוָה에서 신명사문자의 음역인 "예호바=여호와"가 나왔다. 그런데 레닌그라드 사본에서는 모음이 יְהוָה로 쓰였다. 이는 아람어에서 "그 이름"을 뜻하는 שְׁמָא(슈마)와 같은 모음을 사용한 것으로서 이 대체 읽기의 기원을 짐작하게 해준다. 히브리어에서 이에 해당하는 대체 읽기는 הַשֵּׁם(하쉠)이다. 한편 "야웨" 또는 "야훼"는 영문 표기 "Yahweh"의 우리말 음역이며 이는 고대 필사본이나 교부들의 언급 등을 바탕으로 재구성한 신명사문자 읽기다. 이에 관해서는 김정훈, 『칠십인역 입문』, 256-58을 참고하라.

가 와야 할 자리에 남성형 인칭 대명사가 기록되어 있는 경우 이를 모두 여성형으로 읽어야 한다.

② 케레 벨로 케티브(קרי ולא כת)

고정된 히브리어 본문에는 없지만 마소라 전통의 독서 과정에서 삽입하여 읽는 낱말을 가리킨다. 중세 이후 모음이 표기된 필사본들에서는 이런 낱말들을 자음 없이 모음만 표기한 후 난외에 자음 본문을 써넣었다. 마소라 전통에서 이에 해당하는 경우는 모두 10개다(삿 20:13; 삼하 8:3; 16:23; 18:20; 왕하 19:37; 렘 31:38; 50:29; 사 37:32; 룻 3:5, 17).[18] 다음 그림은 열왕기하 19:37의 레닌그라드 사본이다. 점선 네모로 표시한 부분을 보면 마소라 전통의 בניו는 난외주에 קרי ולא כת라는 기호와 더불어 기록되어 있고, 본문에는 그 자리에 자음 본문 없이 모음(ָ ָ)만 표시되었음을 알 수 있다.

레닌그라드 사본, 216 verso

③ 케티브 벨로 케레(כת ולא קרי)

고정된 히브리어 본문에는 있지만, 마소라 전통의 독서 과정에서 읽지 않는 낱말을 가리킨다. 중세 이후 모음이 표기된 필사본들에서는 이런 낱말들의 모음을 표기하지 않았다. 마소라 전통에서 이에 해당하는 경우는 모두 8개다(삼하 13:33; 15:21; 왕하 5:18; 렘 38:16; 39:12; 51:3; 겔 48:16; 룻 3:12).[19] 다음 그림은 열왕기하 5:18의 레닌그라드 사본이다. 점

18 Oklah we-Oklah, 97번 목록.

19 Oklah we-Oklah, 98번 목록.

선 네모로 표시한 부분을 보면 마소라 전통의 נא는 모음 없이 본문에 기록되었고, 난외주에 "כת ולא קרי"라는 기호가 있다.

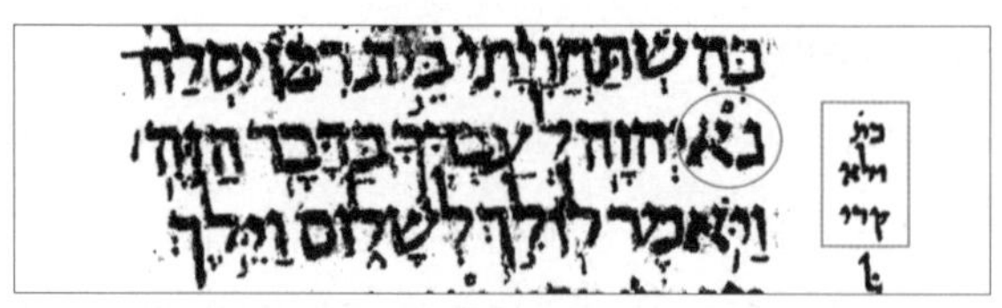

레닌그라드 사본, 205 verso

④ **케티브(*Ketib*; 기록된 것=K/M^{ket})와 케레(*Qere*; 읽히는 것=Q/M^{qere})**

마소라 본문은 고정된 본문(케티브)을 그대로 두면서 대안 읽기(케레)를 제안한다. 필사본에 따라 이에 해당하는 848-1,566개의 사례가 구약성경 전체에 광범위하게 분포해 있다. 케레 전통의 대안 읽기는 난외에 "ק"라는 기호와 함께 표시되고, 케티브 본문에는 케레 본문의 모음이 표시된다. 이 수정 읽기의 제안이 초기 마소라 학자들 임의의 제안인지(correction theory), 그들이 원-마소라 본문 이외의 다른 본문 전통에 접했던 증거인지는(collation theory) 논란이 되어왔다. 하지만 유대 전승(Masechet Soferim 6, 4)[20]이나 칠십인역, 혹은 쿰란 본문과 견준 최근의 연구에 따르면[21] 이 전통 가운데 무시하지 못할 부분이 고대 본문 증거에 바탕을 두고 있음이 입증되었다. 케티브/케레 전통에는 불완전서법과 완전서법의 차이 등의 철자법(orthographic)의 문제를 보여주는 것도 있고, 비슷한 자음 본문 때문에 생겼거나 본문 구분 지점의 차이에 기인

---

20 이 전승에 따르면 성전에는 3개의 필사본이 있었는데, 서기관들은 이 가운데서 다수의 본문을 선택해서 케티브 전통으로 선택하고, 선택되지 않은 소수 본문을 케레로 표시했다고 한다. 이에 관해 H. M. Orlinsky, *The Origin of the Kethib-Qere System*, in G. W. Anderson et al.(eds.), Congress Volume Oxford 1959(VT.S 7; Leiden: Brill, 1960), 184-92, 특히 189-90에 직접 인용된 내용을 확인하라.

21 "케티브/케레"를 중심으로 한 논의는 Jong-Hoon Kim, "The tradition of Ketib/Qere and its relation to the Septuagint text of 2.Samuel," ZAW 123(2011), 27-46을 참조하라.

한 것도 있다. 사무엘하 14:22의 경우를 예시로 살펴보자. 먼저 이 부분을 레닌그라드 사본으로 확인하면 다음과 같다.

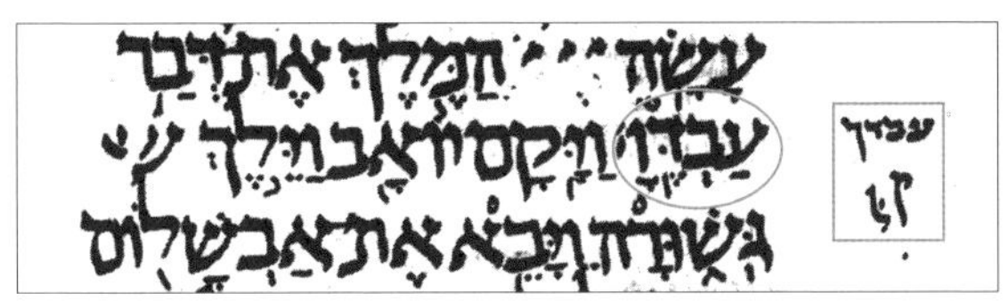

레닌그라드 사본, 176 verso

여기서 케티브인 자음 본문 전통은 עַבְדּוֹ(아브도; 그의 종)이지만 케레 전통에서는 이를 עַבְדְּךָ(아브드카; 당신의 종)로 읽을 수 있다. 그런데 위의 그림을 보면 난외에 케레 전통의 자음 본문을 쓰고, 해당 케티브 본문에는 케레의 모음을 붙여놓았다(עַבְדֶּוָ [아브데카]: 케레, 실룩으로 마지막 음절의 모음이 장음화된 상태다). 이 내용은 직접화법 안에 있으며 두 가지 표현 모두 가능하다. 그런데 여기서 이 전통의 본문 역사적 가치와 관련하여 흥미로운 점이 있다. 케레의 수정 제안에도 불구하고, 칠십인역이 케티브의 전통을 지지한다는 것이다(τοῦ δούλου αὐτοῦ). 이는 케티브의 전통이 적어도 칠십인역이 번역되던 시대까지 거슬러 올라간다는 사실을 말해준다.

(5) 서기관/필사자들에게서 비롯한 수정 제안

초기 마소라 학자들의 전통 가운데는 이들의 구전 전통에 바탕을 둔 본문 읽기 수정 제안들도 있다. 이들은 초기 마소라 학자들에게서부터 축적되어온 서기관들과 필사자들의 전승이다.

① 세비린(*Sebirin*=Seb; 견해, 제안)

세비린은 문맥상 어려운 낱말이나 변화형을 서기관이나 필사자가 수정 제안하는 것으로, 이것은 이형(variants)이라기보다는 주석 전통(exegetical traditions)으로 보는 것이 합당하다.[22] 마소라 전통에서 세비린은 필사본에 따라 70-200개 정도를 찾아볼 수 있다. 가령, 예레미야 48:45의 마소라 본문은 "אֵשׁ יָצָא"(에쉬 야차; 불이 나왔다)인데 여기서 주어 אֵשׁ가 여성 명사인데도, 동사는 3인칭 남성단수완료형이 쓰였다. 아래 레닌그라드 사본의 난외주를 보면, 세비린 전통을 뜻하는 기호 "סביר"와 함께 문법에 맞는 여성형 "יצאה"(야츠아)가 세비린으로 제시되어 있다.

레닌그라드 사본, 272 verso

② 티쿠네 소페림(*Tiqqune Sopherim* = tiq soph; 서기관의 수정)

서기관의 수정 제안을 의미하는 티쿠네 소페림은 마소라 전통의 중세 필사본 난외에 포함되어 있지 않고, 따로 마소라 전통으로 수집되어 있다(창 18:22; 민 11:15; 12:12; 삼상 3:13; 삼하 16:12; 20:1; 왕상 12:16; 렘 2:11; 겔 8:17; 호 4:7; 합 1:12; 슥 2:12; 말 1:13; 욥 7:20; 32:3; 애 3:20; 대하 10:6 등). 이들은 대개 신학적 이유에서 비롯한 수정 제안들이다. 예를 들어 창세기 18:22 후반의 경우 마소라 본문은 "그리고 아브라함은 여전히 여호와 앞에 서 있다"(ואברהם עודנו עמד לפני יהוה)인데, 티쿠네 소페림은 아브라함과 여호와의 순서를 바꿔서 "여호와가 여전히 아브라함 앞에 서 계신다"로 읽기를 제안한다. 이는 인간이 하나님을 대면하는 장면을 꺼리는 유대 신학 전통을 반영한 수정이다.

---

22 Tov, *Textual Criticism of the Hebrew Bible*, 59.

③ 이투레 소페림(*Itture Sopherim*; 서기관의 생략)

탈무드의 한 구절(Nedarim 37b)은 접속사 ו(바브)가 있어야 하는데 생략된 것으로 보이는 본문 5개를 지적한다(אחר와 함께: 창 18:5; 24:55; 민 31:2; 시 68:26 / מִשְׁפָּט와 함께: 시 36:7). 이 또한 고대 본문 증거의 뒷받침을 받지 않는 서기관들의 전통으로 여길 수 있다.

3. 마소라 학자들과 마소라 필사본

1) 히브리어 자음 본문의 모음체계

전통적으로 자음만 존재했던 히브리어 성경 본문에 모음이 필요해진 이유는 크게 두 가지로 볼 수 있다. 첫째, 구두로 전승된 자음 본문 읽기 전통을 보존하기 위함이다. 둘째, 한 가지 이상의 해석이 가능한 자음 본문이 가지는 불명확성을 없애기 위함이다.[23]

우선 쿰란 필사본이 생산되던 시대에는 모음 구실을 하는 몇 개의 자음(*metres lectionis*: י, ו, ה)이 적극적으로 활용되었다. 여기서 헥사플라의 두 번째 단도 눈여겨볼 필요가 있는데, 이 단은 히브리어 본문의 그리스어 음역을 담고 있기 때문이다. 이는 기원후 2세기 무렵 기독교 공동체를 중심으로 히브리어 자음 본문을 읽기 위한 시도로서 광범위한 그리스어 음역의 전통이 생겨났었다는 증거라고 추정해볼 수 있다. 그러다가 기원후 6-8세기에 이르러 모음체계 확립을 위한 시도가 본격적으로 이루어졌는데, 이것이 우리가 아는 대로 마소라 학자들의 가장 큰 업적이다. 이 시대에 발전된 히브리어 자음 본문의 모음화는 두 범주의 세 가지 전통으로 나누어 이해할 수 있다.

---

23 Tov, *Textual Criticism of the Hebrew Bible*, 40.

(1) 행간 기입 모음체계(supralinear vocalization)

이 범주에는 "팔레스타인 모음체계"(Palestinian vocalization)와 "바벨론 모음체계"(Babylonian vocalization)가 해당한다. 시리아 모음에 영향을 받은 이 체계에서는 모음을 자음 본문 위에 표시한다. 역사적으로 보면 이 모음체계는 결국 널리 사용되지 못하고 사라졌다. 다음 그림은 팔레스타인 모음체계를 보여주는 이사야서 필사본 단편의 일부다. 조금 차이가 있지만 바벨론 모음체계도 기본적으로는 자음 본문 위에 모음을 표시하는 형식을 취한다.

Oxford Ms Heb e 30, fol 48b 일부, 사 7:11[24]

(2) 행 내부 기입 모음체계(infralinear vocalization)

이른바 "티베리아 모음체계"(Tiberian vocalization)가 이 전통에 해당한다. 이 체계는 오늘날 우리에게 전해진 히브리어 모음체계다. 행간 기입 모음체계와는 달리 이 모음체계는 자음 본문 안과 바로 위아래에 모음 부호를 기입해 넣는 방식을 취한다. 티베리아 모음체계를 발전시킨

---

24 그림의 출처는 다음과 같다. Fischer, *Der Text des AT*, Abb. 19 일부.

마소라 학자들은 다시 두 그룹으로 나뉘는데, “벤 아쉐르 가문”과 “벤 납달리 가문”이다. 이들은 기원후 8-10세기 사이에 자신들의 모음체계를 확립해 나갔고, 사실상 이 두 가문의 차이는 미미하다.[25] 결국에는 벤 아쉐르 가문의 모음체계가 우세해졌고 오늘날까지 전해진 마소라 본문의 중세 필사본들에 적용되었다.

여기서 언급한 세 가지 모음체계의 차이점을 비교해보면 다음과 같다.[26]

바벨론	아	애		에	이	오	우
팔레스타인	아	아	애 / 에	에	이	오	우
티베리아	아	아	애	에	이	오	ו우

2) 소마소라(*Masora parva*=Mp)와 대마소라(*Masora magna*=Mm)

마소라 본문을 제공하는 중세 히브리어 필사본들은 일종의 성구 사전 구실을 하는 표시들을 난외에 제공해준다. 이를 “소마소라”라고 일컫는다.

마소라 본문의 필사본에서 소마소라는 난외에 위첨자가 있는 히브리어 알파벳과 히브리어 줄임말로 표기된다(이후에 제시되는 레닌그라드 사본에서 확인하라. 자세한 보기에 관한 풀이는 곧 이어지는 편집본 설명을 보라). 이들 기호는 각각 본문에서 작은 동그라미로 표시된 본문의 특색과 독특한 정서법(orthography), 특정 본문의 사용 빈도, 특히 케티브/케레

25 이 두 가문 사이의 차이점은 기원후 11/12세기에 Mishael ben Uzziel이 “Sefer ha-Ḥilluphim”(차이의 책)에서 집대성해놓았다.

26 참조. Fischer, *Der Text des AT*, 35.

등의 정보를 담고 있다. 한 행 안에 여러 표시가 있는 경우는 마침표로 구분한다. 소마소라에 사용된 모든 히브리어 약어에 관한 해설은 다음 책에서 찾아볼 수 있다.

- 페이지 H. 켈리 등 지음, 강성열 옮김, 『히브리어 성서(BHS)의 마소라 해설』(서울: 비블리카아카데미아, 2005).

"대마소라"는 소마소라에서 약자로만 언급한 본문의 특징을 더 명확히 하여 본문을 인용해 예시 구절까지 제시한다. 더불어 마소라 전통에서 이 인용 구절들은 목록화되었는데, 대표적인 마소라 필사본인 레닌그라드 사본은 4,282개의 목록을 제공한다. 대마소라의 목록은 현재 다음의 책에서 확인할 수 있다.

- Gérard E. Weil, *Massorah Gedolah: Iusta Codicem Leningradensem B19a*(Rome: Pontificum Institutum Biblicum, 1971).

3) 악센트 기호들

중세 마소라 필사본에는 모음체계와 더불어 악센트 기호들이 남아 있다. 이 기호들의 정확한 기능은 알기 어렵지만 적어도 강세가 있는 음절에 표시되며, 이어지는 낱말과 연결해서 읽어야 할지 띄어 읽어야 할지를 나타낸다는 점은 분명하다. 그리고 이 악센트 체계는 산문과 운문에서 차이가 있다.

레닌그라드 사본을 바탕으로 하는 현대 마소라 본문 편집본인 BHS는 이 악센트 체계를 별지로 제공한다. BHQ는 낱권의 편집 본문 앞에 소개한다(이 편집본에 관한 설명은 곧 이어지는 내용을 확인하라).

4) 마소라 본문의 중세 필사본

앞서 언급한 벤 아쉐르 가문의 필사본들은 마소라 본문의 중요한 본문 증거 구실을 해왔다. 그러나 필사본을 더 사용하지 않으면 폐기하는 유대인들의 전통 때문에 마소라 본문의 필사본은 아주 일부만 남아 있다.

(1) 카이로 사본(*Codex Prophetarum Cairensis* = BHS: C, BHQ: M^C)

가장 오래된 벤 아쉐르 가문의 필사본으로 간기(刊記; Colophon II)에 따르면 이 필사본은 "2차 성전이 무너진 뒤 827년"(=기원후 895년)에 "모쉐 벤 아쉐르"가 필사했다고 전한다. 하지만 벤 납달리 가문의 필사 전통에 더 가깝다고 보는 주장도 있다. 이 필사본에는 히브리어 성경 전통의 전기 예언서와 후기 예언서가 담겨 있다. 다음 그림에서 드러나듯이 이 필사본에는 마소라 전통의 모음체계와 소마소라, 대마소라가 기록되어 있다.

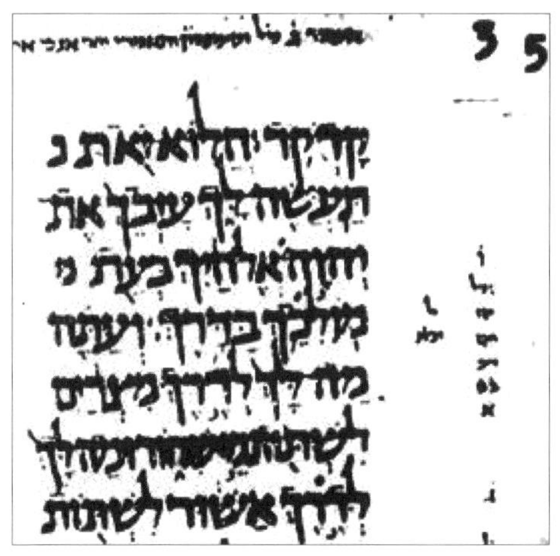

카이로 사본 예레미야 2장 일부[27]

27 그림의 출처는 다음과 같다. Fischer, *Der Text des AT*, Abb. 20 일부.

(2) 알렙포 사본(*Codex Aleppensi* = M^A)

알렙포 사본은 기원후 925년에 쉘로모 벤 부야아(Shelomo ben Buya'a)가 자음 본문을 필사하고, 모쉐 벤 아쉐르의 아들 아론 벤 아쉐르가 모음 기호와 악센트, 그리고 마소라를 기입한 것으로 알려져 있다. 이 필사본은 원래 구약성경 전체를 담고 있었던 것으로 보인다. 그러나 1948년에 이 필사본을 보관하던 알렙포의 회당에서 일어난 폭동으로 인해 오경의 대부분과 몇몇 책이 소실되었다. 다음 그림에서 드러나듯이 매우 정교하게 필사된 이 사본은 가장 중요한 마소라 시대의 필사본 가운데 하나다. 이 사본은 이스라엘의 히브리 대학교가 중심이 되어 편집하는 히브리어 성경(HUB)의 기초 본문 구실을 하고 있다. 현존하는 필사본은 디지털 자료화되어 웹사이트에 게재되었다(https://aleppocodex.org/). 해당 웹사이트에 들어가면 풍부한 설명과 더불어 필사본 이미지를 직접 볼 수 있다.

알렙포 코덱스, 1recto, 신 28:5ff[28]

28 이 그림은 알렙포 사본 홈페이지(http://www.aleppocodex.org/aleppocodex.html)에서 따왔다. 그림에서 오른쪽 윗부분의 창은 부분 확대 기능을 통해 2배 확대한 것이다.

(3) 레닌그라드 사본(Codex Leningrandensis B 19A=M^L)

간기에 따르면 이 마소라 본문의 필사본은 사무엘 벤 야콥이 모쉐 벤 아쉐르의 아들 아론 벤 아쉐르가 수정한 본문을 바탕으로 기원후 1008년에 필사했다. "레닌그라드 사본"이라는 명칭은 이 필사본이 보관되어 있던 지명, 즉 레닌그라드(상트페테르부르크)에서 비롯했다. 러시아 국립도서관에서는 이 필사본을 "B 19a"로 표시해놓았었다.

이 필사본의 모음체계는 벤 아쉐르 가문의 전통을 충실하게 따르며, 알렙포 사본과 매우 가까운 것으로 밝혀졌다. 더불어 현존하는 완전한 구약성경 필사본으로는 가장 오래된 것이다. 그래서 19세기 이후 히브리어 성경 고문서본(diplomatic edition)인 "비블리아 헤브라이카"(Biblia Hebraica: BHK, BHS, BHQ)의 기초 본문 구실을 해왔으며, 오늘날까지 가장 높은 권위를 인정받고 있다.

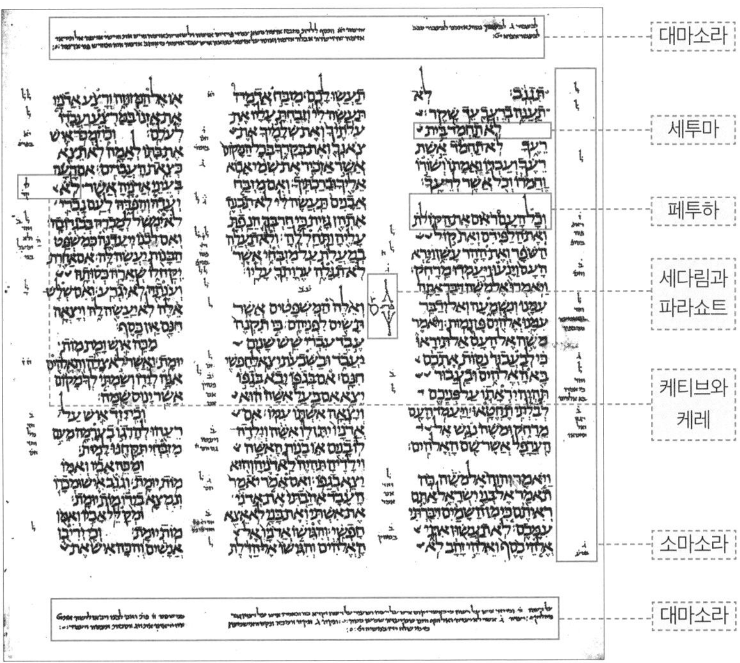

레닌그라드 사본, 43 verso, 출 20:15b – 21:18a[29]

(4) 카이로 게니자(Cairo Genizah = BHS: ℭ, BHQ: Gnz)

19세기 말, 이집트 카이로의 구시가지(Fustat)에 자리한 "벤 에즈라 회당"(Ben Ezra Synagogue)에서는 매우 중요한 문헌들이 발견되었다. 이 회당에는 "게니자"([숨겨진] 보물 창고)라 일컫는 문서 저장고가 있었는데, 여기에는 20만 개 이상의 필사본들이 "숨겨져 있었다." 유대인들의 필사본 폐기의 전통에서 보자면, 이 문서 저장고는 매우 이례적이었다.

이 문서 저장고는 일찍이 18세기 중반 폰 겔더렌(Simon von Gelderen, 1720-1774)의 방문 이래 유럽에 알려져 있었는데, 1896년에 영국 케임브리지 대학교의 테일러(Charles Taylor, 1840–1908)와 쉐히터(Solomon Schechter, 1847-1915)가 이 문서 저장고의 문헌들을 영국으로 가져오면서 빛을 보게 되었다(그 자료들은 이른바 "Taylor-Schechter Genizah Collection"으로 정리되었다). 현재 카이로 게니자에서 발견된 필사본들은 계속해서 편집 · 연구되고 있다(https://fjms.genizah.org/).

게니자에서 발견된 문서들은 기원후 8세기부터 1,000여 년에 걸쳐 만들어진 유대교 문서, 성경 본문, 세속 문헌 등을 포괄했다. 그 결과 이전에는 잘 알려지지 않았던 중세 북아프리카의 유대주의에 관한 지식의 폭이 획기적으로 확장되었다. 쿰란 문헌이 발견되기 이전에는 게니자에서 발견된 필사본 단편들이 가장 중요한 가치를 지니는 것으로 여겨졌다. 그리고 여기에 포함되는, 11세기와 12세기에 제작된 집회서 히브리어 필사본은 그리스어 본문만 알려졌던 이 책에 관한 새로운 관점을 부여해주었다. 집회서의 68%에 해당하는 히브리어 본문, 그리고 쿰란과 마사다에서 기원전 2세기까지 거슬러 올라가는 집회서 히브리어 단편이 발견되면서 그 가치가 입증되었기 때문이다. 또한 마소라 전통

29 이 그림은 웹사이트 "오픈라이브러리"의 온라인 레닌그라드 사본 페이지(https://openlibrary.org/works/OL16105687W/The_Leningrad_Codex)에서 따왔다.

에서 바벨론 모음체계를 보여주는 중세 필사본 단편은 성서 히브리어 발전사에서도 차지하는 비중이 크다.

4. 구약성경의 인쇄본과 편집본

서양에 금속 활자 인쇄술이 보급된 후 마소라 본문은 여러 사람에 의해 출간되었다. 먼저 1516-1517년에 봄베르크(Daniel Bomberg, ?-1549?)가 이른바 "랍비 성경"(Rabbinic Bible=**RB1**)이라는 이름으로 마소라 본문을 출간했다. 1524-1525년에는 야콥 벤 하임(Jacob ben Chajim Ibn Adoniah, 1470?-1538?)이 랍비 성경을 다시 펴냈는데, 이를 두고 "제2 랍비 성경"(**RB2**)이라고 부른다. 이 인쇄본의 본문은 벤 아쉐르 가문과 벤 납달리 가문의 본문이 혼합된 성격을 띠고 있었으며, 이후 히브리어 성경의 "표준 본문"(textus receptus) 구실을 하게 되었다. 한편 스페인에서는 1514-1517년에 "콤플루툼 다국어 성경"(Complutensian Polyglott=**Compl**)이 편집, 발간되었다. 이 성경은 마소라 본문, 타르굼, 불가타, 칠십인역을 서로 대조한 것이 특징이었다.

오늘날 사용하는 구약성경의 편집본은 기원후 1008년에 필사된 레닌그라드 사본(Codex Leningradensis=L)[30]을 바탕으로 한다. 유대인들은 필사본이 더 사용할 수 없을 정도로 낡으면 폐기하는 전통이 있어서 고대의 필사본은 거의 남아 있지 않다. 레닌그라드 사본은 구약의 모든 책을 포함하는 필사본 가운데 가장 오래되었기 때문에 편집본의 기본이 되었다. 가장 널리 통용되는 히브리어 구약성경 원문의 편집본은 키텔(Rudolf Kittel, 1853-1929)이 편집한 히브리어 성경의 고문서

30 이 필사본의 영인본은 다음과 같다. David N. Freedman, Astrid B. Beck, James A. Sanders(eds.), *The Leningrad Codex: A Facsimile Edition*(Grand Rapids: Eerdmans, 1998).

본(diplomatic edition)인 "비블리아 헤브라이카"(Biblia Hebraica=BH[K]) 3판으로 거슬러 올라간다.[31] 지금은 그 뒤를 이어 1977년에 나온 네 번

HOSEA הושע

1 1 דְּבַר־יְהוָה אֲשֶׁר הָיָה אֶל־הוֹשֵׁעַ בֶּן־בְּאֵרִי בִּימֵי עֻזִּיָּה יוֹתָם
אָחָז יְחִזְקִיָּה מַלְכֵי יְהוּדָה וּבִימֵי יָרָבְעָם בֶּן־יוֹאָשׁ מֶלֶךְ יִשְׂרָאֵל׃
2 תְּחִלַּת דִּבֶּר־יְהוָה בְּהוֹשֵׁעַ פ
וַיֹּאמֶר יְהוָה אֶל־הוֹשֵׁעַ
לֵךְ קַח־לְךָ אֵשֶׁת זְנוּנִים וְיַלְדֵי זְנוּנִים
כִּי־זָנֹה תִזְנֶה הָאָרֶץ מֵאַחֲרֵי יְהוָה׃
3 וַיֵּלֶךְ וַיִּקַּח אֶת־גֹּמֶר בַּת־דִּבְלָיִם וַתַּהַר וַתֵּלֶד־לוֹ בֵּן׃ 4 וַיֹּאמֶר
יְהוָה אֵלָיו
קְרָא שְׁמוֹ יִזְרְעֶאל כִּי־עוֹד מְעַט
וּפָקַדְתִּי אֶת־דְּמֵי יִזְרְעֶאל עַל־בֵּית יֵהוּא
וְהִשְׁבַּתִּי מַמְלְכוּת בֵּית יִשְׂרָאֵל׃
5 וְהָיָה בַּיּוֹם הַהוּא
וְשָׁבַרְתִּי אֶת־קֶשֶׁת יִשְׂרָאֵל בְּעֵמֶק יִזְרְעֶאל׃
6 וַתַּהַר עוֹד וַתֵּלֶד בַּת וַיֹּאמֶר לוֹ
קְרָא שְׁמָהּ לֹא רֻחָמָה כִּי לֹא אוֹסִיף עוֹד
אֲרַחֵם אֶת־בֵּית יִשְׂרָאֵל כִּי־נָשֹׂא אֶשָּׂא לָהֶם׃
7 וְאֶת־בֵּית יְהוּדָה אֲרַחֵם וְהוֹשַׁעְתִּים בַּיהוָה אֱלֹהֵיהֶם וְלֹא
אוֹשִׁיעֵם בְּקֶשֶׁת וּבְחֶרֶב וּבְמִלְחָמָה בְּסוּסִים וּבְפָרָשִׁים׃
8 וַתִּגְמֹל אֶת־לֹא רֻחָמָה וַתַּהַר וַתֵּלֶד בֵּן׃ 9 וַיֹּאמֶר
קְרָא שְׁמוֹ לֹא עַמִּי כִּי אַתֶּם לֹא עַמִּי
וְאָנֹכִי לֹא־אֶהְיֶה לָכֶם׃ ס

Cp 1 [1]Gn 26,34. [2]Mm 2997. [3]Mm 2998. [4]Mm 2999. [5]Mm 1931. [6]Mm 815. [7]Mm 1612. [8]Mm 953. [9]Mm 2526. [10]Mm 2903. [11]Mm 3000.

Cp 1,2 [a] 𝔊 *λόγου* cf 𝔖 ‖ 6 [a–a] 𝔊 *ἀντιτασσόμενος ἀντιτάξομαι*, prp שָׂנֹא אֶשְׂנָא; frt l לֹא אֶשָּׂא ‖ 7 [a–a] add ‖ 9 [a–a] prb l אֱלֹהֵיכֶם.

BHS, 호세아 1:1–9

31 Kittel은 세 번에 걸쳐서 히브리어 성경을 펴냈다. 그런데 1판과 2판은 레닌그라드 사본이 아닌 랍비 성경(RB2$^+$)을 표준 본문(*textus receptus*)으로 사용했다(1판: Leipzig: Hinrichs, 1906; 2판: Leipzig: Hinrichs, 1909-1913). 그는 Paul Kahle와 더불어 펴낸 3판에 가서야 레

째 개정본인 "비블리아 헤브라이카 슈투트가르텐시아"(Biblia Hebraica Stuttgartensia=BHS)를 기본으로 하며, 다섯 번째 개정본으로 여전히 출간 중인 "비블리아 헤브라이카 퀸타"(Biblia Hebraica Quinta; BHQ)에서 몇몇 책을 사용할 수 있다.

비블리아 헤브라이카 슈투트가르텐시아(BHS)의 원본과 번역서의 서지 사항은 다음과 같다.

- K. Elliger, W. Rudolph(eds.), *Biblia Hebraica Stuttgartensia*(Stuttgart: Deutsche Bibelgesellschaft, 1967-1977; ^{5}1997)[32]
- 『슈투트가르트 히브리어 구약성서: 한국어 서문판』(서울: 대한성서공회, 2008).

비블리아 헤브라이카 퀸타(BHQ)의 서지 사항과 본문의 모양은 다음과 같다.[33]

- A. Schenker, et al.(eds.), *Biblia Hebraica: Quinta editione cum apparatu critico novis curis elaborato*(Stuttgart: Deutsche Bibelgesellschaft, 2004-):
  - Fasc. 1. Genesis(2016).
  - Fasc. 5. Deuteronomy(2007)

닌그라드 사본을 편집본의 주본문으로 사용하게 되었다: R. Kittel, P. Kahle(eds.), *Biblia Hebraica*(Stuttgart: Württembergische Bibelanstalt, 1929-1937).

32 이 편집본에 관한 해설은 다음 자료를 참고하라. R. Wonneberger, Leitfaden zur Biblia Hebraica Stuttgartensia(Göttingen: Vandenhoeck & Ruprecht, ^{2}1986), 5(=trans. by Dwight R. Daniels, *Understanding BHS: a manual for the users of Biblia Hebraica Stuttgartensia*[Rome: Editrice Pontifico Biblico, 2001]).

33 이 편집본에 관한 해설은 다음 자료들을 참고하라. Tov, *Textual Criticism of the Hebrew Bible*, 355-57; Fischer, *Der Text des AT*, 61-64; 민영진, "「BHQ」의 서문, 부호와 약자, 용어 정의와 해설 번역", 「성경원문연구」 4(1999), 121-61; "「BHQ」 룻기의 본문비평 장치 해설", 「성경원문연구」 4, 7-20.

- Fasc. 7. Judges(2012)
- Fasc. 13. Twelve Minor Prophets(2010)
- Fasc. 17. Proverbs(2009)
- Fasc. 18. Five Megilloth(2004)
- Fasc. 20. Ezra and Nehemia(2006)

1 דְּבַר־יְהוָה ׀ אֲשֶׁר הָיָה אֶל־הוֹשֵׁעַ בֶּן־בְּאֵרִי בִּימֵי עֻזִּיָּה יוֹתָם אָחָז ב̇
2 יְחִזְקִיָּה מַלְכֵי יְהוּדָה וּבִימֵי יָרָבְעָם בֶּן־יוֹאָשׁ מֶלֶךְ יִשְׂרָאֵל׃ תְּחִלַּת ב̇. ג̇ ורא̇ פסו
דִּבֶּר־יְהוָה בְּהוֹשֵׁעַ פ וַיֹּאמֶר יְהוָה אֶל־הוֹשֵׁעַ לֵךְ קַח־
לְךָ אֵשֶׁת זְנוּנִים וְיַלְדֵי זְנוּנִים כִּי־זָנֹה תִזְנֶה הָאָרֶץ מֵאַחֲרֵי יְהוָה׃ ל̇. ל̇ וכ̇ ה̇
3 4 וַיֵּלֶךְ וַיִּקַּח אֶת־גֹּמֶר בַּת־דִּבְלָיִם וַתַּהַר וַתֵּלֶד־לוֹ בֵּן׃ וַיֹּאמֶר יְהוָה ל̇. ב̇. ו̇ ורא̇ש פסוק
אֵלָיו קְרָא שְׁמוֹ יִזְרְעֶאל כִּי־עוֹד מְעַט וּפָקַדְתִּי אֶת־דְּמֵי יִזְרְעֶאל
5 עַל־בֵּית יֵהוּא וְהִשְׁבַּתִּי מַמְלְכוּת בֵּית יִשְׂרָאֵל׃ וְהָיָה בַּיּוֹם הַהוּא ב̇ וכל יהושע
6 וְשָׁבַרְתִּי אֶת־קֶשֶׁת יִשְׂרָאֵל בְּעֵמֶק יִזְרְעֶאל׃ וַתַּהַר עוֹד וַתֵּלֶד בַּת
וַיֹּאמֶר לוֹ קְרָא שְׁמָהּ לֹא רֻחָמָה כִּי לֹא אוֹסִיף עוֹד אֲרַחֵם אֶת־ ד̇ וחס̇
7 בֵּית יִשְׂרָאֵל כִּי־נָשֹׂא אֶשָּׂא לָהֶם׃ וְאֶת־בֵּית יְהוּדָה אֲרַחֵם
וְהוֹשַׁעְתִּים בַּיהוָה אֱלֹהֵיהֶם וְלֹא אוֹשִׁיעֵם בְּקֶשֶׁת וּבְחֶרֶב ל̇. ב̇
8 וּבְמִלְחָמָה בְּסוּסִים וּבְפָרָשִׁים׃ וַתִּגְמֹל אֶת־לֹא רֻחָמָה וַתַּהַר וַתֵּלֶד ג̇
9 בֵּן׃ וַיֹּאמֶר קְרָא שְׁמוֹ לֹא עַמִּי כִּי אַתֶּם לֹא עַמִּי וְאָנֹכִי לֹא־אֶהְיֶה
לָכֶם׃ ס

[1:1] יחזקיה ב̇ דבר יהוה אשר היה . מיכה המרשתי :o: [2] תחלת ג̇ וראש̇ פסוק̇ וסימנהון תחלת דבר יהוה בהושע . תחלת חכמה . תחלת דברי פיהו :o: בהושע ב̇ וימצא מלך אשור בהושע . תחלת דבר יהוה בהושע :o: [4] ממלכות ד̇ קרע . ציבא . בראשית קדמי׳ . יזרעאל . וכל יהושע דכותהון :o: [7] ובמלחמה ג̇ ובמופתים . ולא אושיעם . מידי חרב :o:

1:2 דִּבֶּר־ α' | λόγου G S T (differ-vocal) | *loquendi* V (differ-vocal) • **3** לוֹ G S | > G^{Mss} V (assim-vv 6, 8) | T (indet) • **4** יֵהוּא G σ'-θ' V S T | Ἰούδα G^{Mss} ✣ • **6** נָשֹׂא אֶשָּׂא S | ἀντιτασσόμενος ἀντιτάξομαι G (err-lex) | ἐπιλήσομαι αὐτῶν ⟨α'⟩ V (err-lex) | משבק אשבוק T (exeg) ✣ • **7** בֵּית V S (T) | τοὺς ... υἱούς G ✣ • וּבְמִלְחָמָה V S | οὐδὲ ἐν πολέμῳ οὐδὲ ἐν ἅρμασιν G (ampl) | ובעברי קרבא T (lib) • **9** אֶהְיֶה לָכֶם׃ (⟨σ'⟩) S | Εἰμὶ ὑμῶν G V (transl) | T (indet) ✣ •

BHQ, 호세아 1:1–9

1) BHS와 BHQ의 구성 해설

이 두 고문서본은 기본적으로 비슷하게 구성되어 있다. 이를 도식화하면 다음과 같다. 각 영역에 해당하는 내용이 무엇인지 확인해보자.

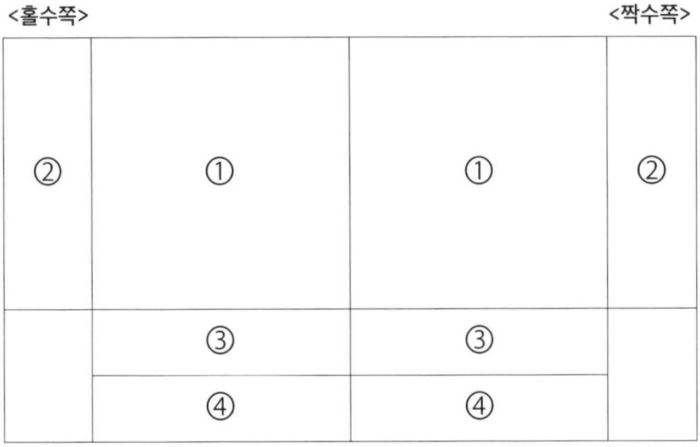

<홀수쪽> <짝수쪽>

<table>
<tr><td>②</td><td>①</td><td>①</td><td>②</td></tr>
<tr><td rowspan="2"></td><td>③</td><td>③</td><td rowspan="2"></td></tr>
<tr><td>④</td><td>④</td></tr>
</table>

① 레닌그라드 사본의 본문

비블리아 헤브라이카의 주본문(main text, Haupttext)은 레닌그라드 사본의 본문이다. 다만 레닌그라드 사본과 몇 가지 다른 점이 있다. 우선 큰 틀에서 **단(column) 나누기**에 차이가 난다. 레닌그라드 사본은 앞서 살펴본 대로 한 면을 두 단(예. 시편) 또는 세 단(대부분)으로 나누는데, 이것을 그대로 재현하지 않았다. 또한 BHS는 레닌그라드 사본과 달리 예언서에서 들여쓰기나 줄 나누기로 시문의 구성을 나타내는 데 비해, BHQ는 그런 표시를 하지 않는다.

절 표시에서도 두 편집본은 차이를 보인다. 히브리어 성경에서 절 구분은 실룩(Silluq; ׃)으로 한다. 반면에 편집본에서는 기본적으로 아라비아 숫자로 절을 표시한다. 다만 BHS는 난외와 본문 안쪽 두 군데에 이 표시를 하는 데 비해, BHQ는 난외에서만 절 표시를 하고 주본문 안에서는 하지 않는다. 아마도 이는 주본문에서 레닌그라드 사본의 모습을 좀 더 생생하게 보여주려는 의도가 작용했을 것이다.

앞서 호세아 1장 본문 그림에서 알 수 있듯이 레닌그라드 사본에 표시된 "페투하"(פתוחא)와 "세투마"(סתומא)가 BHS와 BHQ에서는 제각각 פ와 ס로 표시되었다. 호세아 1:2의 첫 문장 뒤에 페투하를 뜻하는 "פ"가 있다. 이는 레닌그라드 사본의 해당 페이지 오른쪽 끝에 있는 단, 아래에서 다섯째 줄을 다 채우지 않고 한 줄 띄워 표시한 "페투하"를 나타낸다. 또한 호세아 1:9 다음에 세투마를 뜻하는 "ס"를 볼 수 있는데, 레닌그라드 사본에서 이것은 들여쓰기를 한 "세투마"를 나타낸다. 페투하와 세투마는 필사본마다 조금씩 차이가 나는데, BHQ는 그 내용을 부록으로 제공한다. 호세아서가 포함된 열두 소예언서 편집본에서는 10*-15*[34]쪽에서 비교표를 확인할 수 있다.

② 소마소라(Masora parva) / ③ 대마소라(Masora magna)

BHS의 호세아 1:1-9을 살펴보면 4절의 첫 세 낱말, "그리고 여호와께서 그에게 말씀하셨다"(וַיֹּאמֶר יְהוָה אֵלָיו[바요메르 아도나이 엘라브])의 사이사이에 작은 고리점 두 개가 표시되어 있음을 알 수 있다.[35] 이 표시는 이 단어들에 관한 소마소라가 있음을 알려준다. 순서에 따라 이 소마소라는 이 행의 세 번째에 해당하며 난외 소마소라에서 "ו֯ ר״פ[5]"로 간략하게 설명된다. 여기서 먼저 점이 있는 자음 바브(ו֯)는 "빈도수를 나타내는 난외주"다.[36] 히브리어 자음의 숫자 값에 따르면 자음 "바브"는 6의 값을 가진다. 따라서 해당 표현은 구약성경에 여섯 번 쓰인다는 사실을 알 수 있다. 다음 약자인 "ר״פ"는 "ראשׁ פסוק"(로쉬 파수크)를

34 여기서 쓰인 "*"는 오른쪽에서부터 쓰는 히브리어 본문과는 달리 반대 방향으로 매긴 해설의 쪽수를 일컫는다. 즉 히브리어 본문은 오른쪽에서부터 쪽수를 매기지만 그에 해당하는 해설은 왼쪽에서부터 쪽수를 계산한다.

35 이 고리원은 한 낱말을 가리킬 때는 그 낱말 바로 위에, 두 낱말 이상이면 해당 낱말들 사이에 찍는다.

36 참고. 켈리, 『마소라 해설』, 56-57.

줄인 말로써 "절의 서두"를 의미한다.[37] 따라서 두 가지 정보를 종합하면 "바요메르 아도나이 엘라브"라는 표현은 절의 서두로서 여섯 번 구약성경에 쓰인다는 사실을 알게 된다.

한편 소마소라의 마지막에 있는 위첨자 "5"는 BHS의 대마소라와 연관된다. BHS는 소마소라 뒤에 위첨자로 번호를 매겨두고, 대마소라 자리에서 이를 설명한다. "Mm"이라는 줄임말은 해당 항목에 대한 대마소라를 확인하라는 표시이고, 그 뒤에 나오는 번호는 해당 대마소라가 앞서 소개한 베이유(Gérard E. Weil)의 책에서 몇 번인지를 나타내준다. 즉 "[5]Mm 1931"은 5번 항목에 대한 대마소라의 내용을 베이유의 책 1931번 항목에서 찾아보라는 것이다. 베이유의 책을 찾아보면 실제로 다음과 같이 기재되어 있다.[38]

1931

וַיֹּאמֶר יְהוָה אֵלָיו ו֯ ראשׁ פסוק·

	מי שם פה לאדם	Ex. 4, 11
	זאת הארץ אשר	Dt. 34, 4
דמלכים	שמעתי את תפלתך	1 R. 9,3
דמלכים	לך שוב לדרכך	1 R. 19, 15
	והתוית תו	Ez. 9, 4
דתרי עשרה	קרא שמו יזרעאל	Hos. 1, 4

반면에 낱권으로 출간되고 있는 BHQ에서는 개별 편집본 뒤에 소마소라와 대마소라를 해설하고 그 의미에 관한 평가까지 제공한다. 우리가 예시로 살펴보는 호세아서의 경우 소마소라는 17*-19*, 대마소라는 35*-37*쪽에서 다룬다. BHQ의 호세아 1:4을 살펴보면 소마소라가 약자가 아닌 전체 내용(ו֯ ראשׁ פסוק)으로 쓰여 있음을 알게 된다. 이에 관해 BHQ는 BHS에서 제공하는 소마소라와 대마소라의 내용 모두를

37 켈리, 『마소라 해설』, 224.

38 Weil, *Massorah Gedolah*, 223.

해설을 통해 따로 밝혀준다. 그런데 흥미롭게도 BHQ는 레닌그라드 사본에 따라 앞서 살펴본 "바요메르 아도나이 엘라브"에 관한 대마소라 표시를 하지 않았다.

그대신 호세아 1:1의 יְחִזְקִיָּה(여히즈키야; 히스기야)를 예시로 BHQ의 대마소라 기재 방법에 관해 알아보자. 대마소라를 설명하는 부분을 보면 [1:1]로 표시하고 다음과 같이 기록된 내용이 있다.

[1:1] יחזקיה ב֗ דבר יהוה אשר היה מִיכה המרשתי :o:

이 내용은 레닌그라드 사본에서 해당 면 아래쪽 여백의 왼쪽 세 줄 가운데 첫 줄 후반부에서 읽을 수 있다. 그 부분을 확대하면 다음과 같다.

이는 히스기야 왕의 이름이 이런 형태로 언급된 예언서의 용례와 해당 구절의 일부를 써준 것이다. 이 정보를 우리말로 옮기면 다음과 같다.

> 히스기야는 두 번 쓰임. "(~에게) 임한 여호와의 말씀"에서, "모레셋 사람 미가"에서.

BHQ는 친절하게도 해당 부분 대마소라 해설에서 이 용례가 호세아 1:1과 미가 1:1이라고 밝혀준다.

사실 BHS와 BHQ가 제공하는 레닌그라드 사본의 소마소라와 대마소라는 본문 번역 단계에서는 별로 필요하지 않다. 그 대신 이후에 "본문 역사"에서 살펴보겠지만, 기원후 2세기부터 시작되었을 마소라 전통이 히브리어 성경 본문의 형태와 용례에 관해 어떤 이해를 이어왔는지를 알아볼 때는 매우 유용하다.[39] 이는 본문비평과 이어지는 주석에 중요한 통찰을 제공해줄 수도 있을 것이다.

④ 본문비평 각주(textual apparatus)

두 편집본은 모두 앞서 언급한 대로 고문서본(diplomatic edition)으로서 레닌그라드 사본을 주본문으로 한다. 하지만 이 필사본은 기원후 11세기 초반에 필사된 것이며 굉장히 후대의 전통이 반영된 결과물이다. 따라서 이 편집본들은 중요한 고대의 이형 정보들을 본문비평 각주에 제공한다. 어떻게 보면 BHS에 이어 BHQ가 새로 편집된 가장 중요한 이유가 여기에 있다. 1977년에 BHS가 출간된 뒤에도 구약성경의 본문 연구는 활발히 진행되었고, 그 결과도 풍성하다고 할 만하다. 고문서본에서 이런 연구 결과들을 반영하는 것은 "④"번 공간에 해당하는 본문비평 각주에서만 가능하다. 여기서 BHS와 BHQ의 본문비평 각주를 비교해볼 까닭이 생겨난다.

이 두 비평본이 제공하는 본문비평 각주를 통해 구체적으로 본문비평을 어떻게 할 수 있을지는 이후에 이어지는 제4부에서 좀 더 자세히 다룰 것이다. 그 대신 두 편집본의 본문비평 각주 구성에 관해서만 간단히 살펴보자.

우선 BHS는 주본문의 해당 낱말에 곧바로 본문비평 각주를 표시하는 데 비해, BHQ는 주본문에 아무런 표시를 하지 않는다. 이는 앞서 언급한 대로 BHQ가 레닌그라드 사본의 모습을 좀 더 시각적으로 재현하려는 데서 비롯한 결과일 것이다. 그 대신에 BHQ는 해당 낱말을 보여주고 본문비평 각주를 시작한다. 그리고 본문비평 각주의 내용으

39 비교. 켈리, 『마소라 해설』, 4-5.

로 보면 전반적으로 BHQ가 훨씬 더 많은 정보를 제공해준다. 특히 쿰란 본문 증거에 관해서는 BHS 출간 이후 수십 년 동안 연구된 성경 본문 단편들을 적극적으로 수용한 결과를 제공한다. 그리고 두 편집본은 본문 증거를 나타내는 약자 체계도 서로 다르다. BHS가 장식 글자체(Frakturschrift: 𝔊, 𝔖, 𝔙, 𝔗 등)로 표기하는 반면, BHQ는 일반적인 영어 대문자를 사용한다(G, S, V, T 등). BHS에서 사용된 약자 체계 전체를 확인하려면 대한성서공회에서 출간한 책의 우리말 서문을 확인하면 된다. BHQ는 개별 출간 편집본의 서문에서 확인할 수 있다.

- 구약성경 본문의 역사에서 중요한 개념이나 용어들을 뽑아서 그것들을 중심으로 구약성경 본문의 역사를 설명하는 자신만의 표를 만들어보시오. 가능하면 여럿이 만든 표를 비교하며 함께 보완할 점을 토의해보시오.

제 4 부

본문비평과 특징 관찰

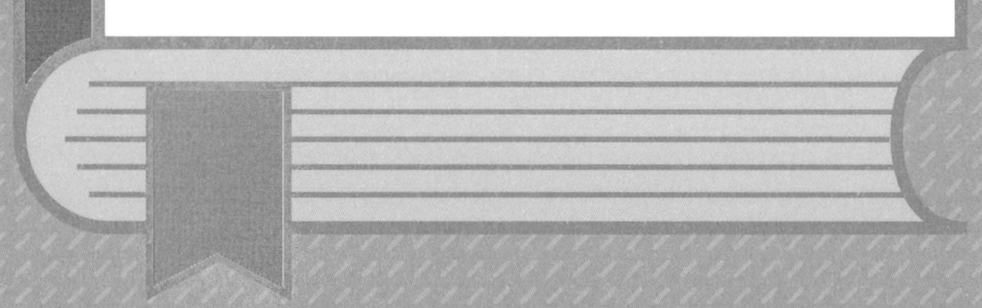

다음의 본문을 읽고 각 본문의 주된 차이점인 **굵은 글씨**를 살펴보고 그런 차이가 발생한 이유를 확인한 후, 어느 내용이 원래의 것일지 추측해보시오(이때 앞뒤 문맥도 참고하시오).

◆ 출애굽기 1:11

마소라 본문(개역 개정)	칠십인역
감독들을 그들 위에 세우고 그들에게 무거운 짐을 지워 괴롭게 하여 그들에게 바로를 위하여 국고성 비돔과 라암셋을 건축하게 하니라.	그리고 그는 그들에게 부역감독들을 세웠다. 이는 그들을 노역으로써 괴롭히기 위함이었다. 그들은 파라오를 위해서 견고한 성읍들을 건축하였으니 곧 피톰뿐 아니라, 라메쎄, **그리고 온, 곧 태양의 도시였다**.

*참고. 이사야 19:18

그날에 이집트 땅에는 가나안 말을 하고 만군의 주님께 충성을 맹세하는 다섯 성읍이 생길 터인데, 그 가운데 하나는 "태양의 도시"라 불릴 것이다(가톨릭 성경).

◆ 출애굽기 1:22

마소라 본문(개역 개정)	칠십인역(=사마리아 오경, 타르굼)
그러므로 바로가 그의 모든 백성에게 명령하여 이르되 "아들이 태어나거든 너희는 그를 나일강에 던지고 딸이거든 살려두라" 하였더라.	그러자 파라오가 자기의 모든 백성에게 명령하여 말하기를, "**히브리인들에게서 난 모든** 아들은, 너희가 강물에 내다 버리고, 모든 딸들은 살려두어라."

◆ 출애굽기 3:16

마소라 본문(개역 개정)	칠십인역(=4QGen-Exod[a], 사마리아 오경)
너는 가서 이스라엘의 장로들을 모으고 그들에게 이르기를 "여호와 너희 조상의 하나님 곧 아브라함과 이삭과 야곱의 하나님이 내게 나타나 이르시되 '내가 너희를 돌보아 너희가 애굽에서 당한 일을 확실히 보았노라'"	이제 가서 이스라엘 자손들의 원로회를 소집하고, 그들에게 말하기를, "주님, 여러분 조상들의 하나님 (곧) 아브라함의 **하나님**, 그리고 이삭의 **하나님**, 그리고 야곱의 **하나님**이 내게 나타나 말씀하시기를, '내가 너희와 이집트에서 너희에게 일어난 모든 일들을 확실히 살펴보았다.'"

◆ 출애굽기 4:31

마소라 본문(개역 개정)	칠십인역
백성이 믿으며 여호와께서 이스라엘 자손을 찾으시고 그들의 고난을 살피셨다 함을 **듣고**(וַיִּשְׁמְעוּ) 머리 숙여 경배하였더라.	그래서 백성들이 믿으며 하나님이 이스라엘의 자손들을 살펴보셨고, 그들의 억눌림을 보셨음에 **기뻐하고**(καὶ ἐχάρη=וישמחו) 엎드려 경배하였다.

출애굽기 1:11의 경우, 이스라엘 백성들이 이집트에서 노예 생활을 하며 강제노동에 동원되었던 도시 가운데 하나를 히브리어 성경에서 라암셋(רַעְמְסֵס[라암세스])이라고 소개한 것과 관련해 칠십인역은 "그리고 온, 곧 태양의 도시였다"(καὶ Ων ἥ ἐστιν Ἡλίου πόλις)라는 설명이 덧붙어 있다. 이는 이사야 19:18의 정보와 연관이 있어 보인다.

여기서 생기는 질문은 과연 "온, 곧 태양의 도시"라는 설명 구가 칠십인역의 번역자가 보았을 히브리어 본문에 원래부터 존재한 것인지, 아니면 히브리어 본문에 없는 구문을 칠십인역 번역자가 이사야서의 내용을 바탕으로 자기 시대의 도시 이름을 삽입한 것인지다. 마소라 본문과 칠십인역이 서로 다른 본문을 제공하고 있기에 둘 가운데 하나는 틀림없이 수정된 본문이다.

과연 우리는 이 두 본문 가운데 어떤 것을 선택해야 할까? 그런데 이 질문 자체에서도 또 다른 두 가지 의문이 생겨난다. 우리가 선택하려는 본문 자체는 처음 기록되었던 것일까, 아니면 그 이후의 것이지만 우리가 이를 수 있는 가장 오래된 것에 불과할까? 또 우리는 과연 어떤 기준으로 둘 가운데 하나를 선택해야 할까? 마소라 본문은 상대적으로 짧다. 반면에 칠십인역은 더 길고 내용이 더 구체적이다. 이 둘 중 어느 것이 먼저이고 어느 것이 다른 것을 수정한 결과일까? 본문비평은 바로 이런 질문들에 대답해가는 과정이다.

다음으로 살펴볼 출애굽기 1:22의 경우, 마소라 본문과 달리 칠십인역, 사마리아 오경, 아람어 역본인 타르굼에는 "히브리인에게서 난"이라는 구체적인 언급이 더 기록되어 있다. 마소라 본문과 비교해볼 때 이 세 본문의 형태는 새로 태어난 아이의 정체성을 더욱 분명하게 한다. 그렇다면 이 두 내용 중 어느 것이 과연 더 오래된 본문에 해당할까? 만약 마소라 본문이 아니라 다른 본문들이 더 오래되었다고 판단하려면 몇 가지 문제를 해결해야 한다. 곧 본문 증거의 한계를 무시해야 하는데, 먼저는 칠십인역과 타르굼이 역본이기 때문이다. 그리고 이후에 자세히 살펴보겠지만 사마리아 오경과 타르굼은 필사와 번역의 원칙으로 "의역"을 지향하기 때문이다. 반대로 마소라 본문이 더 오래되었다고 말하려면 어떤 근거를 대야 할까? 여기서는 본문 증거의 특징과 본문비평의 논리적 근거가 문제가 되는데, 본문비평에서 이 점도 반드시 명확히 해주어야 한다.

또한 출애굽기 3:16의 경우도 현상만 놓고 보자면 앞의 사례와 비슷하다. 한 가지 다른 점이라면 칠십인역과 사마리아 오경의 더 명확해진 본문을 지지하는 증거 가운데 쿰란 성경 본문이 포함되어 있다는 사실이다. 쿰란 필사본은 마소라 본문보다 거의 1,000년이나 더 오래되었다. 필사본이 오래되었다고 해서 반드시 오래된 본문 형태를 반영한다고 볼 수는 없지만, 1,000년은 결코 무시할 수 없는 시간이다. 이런 때는 어떻게 판단하는 것이 옳을까?

마지막으로 출애굽기 4:31은 여러 면에서 흥미로운 차이를 드러낸다. 본문의 내용은 크게 다르지 않다. 그런데 칠십인역의 내용을 다시 히브리어로 번역하면 자음 하나가 차이 난다는 사실을 알 수 있다. 그 두 자음은 모양이 비슷하지는 않지만 발음이 매우 비슷하다(바이슈메우/바이스메후). 이런 때는 과연 본문의 차이가 어떻게 생겨났다고 보아야 할까? 문헌 형태의 차이보다는 구두 전승 과정에서 이형이 발생했다고 보아야 하지 않을까? 본문비평은 본문에서 발견되는 이런 차이점들에 관한 질문에 대답하는 과정이다.

7장

본문비평

1. 구약성경 본문비평의 목적

구약성경 본문의 원본(原本; proto-text, Urtext)은 전해지지 않는다. 더욱이 오랜 세월을 거치면서 단일한 형태로 전승되지도 않았다. 현존하는 수많은 필사본과 다양한 역본들이 서로 다른 본문 전통을 보여주는 경우는 숱하게 많다. 본문비평은 이런 본문 전통들을 검토하고 분류해서 개연성 있는 하나의 본문 형태를 논리적으로 판단해 주석의 대상으로 선택하는 작업이다. 더불어 선택되지 않은 이형들(variants)이 생겨난 이유를 밝히고 본문의 역사를 재구성하는 작업도 해야 한다.

그런데 이때 짚고 넘어가야 할 문제가 있다. 그렇게 해서 선택한 본문의 정체성 문제다. 달리 말하자면 본문비평의 목적이 무엇이냐는 것이다. 이에 관한 견해는 몇 가지로 갈린다.[1]

슈텍(Odil H. Steck)은 본문비평이 "구약성경의 원 본문(der

1 여기서 소개하는 학자들의 견해에 관한 내용은 다음 자료에 간략하게 소개되어 있어 참조할 수 있다. Fischer, *Der Text des AT*, 197-201.

ursprüngliche Text des AT)을 확정하는 것"이라고 정의한다.[2] 그러나 이 견해는 "원 본문"의 정체성이 문제시될 뿐 아니라 그 시기를 확정하기가 쉽지 않은 약점이 있다. 이에 비해 본네베르거(R. Wonneberger)는 "필사 과정에서 생긴 의도적·비의도적 변화를 찾아내서 이해하고 없애는 것"이라고 정의한다.[3] 그러나 이 방법도 결국에는 유일한 원 본문이 전제되어야 하기에 일반화하기는 어렵다. 그런가 하면 크로이처는 "본문 전승을 검증하여, 도달할 수 있는 가장 오래된 본문을 찾아내고, 나머지 이형들의 발생을 설명하는 것"이라고 정의한다.[4] 하지만 사람들은 여기서 말하는 도달 가능한 본문의 정체성에 의문을 가진다.

한편 뷔르트바인(Ernst Würthwein)은 본문비평이 "전승된 본문의 모든 오류와 이형들을 검토하여 이어지는 주석 과정을 위해 신뢰할 만한 본문을 제공하는 것"이라고 정의한다. 그의 견해를 이어받은 피셔(Alexander A. Fischer)는 여기서 "신뢰할 만한"(zuverlässig) 본문이라는 데 방점을 두고, 본문비평은 절충 본문(ein eklektischer Text)을 제공해야 한다고 강조한다. 그 결과 피셔는 본문비평이 "본문의 역사에서 생겨난 본문의 오류와 의도적 변경을 찾아 제거하고, 원 본문 이전에 존재했을 신뢰할 만하고 학문적으로 책임질 수 있는 본문을 제공하는 것"이라고 정의하기에 이른다. 그러나 피셔의 이 정의는 자신의 "원 본문" 정의에서 비롯한 것으로, 다분히 이론적이고 사변적이다. 왜냐하면 피셔 자신도 인정했듯이 "원 본문"이라는 것을 실제로는 뚜렷이 구분할 수 없는 경우가 많기 때문이다.

결국 본문비평이 지향하는 가장 최선의 목적은 **우리에게 전승된 구약성경의 본문에서 이형이 존재할 경우, 본문의 역사를 재구성하여 그**

---

2 Barth, Steck, *Exegese des AT*, 36.

3 R. Wonneberger, Understanding BHS, 5.

4 S. Kreuzer, Textkritik, in S. Kreuzer et al., *Proseminar I: Altes Testament: Ein Arbeitsbuch*(Stuttgart: Kohlhammer, [2]2005), 26(=크로이처, 『구약성경 주석 방법론』, 50).

가운데서 가장 오래된 본문을 제공하고, 이형을 통한 본문 역사를 재구성하는 것이라 하겠다. 본문비평의 목적과 관련한 이런 논의의 흐름을 도식화하면 다음과 같다.

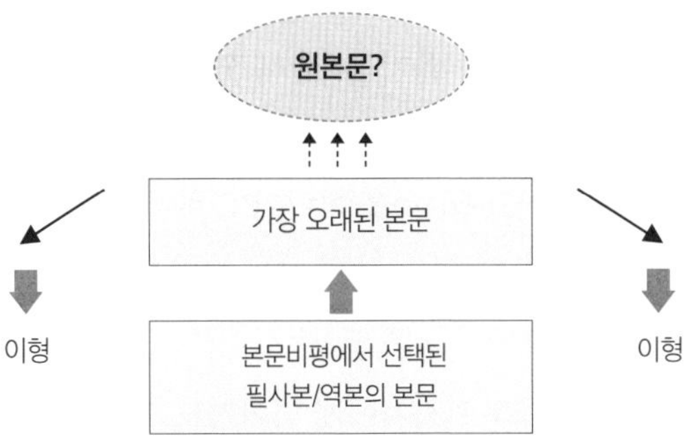

2. 구약성경 본문비평 방법

구약성경 본문과 연관된 본문 증거들(textual witnesses, Textzeugen)을 견주어보면, 앞서 "생각해보기"에서 살펴본 보기들을 수없이 맞닥뜨리게 된다. 구약성경 본문의 이런 다양한 본문 증거들 가운데 주석에서 쓸 하나의 본문을 선택하기 위해서는 앞서 언급한 대로 "기준"이 필요하다. 또한 그 기준들을 올바르게 적용하려면 먼저 구약성경의 본문이 달라지는 현상에 관한 일반적인 특징을 잘 알고 있어야 한다.

1) 본문이 달라지는 이유와 형태

인쇄술이 발명되기 이전에 성경 본문은 필사본 형태로 전승되었다. 필사본이란 필기구로 일일이 손수 옮겨 쓴 책을 가리킨다. 본문비평이 필요한 현상들은 대부분 필사본의 전승 과정에서 생겨난다. 또 "하나"의 필사본이 생겨나기 위해서는 필사자 한 사람이 완성한 필사본을 그다음 필사자가 다시 한 글자 한 글자 옮겨 써야 한다. 하나의 틀을 사용해 똑같은 복사본을 무제한으로 재생산할 수 있는 인쇄본과 비교할 때, 그와 같은 필사의 전통은 전파 속도가 매우 더딜 뿐 아니라 각 책이 조금씩 달라질 가능성이 매우 커진다. 필사자의 오랜 작업은 때때로 피로감을 불러일으켜 내용을 잘못 옮기는 "필사 오류"(scribal error)의 원인이 된다. 어떤 경우에는 필사자가 앞선 필사본의 내용에 동의하지 않아 의도적으로 수정(scribal correction)을 가하기도 한다. 그런가 하면 본문에는 손을 대지 않고 행간(interlinear)에 자기 의견을 적어 넣는 필사자도 있었다.

그런데 문제는 그다음 필사자에게 넘어가도 그런 오류나 수정이 바로잡히기가 어렵고 오히려 또 다른 양상의 변화가 일어나기도 한다는 점이다. 고정된 정경 본문이라는 성경의 특성상 아무리 필사 오류가 확실해 보이더라도 다음 필사자는 쉽사리 본문에 손을 대 수정하지 못한다. 그렇기에 비의도적으로 생긴 필사 오류들은 필사본의 전승 과정에서 축적되는 것이 보통이다. 또한 행간에 있던 필사자 개인의 첨언이 그다음 필사본에서는 본문 안으로 들어가기도 한다(보기. 렘 10:11의 아람어 본문). 이렇듯 필사본의 전승 과정을 자세히 살펴보면 일반적인 변화나 수정의 특징들을 발견할 수 있다. 따라서 본문비평을 합리적으로 수행하기 위해서는 우선 구약성경의 본문들이 달라지는 일반적인 현상에 관한 통찰력을 가지고 있어야 한다.

물리적으로 볼 때 본문은 결국 짧아지거나, 길어지거나, 달라지는 세 가지 경우로 변화한다. 그런데 이것이 비의도적 본문 오류(versehentliche Textfehler)인지, 필사자의 의도적 수정(absichtliche Änderung)인지를 구분해야 한다. 이와 관련해 본문이 달라지는 주된 현상들과 특징적인 보기를 한두 개씩 살펴보자.[5]

---

5 본문이 달라지는 이유와 보기들은 다음 책들을 참고했다. Tov, *Textual Criticism of the Hebrew*

(1) 비의도적 오류

① 본문이 짧아지는 경우(minus)

i) 무작위 탈락(random omission)

본문이 짧아진 합당한 이유를 추정하기 어려운 경우들이다. 이런 경우 마소라 전통의 케티브/케레 전통에서 이미 후대의 필사자들이 문제점을 지적한 경우가 많다.

- 삼상 17:23 Ketib ממערות פלשתים
  블레셋 사람들의 동굴(מְעָרָה)에서
  Qere מִמַּעַרְכוֹת פְּלִשְׁתִּים
  블레셋 사람들의 진영(מַעֲרָכָה)에서

ii) 중자탈락(重字脫落; haplography)

한 낱말 안에서 같은 자음이나 낱말이 잇달아 나올 때 필사 과정에서 둘 가운데 하나가 빠지는 경우를 일컫는다. 이 경우에는 긴 본문이 본문비평에서 더 높은 가치를 가진 것으로 여겨진다. 이는 일반적인 본문비평 관점(이어지는 "본문비평 과정의 내적 기준"을 보라)과는 다른 현상으로 유의해서 판단해야 한다.

Bible, 221-62; Fischer, *Der Text des AT*, 205-18; 크로이처, 『구약성경 주석 방법론』, 78-81; 드라이차, 『구약성서 연구 방법론』, 70-80; Utzschneider, *Arbeitsbuch*, 47-52. 이 내용은 또한 다음 자료를 참조했다. Jong-Hoon Kim, *Die hebräischen und griechischen Textformen der Samuel- und Königebücher: Studien zur Textgeschichte ausgehend von 2Sam 15,1-19,9*(BZAW 394; Berlin/New York: Walter de Gruyter, 2009); "The Tradition of Ketib/Qere," 27-46.

• 삼하 22:15 Ketib וישלח חצים ויפיצם ברק ויהמם

그분(여호와)께서 화살을 날려 그들을 흩으셨고, 번개로, 그 분이 그들을 혼란케 하셨다.[6]

Qere וַיִּשְׁלַח חִצִּים וַיְפִיצֵם בָּרָק וַיָּהֹם

그분(여호와)께서 화살을 날려 그들을 흩으셨고, 번개로, 그 분이 혼란케 하셨다.

iii) 착시(parablepsis)

필사자가 같은 자음이나 낱말로 끝나는 표현에서 한 부분을 빠뜨리거나(Homoioteleuton), 같은 자음이나 낱말로 시작하는 표현의 한 부분을 빠뜨리는 경우(Homoioarcton)를 일컫는다.

◉ 유사문미탈락(類似文尾脫落; homoioteleuton)

• 레 1:8 𝔐 עַל־הָעֵצִים אֲשֶׁר עַל־הָאֵשׁ אֲשֶׁר עַל־הַמִּזְבֵּחַ

제단 위에 있는 불 위에 있는 나무 위에

ℭ עַל־הָעֵצִים אֲשֶׁר עַל־הַמִּזְבֵּחַ

나무 위에 제단 위에 있는

◉ 유사문두탈락(類似文頭脫落; homoioarcton)

• 창 31:18 𝔐 אֲשֶׁר רָכָשׁ מִקְנֵה קִנְיָנוֹ אֲשֶׁר רָכַשׁ בְּפַדַּן אֲרָם

그의 소유가 된 가축으로 모은 것들, 그가 밧단아람에서 모은 것들

𝔊 (-) ἣν περιεποιήσατο ἐν τῇ Μεσοποταμίᾳ

(-) 그가 메소포타미아에서 얻은 것들

6 케티브에는 전반절과 동일한 구조로 맨 마지막 낱말에 3인칭 남성복수 인칭 대명접미어가 있다. 그런데 이는 중첩된 아인 중복 동사의 마지막 자음과 동일하다. 반면에 마소라 본문 전통에서 제안하는 케레에서는 마지막 인칭 대명접미어 ם(멤)이 없다. 이에 관해 칠십인역은 케티브를 지지한다(καὶ ἐξέστηαεν αὐτούς). 케레 전통에 전승된 본문은 두 번 이어진 자음 ם 가운데 하나를 빠뜨린 것으로 여기는 것이다.

② 본문이 길어지는 경우(plus)

i) 중복오사(重複誤寫; dittography)

한 자음이나 낱말을 잘못하여 두 번 필사하는 경우를 일컫는다.

- 사 31:6 𝔐 שׁוּבוּ לַאֲשֶׁר הֶעְמִיקוּ בְּנֵי יִשְׂרָאֵל
  이스라엘아, 네가 심히 거역하던 이에게로 돌아오라

  1QIsa[a] שובו לאשר לאשר העמיקו בני ישראל
  이스라엘아, 네가 심히 거역하던 이에게로 [이에게로] 돌아오라

ii) 이문융합(異文融合; lectio duplex)

서로 인접해 있거나 평행하는 본문의 요소가 합쳐진 경우를 말한다.

- 왕하 19:9 וַיָּשָׁב וַיִּשְׁלַח מַלְאָכִים
  그리고 그가 다시 사자들을 보냈다.

- 사 37:9 וַיִּשְׁמַע וַיִּשְׁלַח מַלְאָכִים
  그리고 그가 듣고 사자들을 보냈다.

  1QIsa[a] וישמע וישב וישלח מלאכים
  그리고 그가 듣고 다시 사자들을 보냈다.

③ 본문이 바뀌는 경우(interchange)

i) 모양이 비슷한 자음들(graphical similarity)

히브리어의 몇몇 자음은 모양이 비슷해서 필사 과정에서 잘못 필사되거나 번역되곤 한다. 비슷한 모양 때문에 일어나는 필사 오류는 대부분 정방형 서체(square script)에서 생겨나지만, 드물게는 고대 히브리어 철자(paleo-hebrew script)에서 비롯하기도 한다.

ㄱ. 정방형 서체

◉ ד / ר

• 창 22:3	𝔐	אַיִל אַחַר	다른 숫양
	℘℘℘	אַיִל אֶחָד	한 마리의 숫양

◉ כ / ב

• 왕하 3:24 Ketib ויבו־בה והכות את־מואב

그리고 그들이 그리로 가서(?) 모압을 공격했다.

Qere וַיַּכּוּ־בָהּ וְהַכּוֹת אֶת־מוֹאָב

그리고 그들이 그곳을 치고, 모압을 공격했다.

◉ ח / ה

• 잠 9:1 𝔐 חָצְבָה עַמּוּדֶיהָ שִׁבְעָה

((지혜가) 그 (집)의 일곱 기둥을 다듬었다.

𝔊 καὶ ὑπήρεισεν (= הצבה [<נצב]) στύλους ἑπτά

((지혜가) 일곱 기둥을 세웠다.

◉ ו / י

• 삿 21:22 Ketib יבאו אבותם או אחיהם לָרִוב אלינו

그들의 아버지들이나 형제가 많음을 위해(?)
우리에 올 것이다.

Qere יָבֹאוּ אֲבוֹתָם אוֹ אֲחֵיהֶם לריב אֵלֵינוּ

그들의 아버지들이나 형제가 소송하러 우리에 올 것이다.

◉ ך / ד

• 삼상 4:13	Ketib	יך דרך	(?)
	Qere	יַד דֶּרֶךְ	길 가

◉ נו / ם

• 수 5:1	Ketib	עברנו	우리가 건너갈 때까지
	Qere	עָבְרָם	그들이 건너갈 때까지

◉ עז / ש

• 느 7:7	עֲזַרְיָה	아자르야
• 스 2:2	שְׂרָיָה	스라야

ㄴ. 고대 히브리어 서체

◉ א / ת(✗/X)[7]

• 창 46:16	𝔐	אצבן	에스본
	𝔊	Θασοβαν = תחבן	타소반

◉ נ / פ(ℐ/ℐ)

• 삼하 23:35	פַּעֲרַי הארבי	아랍사람 바아래
• 대상 11:37	נַעֲרַי בן אזבי	아즈베의 아들 나아래

ii) 발음이 비슷한 자음들

히브리어 필사본들에는 더러 모양은 다르지만, 비슷한 발음에서 비롯한 이형들도 있다. 이런 이형들은 구전의 형태로 전승되는 과정에서 생겼을 것이다. 특히 후음과 순음에서 이런 경우가 잘 생겨나는 모습을 볼 수 있다.

7 고대 히브리어 서체의 모양은 기원전 700년 무렵의 실로아 비문에서 따왔다. 이에 관해 다음 자료를 참조했다. Karl Jaroš, *Hundert Schriften aus Kanaan und Israel* (Fribourg: Schweiz. Kath. Bibelwerk, 19892), 20-28.

◉ 후음(喉音; guttural): ע/ח/ה/א

• 삼상 17:7 Ketib וחץ חניתו 그리고 그의 창의 화살(?)

Qere וְעֵץ חֲנִיתוֹ 그리고 그의 창의 나무(채)

• 출 4:31 𝔐 וַיִּשְׁמְעוּ 그리고 그들이 들었다.

𝔊 καὶ ἐχάρη=וישמחו 그리고 그들이 기뻐하였다.

• 왕상 12:18 אֲדֹרָם 아도람

• 대하 10:18 הֲדֹרָם 하도람

◉ 순음(脣音; labial): ב/פ

• 창 31:49 𝔐 וְהַמִּצְפָּה 그리고 미스바(미츠파)

ℓℓℓ והמצבה 그리고 기둥(마체바)

iii) 음위전환(音位轉換; metathesis)

연이은 자음의 순서가 뒤바뀌어 필사된 경우를 일컫는다. 이 경우는 필사자의 피로나 착각에서 비롯한 것도 있지만, 본문 증거를 바탕으로 케레와 같은 마소라 전통과는 구분되는 본문 전통을 드러내는 때도 있기에 성급히 판단해서는 안 된다.

• 삼하 24:16 Ketib האורנה(=𝔊 Ορνα) 오르나

Qere הָאֲרַוְנָה 아라우나(아라브나)

• 왕상 7:45 Ketib הכלים האהל 장막의 그릇들

Qere הַכֵּלִים הָאֵלֶּה 이 그릇들

iv) 띄어 읽기의 차이

낱말 별로 띄어 쓰는 방법은 쿰란 필사본에서 확인될 정도로 오래된 전통이다. 하지만 구약성경의 필사본과 역본들 사이에는 앞 낱말의 마지막 자음이 그다음 낱말의 첫 자음으로 편입되어 필사된 경우를 볼 수 있다. 이런 현상은 두 가지 경우 모두 뜻이 통하는 까닭에 생겨난 것으로 보인다.

• 신 26:5 𝔐 אֲרַמִּי אֹבֵד אָבִי
내 조상은 방랑하는 아람 사람입니다.

𝔊 Συριμαν ἀπέβαλεν ὁ πατήρ μου
내 아버지는 시리아를 떠났습니다.
(=ארם יאבד אבי)

• 삼하 5:2 Ketib הייתה מוציא 그녀(Hi. pf. 3fs. ?)는 인도자였다.
Qere הָיִיתָ הַמּוֹצִיא 당신(Hi. pf. 2ms.)은 그 인도자였다.

v) 본문의 순서 차이

• 삼하 15:2 𝔐 וַיִּקְרָא אַבְשָׁלוֹם אֵלָיו
그리고 압살롬이 그에게 외쳤다.

4QSam[a] ויקרא לו אבשל[ו]ם
그리고 그에게 압살롬이 외쳤다.
(=𝔊 καὶ ἐβόησεν πρὸς αὐτόν Αβεσσαλωμ)

(2) 의도적 수정

고정된 마소라 본문에서 의도적 수정이 일반적으로 발생하는 현상일 수는 없다. 그런데도 앞선 필사본의 본문에 동의하지 않는 필사자들이 문맥적·신학적 이유에서 과감히 본문을 수정한 경우가 이따금 발견된다.

① 문맥적 수정

i) 쉬운 읽기

ㄱ. 어휘 수정

구약성경에서 한 번밖에 쓰이지 않는 용례(*hapax legomenon*)를 더 많이 쓰이는 용례로 바꾸는 경우가 있다.

• 시 95:4 𝔐 מֶחְקְרֵי־אָרֶץ
땅의 깊음(מֶחְקָר), *hapax legomenon*

𝔊 τὰ τέρατα τῆς γῆς(= מֶרְחַקֵּי־אָרֶץ)
땅의 먼 곳(מֶרְחָק)

ㄴ. 문법 수정

앞선 필사자의 본문이 문법적으로 맞지 않거나 이해되지 않을 때 조정하는 경우다.

• 삼하 17:5 𝔐 קְרָא נַם לְחוּשַׁי
너는 후새도 불러라(impv. 2ms.)

𝔊 καλέσατε δὴ καὶ γε τόν Χουσι
너희는 후새도 불러라(impv. 2mpl.)(= קראו גם לחושי)[8]

8 삼하 17:4의 내용을 보면 압살롬의 말을 듣고 있는 사람들은 이스라엘의 장로들로서 복수로 지칭하는 것이 문맥에 더 적합하다.

ii) 동의어(同義語; synonym)

성경의 필사 과정에서 뜻이 비슷한 다른 낱말로 교체되는 경우가 있는데, 이는 후대 필사자의 문체적 선호도에서 비롯한 것으로 볼 수 있다.

- 삼하 22:1 בְּיוֹם הִצִּיל יהוה אֹתוֹ מִכַּף כָּל־אֹיְבָיו וּמִכַּף שָׁאוּל
  여호와께서 그를 모든 원수들의 손아귀와 사울의 손아귀에서 구하시던 날에
- 시 18:1 בְּיוֹם הִצִּיל יהוה אוֹתוֹ מִכַּף כָּל־אֹיְבָיו וּמִיַּד שָׁאוּל
  여호와께서 그를 모든 원수들의 손아귀와 사울의 손에서 구하시던 날에

iii) 조화(harmonization) 또는 유비(類比; analogy)

본문과 직간접적으로 연관되는 문맥의 같은 책이나 다른 책의 본문을 가져오는 경우를 가리킨다.

- 사 1:15 𝔐 יְדֵיכֶם דָּמִים מָלֵאוּ
  너희의 손은 피로 가득하다
  1QIsa[a] ידיכמה דמים מלאו אצנעותיכם בעאון
  너희의 손은 피로 가득하고 너희의 손가락은 죄악으로 (그리하였다)
- 참조. 사 59:3 𝔐 כִּי כַפֵּיכֶם נְגֹאֲלוּ בַדָּם וְאֶצְבְּעוֹתֵיכֶם בֶּעָוֺן
  이는 너희의 손은 피로, 너희의 손가락은 죄악으로 더러워졌음이다.

② 신학적 수정

후대 필사자가 가지고 있는 신학적 관점에서 앞선 필사본의 본문을 도저히 수용하기 어려울 때 이를 수용할 수 있는 본문으로 교체하는 경우를 일컫는다.

i) 반-다신론적 수정(anti-polytheistic alteration)

이스라엘의 종교사를 전체적으로 살펴보면 후대로 갈수록 유일신관(monotheism)이 강화되었다는 사실을 알 수 있다. 강화된 유일신관을 가지고 있던 후대의 필사자는 앞선 필사본의 느슨한 신관을 용납하기 어려운 까닭에 본문을 수정하기도 했다. 고유명사에 있는 "바알"(בַּעַל)을 "수치"를 뜻하는 "보셋"(בֹּשֶׁת)으로 바꾸거나,[9] 인간을 신격화할 가능성이 있는 표현을 배제하는 등의 보기가 이에 해당한다.

• 인명 수정의 보기

יְרֻבַּעַל	여룹바알 (삼하 11:21 [𝔊 Ιεροβααλ])	יְרֻבֶּשֶׁת	여룹베셋 (삼하 11:21 [𝔐])
אֶשְׁבַּעַל	에스바알 (대상 8:33; 9:39)	אִישׁ בֹּשֶׁת	이스보셋 (삼하 2:8 등)
מְרִיב בַּעַל	므립바알 (대상 8:34; 9:40)	מְפִיבֹשֶׁת	므비보셋 (삼하 4:4 등)

• 신 32:8[10]

𝔐 לְמִסְפַּר בְּנֵי יִשְׂרָאֵל
이스라엘 자손의 수효대로 (경계를 정하셨도다)

4QDeut[j] [ ] בני אלוהים
하나님의 아들들의 [수효대로]

𝔊 κατὰ ἀριθμὸν ἀγγέλων θεοῦ
하나님의 천사들의 수효대로

9 참조. Tov, *Textual Criticism of the Hebrew Bible*, 248.

10 이 경우에는 마소라 본문보다 쿰란 성경 본문과 칠십인역이 더 오래된 본문이었을 것으로 추정한다(비교. 시 82; 왕상 22:19). 참조. Tov, *Textual Criticism of the Hebrew Bible*, 248-49.

ii) 완곡어법(婉曲語法; euphemism)

신성모독이라고 여겨지거나 지나치게 직설적이라고 여겨지는 표현을 필사자가 수용할 수 있는 표현으로 에둘러 고치기도 한다. 이는 마소라 전통의 "티쿠네 소페림"과 비슷한 방식이다. 하지만 "티쿠네 소페림"이 본문을 수정하는 것이 아니라 본문과 구분되는 마소라 학자들의 해석 전통이라면, 완곡어법은 필사자가 본문을 직접 수정한 경우다. 이 수정은 대부분 마소라 전통의 필사본에서 찾아볼 수 있는데, 이때 완곡어법을 쓰지 않은 다른 본문 증거가 원래의 본문을 보존한다고 생각할 수 있다.

- 삼하 12:9 𝔐 מַדּוּעַ בָּזִיתָ אֶת־דְּבַר יהוה(수정 본문)
  왜 당신은 여호와의 말씀을 업신여기는 것이오?

  𝔊[L] ὅτι ἐξουδενώσας τὸν κύριον
  왜 당신은 주님을 업신여기는 것이오?

- 욥 2:9 𝔐 בָּרֵךְ אֱלֹהִים וָמֻת (수정 본문)
  여호와를 송축하고 죽으시오.

  𝔊 εἰπόν τι ῥῆμα εἰς κύριον καὶ τελεύτα (수정 본문)
  주님께 뭐라도 말하고 죽으시오.
  = 여호와를 욕하고 죽으시오.

- 신 25:11 𝔐 וְהֶחֱזִיקָה בִּמְבֻשָׁיו
  만약 그 여자가 그의 성기를 잡으면

  𝔔 והחזיקה בבשרו(수정 본문)
  만약 그 여자가 그의 살을 잡으면

iii) 율법주의적 수정

필사자에게 전승된 본문이 율법 규정에 어긋난다고 판단하여 율법에 맞도록 수정한 경우를 일컫는다.

- 삼상 2:16 𝔐 קַטֵּר יַקְטִירוּן כַּיּוֹם הַחֵלֶב
  반드시 그들(엘리의 아들들)이 먼저 기름을 태우게 하라.
  4QSam[a] יקטר הכהן כיום ה[חלב]
  반드시 제사장이 먼저 기름을 태워야 한다(참조. 레 7:31).

iv) 하나님과 대면하는 표현을 꺼리는 수정

구약성경의 전승을 적극적으로 적용하여 인간이 하나님을 대면하는 내용의 본문을 수정하는 경우를 일컫는다. 여기서 다루는 보기에서는 수동형인 니팔 형을 사용한 레닌그라드 사본의 마소라 본문이 아니라, 능동형인 칼 형을 쓰는 중세 마소라 필사본이 원래의 본문을 보존한다고 볼 수 있다.

- 시 42:3[2] 𝔐 וְאֵרָאֶה פְּנֵי אֱלֹהִים(수정 본문)
  그리고 내가 하나님 앞에 드러날 것이다(니팔 형).
  𝔐[Ms] וְאֶרְאֶה פְּנֵי אֱלֹהִים
  그리고 내가 하나님의 얼굴을 볼 것이다(칼 형).

2) 본문비평 과정

주석할 본문의 원문을 번역하고 구약성경 본문의 역사와 특징을 전반적으로 파악했다면, 이제 본격적으로 본문비평을 시작할 차례다. 이를 위해 먼저 본문의 개별적 이형(異形; variants)을 파악하고 분류한 뒤에, 이형들의 우선순위를 따져서 도달 가능한 가장 오래된 본문을 선택해야 한다. 그리고 마지막에는 이형들의 생성 원인을 중심으로 본문 역사를 재구성하면서 본문비평을 마무리한다.

(1) 본문 이형 수집 및 분류

본문비평의 첫걸음은 본문 이형을 확인하고 수집하는 일이다. 원칙적으로는 모든 필사본과 역본의 본문을 직접 수집하여 대조해야 한다. 하지만 실제로는 앞서 언급한 구약성경 원문과 역본의 편집본에서 그 기초적인 작업을 해놓았기에 거기에 기재된 정보만 세밀하게 관찰해도 충분한 본문비평을 할 수 있다.

① 마소라 본문

일반적으로 본문 이형 수집과 분류 작업은 마소라 본문에서 시작한다. 이 본문이 오늘날 구약성경의 표준 본문으로 사용되기 때문이다. 심지어 어떤 사람들은 본문비평에서 "마소라 본문 선호주의"(preference for 𝔐)를 주장하기도 한다.[11] 그렇지만 맹목적인 마소라 본문 선호주의는 논리적 판단을 방해할 수 있다. 본문 증거들은 오히려 가능한 한 객관적인 시각에서 접근해야 한다. 어쨌거나 마소라 본문은 앞서 살펴보았듯이 BHS와 BHQ에서 확인할 수 있다. 본문비평을 위해 이 두 편집본의 본문비평 각주(textual apparatus)에서 확인해야 할 사항은 다음 두 가지다.

i) 본문 증거의 기호 체계

앞서 4장에서 구약성경 본문의 역사를 개관하면서 BHS와 BHQ의 본문비평 각주에서 쓰이는 기호들을 함께 견주어 살펴보았다. 대표적인 본문 증거들에 대한 두 편집본의 기호를 한눈에 보자면 다음과 같다.[12]

---

11 참조. E. Würthwein, *Der Text des Alten Testaments: Eine Einführung in die Biblia Hebraica*(Stuttgart: Deutsche Bibelgesellschaft, ^{5}1988), 131; Tov, *Textual Criticism of the Hebrew Bible*, 272-73.

12 참조. Fischer, *Der Text des AT*, 221.

BHS	BHQ	기호의 뜻
𝔖𝔪𝔯	Smr	사마리아 오경
α´	α´	아퀼라 개정본
θ´	θ´	테오도티온 개정본
σ´	σ´	심마쿠스 개정본
𝔊	G	고대 그리스어 역본/칠십인역
𝔏	La	고대 라틴어 역본/베투스 라티나
𝔐	M	마소라 본문
𝔔	Q	쿰란 성경 본문
𝔖	S	시리아어 역본/페쉬타
𝔗	T	아람어 역본/타르굼
𝒱	V	히에로니무스의 라틴어 역본/불가타

ii) 본문비평 기호

BHS는 모든 본문비평 기호가 라틴어 약자로 구성되어 있다. 그래서 먼저 약자들이 무슨 뜻인지 파악한 후에 전체적인 기호 체계가 어떻게 구성되어 있는지 살펴보아야 한다. BHS의 본문비평 기호 체계는 앞서 밝혔듯이 대한성서공회에서 펴낸 『슈투트가르트 히브리어 구약성서: 한국어 서문판』, 14*-40*쪽에 번역되어 있으며, 이 본문비평 기호들의 구체적 의미에 관한 해설은 다음 책을 참조하면 된다.

- R. Wonneberger, trans. D. Daniels, *Understanding BHS: A Manual for the Users of Biblia Hebraica Stuttgartensia*(Rome: Biblical Institute Press, 1984).

BHQ에서는 모든 기호가 기본적으로 영어를 바탕으로 하기에 독자들이 훨씬 더 수월하게 접근할 수 있다. 본문비평 기호 체계는 개별 출간본 첫머리에 제시되어 있는데 주된 기호와 분류 체계를 우리말로 옮겨보면 다음과 같다.

I. 본문비평과 무관한 이형		
illeg	illegible	레닌그라드 사본의 본문이 훼손된 경우
insuf	insufficient	레닌그라드 사본 이외 사본의 본문이 훼손된 경우
indet	indeterminate	언급된 사본의 본문이 핵심 문제 해결에 도움이 되지 않는 경우
irrel	irrelavant	특정 본문 증거의 읽기가 문제 해결에 부적절한 경우
lit	literary	동등한 가치의 독자적 문헌 전승인 경우
II. 본문 읽기의 이형		
differ	difference	
	differ-div	본문 나누기의 차이
	differ-gram	문법의 차이
	differ-graph	철자법이 아닌 자음 본문의 차이
	differ-orth	철자법의 차이
	differ-phonol	발음의 차이
	differ-vocal	모음의 차이
III. 이유를 알 수 없는 이형		
confl	conflation	서로 다른 본문이 합쳐진 경우
dbl	double reading/ translation	같은 본문을 두 번 쓰거나 번역한 경우
gloss		난외주가 본문으로 들어온 경우
metath	metathesis	연이은 자음의 위치가 바뀐 경우
om	omission	낱말이나 낱말의 요소가 누락된 경우
spont	spontaneous	우연히 생겨난 이형
transp	transposition	두 낱말이나 여러 낱말의 순서가 바뀐 경우
IV. 우연히 생긴 이형		
ditt	dittography	자음, 낱말 등이 우연히 반복된 경우
hapl	haplography	연이은 자음이나 낱말이 우연히 누락된 경우
homarc	homoioarcton	시작이 같은 낱말이나 어구의 탈락
homtel	homoioteleuton	끝이 같은 낱말이나 어구의 탈락
V. 부주의나 실수로 생긴 이형		
ign	ignorance	필사자나 번역자가 알지 못한 경우
	ign-cultur	문화적 정보를 알지 못한 경우
	ign-geogr	지리를 알지 못한 경우
	ign-gram	문법을 알지 못한 경우
	ign-lex	어휘 정보를 알지 못한 경우

err	error err-chron err-geogr err-gram err-graph err-hist err-lex err-phonol err-synt	필사자나 번역자의 오류 연대기 오류 지리 오류 문법 오류 자음 본문 필사 오류 역사적 사실 오류 어휘 오류 발음 오류 구문 오류
VI. 본문/언어 요소로 생긴 이형		
A. 원어 본문의 어려움으로 인해 생긴 이형: 히브리어, 역본과 그 대본		
facil	facilitation facil-gram facil-lex facil-seman facil-styl facil-synt	어렵거나 낯선 본문을 쉽게 한 경우 어려운 문법을 쉽게 한 경우 어려운 어휘를 쉽게 한 경우 어려운 의미를 쉽게 한 경우 어려운 문체를 쉽게 한 경우 어려운 구문을 쉽게 한 경우
B. 번역자 언어의 몇몇 양상으로 생긴 이형		
transl	translational adjustment	번역상의 조정
VII. 전승자의 의도로 생긴 이형		
A. 의도가 밝혀지지 않은 변경		
lib	liberty lib-seman lib-synt	의역 의미론적 의역 구문론적 의역
abbr ampl emph	abbreviation amplification giving emphasis	필사자나 번역자의 축약 본문 필사자나 번역자의 확대 본문 필사자나 번역자의 강조 본문
explic	making implicit information explicit	본문을 명시화한 경우
implic	making explicit information implicit	본문을 암시화한 경우

interpol	interpolation	뜻을 분명하게 하기 위해 본문을 삽입한 경우
paraphr	paraphrase	이전 본문을 다른 형태로 다시 진술한 경우
rest	restoration	앞선 훼손 본문을 복원하려 한 경우
shift	shift of meaning	단락의 전체성을 위한 새로운 의미로 다시 쓴 경우
substit	substitution	하나 이상의 낱말을 교체한 경우
transcr	transcription	역본에서 대본의 발음 형태를 음역한 경우
translit	transliteration	역본에서 대본의 문자 형태를 음역한 경우
B. 원인이 규정되는 변경		
assim	assimilation	본문이나 문맥에 맞춘 경우
	assim-[reference]	참조 본문과 맞춘 경우
	assim-ctext	문맥에 맞춘 경우
	assim-cultur	문화에 맞춘 경우
	assim-par	평행 본문에 맞춘 경우
	assim-styl	현재 단락에 맞는 문체에 맞춘 경우
	assim-usu	성서 히브리어/아람어의 전형적인 형태로 맞춘 경우
harm	harmonization	본문이나 문맥에 조화시킨 경우
	harm-[reference]	참조 본문과 조화시킨 경우
	harm-chron	연대기를 조화시킨 경우
	harm-ctext	문맥에 조화시킨 경우
	harm-styl	문체를 조화시킨 경우
	harm-synt	구문론을 조화시킨 경우
modern	modernization	번역자나 필사자의 동시대 어휘나 문법적 용례에 맞춘 경우
syst	systemization	번역자나 필사자가 문학적 구조의 통일성을 맞춘 경우
C. 목적이 규정되는 변경		
exeg	exegesis	본문의 의미를 발전시킨 경우
euphem	euphemism	모욕적이거나 불쾌한 표현을 수용 가능한 말로 바꾼 경우
interp	interpretation	좀 더 분명한 의미를 위해 해석한 경우
midr	midrash	현존하는 미드라쉬 전통에 따른 이형
narr	narrative	이야기 구조나 기술에 맞도록 조정한 경우
theol	theologically motivated	신학적 규범에 맞도록 조정한 경우
ideol	ideologically motivated	이념적 규범에 맞도록 조정한 경우

VIII. 기타 용어들		
base crrp elus	 corrupt elusive	다른 본문의 바탕이 되는 경우 본문이 해독할 수 없도록 훼손된 경우 규명하기 어려운 읽기
em scr	emendation of the scribes	필사자의 수정
tiq soph	tiqqune sopherim	전통적 필사자 수정의 목록에 있는 경우
via via √		히브리어 변화형 히브리어 어근

iii) 두 편집본의 본문비평 각주 비교

BHS와 BHQ는 레닌그라드 사본을 주본문으로 삼는 고문서본(diplomatic edition)이라는 점을 제외하면 구성이나 본문비평 방식에서 많은 차이를 보인다. 무엇보다 BHQ는 BHS에 비해 본문 증거가 더 풍부하며, 본문 이형에 관한 정보와 판단도 더 세밀하다. 여기서는 두 편집본의 본문비평 각주가 어떤 차이점이 있는지, 호세아서 1장 가운데 두 가지 경우의 본문비평 각주를 통해 살펴보자.

ㄱ. 호세아 1:2a

	BHS	BHQ
주본문	תְּחִלַּת דִּבֶּר[a]־יְהוָה בְּהוֹשֵׁעַ	תְּחִלַּת דִּבֶּר־יְהוָה בְּהוֹשֵׁעַ
본문비평 각주	Cp 1,2 [a] 𝔊 λόγου cf 𝔖	1:2 - דִּבֶּר α΄ | λόγου G S T (differ-vocal) | loquendi V (differ-vocal)

이 본문에서 핵심적인 문제는 דִּבֶּר(딥베르)의 모음이다. 레닌그라드 사본에 반영된 마소라 전통에선 이를 피엘 형 동사로 읽었다. 그런데 이 경우에는 바로 앞에 있는 명사 연계형 תְּחִלַּת(트힐랏)의 의미를 이해하기 쉽지 않다. 이 문제에 관해서 BHS와 BHQ는 저마다 유의미하다고

여겨지는 본문 증거들을 제시한다. BHS는 그리스어 역본인 칠십인역(𝔊)에서 이 어휘를 명사로 읽었으며, 시리아어 역본인 페쉬타(𝔖)도 그러하다는 점을 제시한다. 이는 이 본문 증거들이 해당 어휘를 동사가 아니라 명사 연계형인 דְּבַר(드바르)로 읽었을 것이라는 점을 추측하게 해주는 정보다.

BHS가 여기서 논의를 그친 데 비해 BHQ는 이보다 더 자세한 정보를 말해준다. BHQ는 먼저 기원후 2세기 무렵 극단적 히브리어 직역을 지향했던 아퀼라 역(α′)이 마소라 본문처럼 해당 어휘를 동사로 보았다는 사실을 밝혀주어 마소라 본문의 고대성을 암시한다. 참고로 이 부분을 "αρχη ην ελαλησεν"(그가 말한 시작)으로 옮긴 아퀼라 역의 내용은 시리아어 헥사플라(Syh)의 해당 본문 난외주에서 확인할 수 있다.[13] BHQ 편집자의 추측대로 아퀼라는 해당 어휘를 동사형으로 읽었을 것이다. BHQ는 그다음 이 본문에 대한 두 가지 이형을 소개하는데, 우선 칠십인역(G)과 페쉬타(S)와 아람어 역본인 타르굼(T)의 경우를 다룬다. 이 내용은 BHS와 같다. 그리고 여기서 더 나아가 BHQ는 또 다른 가능성을 제시한다. 곧 라틴어 역본인 불가타(V)에서 이 낱말을 남성단수 분사 속격인 "*loquendi*"(로쿠엔디)로 옮겼다는 것이다. 이는 같은 자음을 두고 칼 분사 남성단수형인 דֹּבֵר(도베르)였을 것으로 추정한 결과이며, 이때 이 낱말의 동사가 칼 형으로는 잘 쓰이지 않는다는 문제점이 있기는 하다. 그런데 BHQ의 본문비평 각주에는 BHS에 없는 정보가 더 기재되어 있다. "differ-vocal"이라는 약어가 그것인데, 이는 다른 모음 읽기(difference in vocalization)의 줄임말로써 BHQ 편집자가 판단한 이형의 형성 원인을 말해준다. 본문비평을 위해서 이런 정보는 매우 중요

13 아퀼라 본문에 관한 내용은 다음 자료를 참조하라. J. Ziegler(ed.), *Septuaginta: Vetus Testamentum Graecum Auctoritate Academiae Scientiarum Gottingensis editum*. vol. XIII. Duodecim prophetae(Göttingen: Vandenhoeck & Ruprexht, 1984), 147.(=LXX-Gö: 이 편집본에 관한 내용은 이후에 다루는 "본문 역사"를 참조하라).

하다. 이 점만으로도 BHQ는 본문비평 과정에서 우선적 편집본으로 쓸 만한 가치가 충분하다고 하겠다.

ㄴ. 호세아 1:9bβ

	BHS	BHQ
주본문	וְאָנֹכִי לֹא־[a]אֶהְיֶה לָכֶם[a]׃	וְאָנֹכִי לֹא־אֶהְיֶה לָכֶם׃
본문비평 각주	9 [a-a] prb l אֱלֹהֵיכֶם	9 לָכֶם׃ אֶהְיֶה (<σ´>) S l Εἰμὶ ὑμῶν G V(transl) | T(indet) ✣

이 문장에서 문제가 되는 부분을 레닌그라드 사본이 전하는 대로 읽으면 "내가 너희를 위하여 있다"(אֶהְיֶה לָכֶם[에흐예 라켐])다. BHS 편집자는 여기서 이 본문이 어색하기 때문에, 판독(判讀; conjecture, 판단하여 읽음)을 통해 "너희의 하나님"(אֱלֹהֵיכֶם[엘로헤켐])으로 고쳐 읽기를 제안한다. 이렇게 고치면 구문은 조금 다르지만 일찍이 출애굽 당시 모세가 하나님께 받은 약속, 곧 "너희를 내 백성으로 삼고 나는 너희의 하나님이 되리니"(출 6:7; 레 26:12)와 어울린다고 판단한 듯하다. 이 판독에 사용된 약자는 "prb l"인데, 이것은 라틴어 probabiliter legendum(프로바빌리테르 레겐둠; 추정 읽기)의 줄임말이다. BHS는 이처럼 특정한 본문 증거 없이 판독하는 경향이 짙은 것이 하나의 특징이다. 편집자의 이런 판독 제안은 본문비평에 더러 도움이 되기도 하지만 본문 번역과 비평에 선입견으로 작용할 우려도 있다. 어쨌거나 이런 줄임말들도 BHS 서문에서 확인할 수 있다.

반면에 BHQ는 이런 판독보다는 본문의 역사에 더 많은 관심을 보여준다. 그리고 본문 증거를 가능한 한 적극적으로 소개한다. 여기서도 먼저 마소라 본문을 제시하고 그것과 일치한다고 볼 수 있는 두 가지 본문 증거를 제시하는 것으로 시작한다. 먼저 기원후 2세기 번역어 중심의 의역을 지향했던 심마쿠스 역(σ′)의 헥사플라 증거("⟨ ⟩"로 표시)를 바탕으로 한 추정 번역(retroversion, "( )"로 표시)이 그 증거다("(⟨σ′⟩)"). 시리아어 헥사플라(Syh)의 난외주에 따르면 심마쿠스 역은 이 부분을 "ουδε εγω εσομαι υμιν ουδε γαρ υμεις λαος μου"(나는 너희를 위해 있지도 않을 것이며, 너희는 내 백성도 아니다)라고 옮겼다.[14] BHQ 편집자는 심마쿠스의 이 번역과 마소라 본문의 어순이 다르기에 추정 번역이라고 표시했다. 더불어 페쉬타(S)도 마소라 본문을 지지하는 증거로 제시된다.

그런 뒤 BHQ는 칠십인역(G)과 불가타(V)의 번역에 대해 "transl"(=translational)이라고 평가하는데, 이는 번역상의 문제라고 본다는 의미다. 그리고 타르굼(T)의 번역에 대해서는 "indet"(=indeterminate)라고 평가하는데, 이는 본문의 핵심적인 문제를 푸는 데 도움이 되지 않는다는 의미다. 또한 BHQ는 여기에 더하여 "✣" 기호를 마지막에 쓰는데, 이 기호는 부록에 좀 더 자세한 본문비평 설명이 있다는 뜻이다. 이런 설명을 모아놓은 것이 소마소라 설명과 대마소라 설명에 이은 BHQ 개별 편집본의 셋째 부록에 해당한다. 우리가 살펴보는 보기에 관한 설명은 뒷부분의 55*쪽에 있으며, 그 내용을 우리말로 옮겨보면 다음과 같다.

> 1:9 אֶהְיֶה לָכֶם G와 V는 לכם을 옮길 때 번역의 측면에서 조정(translational adjustment)을 한다. 몇몇 G 필사본들(mss)은 ὑμῶν 앞이나 뒤에 θεός를 첨가하는데, 이는 일반적인 언약 양식(covenant formula)에 동화(assimilation)된 것으로, 히브리어 대본(Vorlage)으로 אֱלֹהֵיכֶם을 반영할 가능성은 전혀 없다. Rudolph, *Hosea*, 38을 보라.

14 심마쿠스 본문은 LXX-Gö XIII, 148을 참조하라.

② 필사본 및 역본 관찰

BHS와 BHQ의 본문비평 각주에는 중세 히브리어 필사본의 본문 증거는 물론, 주요한 쿰란 본문 이형, 칠십인역의 이형, 그 밖의 역본들 가운데 본문비평에서 논의할 만한 가치가 있는 본문 증거들이 대다수 제시되어 있다. 본문비평을 위해서는 이들을 반드시 살펴보아야 하는데, 쿰란 성경 본문과 칠십인역 본문은 특히 중요하므로 BHS 및 BHQ와 더불어 이들 제각각의 편집본들도 살펴보기를 권장한다. 하지만 고전어에 익숙하지 않은 본문비평의 입문자라면 BHS와 BHQ의 정보를 꼼꼼히 확인하는 데서 출발해도 충분하다.

i) 쿰란 성경 본문

쿰란 성경 본문을 본문비평의 관점에서 좀 더 구체적으로 살피기 위해서는 특히 앞서 4장에서 언급한 울리히(E. Ulrich)의 책[15]을 참고할 수 있다. 이 책은 성경 본문뿐 아니라 본문비평 정보까지 제공해주어 본문비평을 하려는 이에게 큰 도움을 준다.

앞서 4장에서 제시했던 창세기 첫 부분을 보기로 들어보자. 먼저 울리히는 해당 본문을 제공하는 쿰란 성경 필사본 단편(4QGen^{b}=4Q2)을 바탕으로 다음과 같이 본문을 구성한다.

---

15 Ulrich, *The Biblical Qumran Scrolls*.

Gen 1:1-25 4QGen^{b}, frg. 1 i

top margin

1	1	1 בראשית ברא אלהי[ם את השמים ואת הארץ 2 ו]הארץ [היתה]
2		תהו ובהו וחשך על פנ[י תהום ורוח אלהים מר]חפת [על פני המים]
3		3 ויאמר אלהים יהי אור [ויהי אור 4 וירא אלהים] את הא[ור כי טוב]
4		ויבדל אלהים בין האור [ובין החשך 5 ויקרא א]להים לאו[ר יום ולחשך]
5		ק[רא לי]לה ויהי ערב[ויהי בקר וים אחד] va]cat [
6		[6 ויאמר א]להים י[הי רקיע בתוך המים ויהי מב]דיל בין [מים למים 7 ויעש]
7		[אלהים את הרקיע וי]בד[ל]ב[י]ן המים אשר מתחת לרק[יע ובין המים]
8		אשר מעל לרקיע ויהי כן 8 ויקרא אלהים לרקיע שמ[ים ויהי ערב]
9		[ו]יהי בקר יום שני] va]cat [

본문 위에는 이 편집 본문이 4QGen^{b}(4Q2)의 첫 단편(frg. 1 i)임을 밝혀놓았다. 본문에 있는 중괄호("[ ]")는 안에 있는 내용이 필사본이 훼손되어 복원했다는 뜻이고, "vacat"은 필사본에서 한 행이 다 채워지지 않았음에도 비어 있다는 뜻이다. 그리고 몇몇 자음 위에 동그라미나 점이 있는데, 이는 육안으로 쉽사리 인식할 수는 없지만 해당 글자의 흔적이 있음을 뜻한다. 이렇게 본문을 편집한 뒤 울리히는 본문비평의 문제가 있는 사항에 대해 단락마다 본문 이형에 관한 정보를 다음과 같이 제공한다.

1:7	(7)	[וי]בד[ל] 4QGen^{b} 4QGen^{g} 𝔐 𝔪 La^{E} 𝔗$^{ONJF(P)}$ 𝔖 𝔙] + אלהים* 𝔊 La^{C}
1:7	(8)	ויהי כן 4QGen^{b} 4QGen^{g} 𝔐 𝔪 𝔊^{mss} 𝔗$^{ONJF(P)}$ 𝔖 𝔙] > 𝔊 La
1:9	(10)	יקוו 4QGen^{b} 𝔐 𝔪] יקאו 4QGen^{g}
1:9	(10)	השמים 4QGen^{b} 𝔐 𝔪 (𝔊 La 𝔙?) 𝔗$^{ONF(P)}$ 𝔖] לשמים 4QGen^{g} 𝔗^{J}; הרקיע* 𝔊^{ms} 𝔖^{ap}
1:9	(10)	מקום 4QGen^{b} 𝔐 𝔪 𝔗$^{ONJF(P)}$ 𝔙] מקוה 4QGen^{h1} 𝔊 La
1:9	(11)	ויהי כן 4QGen^{b} 4QGen^{g} 4QGen^{h1}(vid) 𝔐 𝔪 𝔗 𝔙] + mlt vb 4QGen^{k} 𝔊 La^{C}(in part) La^{E} (see 4QGen^{k})

이 단락에서는 7절과 9절에 관한 본문비평의 문제가 두드러진다. 울리히는 다른 쿰란 본문뿐 아니라 마소라 본문, 사마리아 오경, 칠십인역 등 다양한 본문 증거들을 논의의 단서로 보여준다. 여기서 "]" 기호 왼쪽은 편집 본문과 일치하는 본문 증거들이고, 오른쪽은 그와 다른 본

문 증거들이다. 또한 ">" 기호는 그다음에 언급되는 본문 증거에는 해당 본문이 없다는 뜻이며, "+" 기호는 편집 본문에 없는 본문이 해당 본문 증거에는 있다는 뜻이다.

이렇게 울리히의 편집본은 쿰란 성경 본문을 한눈에 볼 수 있을 뿐 아니라, 본문비평을 위한 세부적인 정보들도 파악할 수 있어서 매우 요긴하다. 다만 여기서 쓰인 여러 약자와 기호들에 익숙해져야 하는데, 히브리어 편집본들과 같은 약자와 기호가 다수여서 그리 어렵지는 않다.

ii) 칠십인역 본문

BHS와 BHQ의 본문비평 각주는 칠십인역의 본문 이형 중에 중요한 것들을 다루고 있다. 하지만 칠십인역 본문의 형태와 역사는 히브리어 성경 본문의 그것과 한데 얽혀 매우 복잡하다. 또한 본문비평에서 칠십인역은 시기적으로나 그 가치에서나 매우 중요한 비중을 차지한다. 그래서 가능하다면 칠십인역의 편집본을 직접 확인해볼 것을 권장한다.

앞서 4장에서 언급했듯이 구약성경 본문비평을 수행하기 위해 칠십인역의 본문 증거를 참조하기 위해서는 기본적으로 괴팅엔 대비평편집본(LXX-Gö)[16]을 살펴보고, 이 편집본에서 출간하지 못한 역사서는 케임브리지 대비평편집본(Br.-M.)[17]을 보는 것이 원칙이다. 이 두 편집본을 사용하기 위해서는 각 편집본의 구성과 편집 기호에 익숙해져야 한다.[18] 그리고 소극적으로는 랄프스의 편집본[19]을 사용할 수 있다.

세 가지 편집본의 차이점을 출애굽기 1:12의 한 부분을 보기로 하여 다음 대조표와 함께 살펴보자.

---

16 Rahlfs et al., *Septuaginta Vetus Testamentum Graecum*.

17 Brooke, McLean, *The Old Testament in Greek according to the Text of Codex Vaticanus*.

18 개별 편집본의 구성과 편집 기호의 자세한 설명은 김정훈, 『칠십인역 입문』, 262-96을 참조하라.

19 Rahlfs-Hanhart, *Septuaginta*. Editio altera.

히브리어 본문	כֵּן יִרְבֶּה וְכֵן יִפְרֹץ (-)
Br.-M.	τοσούτῳ πλείους ἐγίνοντο καὶ ἴσχυον σφόδρα σφόδρα
LXX-Ra	τοσούτῳ πλείους ἐγίνοντο καὶ ἴσχυον σφόδρα σφόδρα
LXX-Gö	τοσούτῳ πλείους ἐγίνοντο καὶ ἴσχυον (-)

이 본문은 이집트의 파라오가 이스라엘 백성들을 학대하면 할수록 오히려 그들이 "더욱 번성하여 퍼져나간다"는 대목이다. 그런데 Br.-M.과 LXX-Ra는 히브리어 본문에 없는 "더욱 더욱"(σφόδρα σφόδρα [스포드라 스포드라])이라는 강조 어구가 더 들어가 있다. 반면에 LXX-Gö는 히브리어 성경대로 본문을 편집했다. 차이의 원인은 간단하다. 앞서 언급한 대로 Br.-M.은 바티칸 사본의 본문을 그대로 쓰는 고문서본으로서 바티칸 사본에 있는 표현(다음 그림의 네모 친 부분)을 그대로 옮긴 것이다.

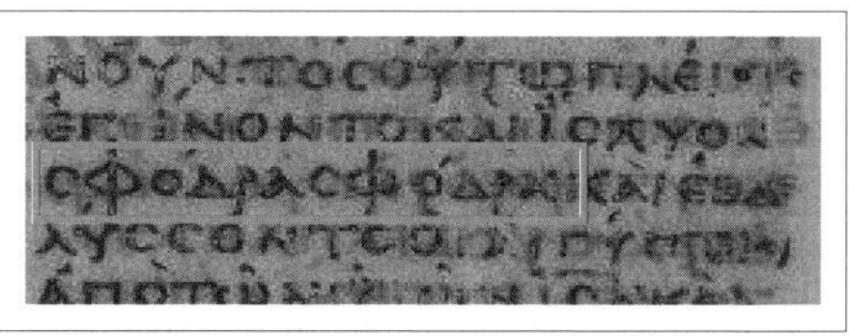

바티칸 사본, 47 recto 일부

랄프스(LXX-Ra)도 기본적으로 바티칸 사본과 알렉산드리아 사본과 같은 대문자 사본을 편집 본문의 기준으로 삼았기 때문에 알렉산드리아 사본의 원본에는 해당 항목이 없다는 본문비평 각주만 제공하고(σφοδρα 2^{0} 〉A*), 더 오래된 바티칸 사본의 본문을 선택했다.

그러나 LXX-Gö는 이 부분의 좀 더 복잡한 본문 역사에 주목한다. 대문자 사본만 살펴보자. Br.-M.과 LXX-Ra가 선택한 바티칸 사본과 달리 알렉산드리아 사본의 원본에 관한 육안 식별("A*(vid)")에 따르면 "더욱"(스포드라)은 한 번만 있다. 이는 곧 해당 내용을 후대에 수정자가 한 번 더 쓴 것으로 볼 수 있다는 말이다. 게다가 기원후 5세기의 필사본인

"F"사본[20] 은 마소라 본문과 같이 짧은 본문을 제공한다. 결국 LXX-Gö의 출애굽기의 편집자인 위버스는 마소라 본문과 일치하는 이 본문이 더 오래된 번역일 것이라는 본문비평 결과를 편집 본문에 반영했다.

(2) 본문비평적 판단

주석 본문의 이형들을 관찰하고 본문 증거 자료들을 수집한 뒤에는 그것들을 분류하고 평가해야 한다. 그리고 그 가운데서 가장 오래된 본문을 판단하여 선택해야 한다. 그런데 여기에는 본문 증거들의 가치를 중심으로 판단하는 외적 기준(external criteria)과 구약성경 본문 역사의 일반적인 현상을 바탕으로 판단하는 내적 기준(internal criteria)이 작용한다.

① 외적 기준

본격적인 본문비평 작업은 수집된 본문 증거의 가치를 평가하는 데서 시작한다. 이때 "외적 기준"이 작용한다. 본문 증거의 가치를 평가할 때는 우선 언어와 연대가 고려 대상이 된다. 곧 원어 본문이 역본보다는 높은 가치를 얻을 수 있으며, 오래된 필사본의 본문 형태가 후대의 것보다 우선으로 고려되어야 한다. 그러나 이 과정에서 선입견의 오류에 빠지지 않아야 한다. 이에 관해 전통적으로 전해오는 격언이 있다. 곧 **"필사본은 가치 매김을 하지, 수를 세지 않는다"**(*Manuscripta ponderantur non numerantur*)는 것이다. 이 말은 일반적인 우선순위의 고려 대상인 본문 형태, 또는 다수의 본문 증거의 지지를 받는 본문 형태가 반드시 오래된 것은 아니라는 말의 반증이다. 그러니 본문비평을 하는 사람은 모든 가능성을 열어두고 본문에 접근해야 한다. 그런데도 일반적인 우선

---

20 Mailand, Bibl. Ambr., S. P. 51.

순위의 가설에서 시작하는 것은 매우 중요하다.

잠정적인 우선순위는 여전히 마소라 본문에 있다. 마소라 본문의 최우선 순위를 가정한 뒤에 그것을 검증해나가는 방식이 합당하다는 말이다. 마소라 본문과 더불어 동등한 가치를 부여받을 수 있는 것으로는 쿰란 성경 본문과 칠십인역 본문을 들 수 있다. 이 두 본문은 그 고대성 때문에 본문비평적 가치에서 마소라 본문에 뒤지지 않는다. 그렇기에 본문비평에 입문하는 사람은 외적 기준으로 본문비평적 판단을 할 때, 마소라 본문과 이 두 본문 증거 사이의 상관성을 먼저 고려해보아야 한다. 그래서 잠정적으로 다수 본문(majority text) 원칙에 따라 다음과 같은 세 가지 방식으로 외적 기준을 적용해볼 수 있다.

ㄱ. 마소라 본문과 현존하는 쿰란 성경 본문이 서로 일치하고 칠십인역이 다를 경우, 마소라 본문을 잠정적으로 선택한다.

• 보기. 창 1:7	𝔐𝔔(𝔪𝔰𝔰 𝔗𝔖𝔙)	𝔊	외적 기준의 선택
	ויהי כן	(-)	𝔐𝔔

ㄴ. 마소라 본문과 칠십인역 본문이 서로 일치하고 현존하는 쿰란 성경 본문이 다를 경우, 잠정적으로 마소라 본문을 선택한다.

• 보기. 창 18:25	𝔐𝔊(𝔪𝔰𝔰)	𝔔	외적 기준의 선택
	כדבר	א]ת הדבר	𝔐𝔊
	ὡς τὸ ῥῆμα		

ㄷ. 현존하는 쿰란 본문과 칠십인역이 일치하고 마소라 본문이 다른 경우, 전자를 잠정적으로 선택한다.

• 보기. 창 41:6	𝔔𝔊(𝔮𝔮𝔮)	𝔐(𝔗𝔖𝒱)	외적 기준의 선택
	[ל]א οὐκ	(-)	𝔔𝔊

그러나 이렇게 결정한 본문이 반드시 본문비평적 우선성이 있다고 장담할 수만은 없다는 점을 분명히 기억해야 한다. 외적 기준으로 잠정적 판단을 해서 선택한 본문은 계속해서 검증해나가야 하며, 언제든지 더 설득력이 있고 논리적인 증거가 제시되면 재고할 수 있어야 한다.[21] 더욱이 쿰란 성경 본문은 일부만 현존하기 때문에 외적 기준에 따른 본문비평적 판단은 결코 절대화되어서는 안 된다.

마소라 본문, 쿰란 성경 본문, 칠십인역 본문이 제각각 다른 본문 형태를 보여주어 외적 기준을 적용하기 어렵거나 쿰란 성경 본문이 현존하지 않고 그 밖의 역본들에서도 특이 사항을 찾아보기 어려운 경우에는 내적 기준을 적용하는 단계로 넘어가서 본문비평을 계속 진행해야 한다.

② 내적 기준

본문비평에서 내적 기준이란, 구약성경 본문의 형성과 전승의 언어적·내용적 관점에서 나타나는 일반적인 현상을 통해 본문의 선후 순위를 판단하는 방법으로 드러난다. 본문비평의 내적 기준이 되는 일반적 원칙에는 두 가지 기본 전제가 있다. 첫째, 성경 본문은 성장하기 마련이라는 전제다. 이는 곧 경전으로 쓰인 성경의 특성상 첨가되는 경우가 삭제되는 경우보다 월등히 많다는 말이다. 둘째, 이해하기 어려운 본문을 쉽게 고치는 것이 쉬운 본문이 어려워지는 것보다 더 개연성이 있다

21 Fischer는 외적 기준에 따른 판단이 이어지는 내적 기준에 영향을 주어서는 안 된다고까지 말한다. Fischer, *Der Text des AT*, 226.

는 전제다. 이런 전제에 따라 전통적으로 다음 두 가지 기준이 사용되어 왔다. 여기서도 반드시 염두에 두어야 할 것은 이 내적 기준들이 절대적으로 적용될 수는 없다는 점이다. 이들은 일반적인 현상을 총괄하는 원칙일 뿐, 개별 용례는 이 원칙에 어긋나는 본문이 더 오래되었을 수도 있다. 다만 이 원칙들은 본문비평의 내적 기준에 따른 판단의 출발점으로 삼기에는 충분하다.

i) "더 어려운 읽기가 더 개연성 있음"(*lectio difficilior lectio probabilior*)

어떤 본문을 두고 경쟁하는 이형들 가운데 간편하고 쉬운 본문보다는 이해하기 더 어렵거나, 훼손되거나 수정되어 뜻이 잘 통하지 않는 본문이 더 오래되었을 가능성이 크다는 말이다. 이 원칙은 내용의 어려움이나 의미상의 충돌이 생긴 이형을 해결할 때 적용할 수 있다.

삼하 15:7	𝔐𝔊^{BA}	וַיְהִי מִקֵּץ אַרְבָּעִים שָׁנָה καὶ ἐγένετο ἀπο` τέλους τεσσαράκοντα ἐτῶν
	𝔔𝔊^{L}	ויהי מקץ ארבה שנים καὶ ἐγένετο μετὰ τέσσαρα ἔτη
본문 이형 관찰:		마소라 본문과 현존하는 쿰란 본문이 서로 다른 형태의 본문을 보여준다. 곧 본문은 다윗의 아들 압살롬이 누이 다말과의 문제 때문에 이복형인 암논을 죽이고 그 벌로 유폐생활을 한 뒤, 다시 세력을 모아 아버지에게 대항하여 반역을 도모하는 장면을 묘사하는 부분이다. 마소라 본문은 이 사건이 40년 뒤에 일어났다고 보도한다. 반면에 현존하는 쿰란 성경 본문(4QSam^{c})은 4년이라는 정보를 제공한다. 한편, 칠십인역 바티칸 사본(B)과 알렉산드리아 사본(A)은 마소라 본문의 정보를 지지하며, 일부 중세 칠십인역 필사본들(이른바 루키안 본문)은 쿰란 성경 본문의 정보를 지지한다. 이 필사본들이 9-12세기의 것이기는 하지만, 연구 결과 기원전 2세기까지 거슬러 올라가는 본문 전통을 보존하고 있으므로 무시할 수 없는 본문 증거다.[22]
외적 기준:		이 경우에 마소라 본문과 쿰란 본문이 다르고, 칠십인역의 본문 증거들이 이 둘 사이 어느 하나도 우월하게 지지하지 않는다. 그러므로 외적 기준으로는 판단을 내리기 어렵다.

내적 기준:	마소라 본문에서 제시하는 40년은 사실 상식적인 정보가 아니다. 젊은 압살롬이 40년 동안 유폐되어 있었다면, 반역을 시작했을 때 벌써 노인이며, 이것은 이어지는 반역이야기의 정보와 들어맞지 않는다. 대신 쿰란 본문의 4년은 수긍할 수 있는 기간이다. 그러므로 이 두 이형 가운데 40년이 4년보다 어려운 본문이다. "더 어려운 읽기"의 원칙에 따르면, 마소라 본문이 쿰란 성경 본문보다 더 오래된 본문 전통을 보존하고 있다고 판단할 수 있다.

ii) "더 짧은 읽기가 더 우선함"(*lectio brevior lectio potior*)

어떤 본문을 두고 경쟁하는 이형들 가운데 문법적·내용적으로 충분한 요소가 다 있는 긴 본문보다는 결핍된 짧은 본문이 더 오래되었을 가능성이 높다는 말이다. 이 원칙은 무엇보다 해설하고 조정하고 수정하는 첨가로 볼 수 있는 낱말과 문장 성분, 문장에 적용할 수 있다. 사실 이 원칙은 앞서 말한 "더 어려운 읽기"와 연관되는 경우가 많다. 본문에 결핍된 요소를 첨가한다는 것은 본문 이해를 더 쉽게 하려는 의도가 작용한 결과이기 때문이다. 이 원칙의 예외로는, 앞서 언급한 중자탈락(haplography)이나 유사문미탈락(homoioteleuton), 유사문두탈락(homoioarcton), 또는 필사자의 의도에 따른 분명한 다른 이유가 확인되는 본문 단축 등을 들 수 있다.

• 삼하 6:7 | 𝔔 | וימות (-)
 | 𝔐𝔊(𝔗𝔖𝔙) | וַיָּמָת שָׁם
 | | καὶ ἀπέθανεν ἐκεῖ

22 칠십인역의 루키아노스 본문은 히에로니무스의 불가타 역대기 서문에 언급되어 있는데, 루키아노스는 순교자로서 칠십인역의 주요 개정자로 알려진 기원후 3세기 안디옥의 교부였다. 중세 필사본 가운데 일부가 테오도레토스나 크리소스토모스와 같은 안디옥 교부들이 루키아노스와 연관 지은 본문 인용의 본문 형태와 일치해 "루키아노스 본문"이라고 이름 붙여졌다. 이 본문 형태는 더 나아가서 요세푸스의 본문과 연관되고, 쿰란 일부 성경 필사본의 본문 형태와도 연관되는 것으로 알려져 그 고대성이 입증되었다. 이 본문 형태의 연구에 관한 정보는 다음 자료를 참고하라. Jong-Hoon Kim, *Die hebräischen und griechischen Textformen*, 4-32.

본문 이형 관찰:	다윗이 법궤를 예루살렘으로 옮길 때, 소들이 날뛰는 바람에 법궤를 붙잡으려던 웃사가 죽는 장면의 본문이다. 여기서 마소라 본문과 칠십인역, 타르굼, 페쉬타, 불가타 등의 본문 증거들은 "그가 거기서 죽었다"라고 표현한다. 그러나 현존하는 쿰란 성경 본문(4QSam[a])은 "거기서"가 없는 짧은 본문을 전한다.
외적 기준:	이 경우에 쿰란 본문말고 거의 대부분의 본문 증거들이 긴 본문을 지지하기 때문에 외적 기준으로는 마소라 본문을 잠정적으로 선택하게 된다. 그러나 앞서 강조한 대로, 외적 기준은 잠정적 선택일 뿐이다. 그리고 외적 기준의 기본 전제가 되었던 격언대로, 어떤 이형을 뒷받침하는 본문 증거가 많다고 해서 우선하는 것이 아니기에, 이 잠정적 결정은 내적 기준에 따라 논리적으로 검증해 보아야 한다.
내적 기준:	마소라 본문은 웃사의 죽음의 즉각성과 현장성이 "거기서"라는 부사로 강조되어 본문이 명확해졌다. 반면에 쿰란 본문은 "여호와께서 치셨기 때문에 웃사가 죽었다"라고 인과관계만 짧게 전할 뿐이다. 이 경우 쿰란 본문이 굳이 본문을 짧게 줄여야 할 명확한 논리적 근거가 없다. 따라서 이 경우에는 외적 기준과는 달리 내적 기준에 따라 "더 짧은 읽기"의 원칙을 적용해서 쿰란 본문이 더 오래되었다고 판단하는 것이 합당하다.

(3) 본문의 역사 재구성

본문비평은 서로 다른 이형들 가운데 도달할 수 있는 가장 오래된 본문 형태를 찾는 것이 목적이다. 그러나 거기서 끝나서는 안 된다. 달리 말해 도달할 수 있는 가장 오래된 본문 형태를 찾는 일은 분석적 작업일 뿐이다. 종합적 역사 재구성이 이어져야 본문비평이 완성된다. 본문비평에서 말하는 종합적 역사 재구성이란 제각각의 이형들이 생성된 원인을 밝히는 작업을 말한다. 이 작업은 우리가 앞서 살펴본 본문이 달라지는 원인들에 관한 통찰에서 시작할 수 있다. 그리고 앞서 4장에서 다룬 구약성경 본문의 전반적인 역사에 관한 지식이 요긴한 사전 지식 구실을 할 것이다. 이때 주의할 점은 본문 역사 재구성이 히브리어 성경의 원본을 찾아가는 작업은 아니라는 사실이다. 히브리어 성경의 원본은 주석의 대전제일 뿐, 그 실체를 구체적으로 재구성할 수 있는 존재가 아니기 때문이다. 그러므로 본문비평에서 하는 본문 역사 재구성은 왜 해당 본문 형태가 주석의 대상이 되는지에 관한 논리적 증명에 초점이 맞추어진다고 할 수 있다.

여기서 우리는 앞서 언급한 두 가지 보기의 이형이 생성된 원인을 추론해보자.

먼저 사무엘하 15:7의 경우를 살펴보자. 문제의 핵심은 "40"(ארבעים[아르바임])이냐 "4"(ארבע[아르바])냐다. 좀 더 기계적으로 본다면 마소라 본문에서 복수형 어미로 쓰인 두 자음 "요드-멤"(ים)의 정체가 무엇이냐의 문제다. 이에 관한 가장 설득력 있는 견해에 따르면 원래 마소라 본문의 자음이 40을 뜻하는 ארבעים(아르바임)이 아니라 4를 뜻하는 ארבע(아르바)에 우가릿어의 영향을 받은 전접어 ם(Mem encliticum)이 붙은 형태(ארבעם[아르밤])였을 것이다.[23] 그런데 후대의 필사자 가운데 한 사람이 아마도 이 전접어의 기능을 알지 못한 상태에서 무의식중에 ארבעים(아르바임)이라고 썼고, 그것이 칠십인역 번역자에게까지 이어졌다는 추정이다. 그리고 이 본문을 이해할 수 없었던 쿰란 전통이나 루키아노스 본문의 전통은 다시 히브리어에서 이해할 수 있는 ארבע(아르바)로 수정했을 것이다.

다음으로 사무엘하 6:7의 경우를 살펴보자. 이 경우는 흥미롭게도 외적 기준의 잠정적 판단이 내적 기준에서 수정되는 보기를 제공한다. 이렇게 소수의 이형이 짧은 본문일 때는 더욱 유의해서 내적 기준을 적용해보아야 한다. 특히 이 경우 앞서 언급했듯이 긴 본문은 의미가 더 명확해지고 쉬워지는 경향이 있다. 이형의 생성은 바로 이런 목적에서 삽입된 요소들의 결과일 것이다. 이렇게 본문의 의미를 쉽게 하려고 추가적 요소를 삽입하던 경향을 일컬어 "통속 본문"(vulgar text)이라고 범주화할 수 있다.[24] 이런 통속 본문은 마소라 전통의 본문 고정화가 일

---

23 P. K. McCarter, *II Samuel. A New Translation with Introduction, Notes and Commentary*(AB 9; Garden City: Doubleday, 1984), 355. 우가릿어의 이 전접어에 대해서는 J. Tropper, *Ugaritische Grammatik*(AOAT 273; Münster: Ugarit-Verlag, 2000), 825-32를 보라.

24 참조. 크로이처, 『구약성경 주석 방법론』, 63; Tov, *Textual Criticism of the Hebrew Bible*, 164,

어나기 전의 본문 전통이었을 것으로 여겨진다. 따라서 마소라 본문에서 고정된 본문에는 마소라 본문 이전에 있던 통속 본문의 전통이 들어 있다고 볼 수 있다.

3) 본문비평의 실제

지금까지 살펴본 구약성경 본문의 역사와 본문비평 방법을 이제 실제로 적용해볼 차례다. 주석의 입문자에게 본문비평에 관한 이론을 소개하고 그것을 곧바로 적용하게 하는 일은 매우 어렵다. 본문비평도 결국 수없는 연습을 통해 익숙해져야 하는 것으로서 직관력과 통찰력을 기르는 길밖에 방법이 없다. 여기서는 본문비평의 기본이 되는 BHS와 BHQ의 사용에 익숙하지 않은 입문자를 위해 이 두 편집본을 이용해서 본문비평을 하는 과정을 차근차근 설명하는 데 초점을 맞추려 한다.

(1) 본문비평의 실제 과정[25]

① 본문비평 각주 확인하기

ㄱ. 이형들의 정확한 의미가 무엇인지를 파악해야 한다.

ㄴ. 역본의 이형은 그것을 히브리어로 다시 번역해서 마소라 본문과 비교해볼 필요가 있다.[26]

172-73.

25 비교. Untzschneider, *Arbeitsbuch*, 59-61.

26 칠십인역의 경우 히브리어로 다시 번역하는 일은 다음의 성구 사전을 사용할 수 있다. E. Hatch, H. A. Redpath, *A Concordance to the Septuagint*(Grand Rapids: Baker Books, ²1998). 이 성구 사전은 개별 그리스어 낱말 항목마다 히브리어 대응어 목록을 제공하며, 그 용례들의 빈도를 확인할 수 있어서 그리스어를 거꾸로 번역하는 데 도움을 준다. 이렇게 번역할 때는 히브리어 본문 증거들과 비슷한 자음 구성을 가진 낱말을 우선적으로 선택하고, 그 용례가 얼마나 자주 쓰였는지를 확인한다. 그러면 칠십인역의 히브리어 대본이 어땠는지를 합리적으로 추정할 수 있다.

ㄷ. 본문비평 각주가 본문 증거를 바탕으로 한 정보인지, 아니면 편집자의 판독(判讀; conjecture)인지를 구분해야 한다. 왜냐하면 판독은 본문비평의 대상이 아니기 때문이다.

② 외적 기준 적용하기

ㄱ. 외적 기준에 따른 잠정적 판단을 할 수 있는 충분한 본문 증거(쿰란, 칠십인역)가 있는지를 먼저 확인해야 한다. BHS는 이미 오래된 편집본이고 본문비평 각주가 간략하기에 BHQ가 출간된 경우에는 반드시 함께 살펴보아야 한다.

ㄴ. 만약 잠정적 판단에서 선택되지 않은 본문이 더 짧다면 그 판단은 매우 유보적이라는 사실을 명심해야 한다.

③ 내적 기준 적용하기

ㄱ. 본문의 이형들 가운데 어느 하나가 비의도적 본문 오류는 아닌지 먼저 확인해야 한다.

ㄴ. 의도적 본문 수정의 흔적이 있는지도 확인해야 한다.

ㄷ. 본문의 길이를 살펴본다. 비의도적 본문 오류로 짧아진 경우가 아니라면, 일단 짧은 본문에 무게를 둔다.

ㄹ. 각각의 이형이 본문의 문맥과 어떤 관련이 있는지를 살펴야 한다. 그래서 조금이라도 더 이해하기 어려운 이형이 있다면 우선적으로 무게를 둔다.

ㅁ. 이상의 관찰과 외적 기준을 고려해서 하나의 본문을 선택한다.

④ 본문 역사 재구성하기

ㄱ. 앞서 살핀 이형의 생성 원인을 바탕으로 이형들의 선후 관계, 곧 상대적 연대기를 정리한다. 이형이 여러 개라면 개별 이형들의 상관관계와 선후 관계를 설명해보아야 한다.

ㄴ. 선택한 본문이 다른 본문보다 더 짧아서 의미 영역이 부족하거나 더 어려워서 의미 파악이 어려운 경우에는 그 본문 형태가 훼손된 것은 아닌지 확인한 후 그 자체적으로 어떤 구문론적·의미론적 기능이 있을지도 밝혀보아야 한다.

⑤ 본문 번역 및 본문비평 서술하기

ㄱ. 본문비평의 모든 과정이 완료되면, 본문비평의 결과를 반영해서 본문을 다시 번역해야 한다. 특히 주석의 입문자들이 자주 실수하는 부분이 바로 본문비평의 결과를 본문 번역에 반영하지 않는 것이다. 본문비평을 한 뒤에는 초벌로 번역했던 본문을 반드시 수정 번역해야 한다.

ㄴ. 본문비평의 결과는 두 가지 방향으로 서술한다. 첫째, 편집자의 판독은 우리말 번역을 참고하여 그 결과와 의미를 번역 각주로 서술한다. 둘째, 본문비평과 관련된 내용은 앞의 모든 과정을 반영하되 하나의 완결된 단락으로 구성하여 자기 말로 다시 서술한다.

(2) BHS를 사용하는 보기: 시편 13:3[2]

① 본문비평 각주 확인하기

3 עַד־אָנָה אָשִׁית עֵצוֹת[a] בְּנַפְשִׁי יָגוֹן בִּלְבָבִי יוֹמָם[b]
עַד־אָנָה יָרוּם אֹיְבִי עָלָי׃

BHS의 주본문에는 네모로 표시한 부분처럼 첫 행에 2개의 본문비평 각주가 있다. 이 부분의 본문비평 각주는 다음과 같다.

Ps 13,3 [a] prp עַצֶּבֶת vel עַצָּבוֹת
[b] 𝔊[AL] + καὶ νυκτος

이 본문비평 각주를 해독하면 다음과 같은 의미다.

시편 13:3에서 BHS 편집자는 레닌그라드 사본에 따른 마소라 본문의 "에초트"(a) 대신에 "아체베트" 또는(vel) "아차보트"를 제안한다(prp).
"b"와 관련하여 칠십인역(𝔊)의 알렉산드리아 사본(A)과 루키아노스 본문(L)에는 "카이 눅토스"가 추가되어 있다(+).

앞서 설명한 것처럼 BHS의 본문비평 각주에 쓰인 모든 약자는 『슈투트가르트 히브리어 구약성서: 한국어 서문판』에서 볼 수 있다(14*-40*). 이렇게 BHS 본문비평 각주들을 해독하는 것은 본문비평의 첫걸음이다.

② 외적 기준 적용하기

BHS의 본문비평 각주를 확인하고 해독했다면 이제 해당 각주에 외적 기준을 적용할 수 있는지를 살펴보아야 한다. 앞선 보기에서 "a"를 설명하는 첫째 본문비평 각주는 본문 증거를 제시하지 않기에 외적 기준을 적용할 수 없다. 이 경우는 BHS 편집자가 본문의 이해에 어려움을 느끼며 해결책을 제안하는 것(conjecture)에 불과하기 때문이다. 엄밀히 말하면 이런 경우는 본문비평의 대상이 아니다. 다만 본문을 어떻게 이해하고 번역해 의미를 이끌어낼 수 있을지에 관한 지침으로 참고할 수 있을 뿐이다. 본문비평을 위해 BHS 비평 장치를 사용할 때, 이런 경우를 유의해서 구분해야 한다.

반면에 "b"를 설명하는 둘째 본문비평 각주는 명확한 본문 증거가 제시되어 있으므로 외적 기준을 적용해 본문비평적 판단을 먼저 해보아야 한다. 이 본문의 경우, 아쉽게도 쿰란 본문이 남아 있지 않다. 대신에 칠십인역의 전통은 두 가지로 나뉜다. 바티칸 사본(B)은 마소라 본문을 지지하지만, 본문비평 각주에서 언급하는 두 본문 전통은 그렇지 않다. 그러므로 외적 기준으로는 판단이 쉽지 않다.

③ 내적 기준 적용하기

BHS가 제공하는 두 번째 본문비평 각주는 외적 기준으로 판단하기가 어려웠다. 그러므로 이제 내적 기준으로 이형들의 우선성을 따져보아야 한다. 마소라 본문의 יוֹמָם(요맘)은 "날"을 뜻하는 יוֹם(욤)에 부사를 만드는 어미로 여겨지는 자음 ם(멤)[27]이 붙은 꼴이며 일차적으로 "한낮에"를 뜻한다(출 13:21; 40:38; 민 14:14; 신 1:33 등). 그러나 이렇게 옮기면 본문의 문맥에서는 어색하게 느껴진다. 본문의 문맥에는 칠십인역의 "낮과 밤에" 곧 "밤낮으로"가 더 잘 어울린다. 따라서 마소라 본문이 "더 어려운 읽기"(lectio difficilior)에 해당하고, 더욱이 "더 짧은 읽기"(lectio brevior)의 원칙도 마소라 본문을 지지한다. 결과적으로 내적 기준에 따르면 마소라 본문의 짧고 어려운 읽기가 칠십인역 전통의 길고 일반적인 읽기보다 선행한다고 판단할 수 있다.

④ 본문 역사 재구성하기

원래의 더 어려운 읽기인 마소라 본문에 대해 칠십인역의 전통이 생겨난 이유는 비교적 명확해 보인다. 칠십인역의 전통에서는 의미가 어색한 마소라 본문을 일반적 용례(수 1:8; 왕상 8:59; 렘 8:23; 시 1:2; 32:4; 애 2:18 등)인 יוֹמָם וָלַיְלָה(요맘 바라일라; 밤낮으로)의 번역으로 바꾼 것이다. 이로써 어색한 본문이 분명해지는 효과를 노릴 수 있었다.

반면 마소라 본문의 어색한 표현은 생략된 형태(ellipsis) 그 자체로 이목을 끄는 수사적 효과가 있다. 곧 "마음속에 걱정이 낮에…"라고 말을 끝마치지 않음으로써 시인의 절박함이 강조된다는 말이다. 더불어 이 생략으로 운율도 맞아떨어진다.

27 Ges §100 g; JM §102b

3	2	1	
בנפשי	עצות	אשית	עד־אנה
יומם	בלבבי	יגון	
עלי	איבי	ירום	עד־אנה

칠십인역의 번역자는 히브리어 시문학의 이런 수사적·운율적 효과보다는 의미론적 완전성에만 초점을 맞추다 보니 마소라 본문으로 이어진 히브리어 본문 형태의 어색한(?) 생략을 용납할 수 없었을 것이다.

⑤ 본문 번역하고 본문비평 서술하기[28]

결론적으로 우리가 보기로 삼은 시편의 본문은 다음과 같이 번역할 수 있다.

> 언제까지 제가 속 다짐[*)]을 제 영혼에 품어야 하며,
> 걱정을 제 마음에 날마다[ㄱ)] (그리해야 합니까)?
> 언제까지 제 원수들이 제 위에서 거들먹거려야 합니까?

먼저 본문비평의 대상이 아니지만 BHS에서 판독(conjecture)으로 제시한 문제는 본문비평과 구분해서 본문 번역에 관한 각주로 다룰 수 있다. 여기서는 "속 다짐[*)]"이 그런 경우다. 이에 관한 각주의 예시는 다음과 같다.

28 본문 번역과 본문비평 서술은 김정훈, 『시편 묵상: 예술·문화와 함께 하는 열두 시편 풀이』(서울: 기독교문서선교회, 2012), 76-77을 참조하라.

*) 여기서 쓰인 히브리어 "에초트"(עֵצוֹת)는 본디 "조언"을 뜻하는 "에차"(עֵצָה)의 복수형이다. 많은 이가 이 뜻이 문맥에 들어맞지 않는다고 보았다. 그리하여 3절 전반절의 뒷부분에서 이 낱말과 평행을 이루는 "슬픔"(יָגוֹן[야곤])과 짝이 맞게 "고통" 혹은 "아픔"을 뜻하는 "아체베트"(עַצֶּבֶת), 또는 그 복수형인 "아차보트"(עַצְּבוֹת)를 제안하기도 한다. 하지만 칠십인역은 마소라 본문 그대로를 번역한다(βουλὰς[불라스], 조언). 한편 우리말에서 개역개정 성경은 "번민하고"로 옮겨서 마소라 본문을 존중하려고 시도했다. 반면 새번역 성경은 "아픔을 견디어야"로, 가톨릭 성경은 "고통을"로 옮겼는데, 이는 BHS 편집자의 제안을 수용하려 한 것으로 보인다. 그러나 BHS 편집자의 제안은 문맥을 고려한 판독(判讀; conjecture)일 뿐, 본문을 고칠 이유가 되지는 않는다. 이에 따라 여기서는 마소라 본문의 뜻을 고려하여 번역한다. 3절 전반부는 결국 원수들의 위협 앞에서 어쩔 줄 몰라 하며 이리저리 궁리하는 기도자의 모습을 드러내는 것으로 이해해야 할 것이다.

반면 본문비평은 본문 번역과 분리하여 따로 제시한다. 이 책에서 제시하는 형식에 관한 자세한 내용은 "부록"의 주석 보기를 참조하면 된다. 우리가 살펴보는 시편 13:3[2]에서는 "날마다[ㄱ)]"에 관한 해설이 이 경우에 해당한다. 신학교의 주석 방법론 수업에서는 본문 이형 관찰, 내·외적 기준의 원칙 적용, 본문 역사의 재구성 등의 과정 전체를 다소 기계적일 정도로 반복하고 그 결과를 정리하며 연습할 필요가 있다. 그러나 어느 정도 연습이 된 뒤에는 다음과 같이 중요한 정보만 제공하는 것도 무방하다.

ㄱ) "날마다"(יוֹמָם[요맘])
히브리어 יוֹמָם(요맘)의 뜻은 "한낮에"다(출 13:21; 40:38 등). 하지만 더 익숙한 표현은 "그리고 밤에"(וָלַיְלָה)가 덧붙은 형태인 יומם ולילה(요맘 바라일라)로서 "밤낮으로"라는 의미를 가진다(수 1:8; 왕상 8:59; 렘 8:23; 시 1:2; 32:4; 애 2:18 등). 칠십인역의 일부 필사본은 이 익숙한 표현에 따라 "그리고 밤에"(καὶ νυκτός)라는 구문을 본문에 덧붙였다. 그러나 이는 일반적인 표현을 되살리려 했던 번역자의 손길이 닿은 결과다. 마소라 본문은 시인의 절박함을 강조하는 수사적 효과와 구절 내부의 운율을 살리는 효과를 위해 "그리고 밤에"가 생략된 형태(ellipsis)로 되어 있다고 볼 수 있다.

(3) BHQ를 사용하는 보기: 하박국 2:19a[29]

입문자들이 본문비평에 사용하기에는 BHQ가 BHS보다 훨씬 수월하다. 왜냐하면 편집자가 본문비평적 판단뿐 아니라 이형의 생성 이유까지 모두 설명해주기 때문이다. 하지만 편집자마다 본문비평적 판단이 다를 수 있고, 그 어떤 판단도 절대적이지 않다는 점은 반드시 기억해야 한다. 그래서 BHQ를 사용하는 경우에는 BHS와 본문을 바라보는 관점을 견주어볼 필요가 있다.

① 본문비평 각주 확인하기

앞서 소개한 것처럼 BHQ의 주본문에는 레닌그라드 사본에 있는 소마소라 표시와 악센트 말고는 다른 본문비평 기호를 추가하지 않는다. 우리가 살펴볼 본문은 다음과 같다.

19 הֽוֹי אֹמֵר לָעֵץ֙ הָקִ֫יצָה   עוּרִי לְאֶבֶן דּוּמָ֑ם
הֽוּא יוֹרֶ֫ה   הִנֵּה־הוּא תָּפוּשׂ֙ זָהָב וָכֶ֫סֶף
וְכָל־רוּחַ אֵין בְּקִרְבּֽוֹ׃

BHQ의 하박국 2:19의 1행인 전반절, 특히 마지막 낱말인 דּוּמָ֑ם(두맘; 조용한)에 초점을 맞추어보자. 본문비평 각주에서는 문제가 되는 낱말을 다시 써준 뒤에 이형들을 나열하고 그에 대해 평가를 한다. "두맘"에 관한 본문비평 각주는 다음과 같다.

---

29 이 본문에 대한 관찰로는 김정훈, "ḤevXIIgr 하박국 본문을 중심으로 본 헬라/초기 유대주의 시대 히브리어 자음 본문의 형태", 「구약논단」 46(2012), 123-50, 특히 136-37과 이를 발전시켜 독일어로 발표한 논문 Jong-Hoon Kim, "Die hebräischen Textformen der hellenistisch-frühjüdischen Zeit," in T. Wagner et al.(eds.), *Text-Textgeschichte: Textwirkung: FS zum 65: Geburtstag von Siegfried Kreuzer*(AOAT 419; Münster: Ugarit-Verlag, 2014), 347-57, 특히 352-53을 보라.

דּוּמָם Mur Ḥev V S | רוממה 1QpHab G(assim-ctext)

이를 풀어서 해설하면 다음과 같은 뜻이다.

와디 무라바앗에서 발견된 기원후 2세기의 소예언서의 히브리어 필사본(MurXII)과 유다 광야의 나할 헤베르에서 발견된 기원전 1세기의 소예언서 그리스어 필사본(8ḤevXIIgr, ΣΙΩΠΩΝ), 그리고 히에로니무스의 라틴어·역본인 불가타(V)와 시리아어 역본인 페쉬타(S)는 마소라 본문의 형태를 지지한다. 반면에 기원전 1세기의 쿰란 하박국 페샤림의 인용 본문(1QpHab)은 רוממה(루마; 높은)인데, 이 형태는 칠십인역(G)의 지지를 받는다(ὑψώθητι, "높이 들려라). 이는 구문을 문맥에 맞춘 읽기(assim-ctext)에 해당한다.

흥미롭게도 BHS 편집자는 이 이형에 관심을 두지 않았고 아무런 본문비평 각주도 남기지 않았다. 따라서 BHQ가 출간된 본문은 반드시 두 편집본을 모두 살펴보아야 좀 더 풍부한 본문비평 정보를 얻을 수 있다는 사실은 분명하다.

"두맘"에 관한 본문 증거들을 문장 단위로 견주어보면 다음과 같다.[30]

MT/Mur	הוֹי אֹמֵר לָעֵץ הָקִיצָה עוּרִי לְאֶבֶן דּוּמָם
Ḥev	Οὐα]Ι ΛΕΓΩΝ ΤΩ ΞΥΛΩ ΕΓΝΗΨΟΝ ΕΞΕ[γέρθητι] ΤΩ ΛΙΘΩ ΣΙΩΠΩΝ

30 여기서 인용된 원문은 다음의 책을 참조하라: E. Ego et al.(eds.), *Biblia Qumranica vol. 3B: Minor Prophets*(Leiden/Boston: Bril, 2005), 134-35.

	오호라, 나무에게 "깨어나라", 조용한 돌에게 "일어나라"라고 말하는 이여!
LXX	οὐαὶ ὁ λέγων τῷ ξύλῳ ἔκνηψον ἐξεγέρθητι καὶ τῷ λιθῷ ὑψώθητι
	오호라, 나무에게 "깨어나라, 일어나라"라고, 그리고 돌에게 "높이 들려라"라고 말하는 이여!
1QpHab	הוי ה[ ] לעץ הקיחה ע[ ] ל[א]בן רומה [
	오호라, 나무에게 "깨어라, 일[ ]"라고, [돌]에게 "높이 들려라"라고 [ ]하는 이여!

이상의 관찰을 통해 알 수 있는 사실은 마소라 본문에서 형용사로 쓰인 **רומם**과 쿰란 하박국 페셰르의 인용 본문인 **רומה**의 두 가지 본문 이형이 존재한다는 것이다. 이 이형은 모양이 비슷한 자음 때문에 생긴 혼동의 결과로 보인다. BHQ는 후자가 문맥에 맞춘 수정이라는 결론을 내렸는데, 이 결론을 존중할 필요는 있지만, 본문비평을 하는 이는 이를 다시 논리적으로 검증해보아야 한다. "✣" 기호와 함께 제공되는 본문비평 해설이 있다면 편집자의 견해를 좀 더 알 수 있겠지만, 이 이형은 따로 해설을 제공하지 않는다.

② 외적 기준 적용하기

마소라 본문은 기원전 1세기의 그리스어 역본 필사본(Ḥev)과 기원후 2세기의 히브리어 필사본(Mur)의 지지를 받는다. 나할 헤베르에서 발견된 전자(Ḥev)는 마소라 전통에 가까운 직역의 경향을 보이며, 와디 무라바앗에서 발견된 후자(Mur)는 전형적인 원-마소라 본문을 담고 있는 것으로 알려졌다.[31] 반면에 칠십인역의 전통은 기원전 1세기 쿰란 하박국 페셰르의 지지를 받는다. 하박국 페셰르는 보통 성경을 인용할 때

31 두 본문의 형태에 대해서는 김정훈, "8ḤevXIIgr 하박국 본문을 중심으로 본 헬라/초기 유대주의 시대 히브리어 자음 본문의 형태", 126-33을 보라.

의도적으로 수정하는 경향이 강하다.[32] 하지만 이 경우는 해석자가 본 히브리어 성경 본문의 전통을 충실히 반영했다고 볼 수 있다. 그러므로 외적 기준에서는 두 전통의 선후 관계를 판가름하기가 쉽지 않다.

③ 내적 기준 적용하기

두 본문의 길이로 보았을 때 별 차이가 나지 않기 때문에 "더 짧은 읽기"(*lectio brevior*)의 원칙은 적용할 수 없다. 따라서 문맥의 내용을 관찰해야 한다. 이 이형과 관련한 핵심 문제는 마지막 낱말을 형용사로 보느냐 동사로 보느냐다. 먼저 마소라 본문의 "조용한 돌"은 바로 앞 문장과의 평행을 다음과 같이 깨뜨린다.

	A′	B′	B	A
דּוּמָם	לְאֶבֶן	עוּרִי	הָקִיצָה	לָעֵץ
말 못 하는	돌에게	일어나라	깨어나라	나무에게

"말 못 하는"을 빼면 이 문장은 완벽한 교차대칭(chiasmus, AB//B′A′)을 이룬다. 하지만 이 낱말이 들어가면서 본문은 더 어려워졌다.

반면에 칠십인역의 전통은 앞서 살펴본 것처럼 이 낱말에 해당하는 부분을 **רומה**(루마; 높이 들려라)로 읽었다. 그리고 하박국 페셰르를 바탕으로 보았을 때 대본(Vorlage)에는 없었을 접속사(καὶ [카이], 그리고)를 추가함으로써 마소라 본문과는 다르게 문장을 나누어버렸다. 곧 둘째 동사를 앞으로 붙이고, 마지막 낱말을 둘째 문장의 동사로 만든 것이다. 그 결과 앞 문장에서는 접속사 없는(asyndeton) 명령형이 연속되었고, 뒤

32 하박국 페셰르의 본문 인용에 드러나는 의도적 수정의 경향에 관해서는 다음 논문을 참조하라. Jong-Hoon Kim, "Intentionale Varianten der Habakukzitate im Pesher Habakuk: Rezeptionsästhetisch untersucht," Biblica 88(2007), 23-37.

의 문장은 원문에 없던 접속사가 있는 독립 문장이 되었다. 그 결과 칠십인역의 본문은 다음과 같은 의미론적 점층 구조를 만들어낸다.

a　τῷ ξύλῳ ἔκνηψον ἐξεγέρθητι
　나무에게 "깨어나라, 일어나라"

A　καὶ τῷ λιθῷ ὑψώθητι
　그리고 돌에게 "높이 들려라"

여기서 대상은 나무에서 돌로 진행한다. 의미론적으로 생물에서 무생물로 옮겨 가며 풍자적 분위기가 더 고조된다. 그리고 동사는 둘에서 하나로 줄어들지만 "깨어나다", "일어나다", "높이 들리다"의 순으로 행동의 진행을 드러내고 있어서 생물에서 무생물로 가는 대상의 하강과 대조되어 역설적 의미가 더 강조된다. 이렇게 볼 때 칠십인역 본문은 접속사를 집어넣음으로써 마소라 본문과 다른 문장 구조를 만들고 문장을 이해하기 쉽게 다듬은 결과라고 할 수 있다. 따라서 본문비평적으로 볼 때 "더 어려운 읽기"(lectio difficilior)에 해당하는 마소라 본문이 칠십인역의 본문 형태보다 더 오래되었다고 판단할 수 있다.

④ 본문 역사 재구성하기

칠십인역의 본문 형태는 결국 **דומם**(두맘)을 **רומה**(루마)로 읽은 데서 비롯했을 것이다. 그런데 칠십인역의 대본이 되었을 히브리어 본문 형태가 비의도적 오류가 있는 것이었는지, 아니면 BHQ 편집자의 판단대로 문맥에 맞추어 의도적으로 수정한 결과(assim-ctext)였을지는 명확하지 않다. 다만 두 이형 사이의 자음이 비슷하다는 데서 비의도적 본문 오류가 칠십인역의 대본에 전승되었고, 칠십인역은 이 본문에서 의미를 분명히 하기 위해 접속사를 삽입했을 것이라고 추정할 수 있다.

반면 교차대칭이 깨진 마소라 본문은 그 자체로 깨진 균형(broken

symmetry)에 따른 수사적 강조 효과를 얻는다. 곧 틀을 벗어나 길어진 후반부의 형용사가 가지는 의미("조용한", "말을 못 하는")는 본문의 문맥에서 우상숭배의 헛됨을 더 잘 드러내주는 장치다.

⑤ 본문 번역하고 본문비평 작성하기

이상의 관찰을 바탕으로 본문은 다음과 같이 다시 번역할 수 있다.

> 오호라!
> 나무에게 "깨어나라",
> 말 못 하는ㄱ) 돌에게 "일어나라"라고 말하는 이여!

실제로 주석에 들어갈 본문비평에는 지금까지의 모든 진술을 다 담을 수 없다. 핵심 내용을 추려서 서술한 보기는 다음과 같다.

ㄱ) "말 못 하는"(דּוּמָם[두맘])
와디 무라바앗에서 발견된 기원후 2세기의 소예언서의 히브리어 필사본(MurXII)과 유다 광야의 나할 헤베르에서 발견된 기원전 1세기의 소예언서 그리스어 필사본(8ḤevXIIgr, ΣΙΩΠΩΝ), 그리고 히에로니무스의 라틴어 역본인 불가타(V)와 시리아어 역본인 페쉬타(S)는 마소라 본문의 형태를 지지한다. 반면에 기원전 1세기의 쿰란 하박국 페샤림(1QpHab)은 본문을 인용할 때 רומה(루마; 높은)라는 단어를 사용한다. 이 형태는 칠십인역(G, ὑψώθητι, 높이 들려라)의 지지를 받는다. 두 본문 형태가 모두 비중이 있는 본문 증거의 지지를 받기에, 외적 기준보다는 내적 기준을 적용해야 한다. 마소라 본문은 "두맘" 때문에 앞 문장과의 정확한 교차대칭이 깨지면서 이해하기가 쉽지 않다. 반면 칠십인역의 본문은 둘째 동사를 앞으로 붙이고, 그다음 문장 앞에 원문에 없었을(1QpHab) 접속사(καὶ[카이], 그리고)를 붙여서 마지막 낱말을 동사로 읽기 쉽게 만들었다. 더불어 문장의 내용도 점층적으로 잘 구성했다. 이는 대칭 구조가 깨져 우상숭배의 헛됨을 강조하는 수사적 효과를 얻은 마소라 본문과는 다른 특징이다.

- 앞서 "생각해보기"에서 다루었던 출애굽기 본문 4개를 이번 장에서 배운 본문비평 방법론에 따라 비평해보시오.

- 주석을 위해 선택한 본문의 BHS나 BHQ에서 본문비평 각주를 살펴보고, 본문비평 방법론에 따라 본문비평을 해보시오. 이 작업은 가능하다면 여럿이 함께 해보시오.

8장

본문의 언어적 특징과 짜임새

1. 본문의 언어적 특징

본문비평을 통해서 주석할 본문을 확정했다면, 그다음으로는 주석을 위한 본문 번역을 확정해야 한다. 곧 본문을 선택하고 초벌로 해놓은 번역을 본문비평의 결과를 반영해서 조정해야 한다는 말이다. 그런 뒤에는 본문의 언어적 특징을 자세히 분석한다. 언어적 특징 분석에는 전달하는 내용의 구성뿐 아니라 문장 구조는 물론이고 낱말의 음운 배치까지 가능한 모든 것에 대한 관찰이 포함된다. 이는 원어 본문을 바탕으로 하는 주석에서 중요한 기초 작업이다. 왜냐하면 언어란 전달하는 내용(content, 시니피에[signifié])과 그 내용을 담은 형식(form, 시니피앙[signifiant])이 별개로 작용하지 않기 때문이다. 하지만 원어 본문의 고유한 언어적 특징은 번역한 뒤에는 사라져 버리는 경우가 많다. 그렇기에 주석에서는 본문의 흐름이나 사고 과정을 폭넓게 파악하려는 목적을 가지고 원어 본문의 특징들을 꼼꼼히 살펴서 주석에 반영해야 한다.

1) 본문의 언어적 특징 분석의 차원

어떤 언어가 가지는 고유한 특징의 차원에서 의미의 발생은 음운론적(phonological)·형태론적(morphological)·통사론적(syntactic) 차원에서의 상호 연관성(Kohäsion/Kohärenz)이 확보되어야 가능하다. 그런데 이는 일반적으로 어떤 말이 되풀이되거나(Rekurrenz), 형태론적·통사론적으로 서로 연결되거나(Junktion), 이미 언급되었거나 앞으로 언급할 것으로 지시하는(Deixis) 등의 방법으로 이루어진다.[1] 이때 개별 언어마다 구현되는 양상이 문장·낱말·음운 차원에서 다양하게 나타난다. 따라서 구약주석을 위해서는 히브리어에서 찾아볼 수 있는 이런 특징들을 이해하고 관찰의 직관력을 키우는 것이 매우 중요하다. 이는 주석자가 본문의 진술 의도를 파악하고, 본문의 구체적인 의미 체계를 분석하는 데 필수적이다.

(1) 문장 차원

① 마소라 본문의 절 구분 체계

히브리어 본문을 문장 차원에서 분석하기 위해서는 우선 마소라 본문에서 찾아볼 수 있는 본문의 절 구분 체계를 분명히 알아야 한다. 일반적으로 히브리어 본문은 짝수 단위로 한 절을 쪼개서 이해한다. 마소라 전통에서 이런 구분은 악센트 체계에 속해 있는데, 이를 나타내는 악센트는 해당하는 낱말의 강세가 있는 음절에 표시한다.

먼저 절 구분은 "실룩"(sillûq; ׃ ֽ)으로 나타낸다. 그리고 한 절은 "아트나흐"('atnāḥ; ֑)로 반을 나눈다. 이렇게 나눈 절의 앞부분은 보통 "전반절"(a)로, 뒷부분은 "후반절"(b)로 일컫는다. 그리고 전반절과 후반절

---

1 참조. Utzschneider, *Arbeitsbuch*, 69-72.

은 다시 해당 낱말의 강세 음절 윗부분에 표시하는 “자켑 파르붐”(zāqēp parvum; 또는 자켑 카톤, ׃)으로 나누며 앞부분은 “상반절”(α), 뒷부분은 “하반절”(β)이라 일컫는다. 이를 정리하면 다음과 같다.

	자켑 파르붐(카톤)		자켑 파르붐(카톤)
: ı	:	^	:
실룩		아트나	
하반절(β)	상반절(α)	하반절(β)	상반절(α)
후반절(b)		전반절(a)	
후하반절(bβ)	후상반절(bα)	전하반절(aβ)	전상반절(aα)

출애굽기 첫 구절을 보기로 삼아 절 구분 악센트 체계를 확인해보면 다음과 같다.

הַבָּאִים מִצְרָיְמָה	וְאֵלֶּה שְׁמוֹת בְּנֵי יִשְׂרָאֵל	전반절
전하반절	전상반절	
אִישׁ וּבֵיתוֹ בָּאוּ׃	אֵת יַעֲקֹב	후반절
후하반절	후상반절	

② 문장의 구성 형태[2]

일반적으로 모든 문장은 청자/독자의 감정과 행동의 영역에 영향을 주려 한다(illokution). 성경 본문은 더더욱 그렇다. 이런 관점에서 볼 때 문장은 다음 네 가지 구성 형태로 구분할 수 있다.

㉠ 표현적(expressiv) 형태: 화자/저자가 청자/독자에게 태도나 바람, 곧 감정을 표현하는 문장 형태

2 이에 관해 Utzschneider, *Arbeitsbuch*, 78을 보라.

㉡ 지시적(direktiv) 형태: 화자/저자가 청자/독자에게 지시나 호소, 또는 명령을 전달하는 문장 형태

㉢ 구속적(kommissiv) 형태: 화자/저자가 청자/독자에게 어떤 것을 약속하는 문장 형태

㉣ 선언적(deklarativ) 형태: 화자/저자가 청자/독자에게 어떤 정보를 직접 전달하는 문장 형태

본문을 주석하기 위해서는 개별 문장들이 이런 네 가지 형태 가운데 어느 범주에 드는지를 살펴보아야 한다. 그래야 본문의 원래 의도와 독자를 향한 의미를 올바르게 이끌어낼 수 있다.

③ 문장의 종류[3]

히브리어에서 문장의 종류는 크게 동사문장, 명사문장의 두 가지로 나눌 수 있다.

i) 동사문장

히브리어는 동사가 중심을 이루는 언어이기 때문에, 구약성경에서 동사문장은 매우 중요한 위치를 차지한다. 히브리어 동사의 시상은 기본적으로 완료형(prefect=pf)과 미완료형(imperfect=impf)으로 구분한다. 완료형이 일반적으로 완결된 동작이나 상황을 묘사한다면, 미완료형은 지속성을 뜻하는 것이 일반적이다. 물론 완료형이 과거를, 미완료형이 미래를 표현하기도 하지만 구약성경 히브리어에서는 그보다는 화자의

3 히브리어 문법에 관해서는 다음의 고급 문법책을 참고하라. 게제니우스/신윤수 옮김, 『게제니우스 히브리어 문법』(서울: 비블리카 아카데미아, 2003; 이하 *Ges*); 주옹-무라오까/김정우 옮김, 『주옹-무라오까 성서 히브리어 문법』(서울: 도서출판 기혼, 2012; 이하 *GM*). 히브리어 문장론에 관해서는 다음 자료를 참고하라. B. K. Waltke, M. O'Connor, *An Introduction to Biblical Hebrew Syntax*(Winona Lake: Eisenbrauns, 1990).

관점에서 동작이나 상황이 완료되었느냐 지속되느냐에 더 무게를 둔다. 특징적인 완료와 미완료의 보기를 들자면 다음과 같다.[4]

완료형	완결된 사건	בְּרֵאשִׁית בָּרָא אֱלֹהִים אֵת הַשָּׁמַיִם וְאֵת הָאָרֶץ׃ (창 1:1) 한 처음에 하나님께서 하늘과 땅을 **창조하셨다**.
	과거의 사건	אִישׁ הָיָה בְאֶרֶץ־עוּץ אִיּוֹב שְׁמוֹ 우스 땅에 한 남자가 **있었으니** 그의 이름은 욥이었다.
	예언적 완료	הָעָם הַהֹלְכִים בַּחֹשֶׁךְ רָאוּ אוֹר גָּדוֹל (사 9:1) 어둠 속에서 걷던 그 백성이 큰 빛을 **볼 것이다**.
미완료형	미래의 사건	לֹא־יַאֲמִינוּ לִי וְלֹא יִשְׁמְעוּ בְּ קֹלִי (출 4:1) 그들은 나를 **믿지도 않을 것이며**, 내 목소리를 **듣지도 않을 것이다**.
	지속된 동작	לֹא־יָמִישׁ עַמּוּד הֶעָנָן יוֹמָם (출 13:22) 낮에는 구름기둥이 **떠나지 않고 있었다**.
	반복된 동작	כָּכָה יַעֲשֶׂה אִיּוֹב כָּל־הַיָּמִים (욥 1:5) 욥은 언제나 이렇게 **행하였다**.

구약성경 히브리어에서 주의해야 할 한 가지는 이른바 "바브-연속법"(waw-consecutivum)이다.[5] 이는 접속사 "바브"(ו)와 함께 쓰인 미완료형은 과거의 의미를, 완료형은 앞에 독립적으로 쓰인 미완료형과 연계하여 미래 또는 결과의 의미를 표현하는 것이다. 특히 바브 연속 미완료형은 이야기체에서 앞의 문장 존재 여부와 상관없이 이야기를 시작하는 기능을 할 수 있다.

4 동사의 완료형과 미완료형 시제의 용법에 관한 좀 더 자세한 내용은 다음 자료를 참고하라. *Ges* §106-107; *GM* §112-113을 보라.

5 참조. *Ges* §111-112; *GM* §118-119.

바브 연속 미완료	וְהַנָּחָשׁ הָיָה עָרוּם...וַיֹּאמֶר אֶל־הָאִשָּׁה (창 3:1) 그런데 뱀은 **간교했다.**…그런데 그 (뱀이) 그 여자에게 **말했다.**
바브 연속 완료	מִשָּׁם אֲחַפֵּשׂ וּלְקַחְתִּים (암 9:3) 내가 거기서 찾을 것이다. 그리고 **그들을 데려올 것이다.** לֵךְ וְאָמַרְתָּ אֶל־עַבְדִּי אֶל־דָּוִד (삼하 7:5) 가서 내 종 다윗에게 **말하거라.**

히브리어 동사는 화자의 의지를 표현하는 세 가지 형태가 있다(volitive). 화자 스스로를 향한 1인칭 의지는 "청유형"(cohortative), 2인칭 청자를 향한 화자의 의지는 "명령형"(imperative), 3인칭을 향한 화자의 의지는 "지시법"(jussive)이라고 일컫는다. 각각의 보기를 들면 다음과 같다.

- 청유형: אֶכְתְּבָה (내가 쓰겠다!)
- 명령형: שְׁמַע (너는 들어라!)
- 지시법: יַעַל (그는 올라가야 한다!)

이처럼 히브리어 동사의 다양한 변화형(conjugation)은 동사문장의 의미를 구체화해준다. 히브리어 성경에 사용되는 동사의 대표적인 변화형은 다음과 같다.[6]

	능동형	재귀형	수동형
단순형	칼	니팔	
강의형	피엘	히트파엘	푸알
사역형	히필	-	호팔

6 개별 변화형의 구체적 의미에 관해서는 다음 자료를 보라. *Ges* §42-43, 51-54; *GM* §40-41, 51-57.

히브리어에서 동사가 있는 문장(verbal sentence=VS)에서는 “동사-주어”, 또는 “동사-주어-목적어”의 어순이 자연스럽다. 그래서 만약 다른 문장 요소가 동사에 앞서 도치되었다면(inverted verbal sentence=iVS), 그 문장 요소는 강조된 것이다.

일반적 어순 (VS)	וַיַּרְא אֱלֹהִים אֶת־הָאוֹר (창 1:4, 동-주-목) 그리고 하나님께서 그 빛을 보셨다.
도치된 어순 (iVS)	הַנָּחָשׁ הִשִּׁיאַנִי (창 3:13, 주-동-목) **뱀이** 저를 꾀었습니다. וְהַכְּשָׂבִים הִפְרִיד יַעֲקֹב (창 30:40, 목-동-주) 그리고 **어린 양들을** 야곱이 구분하였다. וַיִּשְׁלַח יָדוֹ הַמַּלְאָךְ (삼하 24:16, 동-목-주) 그리고 **자기 손을** 그 천사가 들었다. וַיהוה פָּתְהֵן יְעָרֶה (사 3:17, 주-목-동) 그리고 **여호와가 그 여자들의 하체를** 드러나게 하실 것이다.

ii) 명사문장[7]

히브리어에서 말하는 명사문장(nominal sentence=NS)은 서술어가 동사가 아닌 문장을 말한다. 명사문장에서 주어는 명사나 대명사가 될 수 있으며, 서술어는 명사, 대명사, 형용사, 분사, 수사, 부사 등이 될 수 있다.

7 참조. *Ges* §141. 명사문장의 정의에 대한 논쟁은 진행 중이다. 이 논쟁에 관해서는 *GM* §154, “각주 1”을 보라. 여기서는 전통적인 견해를 소개한다.

주어		서술어
명사	וְנָהָר יֹצֵא מֵעֵדֶן (창 2:10) 그리고 강이 에덴에서 나왔다.	분사
대명사	וְהוּא כֹהֵן (창 14:18) 그리고 그는 제사장이다.	명사
명사	הַמִּזְבֵּחַ עֵץ (겔 41:22) 그 제단은 나무(로 만들어졌)다.	명사
명사	וּזֲהַב הָאָרֶץ הַהִיא טוֹב (창 2:12) 그리고 그 땅의 금은 좋다.	형용사
명사	וְעֶפְרוֹן יֹשֵׁב (창 23:10) 그리고 에브론이 앉아 있었다.	분사
명사	עֹשֶׁר בְּבֵיתוֹ (시 112:3) 부요함이 그의 집에 있다.	부사

명사문장의 자연스러운 어순은 "주어-술어"이며, 술어가 먼저 쓰일 때는 술어가 강조되었다고 볼 수 있다. 그리고 술어가 의문사일 때는 반드시 술어가 먼저 나와야 한다.

④ 문장의 관계

구약성경의 히브리어 본문은 여러 문장이 서로 연관되어 서술되는 경우가 대부분이다. 이런 문장들이 서로 어떤 관계를 맺는지를 명확히 분석해야 본문의 내용을 정확히 이해할 수 있다.

i) 접속사가 있는 경우(syndetic)

히브리어에서 문장이나 낱말을 이어주는 가장 일반적인 방법은 접속사 "바브"(וְ)를 사용하는 것이다. 이 접속사로 대등한 두 문장을 순접이나 역접 관계로 연결할 수 있다.

וַיְהִי־עֶרֶב **וַיְהִי**־בֹקֶר יוֹם אֶחָד (창 1:5)

저녁이 되었다. **그리고** 아침이 되었다. 첫째 날이었다.

וַתַּגְדֵּל חַסְדְּךָ… **וְאָנֹכִי** לֹא אוּכַל לְהִמָּלֵט הָהָרָה (욥 6:25)

당신의 은총은 크십니다.…**그러나 저는** 산으로 도망칠 수 없습니다.

히브리어 문장에서 주절에 속하는 종속절은 관계사 **אֲשֶׁר** (아쉐르)로 묶이는 관계문(relative clause), 불변화사 **כִּי** (키)가 이끄는 원인문(causal clause), **אִם** (임)을 사용는 조건문(conditional sentence) 등이 있다.[8]

관계문	וַיָּקָם מֶלֶךְ־חָדָשׁ עַל־מִצְרָיִם **אֲשֶׁר** לֹא יָדַע אֶת־יוֹסֵף (출 1:8) 이집트에 **요셉을 모르는** 새로운 왕이 들어섰다.
원인문	רְפָאֵנִי יהוה **כִּי** נִבְהֲלוּ עֲצָמָי (시 6:3[2]) 저를 고치십시오. 여호와여! **왜냐하면** 제 뼈가 놀랐기 때문입니다.
조건문	**אִם**־נָא מָצָאתִי חֵן בְּעֵינֶיךָ אַל־נָא תַעֲבֹר מֵעַל עַבְדֶּךָ (창 18:3) **만약** 제가 당신 앞에서 은총을 입었다면, 부디 당신의 종을 떠나지 마십시오.

ii) 접속사가 없는 경우(asyndetic)

이어지는 문장의 요소들, 특히 동사를 접속사 없이 연결하는 경우 "다급하고 격정적인 기분을 나타내기 위한 수사적 방편"[9] 으로 쓰이는 경우가 있다(삿 5:27; 출 15:9; 신 32:15; 삼상 15:6; 렘 4:7; 암 5:21; 시 10:10; 14:1; 45:5; 욥 20:19; 28:4; 29:8; 아 2:11; 5:6 등).

בֵּין רַגְלֶיהָ **כָּרַע נָפַל שָׁכָב** (삿 5:27)

그가 그 여자의 두 발 사이에 **주저앉아 쓰러져 엎드러졌다.**

8 좀 더 자세한 히브리어 문장의 종류들은, *Ges* §148-167; *GM* §157-175를 보라.

9 참조. *Ges* §154 a, "각주 1)".

⑤ 문장 차원의 수사 장치들[10]

i) 평행법(平行法; *prallelismus membrorum*)

히브리 문학의 가장 대표적인 수사 기법으로 널리 알려진 **평행법**은 서로 연관된 문장 요소가 연이은 두 문장에서 같은 위치에 자리하는 것을 일컫는다. 평행법은 평행하는 낱말이나 표현들의 의미 체계를 상호 보완해주거나 대조해주기 때문에 주석 과정에서 뜻을 이끌어내는 데 중요한 단서를 제공해줄 수 있다.

ㄱ. 구약성경 히브리어에서는 2+2(ab//a′b′)나 3+3(abc//a′b′c′)의 2행연구(二行聯句; bicola) 형태의 평행법을 많이 찾아볼 수 있다. 히브리 시문에서는 세 행이 한 단위를 이루는 3행연구(三行聯句; tricola)도 종종 눈에 띈다.

• 잠 20:1	שֵׁכָר	הֹמֶה	הַיַּיִן	לֵץ
	a'	b'	b	a
	독주는	자극적이다	포도주는	거만하다

• 시 105:6	בְּחִירָיו	יַעֲקֹב	בְּנֵי	עַבְדּוֹ	אַבְרָהָם	זֶרַע
	c'	b'	a'	c	b	a
	그분의 선민들	야곱의	자손들	그분의 종	아브라함의	씨

10 히브리어 문학의 수사적 장치들에 관해서는 다음 자료를 참고하라. W. G. E. Watson, *Classical Hebrew Poetry: A Guide to its Techniques*(Sheffield: Sheffield Academic Press, 1995). 주석을 위한 언어적 특징 분석에 관해서는 다음 자료들을 참고하라. 크로이처, 『구약성경 주석 방법론』. 87-94; 드라이차, 『구약성서 연구 방법론』, 118-136; Utzschneider, *Arbeitsbuch*, 62-110. 한편, 공시적 관점의 수사비평에서 바라보는 히브리어 본문의 언어적 특징에 관해서는 다음 자료들을 확인하라. P. Trible, *Rherotical Criticism*, 245-51; 이동수, 『심판에서 구원으로. 호세아 12-14장의 본문과 구조』(서울: 장로회신학대학교 출판부, 1998), 71-80.

• 호 5:1

שִׁמְעוּ־זֹאת הַכֹּהֲנִים	a / b	이것을 들어라, 제사장들아!
וְהַקְשִׁיבוּ בֵּית יִשְׂרָאֵל	a' / b'	주의해라, 이스라엘 집안아!
וּבֵית הַמֶּלֶךְ הַאֲזִינוּ	b" / a"	임금의 집안아, 귀를 기울여라!

ㄴ. 내용으로 보면 평행법은 동의어(synonym)를 반복하는 동의적 평행법(synonymous parallelism, 앞의 보기 참조)과 서로 반대되는 개념을 대조하는 반의적 평행법(antithetic parallelism)으로 나눌 수 있다.

• 잠 10:1	תּוּגַת אִמּוֹ	וּבֵן כְּסִיל	יְשַׂמַּח־אָב	בֵּן חָכָם
	b'	a'	b	a
	제 어머니의 근심이다	그러나 어리석은 아들은	아버지를 기쁘게 한다	지혜로운 아들은

한편 평행법은 때로 양적 균형이 흐트러지거나(가령, abc//b′c′), 양적 균형은 이루지만 내용적 균형이 맞지 않는 경우(가령, abc//B′c′; abc//a′B′ 등)도 있는데, 이런 불균형(asymmetry, broken symmetry)은 그 자체로 수사적 강조 효과를 불러일으킬 수 있기에 유의해서 분석해야 한다.

ii) 교차대구법(交差對句法; *chiasmus*)

교차대구법이란 연이은 두 문장의 구성 요소의 순서가 뒤바뀌어 나오는 형태의 수사 기법이다. 앞뒤 문장을 두 행으로 나눠서 서로 연관된 요소를 이어보면 그리스어 자음 Χ(키) 모양이 된다고 해서 "키아스무스"(*chiasmus*)라는 이름이 붙었다. 평행법과 마찬가지로 교차대구법도 서로 상응하는 낱말이나 표현들을 찾아내면 뜻을 이끌어내는 데 도움을 받을 수 있다.

ㄱ. 구약성경에서는 교차대구법도 "2+2"(ab//b′a′)나 "3+3"(abc//c′b′a′)의 형식으로 가장 많이 등장한다.

• 합 2:1

עַל־מָצוֹר	וְאֶתְיַצְּבָה	אֶעֱמֹדָה	עַל־מִשְׁמַרְתִּי
a'	b'	b	a
망대 위에	내가 서 있겠다	내가 설 것이다	내 초소 위에

• 시 19:2[1]

הָרָקִיעַ	מַגִּיד	וּמַעֲשֵׂה יָדָיו	כְּבוֹד־אֵל	מְסַפְּרִים	הַשָּׁמַיִם
a'	b'	c'	c	b	a
궁창이	이른다	그리고 그 손의 하신 일을	하나님의 영광을	전한다	하늘이

ㄴ. 가장 가운데 중요한 요소를 배치하고 나머지가 교차대칭을 이루는 홀수 구조(abcb′a′)도 구약성경에서 자주 눈에 띈다.[11]

• 욘 1:3

A 그리고-일어났다, 요나가, 도망치려고, 다시스로, 여호와-앞에서부터
　B 그리고-내려갔다, 욥바로
　　C 그리고-발견했다, 배를
　　　D 가는, 다시스로
　　C′ 그리고-주었다, 그-삯을
　B′ 그리고-내려갔다, 그-안으로
A′ 가기-위해, 그들과-함께, 다시스로, 여호와-앞에서부터.

이런 구조는 앞서 제시된 보기와 같은 문장 단위뿐 아니라 단락이나 책 단위로도 확장될 수 있다. 그리고 홀수 구조를 이루는 요소는 훨씬 더 많은 요소로 확장될 수 있다. 이를 "중앙 집중형 구조"라고도 부를 수 있는데, 단락 단위의 중앙 집중형 구조는 이후에 보기를 제시할

11 참조. Trible, *Rhetorical Criticism*, 129.

것이다.

iii) 시연구성(詩聯構成)

ㄱ. 후렴구(refrain): 여러 연으로 구성된 시문의 경우 마지막 구절을 반복하는 경우를 일컫는다. 보기를 들면 아모스 4장의 경우 "너희가 내게로 돌아오지 아니하였느니라"(9, 10, 11절)가, 이사야 9:7-10:4에서는 "그의 손이 여전히 펴져 있으리라"(9:12, 17, 20; 10:4)가 개별 신탁 단위의 후렴구로 반복되는 것을 확인할 수 있다.

ㄴ. 수미쌍관법(首尾雙關法; *inclusio* 또는 envelope figure): 시문의 첫 구절과 마지막 구절이 서로 연관되어 시문의 완결된 구조를 형성하는 경우를 말한다. 이런 기법은 앞서 언급한 교차대구법이나 중앙 집중형 구조와 연계되기도 한다. 가령 시편 8편에서 2[1]절과 10[9]절에 쓰인 "여호와, 우리 주여! 주의 이름이 온 땅에 어찌 그리 아름다운지요"가 그런 경우다(비교. 시 101:2-3, 7; 118:1, 29; 145-150의 "할렐루야" 등).

ㄷ. 알파벳 시형(acrostic): 히브리 시문학의 고유한 수사 기법으로서 히브리어 스물두 자음이 차례로 매 구절의 첫 자음으로 쓰이는 형태다. 알파벳 시형을 이루는 시문은 구절 수가 22의 배수로 이루어진다. 이 시형은 구약성경에서 어렵지 않게 찾아볼 수 있다(나 1:2-8[א-כ]; 시 9-10, 25, 34, 37, 111, 112, 119, 145편; 잠 31:10-31; 애 1-4장 등). 가령 시편 119편은 한 자음이 여덟 번씩 사용되어 총 176절로 구성된다.

(2) 낱말 차원

낱말 차원의 언어적 특징 분석, 특히 상징체계를 가지고 있는 낱말에 관한 분석은 본문의 문맥과 개별 낱말의 의미 범주 사이의 관계를 고려하는 것으로서 본문의 역사적 배경을 연구하고 주석하는 데 기초 작업 구실을 한다. 왜냐하면 어떤 낱말이나 표현의 상징적 의미는 전통적인 용법을 따르기도 하지만 개별 저자 고유의 문학적 고안에서 비롯할 수도 있기 때문이다. 이 둘을 구분하는 방법은 양식비평, 전통비평, 모티브비평 등에서 좀 더 자세히 다룰 것이다. 여기서는 구약성경에서 쓰이는 대표적인 낱말 차원의 수사 기법들을 살펴보자.

① 은유법(隱喩法; metaphor)

은유는 사물의 본뜻을 숨기고 표현하려는 대상을 암시적으로 나타내는 수사법을 일컫는다. 은유는 시편 18:3[2]의 "여호와는 나의 반석"(יהוה סַלְעִי)에서처럼 "어떤 것은 무엇이다"라는 형태로 표현된다. 따라서 이를 해석하기 위해서는 은유의 대상(기의, 시니피에)과 수단(기표, 시니피앙) 사이에 공유하는 "하나의" 의미 양상을 찾아내는 것이 중요하다. 곧 은유의 대상인 "여호와" 하나님의 본성과 은유의 수단인 "반석" 사이에 어떤 공통적 의미 양상이 있는지를 물어보아야 한다는 말이다. 이 경우에는 "불변성"이라는 의미 양상을 생각해볼 수 있다. 은유는 수단의 보편적인 직관성 때문에 대상의 특수한 문맥적 의미를 더 강조하는 효과가 있다.

② 직유법(直喩法; simile)

직유는 비슷한 성질이나 모양을 가진 두 사물을 "같이", "처럼", "듯이"와 같은 연결어로 결합하여 직접 비유하는 수사법을 일컫는다. 히브리어에서는 주로 전치사 כְּ(크) 또는 כְּמוֹ(크모)가 직유법에 사용된다. 일반적으로 직유법은 분명한 표시가 있기에 은유법보다 인식하기가 수월하다(보기. "내가 나의 진노를 그들에게 **물같이** 부으리라"[호 5:10]). 특히 구약성경에서 쓰이는 직유법은 다음 표와 같이 쌍으로 쓰이는 경우가 많은데, 이런 경우에는 수단이 갖는 제각각의 의미 양상은 대상이 해당 본

문의 문맥에서 갖는 뜻을 다층적으로 구체화해주는 효과가 있다.[12]

• 사 1:8

וְנוֹתְרָה בַת־צִיּוֹן	그리고 딸 시온이 남겨졌다,
כְּסֻכָּה בְכָרֶם	포도원에 있는 망대같이,
כִּמְלוּנָה בְמִקְשָׁה	참외밭의 원두막같이,
כְּעִיר נְצוּרָה׃	에워싸인 성읍같이.

이때 유의할 점은 은유나 직유와 같은 상징체계에서 상징의 수단(시니피앙)은 단 하나의 의미(시니피에)만 문맥에 적용된다는 점이다. 그래서 상징의 수단으로 쓰이는 낱말이 여러 의미 양상이 있는 경우, 곧 한 시니피앙에 여러 시니피에가 있는 경우에는 해당 문맥에 맞는 의미 양상을 찾아내는 것이 중요하다. 이는 어떤 시니피앙에 서로 다른 여러 뜻이 있는 "다의"(polysemy)나, 같은 시니피앙을 전혀 다른 시니피에가 공유하는 "동음이의"(homonymy)와 구분되는, 이른바 "적용상의 전이"(shift in application)의 경우다.[13] 가령 호세아서에서는 "이슬"이 정반대되는 의미 양상으로 두 군데서 쓰인다. 먼저 호세아 6:4에서는 "너희의 인애가 아침 구름이나 쉬 없어지는 **이슬과 같도다**(**כַּטַּל** [카탈])"라고 표현하여 이슬의 유약성이라는 의미 양상을 채택했다. 반면 호세아 14:6[5]에서는 하나님이 "내가 이스라엘에게 **이슬과 같으리니**(**כַּטַּל** [카탈])"라고 말씀하심으로써 식물에 생명력을 불어넣어 주는 이슬의 의미 양상을 채택했다. 이런 "적용상의 전이"는 문맥에 관한 면밀한 관찰의 중요성을 높여준다.

---

12 이에 대해서는 Watson, *Classical Hebrew Poetry*, 258-59를 보라.

13 기호학적 개념에 관해서는 허웅/권재일 엮음, 『언어학 개론』(서울: 지식을만드는지식, 2011), 80-83을 보라.

③ 인유법(引喩法; allusion)

구약성경에서 인유는 다른 성경의 본문이나 이야기 또는 개념을 끌어다 해당 본문의 문맥에 적용하는 것을 일컫는다. 가령 호세아 12:3-6에서 야곱과 에서의 이야기(창 32:20; 33:4; 35:15)가 언급되거나, 예언서에서 창조 이야기(습 1:3/창 1:26)나 홍수 이야기(사 51:10; 55:13; 렘 4:23-26)가 언급되는 경우다. 주석 과정에서 이런 인유는 두 가지 범주에서 다루어진다. 곧 인유의 방식(*traditio*)은 전승비평에서, 내용이나 개념(*traditum*)은 전통비평에서 다룬다.

④ 풍자(irony)

구약성경에서 풍자는 표현된 문자적 의미가 전달하고자 하는 것의 반대 의미를 품도록 하는 수사법을 일컫는다. 대표적인 경우가 아모스 4:4-5이다.

• 암 4:4-5

בֹּאוּ בֵית־אֵל וּפִשְׁעוּ　너희는 벧엘에 가서, 죄를 지어라.
הַגִּלְגָּל הַרְבּוּ לִפְשֹׁעַ　길갈에서, 죄를 더 지어라.
וְהָבִיאוּ לַבֹּקֶר זִבְחֵיכֶם　아침마다 너희의 희생제물을 가져오너라.
לִשְׁלֹשֶׁת יָמִים מַעְשְׂרֹתֵיכֶם　삼 일마다 너희의 십일조를
וְקַטֵּר מֵחָמֵץ תּוֹדָה　누룩 없는 것으로 감사의 소제를 드려라.
וְקִרְאוּ נְדָבוֹת הַשְׁמִיעוּ　낙헌제를 선포해서 들리게 해라.
כִּי כֵן אֲהַבְתֶּם בְּנֵי יִשְׂרָאֵל　이는 너희 이스라엘 자손이 좋아하는 것이다.

이 본문은 아모스 4:1에서 직설적으로 고발하는 이스라엘의 죄를 비꼬는 내용이다. 풍자의 본뜻을 제대로 이해하지 못하면 본문의 의미를 오해하게 된다. 따라서 풍자의 표현은 문맥을 매우 세심히 살펴서 제대로 파악해야 한다.

⑤ 대조제유법(對照提喩法; *merismus*)

이 수사법은 서로 반대되는 개념을 써서 포괄적 개념을 대신하는 것을 일컫는다. 이를테면 "하늘과 땅"이라는 표현으로 "온 누리"를 대신하거나(창 1:1), "영혼과 육체"가 "전체로서의 인간"(전부[개역개정])을 대신하는 등이다(사 10:18). 구약성경에서 쓰이는 대조제유법의 몇몇 보기를 들자면 다음과 같다.[14]

- 시 95:5 יַבָּשָׁה(마른땅) // יָם(바다) = 온 누리
- 시 50:13 דָּם(피) // בָּשָׂר(살) = 희생제물
- 욥 29:8 יָשִׁישׁ (늙은이) // נַעַר(젊은이) = 모든 사람
- 사 32:16 כַּרְמֶל(낙타) // מִדְבָּר(광야) = 모든 곳

(3) 음운 차원

언어를 통한 의사소통에서는 내용과 더불어 소리 구성의 형식도 중요한 구실을 한다. 이는 히브리어 구약성경에서도 마찬가지다. 역본에서는 거의 재현할 수 없는 히브리어 고유의 수사 기법들이 음운 차원에서 존재한다는 말이다. 주석자는 이런 수사 기법들을 파악해 내용에 관한 해석에 추가함으로써 뜻을 이끌어내는 데 도움을 얻을 수 있다.

① 유음화(類音化; assonance)

억양이 있는 두 낱말에 자음은 다르지만 같은 소리가 나는 모음을 반복하는 기법을 일컫는다.

---

14 참조. Watson, *Classical Hebrew Poetry*, 323.

• 사 22:5 (으-우-아)

יוֹם מְהוּמָה וּמְבוּסָה וּמְבוּכָה (욤 므후마 우므부사 우므부카)

혼란과 학대와 소란의 날

유음화의 일차적 기능은 낱말들을 한 단위로 묶어서 하나의 의미 체계를 형성하는 데 있다. 이를 통해 별다른 수사 기법 없이 묶인 것보다 의미가 강조되는 효과가 있다.

② 두운법(頭韻法; alliteration)

두운법은 말 그대로 보자면 첫 자음이 같은 낱말을 되풀이하는 수사 기법을 일컫는다. 하지만 같은 구성의 "자음"이 되풀이되는 현상을 포괄적으로 일컫기도 한다. 앞서 살펴본 이사야 22:5도 전형적인 두운법의 본보기가 된다. 두운법은 무엇보다 한 행이나 연, 단락을 한데 묶어주는 역할을 한다. 더불어 두운이 쓰인 문장의 전달 효과를 증대해준다.

③ 각운(脚韻; rhyme)

각운은 마지막 음운이 되풀이되는 수사 기법으로서 우리말에서는 드물지만(요즘 대중가요의 힙합 장르에서는 각운이 보편화되는 경향이 있다), 서양의 시문학에서는 아주 오래된 전통 중 하나다. 더불어 히브리어 구약성경에서도 고대 북서 셈어(north-west semitic)의 영향으로 종종 눈에 띄는 기법이기도 하다. 앞서 살펴본 이사야 22:5도 "아" 모음이 되풀이되는 각운을 보여준다. 구약성경의 경우 인칭 대명접미어나 복수형 어미 등이 주로 각운에 쓰인다. 그 효과는 두운법과 비슷하다고 하겠다.

④ 말놀이(wordplay)[15]

말놀이는 일반적인 의미론적(semantic) 양상을 넘어서서 시적 효과의 증대를 노리는 수사 기법으로 정의할 수 있다. 말놀이는 독자나 청자의 주의를 환기시켜주어 관심을 끄는 효과, 직설적 의미를 감추고 상징적·수사적 의미를 드러내는 효과 등을 불러일으킨다.

i) 유음어희(類音語戲; *paronomasia*)

음운 차원의 말놀이 중 가장 흔한 경우로 비슷한 발음의 낱말들을 써서 그 낱말들 사이의 역설적인 수사 효과를 노리는 경우를 일컫는다. 이사야 5:7을 보기로 들 수 있다.

> 무릇 만군의 여호와의 포도원은 이스라엘 족속이요, 그가 기뻐하시는 나무는 유다 사람이라. 그들에게 정의(מִשְׁפָּט [미쉬파트])를 바라셨더니 도리어 포학(מִשְׂפָּח [미스파흐)이요, 그들에게 공의(צְדָקָה [츠다카])를 바라셨더니 도리어 부르짖음(צְעָקָה [츠아카])이었도다(개역개정).

이런 유음어희는 앞서 말한 유음화와 두운, 각운 등이 복합적으로 작용하는 경우가 대부분이다.

ii) 동음이의(同音異義; homonymy)와 다의(多義; polysemy)

이 기교는 어떤 대상이나 개념인 시니피에와 그것을 전달하는 기호인 시니피앙 사이의 역동성을 역설적으로 활용하는 것이다. 특히 한 시니피앙을 여러 시니피에가 공유하는 경우(homonymy)와 한 시니피앙의 의미가 분화하는 경우(polysemy)가 대표적이다. 창세기 2:25에

---

15 이에 관해 좀 더 자세한 내용은 다음 자료를 참고하라. L. J. de Regt, "Wordplay in the OT," *NIDB* 5(2009), 898-900.

서 아담과 하와의 "벌거벗음"(עֲרוּם [아룸])이 3:1에서는 뱀의 "간교함"(עָרוּם [아룸])으로 쓰인 것이 전자에 해당한다. 반면 예레미야애가 2:6에서 "모임"이라는 기본적 뜻에서 "회막"과 "절기"의 뜻으로 분화하는 מוֹעֵד(모에드)가 나란히 쓰인 것이 후자에 해당한다.

iii) 시각적 말놀이(visual wordplay)

구약성경에서 말놀이는 소리나 의미뿐 아니라 자음 본문의 모양이나 순서를 이용하는 시각적 차원에서도 이루어진다. 앞서 언급한 "알파벳 시형"도 시각적 차원의 말놀이 범주에 들 수 있다. 그리고 특히 예언서에서 두드러지는 "아트바쉬"(אַתְבַּשׁ [athbash]) 현상이 있는데, 이는 표현하려는 어휘의 자음 구성을 자의적 원칙에 따라 바꾸어 쓰는 말놀이를 일컫는다. 이 기법의 이름 자체가 그 성격을 말해준다. "아트"는 히브리어 자음의 처음과 마지막인 "알렙"과 "타브"를 일컬으며, "바쉬"는 앞뒤에서 둘째 자음인 "베트"와 "쉰"을 일컫는다. 곧 이 용어는 어떤 히브리어 낱말의 자음 순서를 일부러 이렇게 구성하는 기법이다.

가장 대표적인 경우가 예레미야 25:26과 51:41의 "쉐샤크"(שֵׁשַׁךְ)다. 일반적으로 이 낱말은 "바벨"(בבל)을 뜻하는 것으로서 "바벨"은 앞에서 "둘째-둘째-열둘째" 자음으로 구성되어 있고 "쉐샤크"는 뒤에서 "둘째-둘째-열둘째" 자음으로 구성되어 있다. 또한 예레미야 51:1의 לֵב קָמָי(레브 카마이; "나를 대적하는 자"[개역개정])도 아트바쉬에 해당한다. 곧 "레브 카마이"는 "바벨론 사람"을 뜻하는 כשדים(카스딤)에 대한 아트바쉬다. 이 기법은 전형적으로 드러내면서 숨기는 말놀이의 효과를 보여준다.

iv) 유음, 두운, 각운 등 음운 차원의 유사성

우리가 본문비평에서 다루는 필사 오류의 가능성들(비슷한 자음의 교체, 자음 순서의 교체 등)을 의도적으로 적용해 수사적 효과를 노리는 말놀이도 있다. 따라서 본문비평 단계에서부터 본문의 수사적 의도성과 효과를 면밀하게 살펴보아야 한다.

2) 본문의 언어적 특징 분석표 작성

본문의 언어적 특징에 대한 분석에서는 개별적 요소를 면밀하게 관찰하는 것도 중요하지만 그 결과를 한눈에 볼 수 있도록 정리하는 것도 상당히 중요하다. 이는 이어질 주석 과정에서 매우 요긴한 자료가 되기 때문이다. 이때 해당 내용을 표로 작성하는 것이 도움이 된다.[16] 이 표에는 지금까지 살펴본 대로 문장 차원, 낱말 차원, 음운 차원의 특징들을 차근차근 차례로 살펴서 기록할 필요가 있다. 또한 그와 더불어 "화용론"(話用論; pragmatics)의 관점에서 본문의 특징을 관찰하여 기입할 필요도 있는데, 언어학에서 화용론은 화자와 청자 사이의 구체적 상황을 고려한 개인의 언어 사용 행위에 관심을 두는 것이다. 이 관점에 따른 본문의 언어적 특징 분석에서는 본문의 문맥과 상황의 변화(서술 시점, 인칭, 화법 등)를 기입해줄 수 있다. 화용론적인 특징은 이어지는 단락 구분에서 중요한 단서 구실을 한다. 예컨대 시편 123편의 본문에 대한 관찰 결과를 도표로 작성하면 다음과 같다.

16 본문의 언어적 특징 분석표는, 크로이처, 『구약성경 주석 방법론』, 92; Utzschneider, *Arbeitsbuch*, 112-13을 참조하라.

본문	문장 차원	낱말 차원	음운 차원	화용론
1 전상반절	표제			
1 전하반절	iVS, pf 1cs 표현 적 형태	대조(내 눈 - 당신)	"-이" 어미	1cs; 표현적 형태
1 후반절	NS, pt ms, voc	신인동형론(하나님이 앉으시다); 역설(하늘에 앉다)	"-이" 분사 어미	2ms
2 전상반절	NS(prep ①,	주의 환기(힌네); 직유 ①(남종들[pl]의 눈); 환유(눈-손); 대조제유(남자-여자)	복수 연계형; 남성복수 인칭 대명접미어	선언적 형태
2 전하반절	prep ②) + pred(켄)	직유 ②(여종[s]의 눈); 대조(우리의 눈 - 여호와 우리 하나님)	복수 연계형; 여성단수 인칭 대명접미어; "-누" 동사 접미어	1cpl; 선언적 + 표현적 형태
2 후반절	RC: VS	단축형 관계사(쉐); 여호와	"-누" 동사 접미어	1cpl
3 전반절	V S , impv	명령문 반복(a-b-a')	"-누" 동사 접미어	1cpl; 2ms; 지시적 형태
3 후반절	CaC(키): iVS	부사 - 동사 - 주어 (a-b-a')	"-누" 동사 인칭 변화형	1cpl; 선언적 형태
4 전반절	iVS	역설(비웃음/업신여김으로 배부르다); 후반절 동사 생략 (ellipsis); abc-c'b'	"-아" 동사 인칭 변화형; "-누"인칭 대명접미어	3fs; 1cpl; 선언적 형태
4 후반절	VS			3fs; 선언적 형태

※ iVS: 도치 동사문장, NS: 명사문장, RC: 관계문, CaC: 원인문, pf: 완료형, pt: 분사형, impv: 명령형, voc: 호격, prep: 분사 구문, pred: 술부, c: 공성[共性], m: 남성형, f: 여성형, s: 단수형, pl: 복수형

2. 본문의 짜임새 구분

1) 본문의 짜임새 구분을 위한 본문 관찰

주석할 본문에서 미시적으로 언어적 특징을 분석한 뒤에는 본문의 내용과 맥락의 관점에서 각 요소가 서로 어떤 유기적 관계가 있는지를 따

져보아야 한다. 곧 본문이 어떤 짜임새로 구성되어 있는지를 살펴보아야 한다는 말이다. 그런데 본문의 짜임새 관찰에서는 주석자의 개별적인 관점이 반영되기 마련이다. 주석자마다 본문의 짜임새에 대한 관점이 다를 수 있고 유일한 정답이 있는 것도 아니다. 하지만 이 관찰에는 개연성과 논리성이 전제되어야 한다.

(1) 페투하와 세투마 관찰

앞서 6장에서 살펴본 바와 같이 마소라 본문에는 의미 단락을 구분하는 전통이 남아 있다. 그런데 그 내용은 필사본마다 조금씩 다르다. BHQ는 주요 마소라 필사본들이 간직한 페투하와 세투마를 견주어놓았는데, 전도서를 보기로 들면 다음과 같다.[17]

	M^L	M^L[18]	M^Y[19]
전 1:11-12	פ	ס	ס
전 3:1-2	ס	פ	ס
전 4:16-17	>	ס	>
전 9:10-11	ס	ס	>
전 11:8-9	>	ס	>

이 비교표에서 알 수 있듯이 레닌그라드 사본에는 전도서 1:11, 12 사이에 페투하가 있어서 좀 더 크게 단락을 구분하는 반면, 다른 두 중세 필사본은 같은 부분을 세투마만으로 구분한다. 또한 이 비교표에서 가장 흥미를 끄는 것 중 하나는 전도서 4:16, 17 사이의 구분이다. 우리말 성경은 이 부분을 확실하게 구분하면서 히브리어 성경의 4:17이

17 manuscript EBP. II B 34 in the Russian National Library, St. Petersburg.

18 Cambridge University, *Add. Ms*. 1753.

19 BHQ 18, 14*.

5:1로 되어 있다.[20] 그도 그럴 것이 4:17은 내용상 앞선 단락에서 이어진 왕에 관한 이야기를 마무리하는 16절에 비해, 하나님과의 관계를 전하는 다음 구절과 더 밀접한 연관성이 있기 때문이다. 그러나 레닌그라드 사본이 속하는 마소라 전통에는 이 사이에 단락 구분이 없다. 이는 중세 마소라 학자들이 전도서 본문의 의미 단락에 대해 서로 이해가 달랐다는 사실을 보여준다. 이처럼 기존 본문의 단락 구분을 절대시할 수는 없지만 주석 본문의 단락을 구분할 때는 먼저 페투하와 세투마를 확인함으로써 마소라 전통의 단락 이해를 고려하는 데서 시작할 수 있다.

(2) 본문 언어의 내적 연관성 관찰

앞서 본문의 언어적 특징을 문장 차원, 낱말 차원, 음운 차원에서 개별적으로 분석했는데, 그 특징들이 본문의 내용을 중심으로 서로 어떤 연관성이 있는지를 살펴보아야 한다.[21] 이 작업은 앞서 주석 본문을 선정할 때 했던 주석 본문의 경계 설정 작업의 결과와 이어질 수 있다.[22]

문장 차원에서는 문법적으로나 통사론적으로 서로 연관된 문장들을 한데 묶고, 낱말과 음운 차원에서 드러나는 여러 기법을 통해 한데 묶을 수 있는 본문의 단위를 구분해보아야 한다. 이 과정에서 개별 단위들이 어떤 주제를 진술하는지 간단하게 기록해둔다. 이때는 물론 앞서 살펴본 화용론적 관찰도 중요한 역할을 할 수 있다. 곧 어떤 화법인지, 어떤 인칭인지, 누가 누구에게 무엇을 전하는 이야기인지도 살펴보고 요약해두면 된다.

20 BHS와 우리말 개역개정 성경의 장, 절 구분 차이에 관해서는 앞의 5장 마지막에 있는 "보록"을 확인하라.

21 이를 두고 본문의 "심층 구조"(Texttiefenstruktur)라고 일컫기도 한다. 이에 관해서는 Utzschneider, *Arbeitsbuch*, 94-105을 참고하라.

22 앞의 "3장 3. 주석 본문의 경계 설정"을 참조하라.

(3) 본문 안의 대립 및 모순 요소 관찰[23]

지금까지의 과정은 본문의 특징을 공시적으로 관찰한 것이다. 그런데 본문의 짜임새를 파악할 때는 본문의 통시적 성장 과정도 잊지 말아야 한다. 곧 본문의 진술이 진행되는 과정에서 이질적이거나 모순되는 요소가 공존하거나, 서로 다른 용어를 쓰는 내용이 반복되는 등의 현상은 본문의 통일성 문제를 고려하게끔 하는 주요한 단서가 된다. 이 문제는 다음 장에서 다룰 문헌비평에서 규명하는 문헌 본문의 역사적 배경과 연관된다. 본문의 짜임새 구분 단계에서는 이런 요소들이 존재하는지만 확인하면 된다.

2) 본문의 짜임새 구분의 실제

(1) 본문의 짜임새 구분의 단계 보기

① 이야기체의 보기: 출애굽기 18:1–12

이 본문은 광야 여정 이야기 안에 들어 있다. 특히 모세의 장인 이드로가 방문한 이야기의 배경이 되는 기본적인 모티브는 "백성들의 불평"이다.[24] 본문은 모세의 지도력과 관련하여 겐 족속과 이스라엘 사이의 관계를 밝히는 구실도 한다.[25]

i) 본문 언어의 내적 연관성

출애굽기 17장 후반부는 아말렉과의 전투 이야기를 다룬다. 그리고

---

23 이 주제에 관해서는 크로이처, 『구약성경 주석 방법론』, 96-97을 참고하라.

24 참조. 뢰젤, 『구약성경 입문』, 45.

25 참조. John I. Durham, *Exodus*(WBC 3; Waco: Word Books), 240-43.

18:1에서 모세의 장인 이드로가 방문하면서 주제가 변화고 새로운 이야기가 시작된다. 또한 출애굽기 18:13은 "이튿날"이라는 시간의 변화를 말하는데, 이를 기준으로 앞 단락의 모세와 이드로가 만나는 이야기에서 모세의 재판 이야기로 주제가 변화한다. 따라서 출애굽기 18:1-12은 한 단위의 본문으로 묶을 수 있다.

출애굽기 18:1-5은 이드로의 방문을 묘사하는 이야기체다. 그런데 6절에서는 "그가 모세에게 말을 전하되"라고 하면서 서체가 이야기체에서 대화체로 전환된다. 이때 이드로의 말이 직접화법으로 전해진다. 이어지는 7절은 이드로를 맞는 모세의 행동을 묘사한 이야기체다. 8절은 모세가 한 말을 "말하다"라는 동사를 사용해 간접화법으로 전하고, 9절은 "기뻐하다"라는 말로 이드로의 반응을 묘사한다. 10절에서 다시 "이드로가 이르되"로 시작하는 이드로의 말은 11절까지 이어진다. 마지막으로 12절은 이드로의 제사 이야기 및 모세와 이드로의 만찬 이야기를 전하며 단락을 매듭짓는다.

ii) 본문 안의 대립 및 모순 요소

"여호와" 신명이 나온 이야기는 "출애굽"과 관련이 있다(출 18:1, 8-11). "하나님" 신명이 나온 이야기는 "하나님의 산"(시내산)과 거기서 있었던 제의에 관심이 있다(출 18:5, 12). 본문의 이야기 진행과는 별도로 모세의 두 아들이 이름의 어원에 따라 소개된다(출 18:3-4).

iii) 본문의 짜임새 개요

지금까지 관찰한 본문의 언어적 특징을 바탕으로 본문의 짜임새를 간단한 제목과 함께 층위를 나누면 다음과 같이 개요를 작성할 수 있다.

1절: 이드로가 이스라엘이 겪은 일을 들음
"**여호와**가 이스라엘을 애굽에서 인도하여내셨다(הוציא)"
2-3전반절: 이드로와 십보라가 모세의 두 아들과 옴
3후반절-4절: 모세의 두 아들의 이름 설명
게르솜(גרשם): "내가 이방에서 나그네가 되었다"(3ㄴ, ㄷ절)
엘리에셀(אליעצר):
"**하나님**이 나를 도우사 바로의 칼에서 구원하셨다(הציל)"(4절)
5절: 이드로의 일행이 모세에게 도착함
"**하나님**의 산"
6-7절: 모세와 이드로가 만남
8절: 모세가 이드로에게 자신들이 겪은 일을 설명함
"**여호와**가 이스라엘을 위하여 바로와 이스라엘에게 행하셨다(עשה)"
"길에서 그들이 고난당하였다(התלאה)"
"**여호와**가 그들을 구원하셨다(הציל)"
9절: 이드로가 기뻐함
"**여호와**가 이스라엘에게 큰 은혜(טובה)를 베푸셨다(עשה)"
"애굽 사람의 손에서 구원하셨다(הציל)"
10-11절: 이드로가 찬양함
"**여호와**를 찬송하라(ברוך)"(10ㄴ절)
"**여호와**가 너희/백성을 애굽 사람/바로의 손에서 건지셨다(הציל)"(10ㄷ, ㄹ절)
"**여호와**는 모든 신보다 크시고 그들을 이기셨다"(11절)
12절: 모세와 이드로가 제사 지내고 함께 먹음
"이드로가 번제물과 희생제물을 **하나님**께 가져왔다"
"모두가 함께 **하나님** 앞에서 떡을 먹었다"

이 개요는 신명을 중심으로 두 층위를 돋보이게 작성했다. 앞서 언급한 대로 이처럼 본문은 신명의 사용을 중심으로 서로 다른 기원을 가지는 두 부분(1, 6-11절/2-5, 12절)의 문헌이 존재함을 알 수 있게 되었고, 이는 문헌비평에서 다루어야 할 문제로 남겨둘 수 있다.

② 시문의 보기: 시편 123편

i) 본문 언어의 내적 연관성

이 시편은 120-134편의 첫머리를 공통으로 장식하는 "순례의 노래"(개역개정: 성전에 올라가는 노래)[26]를 표제로 시작한다. 그러므로 이 시편은 순례 시편 가운데 하나로서 완결된 독립 단위로 볼 수 있다.

시편 123:1은 "눈"의 심상으로 1인칭 단수 주어를 사용하며 여호와가 2인칭 호격으로 불린다. 이어지는 2절은 1인칭 복수 주어로 여호와가 3인칭으로 일컬어진다. 3-4절은 1인칭 복수 주어로 여호와가 2인칭으로 불린다. 또한 1절과 2절에서는 주로 대조가, 3-4절에서는 역설이 수사적 기법으로 사용된다. 그런가 하면 1절에서는 화자가 단수형인 데 비해 2-4절은 복수형이다. 이렇게 볼 때 본문의 내적 연관성은 단순하게 결론 내리기가 쉽지 않음을 알 수 있다.

ii) 본문 안의 대립 및 모순 요소

시편 123:1과 2-4절은 인칭이 달라지고, 2절과 1, 3-4절은 여호와를 일컫는 방식이 다르다. 또한 2절과 1, 3-4절은 분위기도 다르다. 2절이 절대적 신뢰("은혜 베푸실 때까지")를 표현하는 반면, 1, 3-4절은 탄원("은혜 베푸소서")의 분위기를 드러낸다. 이 차이점이 이질적인 느낌을 불러일으킬 수 있다. 하지만 1절과 2절은 앞서 언급한 대로 "눈"의 심상으로 이어지고, 2절과 3-4절은 "은혜 베푸심"의 심상으로 연관된다. 따라서 이질적 요소는 이 시편의 짜임새를 드러내는 요소로 여길 수 있다.

iii) 본문의 짜임새 개요

지금까지의 관찰을 통해서 시편 123은 서로 연관된 세 부분, 곧 1, 2, 3-4절이 서로 사슬이 맞무는 듯한 짜임새로 이어져 있음을 알 수 있다. 또한 내용으로 보면, 1절의 고백과 3-4절의 간구가 2절의 신뢰 표현을 감싸고 있는 중앙 집중형 구조임을 알 수 있다. 그러니 이 시편의 핵심

---

26 이 표제에 대한 논의로는 김정훈, 이경면, 『순례, 사진 이야기와 함께 하는 순례시편 풀이: 시편 120-134편』(서울: 기독교문서선교회, 2014), 18-24을 참조하라.

은 가운데 있는 2절이라고 볼 수 있다. 그렇지 않다면 모순되는 시인의 상황 묘사로 시가 끝나는 어색한 구조가 되고 만다.

> 1절: 고백(A)
> -여호와께 "눈"을 듦
> 2절: 신뢰의 표현(B)
> -주인-종의 "눈"/여호와-우리의 "눈"
> -"은혜 베푸실" 때까지(신뢰 표현)
> 3-4절: 간구(A')
> -"은혜 베푸시기"를 간구
> -시인의 상황 고백(고난)

(3) 짜임새 구분의 다양성 보기: 신명기 1:1–5 또는 1–6a

본문의 짜임새 구분은 본문을 어떤 관점에서, 어떤 전략을 가지고 분석하느냐에 따라 달라질 수 있다. 그래서 주석에서 본문 설정과 짜임새 구분은 주석의 내용과 결론을 좌우할 정도로 중요한 단계라고 여겨진다. 여기서는 신명기의 첫 단락에 대한 주석들의 다른 이해를 보기로 들어 짜임새 구분의 다양성과 그 중요성에 관한 설명을 갈음하려 한다.

전통적으로 신명기의 첫 단락은 신명기 1:1, 5에서 되풀이되는 "요단 저편"(=요단강 동쪽)이라는 말을 기준으로 이해한다. 그래서 일반적으로는 다음과 같이 중앙 집중형으로 짜임새의 개요를 작성한다.[27]

27 참조. 에드워드 J. 우즈/김정훈 옮김, 『신명기』(틴데일 구약주석 시리즈 5; 서울:기독교문서선교회, 2016), 99.

A 이는 모세가 선포한 말씀이다(1전반절)
B 요단강 동쪽(1후반절)
C 호렙에서 열하룻길(2전반절)
D 모세가 여호와가 자신에게 명령하신 모든 것을 이스라엘 백성들에게 공포하다(3후반절)
C′ 그가 시혼과 옥을 물리친 뒤에(4절)
B′ 요단강 동쪽(5전반절)
A′ 모세가 이 율법 설명하기를 시작하였다(5후반절)

그런데 크리스텐센(D. L. Christensen)은 이와는 다른 기준으로 본문의 경계를 설정하고 거기에 기초해 짜임새의 개요를 작성했다. 이때 본문에서 반복되는 "말씀/말하다"(דבר)가 그 기준이 되었는데, 이에 따라 다음과 같은 중앙 집중형 짜임새를 확인할 수 있다.[28]

A 이는 모세가 선포한(דבר) 말씀(דברים)이다(1전반절)
B 장소: 요단강 근처(1후반절)
C 시간: 호렙에서 열하룻길(2전반절)
D 모세가 여호와가 자신에게 명령하신(דבר) 모든 것을 이스라엘 백성들에게 공포하다(3후반절)
C′ 시간: 그가 시혼과 옥을 물리친 뒤에(4절)
B′ 장소: 요단강 근처(5전반절)
A′ 모세가 여호와가 말씀하신(דבר) 율법 설명하기를 시작하였다 (5후반절-6전반절)

크리스텐센은 기존에 5절까지를 한 단락으로 보던 관점과는 달리, 이 낱말이 단락을 열고 핵심을 이루며 단락을 닫는다고 주장했다. 사실 두 주장 가운데 정답을 가리는 일은 무의미하다. 다만 각각의 관점이 얼마나 논리적으로 설득력이 있느냐가 중요할 뿐이다. 더불어 본문의 짜임새에서부터 주석에 이르기까지 서로 다른 이해들은 본문의 의미를 해체하기보다는 본문의 의미를 더 풍성하게 해준다고 보는 것이 합당

28 D. L. Christensen, *Deuteronomy 1-11* (WBC 6A; Dallas: Word Books, 1991), 6.

하다. 그러므로 주석의 길에 들어선 이라면 창의적이고 논리적인 본문 이해의 관점을 찾기 위해 부단히 노력해야 한다. 그 첫걸음이 본문의 경계를 설정하고 짜임새를 분석하는 데서 시작된다. 특히 주석을 위해서 본문의 단락을 구분할 때는 기존 주석을 먼저 보지 말고, 본문의 여러 차원을 면밀하게 검토해서 스스로 해보기를 권장한다. 자칫하면 기존 주석의 단락 구분이 본문의 새로운 단락 구분을 통한 새로운 의미 도출에 선입견으로 작용하여 방해가 될 수도 있다.

- 주석을 위해 선택한 히브리어 본문의 언어적 특징을 분석하고 그것을 바탕으로 분석표를 작성해보시오.

- 선택한 본문의 짜임새를 나눌 기준을 정하고 본문의 짜임새를 구분한 뒤에, 기존 주석들과 비교해보면서 어떤 공통점과 차이점이 있는지 살펴보시오.

제 5 부

본문의 역사적 배경 관찰

구약성경의 본문은 최종 형태의 문헌으로 우리에게 전달되기까지 오랜 세월 동안 형성 및 전승 과정을 거쳤다. 이런 성경의 본문에서 표면적이고 공시적인 관찰만으로 그 뜻을 제대로 이끌어내는 주석을 완성할 수 있으리라는 생각은 명백한 오해다. 구약성경에는 처음부터 문헌의 형태로 기록되었을 것으로 여겨지는 본문도 있지만(가령, 연대기, 목록, 삼하 9-20장+왕상 1-2장의 왕위 계승 이야기 등),[1] 더러는 오랜 세월 동안 입에서 입으로 전해져 내려오다가 그것이 기원한 상황과는 매우 달라진 환경에서 문헌화되기도 했고, 또 다른 경우는 같은 주제나 사건을 두고 서로 다른 저자들이 단편적으로 저술한 문헌들이 합쳐지는 과정을 거치기도 했다. 그런가 하면 어떤 문헌 저작물 사이사이에 다른 이야기가 삽입되기도 했다.

이런 점에서 구약성경에 접근하는 이에게 성경이 전하는 내용의 "기원"과 그 문헌의 "형성"을 구분하는 것은 기본적으로 요구되는 인식이다. 이를테면 다니엘서에서 다니엘이라는 인물을 둘러싼 전승의 기원은 바벨론 포로기로 거슬러 올라갈 수 있다. 하지만 문헌 형태의 다니엘서가 형성된 것은 훨씬 후대인 헬레니즘 시대다.[2] 그래서 다니엘서의 기본적인 배경은 바벨론 포로기이지만, 문헌 형태의 다니엘서 본문은 헬레니즘 시대의 박해 상황을 전제하며, 그 시대의 독자를 지향한다. 다니엘서를 주석하는 사람이라면 이런 사실을 분명히 인식해야만 한다.

또한 구약성경의 개별 본문들에 쓰인 언어나 개념 자체도 최종 형태의 개별 본문만을 관찰해서는 파악하기 힘들 때가 있다. 언어 사용의 관점에서 보면 이는 형성 시기의 언어 관습과 배경이 세월이 흐름에 따라 달라진 까닭인 경우가 있다. 또한 특정한 개념이 역사적 상황이나 상징 체계의 변화에 따라 달라진 경우도 있다. 이렇게 다층적인 본문의 역사

1 참조. Barth, Steck, *Exegese des AT*, 31.

2 최종 형태 다니엘서의 형성 연대에 관해서는 뢰젤, 『구약성경 입문』, 149을 보라.

적 배경은 주석 과정에서 반드시 되짚어볼 필요가 있다.

우리는 이제 구약성경 본문을 주석하기 위해서 본문의 역사적 배경을 다루는 다양한 방법들을 알아보고 실습할 것이다. 여기서 다루는 여러 관점과 방법론은 구약성경에 드러난 본문 형성의 역사적 배경에 관한 일반적인 사항들이다. 이는 구약성경 본문 연구의 역사와도 잇닿아 있다.[3]

먼저 최종 형태 본문의 통일성/비통일성 분석에 집중하는 문헌비평에서 시작한다. 그다음으로는 본문에서 찾아볼 수 있는 관용구를 바탕으로 본문의 장르(Gattung)와 그 "삶의 자리"(Sitz im Leben)를 탐구하는 양식비평과, 구약성경에서 특정 장르의 역사를 되짚고 해당 본문의 위치를 파악해가는 양식사를 다룰 것이다. 그런 뒤 구약성경 본문의 문헌 이전 구두 전승 과정을 추적할 텐데, 여기에는 두 가지 관점이 있다. 곧 구두 전승의 과정과 형식(*traditio*)을 분석하고 그 역사와 의미를 재구성하는 전승비평/전승사와, 전승의 내용과 사상(*traditum*)을 분석하고 역사적 발전 과정을 종합하는 전통비평/전통사가 그것이다. 그리고 마지막에는 최종 형태 본문의 형성 과정을 재구성하는 편집사로 이번 장을 갈무리할 것이다. 편집사는 사실상 문헌비평의 종합적 관점이다. 따라서 본문의 역사적 배경에 관한 고찰은 문헌 형태의 본문에 대한 분석에서 시작해서 그 분석에 대한 종합으로 마무리된다고 볼 수 있다.

성경 주석을 할 때 모든 본문에 모든 방법론을 다 적용할 수 없다는 사실은 분명하다. 더구나 모든 방법론을 동원해도 구약성경 본문의 형성 과정을 모조리 재구성할 수 있는 것도 아니다. 그렇기에 해당 본문의 역사적 배경을 가장 특징적으로 드러낼 수 있는 방법론을 찾아 적용하는 것이 중요하다. 반면에 어떤 본문도 역사적 배경 없이 형성되지 않았다는 사실도 분명하다. 성경 본문을 주석하면서 주석자와 성경 본문,

3 이에 관해 크로이처, 『구약성경 주석 방법론』, 34-37를 참조하라.

그리고 그 이면에 있는 역사적 배경의 틈을 인정하지 않고 성급하게 주관적인 주석을 해버린다면 성경 본문의 참된 뜻을 훼손하는 결과를 낳을 수도 있다. 구약성경의 저자와 본문, 그리고 그것을 읽는 독자 사이의 틈을 완벽하게 메울 수는 없더라도 가능한 한 모든 방법을 써서 틈 메우기를 시도해야 할 것이다.

일반적으로 본문의 역사적 배경에 대한 관찰은 주석의 사전 작업에 속한다. 그래서 기존 주석서들에서는 본문의 역사적 배경을 다양한 관점에서 관찰하는 개별 방법론들을 따로 분리하는 경우가 드물다. 그 대신 본문의 특징을 가장 잘 드러내는 방법론을 선택하거나 본문을 주석해나가는 과정에 스며들게 해서 적용하는 것이 일반적이다. 하지만 이 책은 교육적 목표를 위해서 개별 방법론들을 분리해서 다룬다. 학습자는 개별 방법론에서 구약성경 본문의 역사적 배경을 다루는 핵심 관점이 무엇인지, 또 그것이 다른 방법론들과 어떤 점에서 차이가 있는지, 그리고 구약성경의 여러 본문에 구체적으로 어떻게 적용할 수 있을지를 파악하는 데 주안점을 두어야 할 것이다.

다음은 기원후 150년 무렵 타티아노스(Tatianos, 120?-173)가 만든 "디아테사론"(Diatessaron; 통관복음)[1] 4장 일부분을 우리말 성경을 바탕으로 재현해본 것이다.[2] 먼저 합쳐진 본문을 읽어보고 이야기의 진행에 관한 서로의 생각을 나누어보자. 그런 다음 누군가가 28절 이하의 내용을 읽고 이 본문이 몇 개의 서로 다른 문헌이 합쳐진 것이라는 사실을 눈치챘다면 어떤 근거로 그렇게 말할 수 있을지 생각해보자.

1-11 (요 1:18–28)

12-19 (마 3:4–10)

20-27 (눅 3:10–18)

28 이때에 예수께서 갈릴리로부터 요단강에 이르러 요한에게 세례를
받으려 하시니(마 3:13) 29 삼십 세쯤 되시니라. 사람들이 아는 대로
는 요셉의 아들이니(눅 3:23 일부) 30 요한이 예수께서 자기에게 나아
오심을 보고 이르되 "보라! 세상 죄를 지고 가는 31 하나님의 어린 양
이로다. 내가 전에 말하기를 '내 뒤에 오는 사람이 있는데 나보다 앞
선 것은 그가 나보다 먼저 계심이라' 한 것이 이 사람을 가리킴이라.
32 나도 그를 알지 못하였으나 내가 와서 33 물로 세례를 베푸는 것은
그를 이스라엘에 나타내려 함이라" 하니라(요 1:29–31). 요한이 말려
34 이르되 "내가 당신에게서 세례를 받아야 할 터인데 당신이 내게로
오시나이까?" 예수께서 대답하여 이르시되 "이제 허락하라. 우리가
이와 같이 하여 모든 의를 이루는 것이 합당하니라" 하시니 35 이에
요한이 허락하는지라(마 3:14–15). 백성이 다 세례를 받을새 36 예수
도 세례를 받으시고(눅 3:21 일부) 곧 물에서 올라오실새 하늘이 열리
고(마 3:16 일부) 37 성령이 비둘기 같은 형체로 그의 위에 강림하시더

1 타티아노스는 시리아 출신으로 초기 기독교의 금욕주의 변증가다. 페쉬타의 구약성경 본문과 연관하여 타티아노스의 통관복음에 대해 논의한 논문으로는 Jan Joosten, "Tatian's Diatessaron ans the Old Testament Pesheitta," JBL 120(2001), 501-23을 보라.

2 관련 홈페이지(http://www.ccel.org/ccel/schaff/anf09.iv.iii.iv.html)를 참고했다.

니(눅 3:22 일부) 38하늘로부터 소리가 있어 말씀하시되 "이는 내 사
랑하는 39아들이요, 내 기뻐하는 자라" 하시니라(마 3:17). 요한이 또
증언하여 이르되 "내가 보매 40성령이 비둘기같이 하늘로부터 내려
와서 그의 위에 머물렀더라. 나도 그를 알지 못하였으나 나를 보내어
물로 세례를 베풀라 하신 그이가 나에게 말씀하시되 '성령이 내려서
누구 위에든지 머무는 것을 보거든 41그가 곧 성령으로 세례를 베푸
는 이인 줄 알라' 하셨기에 내가 보고 그가 하나님의 아들이심을 증
언하였노라" 하니라(요 1:32-34).

42, 43예수께서 성령의 충만함을 입어 요단강에서 돌아오사(눅
4:1a) 성령이 곧 예수를 광야로 몰아내신지라(막 1:12). 사탄에게 시
험을 받으시며 44들짐승과 함께 계시니(막 1:13 일부) 사십 일을 밤낮
으로 금식하신 후에(마 4:2a) 45이 모든 날에 아무것도 잡수시지 아
니하시니 날 수가 다하매 주리신지라(눅 4:2b). 시험하는 자가 예수
께 나아와서 이르되 "네가 만일 하나님의 아들이어든 명하여 이 돌들
로 떡 덩이가 되게 하라." 46예수께서 대답하여 이르시되 "기록되었
으되 '사람이 떡으로만 살 것이 아니요, 47하나님의 입으로부터 나오
는 모든 말씀으로 살 것이라' 하였느니라" 하시니 48이에 마귀가 예
수를 거룩한 성으로 데려다가 성전 꼭대기에 세우고 이르되 "네가 만
일 하나님의 아들이어든 뛰어내리라. 기록되었으되 '그가 너를 위하
여 그의 사자들을 명하시리니 그들이 손으로 너를 받들어 발이 돌에
부딪치지 않게 하리로다' 하였느니라." 49예수께서 이르시되 "또 기
록되었으되 '주 너의 하나님을 시험하지 말라' 하였느니라" 하시니
(마 4:3-7) 50마귀가 또 예수를 이끌고 올라가서 순식간에 천하만국
을 보이며 51이르되 "이 모든 권위와 그 영광을 내가 네게 주리라. 이
것은 내게 넘겨준 것이므로 내가 원하는 자에게 주노라. 52그러므로
네가 만일 내게 절하면 다 네 것이 되리라"(눅 4:5-7).

[5장으로 이어짐]

신약성경의 복음서는 이런 "통관복음"이 아니라 개별 복음서가 정경으로 공인되어 전해지게 되었다. 타티아노스가 만든 디아테사론은 사복음서로 나뉘어 전승된 복음서를 하나로 통합하고자 하는 시도의 결과였다. 그러나 앞의 본문을 잠시만 살펴보아도 알 수 있듯이, 여러 문헌 전승을 하나로 합치다 보면 사건의 진행이나 용어 등에서 완전한 조화를 이루지 못하고 충돌하는 요소들이 생기게 마련이다.

디아테사론의 존재는 구약성경의 본문을 이해하는 데 중요한 단서 구실을 한다. 구약성경의 첫 두 장을 보기로 들어보자. 가장 먼저 드는 의문점은 왜 창조 이야기를 두 번 전하느냐는 것이다. 창세기 2:3에서는 분명히 "하나님"이 "창조하시며 만드시던 모든 일을 마치"셨다고 보도한다. 그런데 이어지는 2:4은 "이것이 천지가 창조될 때에 하늘과 땅의 내력이니 여호와 하나님이 땅과 하늘을 만드시던 날에"로 시작하며 한 번 더 창조 이야기가 시작된다. 의문점은 그것만이 아니다. 창세기 2장에 등장하는 하나님이라는 명칭 앞에 1장에서는 찾아볼 수 없던 "여호와"가 덧붙는다. 그리고 창조를 이야기하는 방식이나 내용도 두 장이 분명하게 다르다. 왜 이런 반복과 모순이 한 책에서 잇닿은 두 장에 공존하고 있을까? 과연 이 질문은 어떻게 해결할 수 있을까? 이 두 장을 같은 사람이 썼을까, 아니면 다른 사람이 썼을까? 만약 다른 사람이 쓴 글이라면 어떻게 창세기 1장과 2장에 놓이게 되었을까? 그 의도는 무엇일까? 이런 질문이 끝없이 이어진다.

그런데 앞서 생각해본 디아테사론의 경우를 거꾸로 구약성경의 오경에 적용해보면 해결의 실마리를 찾을 수 있지 않을까? 곧 복음서와는 달리 창세기(를 비롯한 몇 권의 책)에 타티아노스의 시도와 같은 형태가 남아 있다면 어떨까 하는 것이다. 이런 전제에 따르면 창세기 1장과 2장의 기원이 서로 달랐을 수 있으며 그것이 후대에 합쳐진 상태로 우리에게 전해졌을 것이라는 가설이 힘을 얻는다. 달리 말해서 신약은 사복음서 형태의 개별 문헌들이 정경화되었다면, 반대로 구약의 첫 부분은 몇몇 문헌이 합쳐진 꼴이 정경화되었을 것으로 추정할 수 있다는 이야기다. 사실 오늘날까지 창세기를 비롯한 오경에서 찾아볼 수 있는 중복이나 모순 등의 문제를 해결하기 위해 많은 학자가 고민한 끝에 내놓은 결론이 그와 같다. 이제부터 다룰 "문헌비평"은 이와 같은 개별 본문에 대한 세밀한 관찰을 통해서 최종 형태 본문의 역사를 되짚어가는 작업이라고 할 수 있다.

본문의 통일성/비통일성
문헌비평

1. 문헌비평의 개념

문헌비평(文獻批評; Literarkritik 또는 영미권의 자료비평[source criticism])은 구약성경의 최종 형태 본문에서 도달할 수 있는 가장 오래된 본문의 핵심 요소를 분석하는 작업이다.[1] 따라서 문헌비평의 대상은 철저히 문헌화된 이후의 본문이다. 특히 문헌비평에서는 본문의 통일성과 비통일성에 초점을 맞춘다. 달리 말해 경계가 구분되는 본문 단위에서 내적인 연관성이 방해를 받는 요소가 있는지를 분석한다는 이야기다.[2] 그리하여 어떤 본문이 하나의 통일된 본문인지, 아니면 여러 문헌 단위들이 합쳐진 결과물인지를 밝힌다.

구약성경의 문헌비평이 필요한 이유는 문헌 저작에 대한 고대의 개념이 지금의 그것과는 다르다는 데 있다. 오늘날에는 어떤 문헌이든 저자가 분명히 밝혀져야 하고, 그 저자의 고유한 지적 재산권도 보호해야

1 참조. Becker, *Exegese des AT*, 42-43; 비교. Barth, Steck, *Exegese des AT*, 32.
2 Becker, *Exegese des AT*, 57.

하며, 다른 저자들은 그것을 지켜야 할 의무가 있다. 하지만 구약성경을 비롯한 고대 근동의 문헌을 저작한 사람들은 오늘날과는 달리 다양한 문헌을 합치고 보충하는 데 아무런 거부감이 없었다.

문헌비평의 시작점은 개별 본문 단위다. 그러나 이런 개별 본문이 속한 더 큰 문헌 층에서 비슷한 요소들을 찾고, 그 문헌 층의 통일성과 비통일성까지 검증한다. 거꾸로 개별 본문 단위의 비통일적 요소가 어떤 문헌 층에서 비롯했을지를 검증하는 작업도 포함한다. 이 책은 편의상 개별 본문 단위의 문헌 분석을 **미시적(microscopic) 차원의 문헌비평**, 더 큰 문헌 층의 문헌 분석을 **거시적(macroscopic) 차원의 문헌비평**이라 일컫는다. 거시적 차원의 문헌비평은 언제나 미시적 차원의 문헌비평에서 시작하며, 후자는 전자를 통해 확장될 수 있다. 더불어 문헌비평은 본문의 역사적 배경에 대한 관찰의 마무리라고 할 수 있는 편집사(Redaktionsgeschichte) 재구성의 첫걸음이다.

2. 문헌비평의 배경[3]

18세기에 접어들면서 구약성경 본문 연구는 큰 변화에 맞닥뜨렸다. 곧 계몽주의의 영향으로, 성경의 저자들이 자신을 둘러싼 역사적 상황과 한계 아래서 성경의 문헌을 생산해냈으며, 자신에게 전승된 문헌 본문 단편들에 기대고 있었다는 인식이 생겨나기 시작했다. 이런 인식의 변화는 자연스레 모세 오경의 문제에 집중된 연구 풍토를 조성했다. 처음

3 문헌비평의 간략한 역사는 크로이처, 『구약성경 주석 방법론』, 102-4을 참조하라. 또한 모세 오경의 형성사는 다음 자료들을 보라. 특히 쳉어의 책은 지금까지 제안된 이론들을 도식화해서 제공한다. 에리히 쳉어 등 지음/이종한 옮김, 『구약성경개론』(왜관: 분도출판사, 2012). 130-224; 슈미트, 『구약, 어떻게 공부할 것인가?』, 262-80.

부터 오경과 관련하여서 관심의 대상이 되었던 것은 중복,[4] 긴장과 모순,[5] 신명의 교차(신명사문자, 엘로힘) 등이었다.

사실 오경에서 드러나는 이런 문제는 계몽주의 시대 이전에도 관찰되었다. 이때 문제의 핵심은 문헌 형태의 오경이 어떻게 형성되었느냐는 것이었다. 가장 먼저 논쟁거리가 된 문제는 오경의 최종 저자에 관해서였다. 이는 곧 과연 최종 형태의 오경을 모세가 쓴 게 맞느냐의 문제였다. 성경은 오경의 저작권을 모세에게 돌린다.[6] 하지만 신명기 마지막 부분에 등장하는 모세가 죽는 장면에 관한 보도가 문제였다(신 34:5-12).

이에 관해 필론(Philon, 기원전 15?-기원후 50?)이나[7] 요세푸스와[8] 같은 초기 유대교 학자들은 모세 오경을 모세의 저작으로 여겨 성경의 증언을 변호했다. 반면에 탈무드 전승에서는 이 기록의 기원을 여호수아에게로 돌렸다.[9] 중세로 접어들면서 이븐 에즈라(Ibn Ezra, 1089-1164)와 같은 유대 학자들은 신명기 1:1에서 신명기가 가나안 땅에 들어온 이후의 시점에 기록되었다고 말하는 것이나 창세기 36:31에서 왕정 시대를 전제하고 말하는 것을 바탕으로 모세의 오경 최종 저작설에 의문을 품기 시작했다.

그 뒤를 이어 인문주의자들은 오경을 역사서로 보면서 저작자보다는 원문에 더 많은 관심을 두었고, 그 연장선상에서 종교개혁자들은 본

---

4 두 창조 이야기(창 1:1-2:4a//2:4b-3:24), 하나님이 벧엘에서 야곱에게 계시하셨다는 이야기(창 28:10-22//35:9-15) 등

5 홍수 이야기에서 찾아볼 수 있는 서로 모순되는 진술들, 곧 원인(창 6:5//6:11 이하), 방주에 들어간 동물들(창 7:2//6:19 이하), 홍수의 기간(창 7:4, 12//7:6; 8:13-14), 홍수의 형태(창 7:6; 8:3 이하//7:11; 8:1 이하), 방주에서 나오는 방법(창 8:6-12//8:15-17) 등을 들 수 있다.

6 구약성경에서는 "모세의 율법책"(출 24:4; 신 31:9, 22; 수 23:6; 왕하 14:6; 신 24:16; 대하 25:4)이라고 표현하는데, 이는 신약성경에서도 그대로 받아들여졌다(막 12:26; 마 8:4; 19:7; 눅 2:22; 요 1:17).

7 Philon, *De vita Mosis*, 3, 39

8 Josephus, *Antiquitates Iudaicae IV*, 8, 48, §326.

9 *b* Baba Batra 14b.

문의 역사적 맥락에서 그 문자적 의미를 강조했다. 하지만 그들은 오경의 모세 저작설을 직접 비평하지는 않았다. 물론 보덴슈타인(Andreas Bodenstein, 1486-1541)은 오경의 저자를 에스라로 보는 견해를 밝히기도 했다.[10] 17세기에 와서도 스피노자(Baruch Spinoza, 1632-1677)는 모세가 오경의 "저자"요 "율법수여자"라고 말했지만,[11] 오늘날 우리가 가지고 있는 오경은 매우 복잡하고 이질적이어서 에스라 시대에 와서야 한데 모이고 여러 모음집과 전승들의 편집을 통해 탄생했다고 보기에 이르렀다.

계몽주의 시대에 들어서면서는 오경 저작과 관련하여 오늘날 우리가 말하는 뜻에서 "문헌비평적 관찰"이 주를 이루게 되었다. 가장 먼저 등장한 것은 **구(舊)-문서가설**(Ältere Urkundenhypothese)인데, 그 기본적인 개념은 독립적으로 저작된 개별 문헌들이 추가되어가면서 오경이 완성되었다는 것이다. 우선 비터(Henning Bernhard Witter, 1683-1715)는 신명사문자와 엘로힘의 교차는 해당 본문 부분이 서로 다른 출처에서 왔음을 보여준다고 주장했다.[12] 그리고 아스트뤼크(Jean Astruc, 1684-1766)는 전통적인 모세 오경 저작설을 옹호하면서도 모세가 작업했던 문서 자료에 초점을 맞추었다.[13] 그리하여 그는 언어, 세계관, 중복 등을 근거로 A(엘로힘) 자료, B(신명사문자) 자료를 비롯해서 C-M 자료까지 제시했다. 또한 아이히호른(Johann Gottfried Eichhorn, 1752-1827)은 주된 두 가지 자료(엘로힘 자료, 예호바 자료)와 부수적인 여러 단편 자료를

---

10 *De canonis scripturis*(1520).

11 Baruch Spinoza, *Tractatus theologico-politicus*(1670)(=김호경 옮김, 『신학-정치론』[서울: 책세상, 2015]). 이에 관해 다음 자료를 참고하라. 최형익, 『스피노자의 신학정치론 읽기』(서울: 세창출판사, 2017).

12 Henning Bernhard Witter, *Jura Israelitarum Palestinam*(Hildesheim, 1711).

13 Jean Astruc, *Vermutung über die authentischen Überlieferungen: deren sich Mose bei der Abfassung der Genesis bediente*(Paris, 1753)

모세가 한데 모았다고 주장했다.[14] 그리고 마침내 일겐(Karl David Ilgen, 1763-1834)은 오늘날까지 알려진 "네 자료설"의 초기 모델, 곧 예호바, 엘로힘("제사장 문서", "엘로히스트"), 신명기 자료를 제시하기에 이른다.[15]

이 "구-문서가설"과는 대조적으로 파터(Johann Severin Vater, 1771-1826)는 이른바 **단편가설**(Fragmentenhypothese)을 내놓았다. 그에 따르면 모세는 오경 중 개별 부분들의 저자이며, 신명기가 오경의 핵심이었다. 그래서 그는 오경에는 서로 독립적인 39개의 전통 단위들이 있었다고 주장했다.[16] 드 베테(Wilhelm Martin Leberecht de Wette, 1780-1849)는 초기에 파터의 "단편가설"을 수용해 박사학위 논문을 작성했다.[17] 하지만 그는 이내 생각을 바꾸어 "단편가설"과 "문서가설"을 절충한 이른바 **보충가설**(Ergänzungshypothese)을 내놓았다.[18] 여기서 그는 핵심적으로 "엘로힘 서사시"(Elohim Epos)에 수많은 "예호바 단편들"이 보충되었다고 주장했다. 또한 신명기의 핵심인 중앙 성소에 대한 강조가 열왕기하 22-23장에 소개된 요시야 왕의 종교개혁과 관련이 있다고 보면서 그런 보충이 기원전 622년경으로 거슬러 올라갈 것이라고 주장했다. 이 "보충가설"은 19세기 초반에 많은 반향을 불러일으켰다.

"구-문서가설"에서 시작해 "단편가설"을 거쳐서 "보충가설"에 이르기까지 오경의 형성에 관한 연이은 논의는 19세기 후반에 다시 "문서가설"로 귀결되었다. 이를 **신(新)-문서가설**(Neuere Urkundenhypothese)이라 일컫는다. 우선 훕펠트(Herman Hupfeld, 1796-1866)는 이른바 "세

---

14 Johann Gottfried Eichhorn, *Einleitungswissenschaft*(Jena, 1779).

15 Karl David Ilgen, *Die Urkunden des Jerusalemischen Tempelarchivs in ihrer Urgestaltals: Beytrag zur Berichtigung der Geschichte der Religion und Politik aus dem Hebräischen mit kritischen und erklärenden Anmerkungen, auch mancherley dazu gehörigen Abhandlungen. Theil 1: Die Urkunden des ersten Buchs von Moses*(Jena, 1798)

16 Johann Severin Vater, *Abhandlunng über Moses und die Verfasser des Pentateuchs*(1802-1805).

17 Wilhelm Martin Leberecht de Wette, *Dissertatio critica*(1805).

18 Wilhelm Martin Leberecht de Wette, *Beiträge zur Einleitung in das AT*(1806/07)

자료설"을 내놓았다.[19] 그에 따르면 오경에는 기본 문서인 "엘로힘의 첫 문서"(E1=P)가 있었으며, 여기에 "여호와 문서"(J)와 "둘째 엘로힘 문서"(E2)가 추가되었다고 한다. 반면에 리임(Eduard Karl August Riehm, 1830-1888)은 신명기가 독립적인 작품이라는 드 베테의 주장을 받아들여 "네 자료설"을 주장했다.[20] 그가 주장한 네 자료설의 순서는 제사장 문서(P)-엘로힘 문서(E)-여호와 문서(J)-신명기 문서(D)였다. 리임의 이 네 자료설은 그 이후 거의 수정되지 않았으며, 다만 네 자료의 순서가 쟁점이 되었다.

그리고 마침내 벨하우젠(Julius Wellhausen)은 오늘날까지 기본적으로 수용되는 네 자료의 순서에 관한 이론을 정립하기에 이른다.[21] 그에 따르면 J 본문은 신학적·윤리적으로 E 본문보다 덜 심화되었다는 점에서 더 오래되었다. 그리고 두 본문 모두 예배의 중앙 통일화(Kultzentralisation)를 전제하지 않는다는 점에서 D 본문보다 오래되었다. 또한 P 본문은 예배의 중앙 통일화가 이제 더 이상 문제시되지 않는다는 점에서 D 본문보다 나중의 것이다. 한편 그는 J 본문을 토대로 E 본문을 수용하여 "예호비스트 역사서"(Das jehovistische Geschichtswerk=JE)가 형성되었으며, JE 역사서는 나중에 D 본문과, 또 그 후에 다른 편집자에 의해 P 본문과 결합되었다고 주장했다. 결국 그는 J-E-D-P의 순서를 논증한 것이었다. 물론 오늘날 벨하우젠의 주장을 그대로 이어받는 사람은 없다. 오경은 물론 역사서까지 아우르는 본문에 대해 다양한 형성 이론들이 제안되어왔다.[22] 그럼에도 오경 형성의

19 H. Hupfeld, *Die Quellen der Genesis und die Art ihrer Zusammensetzung von neuem untersucht*(Berlin, 1853).

20 E. Riehm, *Die Gesetzgebung Moses im Lande Moab*(Gotha, 1854).

21 벨하우젠의 대표적인 저술은 다음과 같다. Julius Wellhausen, *Prolegomena zur Geschichte Israels*(Berlin, [2]1883); *Die Composition des Hexateuchs und der historischen Bücher des AT*(Berlin, 1885).

22 가령 Martin Noth의 민수기까지만 아우르는 "사경"(Tetrateuch)과 "신명기+신명기계 역

역사에 관한 벨하우젠의 주장은 모든 이론의 출발점 구실을 해왔다. 그리하여 오경의 형성 과정은 대략 다음과 같이 정리된다.[23]

J 야휘스트	대략 기원전 950년 (기원전 926년 왕국분열 이전, 솔로몬 시대)
E 엘로히스트	기원전 800년경 (문서 예언 이전, 특히 호세아 이전)
D (원-)신명기	기원전 7세기 (기원전 622년 요시야 종교개혁 직전; 후대에 광범위하게 확장됨)
P 제사장 문서	기원전 550년경 (포로기; 포로기 이후의 보충)

오늘날 학자들은 오경에 있는 개별 자료들의 목록을 분류하는 시도도 한다.[24] 더불어 오경에 관한 문헌비평 연구 방법은 다른 책으로도 확장되었다.[25]

지금까지 살펴본 구약성경의 문헌비평 연구는 앞서 언급한 대로 고대 문헌 전승의 유연성이 전제가 된다. 그리고 책이나 여러 책을 아우르는 거시적인 관점은 언제나 개별 본문에 대한 미시적인 관찰에서 시작함을 알 수 있다. 이는 주석을 하기 위해서 문헌비평에 입문하는 이들에게 중요한 단서가 된다.

사서" 가설, G. von Rad의 여호수아까지 아우르는 "육경"(Hexateuch) 가설 등은 이후에 다룰 편집사에서 좀 더 논의할 것이다. 그 밖에도 창세기부터 열왕기를 아우르는 "구경"(Enneateuch) 가설에 이르기까지 매우 많은 이론이 제안되었다. 이런 제안들에 대해서는 쳉어, 『구약성경 개론』, 163-209을 참고하라.

23 참조. 베르너 H. 슈미트 지음/차준희, 채홍식 옮김, 『구약성서입문 I』(서울: 대한기독교서회, 2002), 78-81.

24 오경의 자료들을 개괄적으로 살펴보려면 다음 자료를 참고하라. 슈미트, 『구약, 어떻게 공부할 것인가?』, 284-85(P), 312-13(J), 334-35(E).

25 이후에 다루는 "거시적 문헌비평 단계"를 보라.

3. 문헌비평 방법론

모든 문헌비평은 개별 본문에 관한 미시적이고 정밀한 분석에서 시작해야 한다. 개별 본문에 대한 구체적 관찰과 분석이 결여된 거시적 차원의 논의는 사변적으로 단순화하는 오류에 빠져버릴 우려가 있다. 그럼에도 본문에 대한 미시적인 관찰은 거시적 관점에서 다시 검증되어야 한다. 그렇지 않으면 더 넓은 차원의 일관성과 보편성을 놓치고 성급하게 본문의 고유성과 특수성으로 결론 내려버릴 수 있기 때문이다. 그래서 어떤 본문에서 본문의 통일성을 방해하는 이질적인 요소를 감지했다면, 비슷한 문체나 용어 및 신학적 관점을 또 찾을 수 있을지 그 범위를 확장해서 찾아보아야 한다.

1) 미시적 문헌비평 단계

(1) 본문의 경계 설정 확인

문헌비평의 관점에서 중요한 것은 본문 단락의 통일성과 비통일성이다. 지금까지 논의한 주석의 단계에서 주석 본문 단락의 경계는 두 번에 걸쳐 검증했다. 곧 주석을 위해 본문을 선택하는 단계에서 한 번, 그리고 본문의 언어를 분석하고 짜임새를 구분하면서 한 번이다. 이제 문헌비평의 결과를 분석하면서 다시 한번 본문의 경계 설정을 검증할 필요가 있다. 어떤 본문에 확장된 요소가 있는데, 본문의 흐름이 깨진다고 해서 그 확장 요소 바로 앞이나 바로 뒤에서 본문의 경계를 설정해버리면 문헌 형태 본문의 형성과 전승 과정을 정확히 반영할 수 없기 때문이다. 그래서 경계를 설정할 때 했던 시작 표지, 마침 표지, 계속 표지를 다시금 점검하고, 한 단락 앞과 뒤도 살펴서 경계 설정이 올바른지 재검증해야 한다. 이런 점에서 피베거(Dieter Vieweger)가 제안한 다음의 네 단계

는 문헌비평을 위해 유의미하다.[26]

① 본문의 경계를 앞뒤로 검토해보라. 우선 마소라 본문과 BHS의 비평 각주에 있는 해당 사항들을 평가해보라.
② 본문을 현재의 범위나 아니면 내용에 맞는 다른 곳에 경계를 설정하도록 하는 내용적, 형식적, 문체적, 양식사적, 운율적 특징들이 있다면 열거해보라.
③ 그런 다음에는 거시적 문맥을 살펴보라. 문헌의 주변 상황에서 앞뒤의 본문과 직접 연결할 수 있음이 분명한가?
④ 스스로 내린 결정에 대한 "역산"(Gegenprobe)으로서 바로 인접한 본문 단락의 경계를 살펴보고 그 개연성을 검증해보라.

(2) 본문의 통일성/비통일성 확인

주석할 본문의 통일성/비통일성을 확인하기 위해서는 먼저 몇 가지 질문을 던져보아야 한다. 그런 뒤에 본문에 통일성이 있다면 왜 그런지, 또 비통일적 요소가 있다면 어떤 것이며, 어떻게 구성되었는지를 분석해야 한다.

① 본문의 통일성 검증을 위한 질문[27]

지금부터 나열하는 질문들은 본문의 흐름을 잇거나 깨뜨리는 차원이 어떻게 이루어지는지를 검증하는 도구들이다. 이를 통해 표면적인 본문의 통일성/비통일성을 검증할 수 있다. 곧 이 질문들을 통해 본문 흐름의 단절과 연속을 추정할 수 있는 단서를 찾을 수 있다는 말이다. 물론

26 크로이처, 『구약성경 주석 방법론』, 107.
27 참조. Becker, *Exegese des* AT, 63-64.

더 많은 질문을 할 수 있지만 다음의 질문 정도에서 시작하는 것이 적당하다.

i) 형태론적·통사론적 차원의 질문

- 어휘: 구약성경에서 드물게 나오거나 한 번만 나오는 어구(*hapax legomenon*)가 있는가? 특정 어휘를 선호하는 경향이 있는가?
- 낱말의 종류(명사, 동사, 형용사 등)와 형태(성, 수, 격): 동작 동사가 주를 이루는 본문은 이야기체인 경우가 많다. 명사가 주를 이룬다면 신학적 성찰이 특징을 이루는 본문임을 보여준다. 통사론적으로 문장이나 문장의 부분이 어떻게 이어지고 있는가?

ii) 의미론적 차원의 질문

- 본문에서 쓰인 낱말들은 문맥에서 어떤 뜻인가?
- 끝까지 같은 뜻으로 쓰이는가, 아니면 의미론적인 단절이 있어서 독자의 독서를 방해하는 곳이 있는가?

iii) 이야기 진행 차원의 질문

- 이야기의 전개 과정이 어떻게 묘사되고 결론이 나는가?
- 등장인물들은 어떻게 묘사되는가?
- 등장인물들 사이의 관계는 어떠한가?
- 이야기가 진행되다가 건너뛰거나 끊어지는 곳이 있는가?

② 본문의 비통일성 요소[28]

앞서 열거한 질문을 본문에 적용하는 과정에서 본문의 단락에서 내적

---

28 문헌비평에서 찾아볼 수 있는 비통일성의 요소들과 보기는, 크로이처, 『구약성경 주석 방법론』, 107-11; Utzschneider, *Arbeitsbuch*, 286-92; Becker, *Exegese des AT*, 59-62; Barth, Steck,

연관성을 방해하는 요소들이 눈에 띈다면 그것들은 일반적으로 다음과 같이 분류할 수 있다. 이런 비통일성 요소들을 구분할 때 유의할 점이 있다. 곧 비통일성 요소가 문헌비평과 관련한 비통일성의 근거인지, 단일한 저자의 수사 기법인지를 재고해야 한다는 것이다.

i) 중복과 반복

한 단락 안이나 연관된 여러 단락의 본문 층 안에서 같은 내용의 이야기나 언급이 두 번 이상 등장하는 경우가 해당한다. 가령 홍수 이야기(창 6-9장)에서 같은 내용의 언급이 중복되는 경우나,[29] 하나님이 모세를 부르신 이야기가 두 번(출 3:1-14; 6:2-12) 나오는 등의 경우를 들 수 있다.

ii) 긴장과 모순

한 단락 안이나 연관된 여러 단락의 본문 층 안에서 서로 충돌하거나 모순된 이야기 및 언급이 공존하는 경우가 해당한다. 가령 홍수 이야기에서 드러나는 모순된 언급들이나,[30] 출애굽 당시 홍해 사건(출 14:21-29)에서 밤새 동풍이 불어서 바다가 마른 땅이 되었다는 보도와 모세가 지팡이를 들자 물이 갈라져 좌우에 벽처럼 서 있었다는 이야기가 공존하는 등의 경우를 들 수 있다.

Exegese des AT, 34; Fohrer, *Exegese des AT*, 50-54를 참조할 수 있다.

29 인간들의 악함(창 6:5; 6:11-12); 멸종시키겠다는 결정(창 6:7; 6:13); 홍수의 예고(창 7:4; 6:17); 방주에 들어가라는 명령(창 7:1; 6:18); 동물을 데리고 들어가라는 명령(창 7:2; 6:19-20); 그 동물로 생명을 보존하게 하려 하심(창 7:3; 6:19); 동물들과 함께 방주에 들어감(창 7:7-9; 7:13-16); 홍수가 시작됨(창 7:10; 7:11); 물이 불어 방주가 떠감(창 7:17; 7:18); 모든 생물이 죽음(창 7:22-23; 7:20-21); 홍수가 멈춤(창 8:2a; 8:2b); 물이 줄어듦(창 8:3a; 8:3b, 5); 방주에서 나오는 이야기(창 8:6-12; 8:15-17); 하나님이 다시는 홍수로 벌하지 않으시겠다고 약속하심(창 8:20-22; 9:8-17) 등.

30 앞의 "각주 5)"를 보라.

iii) 단어 선택과 문체

한 단락 안이나 연관된 여러 단락의 본문 층 안에서 한 개념(시니피에)에 대한 서로 다른 낱말의 선택(시니피앙)이나, 분명하게 구분되는 문체(산문과 운문 등)가 공존하는 경우가 해당한다. 가령 앞서 언급한 출애굽기 14장의 홍해 사건 이야기에서 "마른 땅"에 대한 낱말 선택이 한 단락 안에서 다른 경우(하라바[21절]//얍바샤[22, 29절])가 여기에 해당한다. 또한 산문과 운문이 공존하는 요나 2장이나 하박국 3장의 기도문 등도 그렇다. 더 나아가 오경에서 나타나는 신명의 교차도 단어 선택에 따른 비통일성 판단의 중요한 근거가 된다.

iv) 역사적 배경이나 논쟁점의 차이

한 단락 안이나 연관된 여러 단락의 본문 층 안에서 여러 차원의 역사적 배경이 공존하거나 서로 구분되는 제의나 율법, 신학 사상이 충돌하는 경우가 해당한다. 가장 대표적인 경우가 이사야서다. 이사야 1-39장은 기원전 8세기 말을 배경으로 하는 데 비해, 40-55장은 바벨론 포로 말기를 전제하기 때문이다. 특히 이 두 부분은 다음과 같은 관점에서 서로 충돌한다.[31]

• 이사야 6장에서는 아직 예루살렘 성전이 파괴되지 않았다.	• 이사야 51:3과 52:9은 기원전 587/6년에 (성전을 포함하여) 예루살렘이 파괴된 뒤의 상황을 이야기한다.
• 유다는 자기 땅에 거주한다(사 5:25 이하; 7:1 이하).	• 독자는 아직 바벨론 포로 생활을 하고 있다(사 43:14 이하)
• 당대의 세계 패권은 아시리아가 쥐고 있다(사 10:5 이하).	• 당대의 세계 패권 국가가 바벨론이라고 말한다(사 47장)

31 참조. 크로이처, 『구약성경 주석 방법론』, 110.

(3) 본문의 단위 구분과 상대적 연대기

① 본문의 단위 구분[32]

본문 단락에 대한 통일성/비통일성 검증은 결국 본문이 원래 한 단위의 문헌으로 저술되었는지, 아니면 둘 이상의 문헌 단위가 합쳐진 상태인지를 판가름하게 해준다. 그런데 후자의 경우라고 하더라도 몇 가지 경우로 더 세분화된다. 이때 다음과 같은 네 가지 형태로 분류하는 것이 일반적이다.

i) 단순 단위

본문의 내적 연관성에 방해가 되는 요소 없이 일관된 의미 체계가 통일성을 이루며 완결된 구조를 드러내는 본문 단위를 말한다. 창세기 12:10-20의 경우를 보기로 들 수 있다. 이 본문은 아브라함이 이집트로 내려간 이야기를 전한다. 아브라함은 자기 아내 사라의 아리따움 때문에 자신이 죽을 것을 두려워하여 아내를 누이라고 속인다. 이 이야기는 사건의 발단(이집트로 내려감, 아내의 아리따움)과 전개(아내를 누이라 속이기로 도모함), 위기(이집트 파라오가 사라를 불러들였다가 재앙을 겪음)와 결말(사라와 재산을 되돌려 받음)이 완결된 구조를 이루고 있으며, 본문의 내적 연관성을 방해하는 그 어떤 요소도 찾아볼 수 없다.

ii) 단편(斷片)

단편이란 일반적으로 어떤 단순 단위에 삽입된 상태로 전승된 본문 단위를 일컫는다. 이 단편은 편집이나 그 밖의 개정 요소로서 내용상 완전하게 다듬어지지 않은 불완전한 상태다. 그래서 본문에 명확히 언

32 이 구분에 관해서는 다음 자료들을 보라. Fohrer, *Exegese des AT*, 54-57; 크로이처, 『구약성경 주석 방법론』, 112.

급되지 않지만 단편을 통해 문맥상 다듬어진 완전한 이야기를 추정할 수 있는 경우가 생긴다. 홍수 이야기 가운데 창세기 7:1을 보기로 들 수 있다.

> 여호와께서 노아에게 이르시되 "너와 네 온 집은 방주로 들어가라. 이 세대에서 네가 내 앞에 의로움을 내가 보았음이니라"(창 7:1).

이 단편은 노아가 방주를 완성했다는 사실을 전제한다. 그러나 본문에는 그 이야기가 없고, 다만 창세기 6:22에서 편집자로 보이는 손길의 요약 어구만 있을 뿐이다(비교. 창 7:5). 그래서 이 구절은 노아가 방주를 만드는 이야기에서 불완전하게 남아 있는 단편이라고 할 수 있다.

iii) 부연(敷衍)

다른 독자적 단위에 설명이나 주석으로 덧붙여진, 의미를 보충하는 역할을 하는 본문 단위를 일컫는다. 가령 아모스 3:1-2은 다음과 같이 분석할 수 있다.

그대들은 이 말을 들으시오!

여호와께서 "내가 이집트 땅에서 이끌어 올렸다"라고 하신 그대들, 이스라엘 자손에게, 온 지파에게 말씀하십니다.

"오로지 너희들을 내가 이 땅의 모든 족속들 가운데서 알았다.
그러므로 내가 너희의 모든 죄악 때문에 너희를 벌하겠다."

이 분석표에서 드러나듯 아모스 3장의 1전상반절과 2절은 단순 단위의 신탁이다. 그런데 1전하반절과 후반절이 부연 단위로 삽입되어 신탁의 흐름을 깨고, 신탁의 주체를 길게 설명해준다. 이 단위를 부연으로 판단하게 해주는 주요한 근거는 동사의 형태다. 원래의 단순 단위는 맨 처음 나오는 2인칭 남성복수 명령형(그대들은 들으시오)이다. 그런데 부연 단위에서는 3인칭 남성단수 완료형이 쓰였다. 그리고 문장 차원에서도 관계사와 전치사구가 부연 단위를 에워싸고 있어서 독서의 흐름이 깨지고 있다.

iv) 부연된 단위

이 용어는 단순 단위와 부연 단위가 합쳐져 있는 꼴의 본문 단위를 일컫는다. 앞선 경우 아모스 3:1-2은 결과적으로 "부연된 단위"가 된다.

v) 합성 단위

둘 이상의 독자적 기원을 가지는 단위들이 결합한 상태의 본문 단위를 일컫는데, 다음과 같이 세분화할 수 있다.

㉠ 둘 이상의 단순 단위가 결합한 경우
㉡ 단순 단위에 단편이 포함된 경우
㉢ 단순 단위에 둘 이상의 부연이 포함된 경우

② 소단위의 상대적 연대기

본문을 이루는 단위들을 판가름했다면 그것들의 상대적 연대기를 규명해야 한다. 이는 개별 본문 단위들의 선후 관계를 가리는 작업을 말한다. 이 작업의 대상은 부연된 단위와 합성 단위다. 사실상 본문 단위들을 제대로 판가름했다면 상대적 연대기는 비교적 수월하게 규명할 수 있다. 대개 본문의 주된 이야기나 사상의 흐름을 이끌어가는 단순 단위가 상대적으로 더 오래된 본문이기 때문이다. 반대로 단편이나 부연은 후대의 추가 본문일 가능성이 크다. 한편 둘 이상의 단순 단위가 합쳐진 합성 단위는 결국 논리적·시간적 순서를 따져봐야 한다. 이를 위해서는 더 큰 문맥의 흐름을 파악해야 하는 경우도 있다.

보록

문헌비평과 본문비평의 구분[33]

문헌비평과 본문비평의 범위는 본문의 통일성을 다룬다는 점에서 때로 겹치거나 혼동될 수 있다. 그래서 분명한 구분의 기준을 마련하려는 시도는 최근 학자들의 관심을 끄는 주제다. 학자들에 따라 본문의 성장 과정 이전과 이후의 구분, 의도성과 비의도성의 구분, 본문 증거 유무의 구분 등 여러 기준을 선호하는 견해가 있다. 그런데 피셔에 따르면 다음 두 가지 기준으로 문헌비평과 본문비평을 구분할 수 있다.

첫째, 본문의 성장 과정 종료 이후에 생긴 것은 의도적이든 비의도적이든 문헌비평의 영역이다.

둘째, 본문 성장 과정에서 생긴 것은 두 가지 조건을 만족하는 경우에만 본문비평의 영역이다. 곧 본문비평의 외적 기준과 내적 기준으로 설명해야 하는 본문의 문제와 필사 과정을 설명할 수 있는 문제가 그것이다. 이런 경우가 아닌 본문은 문헌비평의 영역이다.

2) 거시적 문헌비평 단계

개별 본문의 세밀한 분석을 통해서 본문의 비통일성이 확인되었다면,

33 이 문제에 관해서는 Tov, *Textual Criticism of the Hebrew Bible*, 283-326; Fischer, *Der Text des AT*, 194-97을 보라.

그다음으로 개별 문헌 단위들의 출처를 검증해볼 필요가 있다. 이 단계는 최종 형태 문헌 본문의 편집 과정과 그 의도를 묻는 편집사 재구성을 위해서 중요하다. 왜냐하면 개별 단위의 출처를 밝힐 수 있다면, 원래의 의도와 최종 형태의 본문에서 문맥적 의미를 구분하여 끌어낼 수 있기 때문이다. 물론 구약성경의 모든 본문이 거시적 차원에서 문헌 단위의 소속성을 밝힐 수 있는 것은 아니다. 본문 단위의 더 큰 문헌 층에 대한 소속성은 주석의 입문자들이 규정하기가 쉽지 않은 과제다. 그래서 입문자들은 앞서 주석할 본문을 정하는 단계에서와 마찬가지로 권위 있는 구약 입문서의 도움을 받을 필요가 있다.

① 오경

오경은 가장 먼저 문헌비평 연구의 대상이 되었던 만큼, 앞서 연구사에서 살펴본 대로 본문의 분류나 개별 문헌 층의 특징에 관한 연구가 많은 진보를 보았다. 그래서 개별 문헌 층(J, E, D, P)의 중심 본문들과 그 특징들의 분류도 어렵지 않게 찾아볼 수 있다.[34] 물론 이런 분류가 절대적이지는 않지만 거시적 맥락에서 본문 형성의 역사적 배경을 이해하는 데는 큰 도움을 준다.

개별 본문의 문맥에서 해당 문헌 단위가 지닌 뜻과 거시적 문헌 층에서 개별 본문이 가지는 뜻 사이의 역동성은 본문을 주석하는 데 귀중한 초석이 될 수 있다. 가령 창세기 1-3장에 중복되어 등장하는 창조 이야기를 주석할 때, 첫 이야기가 바벨론 포로기를 배경으로 하는 제사장계 문헌 층(P)에 속하며, 둘째 이야기가 야훼스트 문헌 층(J)에 속한다는 정보는 이 두 이야기의 차이점을 이해하는 데 결정적인 도움을 준다.

34 이 문제에 관해서는 다음 자료를 참조하라. 슈미트, 『구약, 어떻게 공부할 것인가?』, 281-358. 이 책은 앞서 "각주 24"에서 언급한 것처럼 개별 문헌 층의 중심 본문은 물론, 신학적 특징과 편집비평적인 정보들도 아우른다.

② "신명기계" 역사서와 "역대기" 역사서

잘 알려진 대로 구약성경의 역사서는 두 벌이다. 먼저 여호수아, 사사기, 사무엘, 열왕기를 포함하는 이른바 "신명기계" 역사서가 있다. 그리고 또 한 벌의 역사서는 에스라, 느헤미야, 역대기가 포함된 이른바 "역대기" 역사서다. 역사 서술은 언제나 역사적 사실(史實)과 그에 관한 평가로 구분되기 마련이다. 두 벌의 역사서 각각을 특징짓는 핵심 요소는 바로 이 "평가"에 있다. 따라서 거시적 차원에서 이 평가를 이해할 수 있는 공통적인 관점을 찾을 필요가 있다. 그런 시도에서 "신명기계" 역사서와 "역대기" 역사서라는 명칭이 나오게 되었다. 이에 관해서는 이후에 다루는 편집사 논의에서 다시 언급할 것이다.

구체적으로 북이스라엘 왕국의 멸망을 언급하는 열왕기하 17:1-23을 보기로 살펴보자. 1-6절은 북이스라엘이 멸망해가는 과정을 언급하는 사실(史實)의 기록이다. 곧 북이스라엘의 마지막 임금인 호세아가 처음에는 아시리아에 조공을 바치다가 어느 순간에 이집트 쪽으로 돌아섰으며, 그 때문에 아시리아의 침공을 받아 멸망했다는 것이다. 이 사실은 문헌비평의 관점에서 볼 때 단순 단위로 볼 수 있다.

그런데 "이 일은"(וַיְהִי כִּי[바예히 키])으로 시작하는 7절부터는 이 사실에 관한 평가를 기록한다. 역사적 사실의 서술은 왕국이 멸망한 이유로 국제 관계에서의 역학 차원에 집중한 반면, 이 평가는 오로지 신학적 차원에서 이루어진다. 곧 북이스라엘의 멸망이 우상숭배 때문이라는 것이다. 문헌비평에서 더 큰 문헌 층에 대한 소속성을 거시적으로 보아야 하는 이유는 이런 평가가 이 개별 본문에서 그치지 않고 "신명기계" 역사서 전반에 두루 스며 있는 관점이라는 데 있다.[35] 따라서 개별 본문의 고유성과 특수성에 관한 성급한 결론을 내리기 전에 거시적 문헌

---

35 신명기계 역사서의 특징에 대해서는, 슈미트, 『구약, 어떻게 공부할 것인가?』, 387-389; 쳉어, 『구약성경 개론』, 346-349을 보라.

비평의 단계를 거치는 것은 주석에서 매우 중요하다. 이는 "역대기" 역사서에서도 마찬가지다. 이때 두 역사서 사이의 공통점과 차이점을 고려하는 것은 문헌비평의 분석 작업을 종합하는 편집비평에서 다룰 문제다.

③ 이사야서

이사야서가 문체와 내용의 긴장을 바탕으로 여러 문헌으로 구분되어 이해되기 시작한 것은 18세기부터였다. 가장 먼저 이사야서가 두 작품의 합성이라는 주장을 내놓은 사람은 되덜라인(J. C. Doederlein)이었다.[36] 또한 아이히호른은 이사야 40-66장은 이사야의 작품이 아니라는 주장을 폈다.[37] 그리고 마침내 둠(Berhard Duhm)은 이사야서를 세 부분으로 나누었다.[38] 곧 "원-이사야"(Proto-Jesaja)와 기원전 538년 바벨론 포로지에 있었던 무명의 예언자의 작품으로 여겨지는 "제2이사야"(Deutero-Jesaja, 40-55장), 그리고 포로기 이후 귀환한 무명의 예언자인 "제3이사야"(Trito-Jesaja, 56-66장)가 그것이다. 물론 이사야서 전체를 아우르는 공통적인 요소가 있는 반면에 개별 부분에서만 강조되는 특징들도 분명하다.[39] 따라서 개별 본문이 어느 문헌 층에 속하며 그 특징이 무엇인지를 파악하는 것은 매우 중요하다.

④ 예레미야

예레미야서도 문체의 긴장을 바탕으로 여러 문헌 자료로 구분되었다.

---

36 J. C. Doederlein, *Esaias ex recensione textus hebraei ad fidem codd: quorundam mss et versionum antiquarum latine vertit notasque varii argumenti subiecit, Altdorf 1775*(2. Aufl. 1780; 3. Aufl. 1789).

37 Johann Gottfried Eichhorn, *Historisch-kritischen Einleitung in das Alte Testament*(Leipzig, 1780 – 1783, 3 Bände; 4. Auflage. Göttingen, 1824, 5 Bände).

38 Berhard Duhm, *Das Buch Jesaia übersetzt und erklärt* (2. verbesserte Aufl. Göttingen, 1902).

39 이에 관한 간략한 설명으로는 다음 자료를 참조하라. 박동현, 『구약성경 개관』, 114-15.

둠은 예레미야서를 세 가지 문헌으로 구분하여 예레미야의 시문(약 280절), 바룩의 책(약 220절), 추가 및 첨가 부분(약 850절)으로 나누었다.[40] 더 나아가 모빙켈(S. Mowinckel)은 예레미야 1-45장[41]을 서로 다른 네 가지 자료로 구분했다.[42] 그가 구분한 개별 문헌 층을 정리하면 다음과 같다.[43]

- **A 자료**: 기원전 6-5세기에 생긴 예레미야의 예언 모음(렘 1:1-16; 2장; 3:1-5, 19-25; 4-6장; 8:4-23; 9장; 10:17-22; 11:15-23; 12:1-12; 13:12-27; 14-16장; 17:1-4, 9-18; 18:18-23; 20:14-18; 21:11-14; 22:10-20; 23:5-6, 9-24, 29; 24:1-10[?]; 25:15-16, 27-38)
- **B 자료**: 무명의 사람[바룩?]에 의해 기록된 역사 이야기 모음(렘 19:1-20:6; 26장; 28장; 29:24-32; 36장; 37:1-43:12; 44:15-30).
- **C 자료**: 기원전 5세기 말에 생긴 신명기 전통의 연설문 모음(렘 7:1-8:3; 11:1-14; 18:1-12; 21:1-10; 25:1-11전; 32:1-2, 6-16, 24-44; 34:1-22; 35:1-19; 44:1-14).
- **D 자료**: 기원전 580-480년(렘 30-31장) + 예레미야 46-52장과 다른 보충 본문 추가

이 문헌 층 구분은 얼핏 보아도 본문의 문체 차이를 바탕으로 이루어졌다는 사실을 알 수 있다. 다시 말하지만 이 구분이 절대적이지는 않다. 이 이후에도 문헌비평 관점의 새로운 제안이 계속되었다. 그런데 문헌비평의 관점에서 예레미야서의 개별 본문을 분석하여 그 본문이

40 Berhard Duhm, *Das Buch Jeremia erklärt* (Mohr: Tübingen und Leipzig, 1901).

41 Mowinckel은 렘 46-51장과 52장을 후대의 부록으로 본다.

42 S. Mowinckel, *Zur Komposition des Buches Jeremia* (Dybwad: Kristiania, 1914).

43 박동현, 『예레미야 I』(대한기독교서회 창립 100주년 기념 성서주석 23-1; 서울: 대한기독교서회, 2006), 69-70에서 다시 이끌어 씀.

어느 문헌 층에 속하는지, 또 그 문헌 층의 공통된 특징이 무엇인지는 정확히 파악해둘 필요가 있다.

⑤ 에스겔서

예레미야서만큼은 아니지만 에스겔서에도 거시적 관점에서 "보충가설"이나 "문서가설"(이어쓰기 가설)을 바탕으로 문헌 층을 가르려는 시도가 있었다.[44] 포로기의 에스겔 신탁에 이어 보충되거나 이어 쓴 추가 문헌 층으로는 "신명기계" 문헌과 가까운 본문(겔 11:18-20; 20:27-29, 41-42; 28:25-26; 34:23-24; 36:23-28, 31-32; 37:13b-14, 20-23, 24a; 38:17 등), "제사장계" 문헌과 가까운 본문(겔 16:59-63; 20장의 안식일 규정들; 34:25-30; 37:24b-28 등)이 거론되곤 한다. 이 본문들은 문체나 어휘 등이 이름 붙여진 각 문헌 층과 연관이 있다고 판단되므로, 해당 본문을 주석할 때는 거시적 차원에서 문헌의 특징을 파악하는 일을 빼놓으면 안 된다.

⑥ 열두 소예언서[45]

열두 소예언서는 개별 책들의 고유성과 더불어 책들 사이의 연계성이 함께 논의된다. 거시적 문헌비평의 관점에서는 다음과 같은 질문을 통해 열두 소예언서의 문헌 층을 고려한다.

- 개별 예언서를 포괄하는 문헌 단위의 구성이 있는가?
- 개별 예언서 여러 곳에서 발견되는 공통의 본문 단위가 있는가?
- 개별 예언서를 관통하는 전통이나 모티브가 있는가?

---

44 참조. 슈미트, 『구약, 어떻게 공부할 것인가?』, 530-31; 쳉어, 『구약성경 개론』, 864-65.

45 열두 소예언서의 문헌 형성 과정에 관한 요약으로는 쳉어, 『구약성경 개론』, 894을 참고하라. 우리는 용어나 개념을 문헌비평에 맞추어 우리말 역본을 수정한다. 소예언서의 문헌 층에 관한 용어는 슈미트, 『구약, 어떻게 공부할 것인가?』, 542-43을 보라.

이런 질문에서 다음과 같이 문헌비평의 관점에 기초한 가설이 세워진다.[46]

- 복합 예언서 I(Mehrprophetenbuch I): 포로기; 호세아, 아모스, 미가, 스바냐; 남유다의 멸망과 포로기 신앙 체험과의 대결
- 복합 예언서 II: 포로기 이후 초기; 학개, 스가랴 1-8장; 역대기의 신학과 유사한 개정; 성전 재건에 관한 해석, "시민-성전 공동체"의 사회적·종교적 상황과의 대결
- 복합 예언서의 통합: 기원전 4세기; (점진적으로?) 요엘, 오바댜, 요나, 나훔, 하박국의 추가; 이스라엘과 이민족들의 관계 및 역사의 종말론화
- 열두 예언서: 기원전 4/3세기; 스가랴 9-14장, 말라기

이에 따라 소예언서의 거시적 문헌비평 단계에서는 책들 사이의 연관성을 눈여겨보아야 한다. 그러나 개별 책들 안에서 찾아볼 수 있는 문헌 층도 당연히 고려해보아야 한다.

⑦ 시편

시편은 거시적 문헌비평의 관점에서 그 형성 역사와 구성을 고려해볼 필요가 있다. 다음의 표는 시편의 형성과 구성에 관한 이해에 도움을 준다.[47]

---

46 구체적인 내용은 다음 자료를 참조하라. A. Schart, *Die Entstehung des Zwölfprophetenbuchs: Neubearbeitungen von Amos im Rahmen schriftenübergreifender Redaktionsprozesse*(BZAW 260; Berlin: Walter de Gruyter, 1998).

47 참조. 김정훈, 『시편 묵상: 문화·예술과 함께 하는 열두 시편 풀이』(서울: 기독교문서선교회, 2012), 12.

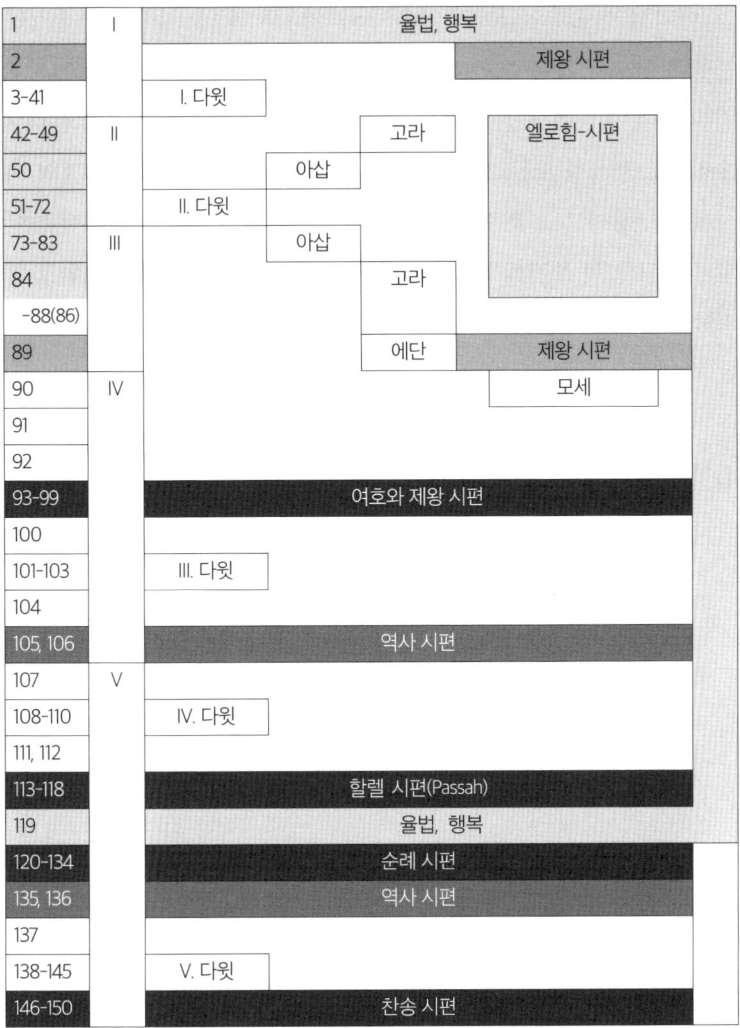

시편을 주석하려는 사람은 개별 시편에서 찾은 문헌 단위가 거시적 관점에서 이 표에 분류해놓은 시편들과 어떤 점을 공유하는지를 살펴보아야 한다.[48]

48 시편의 형성과 거시적 문헌비평의 관점에서 본 간략한 특징들은 쳉어, 『구약성경 개론』, 619-32을 보라.

여기서 자세히 언급되지 않은 구약의 다른 책들도 대부분 개별적인 문헌 형성 과정에 관한 논의가 축적되어 있으니 각 개론서를 확인해보기 바란다. 미시적 관점과 거시적 관점에서 수행한 문헌비평의 결과를 수집하고 분석한 모든 자료는, 최종 형태의 본문이 형성되기까지의 역사를 재구성하고 그 의도와 목적을 따지는 편집사 연구 단계에서 종합할 것이므로 잘 보관해두어야 한다. 다만 문헌비평에서 단순 단위로 판가름한 본문은 이에 해당하지 않는다.

4. 문헌비평의 보기

출애굽기 18:1-12의 문헌비평

가. 미시적 문헌비평

ㄱ. 본문의 경계 설정 확인

본문의 앞에 자리한 출애굽기 17장 후반부는 아말렉과의 전투 이야기를 다룬다. 그리고 18:1에서 모세의 장인 이드로가 방문하면서 주제가 변화고 새로운 이야기가 시작된다. 또한 출애굽기 18:13은 "이튿날"(וַיְהִי מִמָּחֳרָת[바예히 밈모호라트])로 시작하여 시간의 변화를 말하는데, 이를 기준으로 앞 단락의 모세와 이드로가 만나는 이야기에서 모세의 재판 이야기로 주제가 변화한다. 따라서 출애굽기 18:1-12은 한 단위의 본문으로 묶을 수 있다.

ㄴ. 본문의 통일성/비통일성 확인

우선 본문의 어휘에서 눈에 띄는 것은 동작 동사들("듣다", "데리고 오다", "들어가다", "말하다" 등)이다. 우리는 이를 통해 본문이 이야기체임을 알 수 있다. 그런데 이야기의 흐름이 3절과 4절에서 방해를 받는다. 모세의 두 아들인 게르솜과 엘리에셀의 이름이 어디서 비롯했는지를 설명하는 이 구절들은 이야기의 진행과는 상관없이 따로 떨어져 있는 듯하다. 또한 본문에 등장하는 신명도 "여호와"(출 18:1, 8-11)와 "하나님"(출 18:2-3a, 5-7, 12)으로 교차하면서 사용된다. 이 두 가지 요소는 분명히 본문의 내적 연관성에 방해가 되므로 본문의 비통일성을 반증한다.

본문의 비통일성은 선택된 단어와 문체를 근거로 판가름할 수 있다. "여호와" 신명이 나오는 본문 단위의 내용을 살펴보면 "출애굽"과 관련이 있다(출 18:1, 8-11). 이 부분의 본문은 사건의 진행을 말하는 것이 아니라 대화체의 인용문들이라 다소 단편적이다. 반면에 "하나님"(엘로힘) 신명이 나오는 본문 단위는 "하나님의 산"(시내산)과 거기에서 있었던 제의에 관심이 있다(출 18:2-3a, 5-7, 12). 그리고 전체 사건의 진행이 이 신명과 더불어 이루어진다. 본문의 이야기 진행과는 별도로 모세의 두 아들의 이름을 어원에 따라 설명하는 부분은 부연 단위다(출 18:3b-4).

ㄷ. 본문의 단위 구분과 상대적 연대기

본문은 신명을 중심으로 하는 단순 단위와 부연 단위가 합쳐진 합성 단위다. "하나님" 신명(출 18:2-3a, 5-7, 12)을 쓰는 단순 단위는 모세가 이집트로 내려갈 때 아내와 두 아들을 데려갔다는 출애굽기 4:20과는 다른 이야기를 담은 채 독립적으로 존재하다가 모세의 두 아들의 이름을 설명하는 부연 단락(출 18:3b-4)이 덧붙여진 것으로 보인다. "여호와" 신명을 쓰는 본문 단위(출 18:1, 8-11)는 단편으로 볼 수 있다. 그것은 출애굽기 18:1이 출애굽기 어디에서도 언급된 적이 없는 미디안 배경의 이야기를 불완전하게 전하기 때문이다. 그리고 8-11절은 7절에서 12절로 이어지는 이야기 흐름에서 특히 12절을 보충하기 위한 대화 단편으로 여길 수 있으며, 출애굽이라는 주제를 보충하는 부분으로 보인다. 이 과정에서 "바로의 칼에서 구원하셨다"는 구절이 "여호와" 신명을 쓰는 보충 단위의 영향으로 덧붙여진 것으로 볼 수 있다.

나. 거시적 문헌비평

노트(Martin Noth)는 출애굽기 4:20이 전형적인 "야휘스트"(J) 문헌 층인 데 비해, 이 본문은 전체적으로 "엘로히스트"(E) 문헌 층에 속한다고 보았다.[49] 그러니 "하나님"을 쓰는 부연된 단위는 "엘로히스트"(E) 문헌 층에 속한다고 볼 수 있다.

"여호와"를 쓰는 두 단편은 "야휘스트"(J) 문헌과 "엘로히스트"(E) 문헌이 합쳐질 때 보충된 "야휘스트"의 요소라 할 수 있다. 출애굽기 18:4에 기록된 "바로의 칼에서 구원하셨다"는 구

---

49 마르틴 노트 지음/이선희 옮김, 『출애굽기』(국제성서주석; 서울: 한국신학연구소, 1988), 174. Noth와 견줄 수 있는 문헌비평적 분석으로는 O. Eissfeldt, *Hexateuch-Synopse: Die Erzählung der fünf Bücher Mose und des Buches Josua mit dem Anfange des Richterbuches*(Darmstadt: Wissenschaftliche Buchgesellschaft, 1962), 144*를 참조할 수 있다. Eissfeldt는 이드로가 모세의 장인이라는 내용의 본문을 엘로히스트의 것으로 세분한다.

절은 "야휘스트"의 영향을 받은 것이 분명하지만 "야휘스트" 자신이 삽입한 것은 아닌 듯하다. 그렇다면 오경의 최종 편집자로 여겨지는 "제사장계"(P) 편집자의 손길의 흔적일 가능성도 있다. 이는 앞으로 편집비평에서 해결해야 할 과제다.

- 구약성경 안에 어떤 거시적 문헌 층이 있는지 조사해보시오.

- 주석을 위해 선택한 본문의 미시적 문헌비평을 하고, 거시적 문헌 층을 고려할 수 있을지 알아보시오.

우리의 일상생활에서 접할 수 있는 다음의 문구 또는 어구들이 어떤 상황에서 쓰이는지를 생각해보고, 그런 판단의 근거가 되는 특징이 무엇인지 찾아보시오.

1. "나 이녁 소못 소랑헴수다."

2. "삼가 조의를 표하오며 주님의 위로와 소망이 함께 하기를 빕니다."

3. "기상청에 따르면 예보 기간(21-27일)은 전국이 고기압의 가장자리에 들어 가끔 구름만 끼는 날씨가 이어지겠고 21일과 27일은 기압골의 영향으로 흐리고 비가 올 것으로 전망했다. 기온은 평년(최저기온: 9-20도, 최고 기온: 22-26도)과 비슷하고 강수량은 평년(강수량: 0~15mm)보다 조금 많을 것으로 내다봤다."

4. "특검, ○○○ 뇌물 재판에 △△△ 증인 신청"

5. "고양이가 발톱을 감춘다."

6. "누구나 초등학교 시절 '초록빛 바닷물에 두 손을 담그면…' 기억나시죠? 그 추억의 풍금입니다. 상태 아주 양호. 61개 건반 모두 정상작동. 음질 아주 좋음. 학교 제품으로 보관 상태 좋음. 실제 연주 가능함. 흔히 구할 수 있는 상품 아님(의자는 없음). 상품문의: 010-0000-0000. 전화 주시면 실제 사진 보내드립니다. ※택배 거래 시 꼭 실제 사진 꼼꼼히 확인하시고 안전거래 사이트를 이용하여 거래하시기 바랍니다.※"

7. "야생 동물이 지나가고 있어요."

8. "여러분, 이 나라를 바꿀 사람, 누구입니까? 저를 선택해주십시오."

9.

 주의하세요!	⦿	강제로 문을 열면 부품 손상, 파손, 안전 등의 문제가 발생될 수 있습니다.
	⦿	세탁조 내에 거품 및 물이 많은 경우 세탁조 문을 열면 거품 및 물이 흘러 내려 화상을 입거나 바닥에 떨어질 수 있습니다.

우리는 매일 수많은 말을 하고 들으며, 이런저런 글을 쓰거나 읽는다. 말하는 이마다 말투가 다르고, 또 글의 문체도 다르다. 그런데도 서로가 하는 말을 알아듣는 과정, 그리고 글을 읽고 그 뜻을 새기는 과정은 모두 그 말이나 글이 언어공동체에서 가지는 보편성을 공유하기 때문이다. 앞에 제시한 아홉 가지 경우도 제각각 문화적 배경, 역사적 전통, 언어공동체의 경험 등이 공유되어야 이해할 수 있는 말이나 글이다. 말이나 글의 의사소통이 원활히 이루어지려면 화자와 청자가 제도적이고 문화적인 배경과 언어 체계를 공유해야 한다. 곧 개인의 발화(發話; 파롤)는 언어공동체가 공유하는 보편적인 언어 체계(랑그)의 범위 안에서 이루어진다는 것이다. 그래서 발화자가 제아무리 독창적이고 고유한 말이나 글을 내놓는다 하더라도 그것이 수신자에게 수용되어 의사소통에 성공한다면, 그것은 "랑그"의 구조 안에 있다는 말이 된다.

이는 성경에서도 마찬가지다. 성경은 여러 사람이 여러 시대에 걸쳐 문헌화했다. 하지만 그들의 언어 사용을 한데 묶는 히브리어의 "랑그"가 구조로 작용한다. 곧 성경의 본문도 당대의 언어적·문화적·역사적 배경하에서 형성되었다는 말이다. 그렇기에 특히 구약성경 본문의 많은 부분에서 이런 배경, 특히 언어 사용에서 전제되는 "랑그"의 배경을 이해하는 것이 중요하다. 하지만 우리는 언어, 공간, 시간에서 이 "랑그"의 구조와 멀리 떨어져 있다. 따라서 구약성경 본문의 주석에서는 이런 히브리어의 "랑그", 곧 보편성과 일반성을 밝혀주는 작업이 필수적이다. 이는 양식비평/양식사의 대상을 한마디로 요약해주는 말이다.

10장

본문의 장르와 삶의 자리
양식비평/양식사

1. 양식비평/양식사의 개념

양식비평(樣式批評; Formkritik)/양식사(樣式史; Formgeschichte)[1]는 앞서 말한 대로 구약성경 언어의 일반성과 보편성에 초점을 맞춘 분석과 종합 방법이다.[2] 이해를 돕기 위해서 다음의 도식을 사용해보자. 물론 언어 현상이 아래의 도식과 같이 단순하지만은 않다.

---

1 이 용어는 원래 신약학자인 Dibelius가 처음 썼다. 참조. Martin Dibelius, *Die Formgeschichte des Evangeliums*(Tübingen, 1919).

2 양식비평의 정의와 관련해서 Vieweger는 "어떤 특정한 본문과 모든 이전 단계의 단어와 문장 전체 영역에 있는 언어 현상은 물론, 거기서 발견한 '특징적 표현들'과 '관용구들'의 역사를 서술"하는 것이라고 말한다(크로이처, 『구약성경 주석 방법론』, 117). 한편 Becker는 "어떤 본문이나 본문 단위에서 문학적이고 언어적인 구성을 찾아내어, 언어학적이고 문학적인 관점에서 광범위하게 분석하는 것"이라고 말한다(Becker, *Exegese des AT*, 105). 여러 학자의 개별적 정의에는 다소 차이가 존재하지만, 개별 본문의 보편성에 초점을 맞춘다는 데는 공통점이 있다.

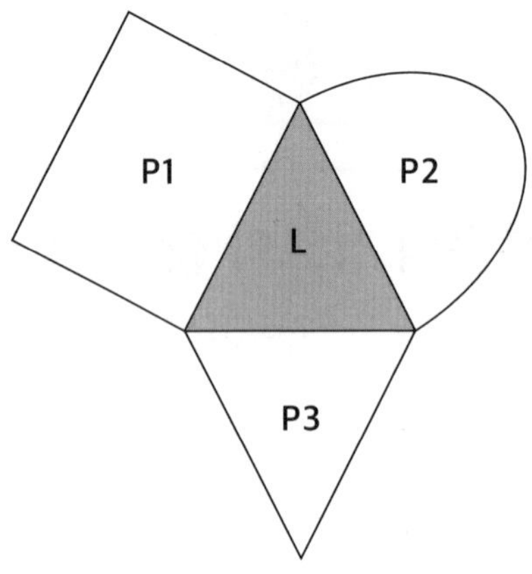

이 도식에서 "L"은 언어공동체가 공유하는 일반적이고 보편적인 "랑그"를 형상화한 것이다. 그리고 "P1, P2, P3"은 개별 발화자나 저자의 "파롤"에 담긴 고유성을 나타낸다. 곧 이 도식은 특정한 "랑그"를 공유하는 서로 다른 세 발화자나 저자의 말 또는 글을 표현한 것이다. 이때 개별 발화는 제각각 "L+P1", "L+P2", "L+P3"로 나타낼 수 있다. 개별 발화를 따로 떼어 보면 다음과 같이 서로 모양이 다르다.

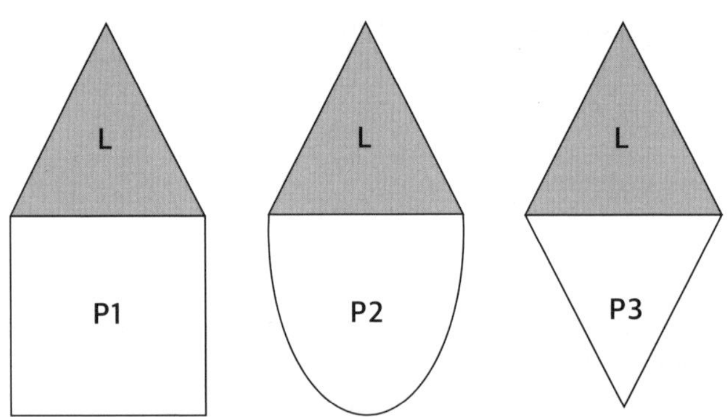

개별적인 모양은 다르지만 세 가지 개별 발화는 똑같은 "L"을 공유한다. 개별 발화자나 저자의 말 또는 글은 이 보기에서 드러나듯이 언어공동체의 일반적이고 보편적인 언어 체계(L) 안에서 이루어진다. 그렇

기에 말이나 글에서는 개별 발화(파롤)의 차원을 넘어서는 보편성(랑그)을 찾을 수 있다. 앞서 살펴본 출애굽기 18:10을 보기로 들어보자. 모세의 장인 이드로는 모세에게서 출애굽의 이야기를 전해 듣고 다음과 같이 말한다.

L	**찬송 받으실 여호와**(**בָּרוּךְ יהוה**[바룩 아도나이]),
P1	- 이는 그분께서 그대들을 이집트의 손아귀와 파라오의 손아귀에서 건지셨음입니다. - 이는 그분께서 그 백성을 이집트의 손아귀 아래에서부터 건지셨음입니다.

여기서 굵은 글씨로 표시한 부분은 구약성경의 다른 곳에서도 등장한다. 가령 다음과 같은 용례가 있다.

• 창 24:27

L	**찬송 받으실 여호와**(**בָּרוּךְ יהוה**[바룩 아도나이]),
P2	내 주인 아브라함의 하나님, - 이는 그분께서 내 주인에게서부터 자비하심과 신실하심을 버리지 않으셨음입니다.

• 룻 4:14

L	**찬송 받으실 여호와**(**בָּרוּךְ יהוה**[바룩 아도나이]),
P3	-이는 그분께서 오늘 너를 위해 기업 무를 이를 없애지 않으셨음이다.

"찬송 받으실 여호와"(L)는 여러 상황에서 다양한 이들의 입을 통해 발화되지만 같은 형태를 유지한다. 그 대신 제각각의 발화자는 구체적으로 서로 다른 상황을 이 표현에 덧붙인다(P1, P2, P3). 창세기 24:27은 아브라함의 늙은 종이 이삭의 신붓감인 리브가를 만나 그 아버지 브두엘에게 하는 말이다. 룻기 4:14은 나오미가 보아스를 만난 룻에게 하는 말이다. 이처럼 구체적인 상황은 저마다 다르지만 여호와의 도우심으로

문제가 해결된 데 대한 축하와 감사를 표하는 일반적인 상황은 똑같다. 양식비평/양식사는 이처럼 서로 다른 구체적 상황(P)에서 사용하는 언어들이 공유하는 공통의 언어 표현과 상황(L)을 분석의 대상으로 삼는다. 여기서 중요한 것은 양식비평/양식사에서는 본문의 내용이 아니라 그 내용을 전하는 언어의 "양식"(Form)을 다룬다는 점이다. 이때 "양식비평"이 개별 언어 사용(파롤)의 보편성(랑그)을 분석하고 탐구하는 작업이라면, "양식사"는 통시적 관점에서 구약성경에 드러나는 보편적 언어 사용의 역사를 비교하여 재구성하는 종합적 작업이다.

2. 양식비평/양식사의 배경

최종 형태 문헌 본문의 통일성/비통일성을 분석하는 문헌비평은 본문의 개별성에 초점을 맞춘다. 그러나 구약성경의 본문에서도 여느 언어 현상과 마찬가지로 개별 본문을 넘어서는 일반적이고 보편적인 언어 사용을 찾아볼 수 있다. 문헌비평으로는 이 문제를 해결할 수 없다. 그래서 구약성경 본문 언어의 보편성과 일반성에 대한 관심이 생겨나게 되었으니, 이를 양식비평/양식사라 일컫는다.

성경에서 양식비평/양식사 연구는 신약성경과 구약성경에 관해 제각각 발전했는데, 구약성경에서는 헤르만 궁켈(Hermann Gunkel)이 선구자로 여겨진다.[3] 궁켈은 특히 모든 고대 문헌 장르의 하나로서 구약성경의 본문은 원래 특정한 장소에서 이스라엘 "백성의 삶의 자리"(Sitz

3 궁켈의 양식사 연구는 다음 문헌에 집약되어 있다. H. Gunkel, *Schöpfung und Chaos in Urzeit und Endzeit: Eine religionsgeschichtliche Untersuchung über Gen 1 und ApJoh 12*(Göttingen: Vandenhoeck & Ruprecht, 1895); "Die Grunprobleme der israelistischen Religionsgeschichte," in H. Gunkel, *Reden und Aufsätze*(Göttingen: Vandenhoeck & Ruprecht, 1913), 29-38.

im Volksleben)를 가진다고 주장했다. 오늘날에도 설교는 설교단에 어울리고, 동화는 어린이들에게 들려주는 것처럼 고대 이스라엘에서도 처녀들은 이기고 돌아오는 군대를 맞으며 승전가를 부르고, 애곡하는 여인은 죽은 이의 관 앞에서 만가(Leichenlied)를 부르며, 제사장은 성소에서 군중들에게 토라를 선포했고, 예언자는 성전 앞뜰에서 자신의 신탁을 소리 높여 외쳤다는 것이다. 궁켈은 어떤 본문의 장르를 이해하려면 매번 본문의 상황을 명확히 하고, 말하는 이와 듣는 이는 누구이며 그 상황의 분위기는 어떠한지, 말하는 이는 어떤 효과를 얻으려 하는지를 물어보아야 한다고 보았다.

이처럼 궁켈은 구약성경의 개별 본문에 전제된 상황을 통해 그 장르와 공동체 차원의 삶의 자리를 재구성하려고 했다. 그는 자신의 이론을 적용하기 위해 창세기, 시편, 예언서에 눈을 돌렸다.[4] 궁켈에 따르면 개별 책들은 개인 저자들의 작품이라기보다는 (이를테면 제의 제도, 지혜, 법조문 등) 전체 민족의 삶이 완성한 것(Lebensvollzug)이다.

궁켈이 시작한 양식비평이 구약성경 연구에 가져온 결정적인 전환점은 문헌비평이 멈춘 자리에서 논의를 출발시켰다는 점이다. 문헌비평이 최종 형태 문헌 본문의 통일성과 비통일성에만 초점을 맞추었다면, 궁켈은 그 개별 문헌(파롤)의 언어 양식이 전제하는 이스라엘 공동체의 삶의 자리, 곧 개별 문헌의 공동체적 보편성(랑그)으로 눈길을 돌렸다. 이로써 개별 문헌의 분석으로는 쉽사리 이해되지 않는 언어 양식의 "뜻"을 구약성경 안에서 찾아볼 수 있는 보편성의 관점에서 이끌어낼 가능성이 열렸다.

---

4 참조. H. Gunkel, J. Begrich, *Einleitung in die Psalmen: Die Gattung der religiösen Lyrik in Israel*(HKAT, Ergänyungsband zur II. Abteilung; Göttingen: Vandenhoeck & Ruprecht, 1933=^{4}1985); H. Gunkel, *Genesis*(HKAT 1; Göttingen: Vandenhoeck & Ruprecht, ^{3}1910=^{9}1977).

3. 양식비평/양식사의 방법론

1) 문헌 단위의 양식

양식비평은 본문의 언어적 특징을 관찰하는 데서 시작하며 본문의 "양식"을 대상으로 한다. 여기서 핵심은 본문의 "내용"을 전달하는 문장·낱말·음운 차원의 언어 "형식"이다. 그래서 **"양식"**(Form)은 "내용"(Inhalt, content)에 대응하는 개념으로서 "형식"이라는 말로 대체할 수 있다. 이런 점에서 양식비평은 개별 본문에 대한 언어적 특징 분석의 결과에서 시작한다.[5]

또한 양식비평의 출발점은 문헌비평의 결과로 분석한 문헌 단위다. 그래야 문헌비평의 결과로 분석한 문헌 단위의 "양식"을 문장·낱말·음운 차원에서 제대로 분류하고 분석해낼 수 있기 때문이다. 결국 양식비평에서는 본문의 이 언어적 특징이 구약성경의 배경에서 어떤 보편적이고 일반적인 특징을 가지는지를 따진다.

양식비평을 위해서는 문헌 단위의 언어적 특징 분석 결과에서 특히 본문의 의미 전달에 결정적 역할을 하는 "양식", 곧 본문의 언어적 표현이나 구조적 특징을 찾아내는 것이 중요하다. 가령 주석하는 본문이 이야기체라면 그 본문이 이야기체임을 결정적으로 보여주는 언어적 특징이 무엇인지를 찾아야 한다. 그리고 시문이나 예언이라면 각각의 내용을 전달할 때 으레 쓰는 말이 무엇인지를 찾아본다. 이런 양식 분석 작업은 개별 본문(파롤)의 보편성(랑그)을 찾아가는 데 결정적 단계로 구실한다.

여기서 다음과 같은 질문이 실제적인 도움을 줄 수 있다.[6]

---

5 참조. Barth, Steck, *Exegese des AT*, 60-61; 크로이처, 『구약성경 주석 방법론』, 122-24.

6 비교. Untzschneider, *Arbeitsbuch*, 138

- 문헌비평의 결과에 따르면 본문은 어떻게 분석되는가? 본문에 삽입된 부분은 어떤 성격의 것인가?
- 본문의 양식에서 드러나는 특이 사항은 무엇인가? 그 특이 사항은 본문의 내용을 전달하는 데 어떤 구실을 하는가?

2) 관용구

(1) 관용구 규정의 기준

관용구(Formel, formula)는[7] 서로 다른 구체적 상황에서, 둘 이상의 낱말로 이루어진 특정 어구가 특수한 의미를 위해 관습적으로 쓰이는 경우를 일컫는다. 관용구의 관습적인 의미는 개별 본문 자체에서는 파악하기 어려우며, 구약성경 전체의 용례와 견주어 분석해야 한다. 내가 보기에 어떤 표현이 관용구가 되려면 다음과 같은 세 가지 조건을 갖추어야 한다.

① **보편성**: 어떤 개별 본문에서 쓰인 표현의 사용 범위가 개별 본문을 넘어설 수 있어야 한다. 곧 개별 본문의 저자가 고안한 표현이 아니라, 그 밖에 구약성경의 다양한 저자와 다양한 문헌에서도 동일한 형태의 낱말이나 어구를 찾아볼 수 있는 경우를 말한다. 예를 들어 예언자 아모스는 아모스서의 첫 부분부터 "여호와가 이같이 말씀하셨다"(כֹּה אָמַר יהוה [코 아마르 아도나이])라고 말

7 "관용구"를 우리말로 "형식(어)구" 또는 "형식소"라고 옮기기도 한다. 독일어 "Formel"이 일정한 형식이나 공식을 뜻하기 때문에 이런 번역이 나온 것으로 보인다. 그러나 "형식(어)구" 또는 "형식소"라는 번역은 어떤 표현의 보편성과 일반성을 가리키는 이 용어의 뜻을 직관적으로 파악하기 힘들게 한다. 그래서 나는 정확히 일치하는 표현은 아니지만 "관용구"라고 옮긴다. 이 표현보다는 "상투어"가 독일어의 본뜻에 더 가깝지만 이 낱말이 우리말에서 가지는 부정적 어감 때문에 사용하지 않는다.

한 뒤에 신탁을 전한다(암 1:3, 6, 9, 11, 13; 2:1, 4, 6 등). 그런데 만약 이 표현이 아모스서에서만 찾아볼 수 있는 것이라면 이는 아모스의 고유한 화법으로 여겨질 것이다. 하지만 구약성경 전반에서 하나님이 사람들을 향해 하시는 말씀을 대언하는 이들은 대개 이 말을 먼저 하고 하나님의 신탁을 직접화법으로 전한다. 그러므로 "코 아마르 아도나이"는 개별 본문을 넘어서는 구약성경의 보편적인 관용구라 여길 수 있다.

② **일반성**: 관용구는 해당 구절 문맥 자체의 직관적인 이해의 범주를 벗어나는 표현이어야 한다. 곧 관용구는 특정 상황에서 으레 쓰는 표현이기 때문에 문자적으로는 문맥과 직접적인 연관성이 없는 경우도 있다는 말이다. 가령 출애굽기 4:10, 13에서 모세는 자신을 이집트로 보내시려는 하나님께 **בִּי אֲדֹנָי**(비 아도나이; "[오,] 주여"[개역개정역])라고 말한다.[8] 이 표현은 직역하면 "내 안에, 내 주님"이라는 뜻이다. 직역을 통해서는 이 말의 뜻을 제대로 알 수 없다. 그러므로 이 표현은 개별적인 문맥의 직관적 이해의 범주를 벗어나는 히브리어 언어공동체가 배타적으로 공유하는 일반적 표현이라고 할 수 있다.

③ **상황성**: 어떤 개별 본문의 표현이 양식비평 분석의 대상인 관용구가 되기 위해서는 특정 문화나 배경을 전제하는 표현이어야 한다. 이는 양식비평을 계속 진행하기 위한 관용구 규정의 핵심이라고 할 수 있으며, 일찍이 궁켈이 주목했던 부분도 바로 이 점이었다. 구약성경의 관용구는 그 표현이 전제하는 이스라엘 민족 공동체가 맞닥뜨렸던 특정 상황을 엿볼 수 있게 해준다. 앞서 "생각해보기"에서 제시했던 문구들 가운데 처음 두 보기에 관해 생각해보자. 첫째 경우는 특별한 지역, 곧 제주도에서 개인과 개인

8 이 보기에 관해서는 크로이처, 『구약성경 주석 방법론』, 127을 보라.

사이에 사랑을 고백하는 상황에서 쓰는 말이다. 둘째 경우는 상가에 조문을 간 사람이 위로를 건네는 상황 중 특히 기독교인들 사이에 통용되는 말이다. 구약성경의 관용구도 마찬가지다. 개별 본문에서 쓰인 표현이 관용구임을 밝혀내면 자연스레 그 표현의 원래 쓰임새와 상황을 재구성할 가능성이 커진다. 앞서 관용구의 "보편성"과 "일반성"을 살펴보며 제시한 두 가지 보기에서도 우리는 각각의 상황을 재구성할 수 있다. 먼저 "코 아마르 아도나이"는 어떤 이가 여호와의 신탁을 전하는 상황과 관련됨이 분명하다. 왜냐하면 그렇지 않은 경우에서는 이 말이 쓰이지 않기 때문이다. 둘째 경우도 "아도니"라는 말에서 이 표현을 쓰는 이와 듣는 이 사이의 계층적 차이를 찾아볼 수 있으며, 아랫사람이 윗사람에게 자신의 의견이나 간청을 조심스레 피력하는 상황임을 알 수 있다.[9]

물론 이 세 가지 조건을 모두 만족하는 것이 이상적이겠지만, 구약성경 용례의 제한적 범위에서는 보편성이나 일반성의 확보가 쉽지 않은 때도 있다. 그런 경우 상황성이 명백히 짙다면 관용구로 간주할 수 있는 가능성을 열어두어야 한다.

그런데 **관용구는 잇달아 나오는 낱말이나 개념의 조합으로 이루어질 수도 있고, 몇몇 낱말이나 개념을 중심으로 한 본문의 구성 도식이 될 수도 있다.**[10] 그렇기에 잇달아 나오는 표현뿐 아니라 본문을 구성하는 도식들의 보편성과 일반성, 상황성도 눈여겨보아야 한다. 이런 관용

---

9 참조. 창 43:20; 출 4:10, 13; 민 12:11; 수 7:8; 삿 6:13, 15; 삼상 25:24; 왕상 3:17, 26 등.

10 참조. Fohrer, *Exegese des AT*, 84; 크로이처, 『구약성경 주석 방법론』, 126-28. 이런 경우를 "특징적 도식"(Geprägtes Schema)이라고 일컫는데, 출 3장 이하; 삿 6:11b-17; 삼상 9:1-10:6; 겔 1-3장; 렘 1:1-10 등에서 찾아볼 수 있는 이른바 "소명 이야기"에서 으레 쓰이는 도식 등을 보기로 들 수 있다.

적 구성 도식의 보기는 이어지는 "(2) 구약성경에서 자주 쓰이는 관용구"에서 언급하는 내용을 참고하라.

(2) 구약성경에서 자주 쓰이는 관용구

구약성경의 **관용구는 확정적이지 않으며, 언제나 새롭게 발견되고 확산될 수 있다.** 하지만 여기서는 이해를 돕기 위해 기존에 알려진 목록을 제시한다.[11]

① 서사 본문

ㄱ. **서약/맹세(Eid/Schwur) 관용구**: 약속이나 언약을 체결할 때 쓰이는 관용구이며, 1인칭 의지형인 청유형("내가…하겠다")이나 직설법으로 표현되고, (자기) 저주로 이어지곤 한다(창 42:15, 16; 47:29-31 등).

ㄴ. **저주 관용구(Fluchformel)**: "저주를 받으리라"(אָרוּר [아루르])와 함께 그 대상이 등장한다(수 9:23; 삼상 26:19 등).

ㄷ. **축복/강복 관용구(Segenformel)**: "행복하여라"(אַשְׁרֵי [아쉬레]), 또는 "복 받으리/송축 받으소서"(בָּרוּךְ [바룩]) 등의 표현으로 시작하며, 그다음에 축복/강복의 대상이 나온다. 그리고 그 근거가 "키"(כִּי)나 "아쉐르"(אֲשֶׁר)로 시작하는 부문장으로 서술되곤 한다(창 24:60; 27:90; 민 24:90 등).

② 율법 본문

ㄱ. **"모트-유마트" 관용구**: "그는 반드시 사형되어야 한다"(מוֹת יוּמַת [모트 유마트])가 들어 있어서 사형에 해당하는 사건을 규정하는 데 쓰인다(출 21:12, 15-17; 22:18 등).

---

11 관용구의 목록은 드라이차, 『구약성서 연구 방법론』, 157, 161, 181-83을 참조하라.

ㄴ. **"비아르타" 관용구**: "너는 제거해야 한다"(בִּעַרְתָּ[비아르타])는 "네 가운데서 악을"(הָרָע מִקִּרְבֶּךָ[하라아 미키르베카])과 함께 쓰여서 조건법/판례법을 마무리하는 데 쓰인다(신 13:6; 17:7 등).

ㄷ. **"토에바" 관용구**: "[여호와께] 가증한 것"(תּוֹעֵבָה[토에바])은 우상숭배나 윤리적 범죄들을 규정하는 데 쓰인다(레 18:22-30; 20:13; 신 7:25; 17:1; 23:19 등).

③ 예언 본문

ㄱ. **말씀 사건 관용구(Wortereignisformel)**: "여호와의 말씀이 아무개에게 임했다"(…אֶל דְבַר־יהוה הָיָה/וַיְהִי, 바예히/하야 드바르-아도나이 엘…)로 시작하여 예언자 신탁의 도입구 구실을 한다(겔 6:1; 7:1; 렘 1:2, 4, 11, 13; 호 1:1; 욜 1:1; 미 1:1 등).

ㄴ. **사자 전언 관용구(Botenformel)**: "여호와가 이렇게 말씀하신다"(כֹּה אָמַר יהוה[코 아마르 아도나이])라는 문구로 예언자가 하나님의 신탁을 시작하면서 으레 하는 말이다. 이 표현 다음에는 신탁이 하나님이 발언하시는 형태의 1인칭으로 전달된다(렘 2:2; 겔 5:5, 7; 6:11; 7:5; 암 1:3, 6, 9, 11, 13; 학 1:7; 슥 8:4, 7, 9, 14, 20, 23 등).

ㄷ. **종결/이행 관용구(Schluss- oder Überleingsformel)**: "여호와의 발언"(נְאֻם יהוה[느움 아도나이])이라는 표현은 신탁을 마무리하거나(사 56:8 등), 신탁 가운데서 주제 전환 등의 변화를 이끄는 데(암 2:11 등) 쓰인다.

(3) 관용구 규정의 보기

구약성경에서의 용례를 직접 조사한 결과 어떤 표현이나 구성이 앞서 언급한 세 가지 조건을 갖추고 있는 것으로 판단되면, 그 관용구에 이름을 부여할 수 있다. 그러나 주석 입문자들이 이 작업을 직접 수행하기는 쉽지 않다. 물론 이렇게 직접 관용구를 찾는 것이 지향점이지만, 기존에 신학 사전[12]에서 규명해놓은 관용구들을 확인하는 데서 시작해도 좋다.

하나의 보기로 앞서 살펴본 출애굽기 18:10의 "찬송 받으실 여호와"(בָּרוּךְ יהוה [바룩 아도나이])를 양식비평을 위한 관용구로 규정할 수 있을지 살펴보자.

㉠ 먼저 이 표현이 보편성이 있는지는 용례를 조사해보면 알 수 있다. 구약성경에 나오는 특정 표현의 용례를 조사하는 방법은 크게 두 가지다. 첫째, 성구 사전을 이용하는 방법이다. 에벤-쇼샨(Even-Shoshan)의 성구 사전은[13] 개별 용례에 일련번호를 매겨 해당 히브리어 표현과 성경 구절을 함께 제시한다. 그 가운데서 בָּרוּךְ יְיָ (=בָּרוּךְ יהוה)로 표시된 부분이 분석 대상이다. 둘째, 성경 소프트웨어를 사용하는 방법이다. 가장 대표적이고 널리 쓰이는 성경 소프트웨어는 바이블웍스(Bible Works)다. 찾고자 하는 대표적 표현을 검색 창(Search Window)에 입력하여 찾는 것이 가장 쉬운 사용 방법으로서 마침표와 함께 찾고자 하는 원문을 입력하면 된다. 이 경우에는 ".ברוך יהוה"로 입력하고 검색을 실행하면 구약성경에서 이 두 낱말이 함께 등장하는 용례를 모두 볼 수 있다. 그런데 처음 결과에는 두 낱말이 서로 떨어져 나오는 경우들까지 포함되어 있다. 이럴 때는 두 낱말이 잇달아 나오는 본문의 예에

12 주석을 위한 양식비평에는 독일에서 나온 구약신학 사전이 적합하다. 우선 두 권으로 이루어진 비교적 간략한 자료로는 E. Jenni, C. Westermann hg., *Theologisches Handwörterbuch zum Alten Testament*(2 Bde.; München: Kaiser/Zürich: Theologischer Verlag, [6]2004)(=THAT)를 들 수 있으며, 우리의 목적에 가장 잘 맞는 것으로는 G. J. Botterweck, H. Ringgren, H.-J. Fabry hg., *Theologisches Wörterbuch zum Alten Testament*(9 Bde.; Stuttgart: Kohlhammer, 1973-1996)(=ThWAT)를 들 수 있다. 이 사전의 영역본은 다음과 같다. J. T. Willis et al.(trans.), *Theological Dictionary of the Old Testament*(15 vols.; Grand Rapids: Eerdmans, 1974-2006)(=TDOT).

13 참조. A. Even-Shoshan, J. H. Sailhamer, *A New Concordance of the Old Testament: Using the Hebrew and Aramaic Text*(Ada: Baker Publishing Group, [2]1993), 203. 이밖에도 주목할 만한 고전적 성구 사전으로는 G. Lisowsky, *Konkordanz zum hebräischen Alten Testament*(Stuttgart: Deutsche Bibelgesellschaft, 1993)를 들 수 있다.

서 해당 본문을 직접 선택하여 마우스 오른쪽 단추를 눌러 "Search for Phase" 메뉴를 실행하면 정확한 결과를 얻을 수 있다. 이 방법은 바이블웍스에 익숙치 않은 초보자에게 실용적이다. 물론 이 소프트웨어의 "그래픽 검색 엔진"(Graphic Search Engine) 기능을 사용하면 더 자세한 검색 조건으로 세밀한 결과 분석을 할 수도 있다.[14]

이렇게 찾아서 얻은 결과는 다음과 같다([ ] 안의 숫자는 개역 개정).

- 창 9:26; 24:27; 출 18:10; 룻 4:14; 삼상 25:32, 39; 삼하 18:28; 왕상 1:48; 5:21[7]; 8:15, 56; 대상 16:36; 29:10; 대하 2:11[12]; 6:4; 스 7:27; 시 28:6; 31:22[21]; 41:14[13]; 72:18; 89:53[52]; 106:48; 119:12; 124:6; 135:21; 144:1; 슥 11:5.

이 결과가 보여주는 것처럼 "찬송 받으실 여호와"(בָּרוּךְ יהוה [바룩 아도나이])라는 표현은 구약성경에서 두루 쓰이는 보편적인 표현임을 알 수 있다.

ⓛ 이제 "찬송 받으실 여호와"(בָּרוּךְ יהוה [바룩 아도나이])라는 표현의 "일반성"을 검증할 차례다. 이를 위해서는 개별 용례들의 문맥적 관계를 분석해보아야 한다. 여러 가지 히브리어 낱말 사전이나 신학 사전이 이에 관한 분석 결과를 제공한다.[15] 이 표현이 개인 차원의 고백인지, 아니면 한 개인의 무리를 향한 공동체 차원의 고백인지를 분석하면 다음과 같다. 더불어 "바룩 여호와" 다음에 근거를 설명하는 구절이 있는 경우(* [아쉐르], ** [키])와 없는 경우도 함께 구분한다.

---

14 용례 검색을 포함한 바이블웍스의 사용법은 김한원 지음, 『바이블웍스 길라잡이』(서울: 세움북스, 2014), 71-79을 참고하라. 바이블웍스의 좀 더 자세한 사용법은 김한원, 『바이블웍스 완전정복』(서울: 세움북스, 2017)을 보라.

15 이 경우에는 J. Schabert, "בּרך brk," TDOT II, 287-88에서 개괄적인 분류를 찾아볼 수 있다. 참고로 이 항목에서는 이 표현이 "여호와"와 함께 쓰이지 않은 경우도 다루고 있어서 더 포괄적인 관용구 사용의 보기를 경험할 수 있다.

◉ 기도/독백: 창 9:26; 24:27*; 삼상 25:39*; 왕상 5:21[7]*; 시 28:6**; 31:22[21]**; 144:1

◉ 개인이 개인에게: 출 18:10*; 삼상 25:32*; 삼하 18:28*; 대하 2:11[12]*

◉ 공동체 차원의 고백

• 무리가 개인에게: 룻 4:14*; 왕상 1:48*
• 개인이 무리에게: 왕상 8:15*, 56*; 대하 6:4*; 스 7:27*; 시 135:21
• 무리가 무리에게: 대상 16:36; 시 124:6

◉ 기타

• 시편 송영: 시 41:14[13]; 72:18; 89:53[52]; 106:48
• 신탁에서 풍자적으로: 슥 11:5
• 여호와를 2인칭으로(특히 "바룩 아타 여호와" 형태로): 대상 29:10; 시 119:12

사실 이 표현에서는 "여호와"가 호격으로 쓰여서 발화의 수신자로 여겨질 수 있다. 그러나 다음의 분석에서 드러나듯이 실제로는 매우 다양한 경우로 사용된다. 이는 곧 개별 본문의 문맥적 의미를 넘어서는 일반성이 전제되는 표현이라는 말이다.

㉢ "찬송 받으실 여호와"(בָּרוּךְ יהוה [바룩 아도나이])라는 표현의 "상황성"은 몇 가지로 구분할 수 있다. 첫째, 직관적으로 이해되는 수준의 상황으로서 여호와가 수신자가 되는 기도 또는 간구의 상황이다. 둘째, 개인이나 무리가 개인이나 무리 앞에서 하는 발언의 상황이다. 여기에는 종종 근거가 함께 제시된다. 셋째, 다섯 권으로 구성된 시편의 개별 권 마지막에서 이른바 "송영"(Doxology)으로 쓰인 경우다. 하나의 표

현을 두고 이렇게 다양한 상황이 분류되는 예는 구약성경에서 낯설지 않다. 이 점은 "양식사"를 다룰 때 "상황의 역사"로 재구성할 것이다. 이 단계에서는 "찬송 받으실 여호와"(בָּרוּךְ יהוה [바룩 아도나이])라는 표현이 여러 문헌에서 공유하는 상황을 전제한다는 점을 확인함으로써 상황성의 검증을 마친다.

이상의 검증을 바탕으로 "찬송 받으실 여호와"(בָּרוּךְ יהוה [바룩 아도나이])라는 표현은 관용구라는 결론을 내릴 수 있다. 지금까지의 논의를 정리하면 다음과 같다.

- "바룩 아도나이 [아쉐르]"라는 표현은 다양한 문헌에서 다양한 저자들이 사용한 관용구다.
- "바룩 아도나이"는 예언서에서는 거의 쓰이지 않는다. 스가랴서의 용법은 풍자적 의미이며 이 양식이 구전으로 널리 쓰였음을 짐작하게 한다.
- 개인 차원과 공동체 차원의 쓰임새가 대부분이다. 대부분 어떤 사건에 관한 "축하"의 상황을 전제한다. "기도/독백"도 어떤 이야기에서 이루어지는 대인 관계를 전제한다.
- 기본적인 양식은 "바룩 아도나이 [아쉐르]"다.
- 관계사 "아쉐르" 다음에 구체적인 축하의 내용이 나온다.
- 대인 관계를 전제하지 않는 용법은 비교적 후대에 등장한 것으로 보인다.
- 특히 여호와를 2인칭으로 하는 변형 형태가 가장 마지막 단계라 여겨진다.

3) 본문의 장르 설정

(1) 구약성경 본문의 장르

양식비평은 무엇보다 언어의 보편성과 일반성에 초점을 맞춘다. 그런데 이 보편성과 일반성에 대한 관심은 개별 본문에 흩어져 있는 관용구의 표현 양식을 바탕으로 해당 본문 단위의 상위 범주를 묶는 과정으로 이어진다. 이 상위 범주를 두고 "장르"(Genre; Gattung)라고 일컫는다. 이해를 돕기 위해 다음 두 문장을 살펴보자.

- "당신을 혼인 예식에 초대합니다." - 홍길동, 김갑순
- "당신을 하늘나라 혼인 예식에 초대합니다." - ○○교회

이 두 문장은 "혼인 예식에 초대합니다"라는 공통된 양식의 관용구를 포함한다. 이 관용구는 결혼과 연관된 쓰임새를 내보인다. 그런데 첫째 문장은 실제로 홍길동 씨와 김갑순 씨의 결혼식에 초대하는 "청첩장"이다. 반면에 둘째 문장은 (추측건대) 어떤 교회의 총동원 전도 주일을 위한 "홍보 문구"다. 그러니까 개별적인 두 문장은 다른 쓰임새를 전제한다. 그런데도 두 문장은 모두 누군가를 어떤 모임에 초대하는 "초대문"이다. 이 경우에 "초대문"이 두 문장의 상위 범주인 장르라고 말할 수 있다. 구약성경에서도 마찬가지로 특정 관용구를 통해서 규정되는 장르를 찾아볼 수 있다. 이 장르들을 주석의 입문자들이 처음부터 규정하기는 어렵고, 또 그럴 필요도 없다. 왜냐하면 기존에 분류된 장르를 확인하는 것만으로도 충분하기 때문이다. 더 다양한 분류도 가능하지만 일반적으로 구약성경에서 찾아볼 수 있는 장르의 목록을 제시하면 다음과 같다.[16]

① 서사 장르

ㄱ. **이야기**(Sage): 구약성경에서 이 장르는 특정 장소나 시대와 연관되어 민간에 전해 내려오는 이야기를 일컫는다. 이런 경우 종종 문헌 기록 시대의 관점에서 대상의 기원을 밝히는 기원론(起源論; Ätiologie, etiology)의 형태를 취하는 경우가 있다. 이 장르는 다시금 가정 이야기, 영웅 이야기, 씨족 이야기, 성소 이야기, 장소 이야기 등으로 세분할 수 있다. 이런 이야기는 주로 창세기부터 열왕기까지에 집중되어 있다.

ㄴ. **설화**(Novelle): 구약성경에서 이 장르는 어떤 인물의 이야기를 (종종) 비범한 사건과 연관지어 완결된 형태로 구성한 것을 일컫는다. 요셉 이야기(창 37-50장), 룻기, 에스더서, 다니엘서 1-6장, 요나서 등이 이 장르에 속한다.

ㄷ. **전설**(Legende): 라틴어로 "읽을거리"라는 뜻에서 나온 이 장르는 독자들의 신앙심 고취를 목적으로 종교적으로 중요한 의미가 있거나 모범이 되는 인물을 둘러싸고 하나님의 권능이 나타난 이야기(엘리야[왕상 17-19장; 왕하 1장], 엘리사[왕하 2-9장; 13:14-21], 이사야[왕하 18-20장; 사 36-39장] 등), 또는 제의나 성소와 연관된 제의적 관습의 근거를 제시하는 이야기(유월절 전설[출 11-12장], 성소 전설[창 28:10-22〈벧엘〉; 32:23-33〈브니엘〉] 등)를 일컫는다.

ㄹ. **우화**(Fabel): 풍자를 위해서 동물이나 식물에 빗댄 인간의 이야기를 일컫는데 구약성경에서는 자주 등장하지 않는다(요담의 우화[삿 9:8-15]).

ㅁ. **신화**(Mythos): 이 용어는 그리스어로 "말", "담화", "이야기"를 뜻하는 낱말에서 파생했으며 하나님의 권능을 통해 생겨난 것들, 곧 세상, 자연, 인간 등의 기원을 다루는 이야기를 가리킨다(창조 신화[창 1,

16 장르 구분은 Becker, *Exegese des AT*, 114-21을 보라. 개별 장르의 정의는 O. Betz et al.(hg.), *Calwer Bibellexikon*(2 Bde.; Stuttgart: Calwer Verlag, 2003)의 해당 항목을 참조하라.

2-3장]). 더 나아가 하나님과 연관된 장소나 사건, 관습 등의 기원을 다루는 이야기도 포함된다(홍수 신화[창 6-9장] 등). 이것도 기원론의 범주에서 볼 수 있다.

② 예언 장르[17]

i) 예언자의 발언 장르

ㄱ. **심판 신탁**(Gerichtswort): 이스라엘이나 이방을 향해 하나님의 심판을 전달하는 이 장르는 주로 고발과 종종 "그러므로"(לָכֵן[라켄])로 시작하는 "사자 전언 관용구"로 시작한다. 그리고 심판 선고가 이어지는데, 여기에는 심판의 근거가 덧붙을 수 있다(암 3:9-11 등).

ㄴ. **경고문**(Mahnspruch): 행동의 수정을 기대하는 권고 신탁인 이 장르는 원래 지혜문학에서 기원하여 예언 본문에 들어왔다. 예언 본문의 이 장르에서는 먼저 명령형의 형태로 권고 사항이 제시된다. 그런 뒤에는 행동의 수정에 뒤따르는 결과를 보여주는 문장이 이어지는 것이 보통이다(암 5:4-6 등).

ㄷ. **논쟁 말씀**(Disputationswort): 심판의 대상이 되는 이들의 말을 인용하고 그에 대한 반론을 제시하며 설득하는 방식의 신탁을 일컫는다. 그래서 이 장르는 보통 반대 논제(Gegenthese)의 인용, 논쟁(Disput), 논제 도출(These)의 순서가 드러난다(사 40:12-17, 18-20, 21-24, 25-26, 27-31; 49:14-21; 렘 3:1-5; 미 2:6-11; 학 1:2-11 등).

ㄹ. **구원 신탁**(Heilswort): 하나님의 해방과 강복에 관한 예고가 주된 내용을 이루는 신탁이다(사 41:8-13, 17-20; 42:14-17; 43:16-21; 45:14-17; 49:7-12 등). 구원 신탁에서는 주로 2인칭을 향한 부름이 나온 후 "두려워하지 말라" 등의 관용구로 시작하는 구원과 해방의 말씀이 이어진다.

---

17 예언 장르의 분류와 자세한 용례 분석은 Untzschneider, *Arbeitsbuch*, 189-99를 참조하라.

그리고 마지막에 "왜냐하면"(כִּי [키])으로 시작하는 구원의 근거가 덧붙기도 한다. 하지만 이 모든 요소가 구원 신탁에 필수적이지는 않다.

ii) 예언자의 서사 장르

ㄱ. **소명 이야기**(Berufungserzählung): 하나님이 예언자를 불러 파송하시는 이야기를 담은 장르다(렘 1장; 겔 1-3장; 출 3장; 삿 6장; 왕상 22:19-23 등). 이 장르에서는 부르심의 말씀, 항변, 격려의 말씀(또는 항변의 기각), 사명 지시(표징) 등이 주요 도식을 이룬다.

ㄴ. **환상 이야기**(Visionserzählung): 이는 예언서의 고유한 장르로서 예언자의 초월적인 경험을 통해 메시지가 전달되는 경우를 가리킨다(사 6장; 겔 1-3장; 렘 4:23-26 등). 여기에서는 도입(말씀 사건 관용구), 환상 묘사, 하나님의 확인 질문, 예언자의 답변, 하나님의 의미 해석 등이 주요 도식을 이룬다. 후대에 가면 의미 해석 부분에서 이른바 "해석해주는 천사"(Deuteengel)가 등장하기도 한다(슥 1:9 등).

ㄷ. **상징 행위**(Zeichenhandlung): 예언자들이 하나님의 신탁을 전하는 중요한 방법으로서 신탁의 의미가 담긴 행동을 서술하는 것을 일컫는다(렘 13, 16, 18, 19, 27, 32장; 겔 4-5장; 12:1-20; 호 1-3장; 슥 11:7-16 등). 여기에서는 명령의 형태로 전해지는 하나님의 말씀, 예언자의 명령 실천, 상징 행위의 의미 해석 등이 주요 도식을 이룬다.

③ 시편의 장르[18]

ㄱ. **탄원 시편**: 고난이나 위기를 전제하는 시편 장르를 일컫는다. 이는 개인 화자를 전제하는 "개인 탄원 시편"(시 3-7, 13, 17, 22, 25, 26-28, 35, 38, 39, 41-43, 51, 54-57, 59, 61, 63, 64, 69, 71, 86, 88, 102, 109, 130,

---

18 시편의 장르와 도식 분류는 Untzschneider, *Arbeitsbuch*, 216-35을 참조하라. 더 자세한 내용은 H.-J. Kraus, *Psalmen 1-59*(BK XV1; Neukirchen: Neukirchener Verlag, [7]2003), 36-68을 보라.

140, 141, 143편 등)과 공동체 화자를 전제하는 "공동체 탄원 시편"(시 44, 60, 74, 79, 80, 83, 85편; 비교. 호 6:1-3; 렘 14장; 욜 1:15-20 등)으로 나뉜다. 여기서는 하나님을 향한 부르짖음("어느 때까지", "어찌하여" 등), 곤경의 묘사, 간구와 호소, 신뢰 표현, 죄 고백, 찬양 서원 등의 순서가 주요 도식을 이룬다.

ㄴ. **감사 시편**: 탄원에 상응하는 개념으로 도움의 경험이나 구원의 경험이 바탕을 이루는 시편 장르를 일컫는다(시 30, 32, 34, 40, 41, 66편 등). 여기에는 찬양에 대한 자기 요청, 곤경 경험 보도, 구원자 여호와 하나님을 향한 감사 표현, 청중을 향한 감사 요청 등이 주요 도식을 이룬다.

ㄷ. **찬송시**: 이는 시편에서 탄원 시편 다음으로 자주 찾아볼 수 있는 장르로서 하나님의 성품이나 역사하심을 높여드리는 내용을 담는다(시 8, 19, 29, 33, 100, 103-105, 111, 113, 114, 135, 146, 148-150편 등). 또한 여호와의 왕권(시 47, 93, 95-99편), 시온(시 46, 48, 76, 84, 87편) 등이 찬양의 대상이 되기도 한다. 여기서는 전주("노래하라", "찬양하라", "기뻐하라" 등), 찬미의 근거를 다루는 구절(כִּי [키]가 이끔), 구체적 사건을 바탕으로 한 찬양, 후주(전주와 비슷한 표현) 등이 주요 도식을 이룬다.

ㄹ. 기타: 그 밖에 지상의 왕을 대상으로 하는 제왕 시편(시 2, 89, 110편 등), 특정 절기가 전제된 절기 시편(시 24, 47, 132편 등), 지혜문학에 영향을 받은 "교훈 시편"/"지혜 시편"(시 1, 34, 36, 37, 49, 73, 90, 111-112, 119, 127, 128, 133, 139편 등) 등이 있다.

④ 세속의 시문학 장르

여기에는 풍자시(민 21:27-30), 승전가(삼상 18:7), 축혼가(아가), 조가(예레미야애가; 암 5:2; 사 1:21 이하) 등이 포함된다.

⑤ 법전 장르

i) 절대법과 조건/판례법[19]

ㄱ. **절대법**(Apodiktisches Recht): 개별 사건의 언급 없이 긍정 명령이나 부정 명령으로 이루어진 법전 장르를 일컫는다. 이 상위 장르에는 십계명, 모트-유마트 법(출 21:12), 저주 규정(신 27:15-26), 동태복수법(탈리온 법, 출 21:23 이하) 등이 하위 장르로 포함된다.

ㄴ. **조건/판례법**(Kasuistisches Recht): 구체적인 사건에 관한 법 조항을 일컫는데, 이 법은 조건문으로 표현되는 범죄 사실의 구성 요건 서술(Protasis)과 그에 따르는 처벌 규정(Apodosis)으로 구성된다(출 21:28-32 등).

ii) 법정 진술(Gerichtsrede)

법정 용어가 예언서에 적용된 경우이며 여호와와 이방신(사 41:1-5 등), 여호와와 백성(사 43:22-28 등) 사이의 소송 사건 양식으로 전해지는 신탁 장르다. 주로 "소송하다"(רִיב [리브])라는 동사가 관용구로 쓰인다.

⑥ 지혜문학 장르

i) 잠언

ㄱ. **속담**(Sprichwort): 속담은 민간에 전해오는 것으로 일상에서 접할 수 있는 상황에 빗대어 쉽게 이해할 수 있게 만든 짧은 격언이나 잠언을 일컫는다(삿 8:21; 겔 16:44 등).

---

19 이스라엘 율법의 이런 구분과 명칭은 A. Alt, *Die Ursprünge des israelitischen Rechts*(Leipzig: Hirzel, 1934)에서 비롯했다.

ㄴ. **정언**(定言) **잠언**(Aussagespruch): 어떤 조건이나 대조 없이 진술되는 지혜의 말씀을 일컫는다(잠 21:21 이하).

ㄷ. **비교급 토브-잠언**: "좋다", "낫다"(טוֹב [토브])라는 비교급 표현을 통해 진술되는 지혜의 말씀을 일컫는다(전 9:4b; 잠 15:16-17).

ㄹ. **명령형 경구**: 잠언을 전하는 형식에 명령형 동사가 쓰이는 경우를 일컫는다(잠 3:5; 24:17 등).

ㅁ. **수수께끼**: 지혜나 잠언을 표현할 때 어떤 사물에 빗대어 말하면서 답을 알아맞히는 놀이 형식을 쓰는 경우를 일컫는다(삿 14:12-18; 왕상 10:2-3 등).

ㅂ. **숫자 잠언**: 잇달아 나오는 수를 사용해서 진술하는 지혜 잠언을 일컫는다(잠 30:18-19 등).

ii) 교훈 모음

ㄱ. 교훈 연설/담화(잠 1:8-19; 욥 3-27장 등).

ㄴ. 교훈시(전도서).

ㄷ. 교훈 이야기(욥 1-2, 42장).

⑦ 역사 서술 장르

ㄱ. **목록**: 가족의 구성원이나 도시의 주민 등을 나열하는 경우를 일컫는다(창 5장; 36:31-39; 46:8-27; 느 11장; 12:1-26 등).

ㄴ. **연대기**: 역사적 사건을 줄거리 중심이 아니라 시간을 중심으로 약술하는 경우를 일컫는다(왕상 9:15-23; 14:19-20; 대하 11:5-12 등).

ㄷ. **역사 이야기**: 역사서에서 줄거리가 있는 이야기 형식으로 전해지는 역사적 사건들의 이야기 뭉치를 일컫는다(보기. 왕위 계승 이야기[삼하 9장-왕상 2장]).

물론 이상에서 간략히 설명한 장르들이 구약성경의 모든 장르는 아니다. 구약성경이 장르에 맞추어 형성된 것이 아니라, 장르라는 개념 자체가 구약성경의 언어적 보편성과 일반성을 바탕으로 재구성한 것이기 때문이다. 그러므로 구약성경의 장르 구분은 절대적이지 않다. 그럼에도 주석의 입문자들은 기존에 재구성된 장르를 확인함으로써 구약성경 언어의 보편성과 일반성을 인식하는 시작점을 찾을 수 있을 것이다.

(2) 장르 설정의 두 차원

실제로 주석을 하다 보면 문헌 단위의 본문에서 하나의 장르만을 인식할 수 있는 때도 있지만, 한 단위의 본문 안에 여러 장르가 공존하는 것으로 보이는 때도 있다. 이런 경우에는 문헌비평을 바탕으로 장르를 구분할 필요가 있다. 이때 전체 단락의 언어적 성격을 규정하는 장르를 **테두리 장르**(Rahmengattung)라고, 여기에 삽입된 장르를 **부분 장르**(Gliedgattung)라고 일컫는 것이 보통이다.[20] 이를 단순화하여 도식으로 만들어보면 다음과 같다.

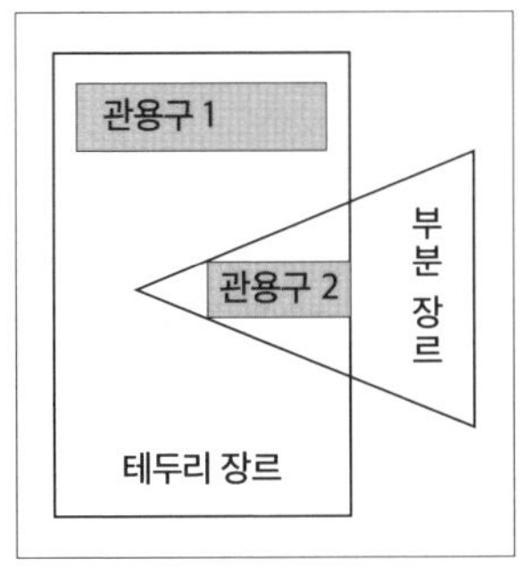

20 이 개념에 관해서는 다음 자료들을 참조하라. K. Koch, *Was ist Formgeschichte: Methoden der Bibelexegese*(Neukirchen: Neukirchener Verlag, [5]1989), 29-31(이 책의 1974년 판본은 분도출판사에서 1975년에 『성서주석의 제방법: 양식사학이란 무엇인가?』라는 제목으로 출간되었다.); Barth, Steck, *Exegese des AT*, 66.

이 도식에서 알 수 있듯이 테두리 장르에는 그것을 규정하는 문헌 단위 본문의 관용구가 있다. 그런데 이 문헌에 삽입된 단순 단위나, 단편, 보충 본문에서 또 다른 관용구가 발견되고, 또 그것이 테두리 장르와는 별개의 장르로 규정되면 이를 부분 장르라고 할 수 있다. 그렇기에 장르 설정을 위해 관용구를 찾는 단계에서 문헌 단위의 본문에 관용구가 하나인지, 여러 개인지, 그 특징들은 어떤지, 어떤 상황을 전제하는지를 면밀하게 살펴보아야 한다.

테두리 장르는 최종 형태 문헌 본문의 쓰임새와 연관이 있으며, 부분 장르의 원래 쓰임새는 사실 최종 형태의 문헌 본문과는 별개의 상황을 전제한다. 양식비평에서는 테두리 장르를 우선하여 고려하되 부분 장르의 원래 상황, 그리고 그것이 본문의 문맥에서 갖는 기능도 함께 고려해야 한다.

가령 출애굽기 18:1-12의 테두리 장르는 민담에 바탕을 둔 이야기 장르다.[21] 그런데 이 본문에서는 두 가지 부분 장르를 더 찾을 수 있다. 곧 3-4절은 모세의 두 아들인 게르솜과 엘리에셀의 기원을 설명하는 기원론이며, 10-11절은 이드로가 고백하는 축복문이다. 이때 기원론과 축복문은 이야기 장르에 편입되어 독자들의 이해를 돕고 출애굽을 이루신 하나님의 위대하심을 강조하는 기능을 한다.

4) 삶의 자리 규정

양식비평은 언어의 보편성 및 일반성과 더불어 상황성에 주안점을 둔다. 언어의 표현 양식을 바탕으로 본문을 분석해가는 양식비평은 개별 본문을 넘어서는 공동체의 "삶의 자리"를 재구성하는 데로 나아간다.

---

21 참조. 노트, 『출애굽기』, 176.

앞서 언급한 바와 같이 원래 궁켈은 이스라엘 "백성의 삶의 자리"(Sitz im Volksleben)라는 개념을 내놓았다. 이는 곧 구약성경에서 찾아볼 수 있는 언어 양식들 가운데는 이스라엘 공동체의 특정한 상황을 전제하는 보편성과 일반성을 지닌 것들이 있다는 말이다. 이를 좀 더 보편적인 관점에서 **"삶의 자리"**(Sitz im Leben)라는 용어로 표현하는데, 이는 특정 관용구를 사용하는 구약성경의 언어 양식이 전제하는 보편적·일반적 상황을 뜻한다.

물론 본문의 관용구에서만 보편적·일반적 상황을 이끌어내어 본문을 재구성하는 데는 한계가 있다. 그러나 구약성경의 전반적인 용례 관찰을 통해 해당 본문과 맥락에서 연관성이 있는 본문들을 분류해보면 본문의 언어 양식 이면에 있는 상황을 짐작할 수 있다. 주석자는 문헌 단위의 양식을 통해서 설정한 장르가 속한 삶의 자리를 규정함으로써 해당 본문에 전제되어 있는 구약성경 시대의 사회적·문화적·종교적 배경을 파악하게 된다. 곧 해당 본문을 형성하는 언어 양식이 어떤 사회·문화적 배경을 전제하는지, 또 어떤 종교적 상황을 엿볼 수 있게 해주는지를 알 수 있다는 것이다.

본문 장르에서 추정할 수 있는 "삶의 자리" 파악을 위해서는 다음과 같은 질문을 던질 수 있다.[22]

- 문헌 단위의 본문에서 장르가 사용된 의사소통 상황은 무엇인가? 곧 어떤 발신자와 수신자가 어떤 상황에서 특정 관용구를 사용하는가?
- 해당 장르의 삶의 자리는 어떻게 서술할 수 있는가? 곧 어떤 상황에서 이야기가 진행되는가? 어떤 특징이 연관되어 있는가? 본문에 전제되어 있는 상황은 무엇인가? 해당 장르는 본문의 내용 전달에 어떤 효과를 끼치는가?

22 비교. Utzschneider, *Arbeitsbuch*, 138-39.

- 장르의 역할을 통해서 해당 본문의 구체적 의도를 찾을 수 있는가?
- 다른 본문과 비교할 때 해당 장르의 양식이 낯설지는 않은가? 만약 그런 표현이 있다면 그 목적은 무엇인가?(이는 양식사 재구성을 위한 준비 질문이다.)

본문의 장르를 설정하고 그 삶의 자리를 추적할 때는 앞서 언급한 장르 설정의 두 가지 차원을 함께 고려할 필요가 있다. 곧 먼저는 테두리 장르가 보여주는 삶의 자리를 추적해야 하고, 그다음으로는 부분 장르로 눈을 돌려 그것이 갖는 원래 삶의 자리는 무엇이며 본문의 맥락에서는 어떤 변화가 있는지를 살펴보아야 한다.

앞서 살펴본 출애굽기 18:1-12을 생각해보자. 12절에는 미디안 제사장 이드로가 주도하는 제의 장면이 등장하는데, 문헌비평의 관점에서 합성 단위로 분석되는 이 단락은 결국 이 구절을 향해 나아간다. 그러니 테두리 장르가 전제하는 삶의 자리는 크게 보면 민담의 일상적 삶으로 규정할 수 있지만, 더 구체적으로는 제의와 연관된 삶의 자리라고 추정해볼 수 있다. 어쩌면 이 이야기는 "하나님의 산"(5절)과 연관된 제의 현장을 그 기원으로 하는 민담일 수도 있다. 물론 이런 규정은 추정적이지만 본문에서 드러나는 주된 강조점과 그 원래 의미를 추적해나가는 데 도움을 준다.

그런데 이 본문에는 부분 장르가 더 있다. 둘째 부분 장르인 축복문의 삶의 자리를 추적해보자. 이 축복문은 앞서 살펴본 대로 "찬송 받으실 여호와"(בָּרוּךְ יהוה[바룩 아도나이])라는 관용구로 시작한다. 본문의 제의적 문맥에서 보았을 때 이 관용구는 제의 과정의 예식문으로 여겨질 수 있다. 그러나 과연 그런지는 보편성과 일반성의 차원에서 검증 과정을 거쳐야 한다. 그 용례들을 살펴보면 개인적 차원에서 엿볼 수 있는 축복문의 삶의 자리는 대부분 제의나 성전에 상관없는 일상이다. 일상에서 특히 인사말이나 축하의 말로 쓰이는 경우가 많기 때문이다. 공동체 차원의 형식도 원래 제의나 성전과는 상관이 없었다가 시편에서처럼 제의의 삶의 자리에서도 받아들여진 것으로 보인다. 그러나 이런 경우는 드물다. 출애굽기 12장의 본문에서도 이 말은 이드로가 모세의 이야기를 듣고 건네는 인사말이자 축하의 말이며, 그 자리는 제의나 성전과는 상관없는 일상의 영역이다. 그렇지만 테두리 장르의 삶의 자리가 제의와 연관되어 있다는 점에서 일상의 삶의 영역에서 비롯한 부분 장르가 제의적으로 전용되어가는 과정으로 볼 수 있다. 이 문제는 "장르의 역사"에서 다루어야 한다.

5) 양식사: 장르의 역사 재구성

언어는 시대가 흐름에 따라 유기적으로 변한다. "랑그"의 개념도 고정적이지 않다. 어느 시대의 특정 상황에서 보편적이고 일반적인 쓰임새로 사용되던 언어 양식은 시대가 변하면서 그 쓰임새의 상황이 달라지기도 하고, 결국에는 더 쓰이지 않기도 한다. 따라서 구약성경 장르의 역사를 종합해야 할 필요가 있다. 이 작업은 특정 관용구를 공유하는 용례에 해당하는 본문들의 의사소통 상황에 관한 분석과 분류로 시작한다. 이 분석과 분류 과정에서는 다음과 같은 질문을 던져볼 수 있다.[23]

- 장르의 관용구가 등장하는 용례들의 의사소통 상황이 둘 이상으로 분류되는가?
- 분류된 의사소통 상황에서 관용구의 사용에 변화가 있는가? 가령 어떤 요소가 빠지거나 더해진 경우가 있는가?
- 분류된 용례들의 상대적 연대기를 짐작하게 하는 역사적 단서가 있는가?

---

23 비교. Utzschneider, *Arbeitsbuch*, 139.

이런 질문들을 통해서 관용구를 중심으로 한 장르의 역사를 재구성할 수 있다. 본문의 테두리 장르는 늘 전체 구약성경의 관점에서 그 역사를 고려해야 하지만, 특히 부분 장르는 장르의 역사에서 삶의 자리와 연관한 쓰임새 변화를 추정할 수 있는 중요한 단서가 된다.

출애굽기 18:10-11에 삽입된 부분 장르인 축복문의 역사를 재구성해보자. 앞서 관용구를 규정하고 삶의 자리를 설정할 때 보았듯이 "찬송 받으실 여호와"(בָּרוּךְ יהוה[바룩 아도나이])라는 관용구는 원래 일상생활에서 인사말이나 대인 관계를 전제하는 기도문에 쓰였다. 길게는 "바룩 아도나이 아쉐르…"의 형태로서 여호와를 송축해야 할 구체적인 이유가 따라나오고, 짧게는 스가랴 11:5에서처럼 "바룩 아도나이"만 쓰이기도 한다. 짐작건대 "바룩 아도나이"가 더 오래된 원시 축복 관용구라 할 수 있다. 그러다가 이 표현은 시편에 반영된 성전 제의라는 삶의 자리에서 더러 사용되었고, 후대로 갈수록 대인 관계에서의 인사말로서 갖던 의미가 퇴색하는 동시에 "축복 관용구"로서의 기능만 남게 되었다. 이는 특히 시편에 등장하는 "여호와여, 당신은 송축받으소서"(בָּרוּךְ אַתָּה יהוה[바룩 아타 아도나이])라는 변형된 형태로 드러났고, 시편 편집의 마지막 단계에서는 이른바 "시편 송영"(Doxology)으로 쓰이기도 했다.

이 보기에서 알 수 있듯이 주석에서 장르의 역사를 재구성하는 일은 결국 구약성경 역사의 통시적 관점에서 해당 본문의 의미를 더욱 구체적으로 이끌어내는 과정의 하나다.

4. 주석을 위한 양식비평의 보기: 시편 13편

여기서는 양식비평의 예시로 독일에서 나온 크라우스(H.-J. Kraus, BK

XV1)의 시편 주석을 살펴보자.[24] 물론 이 예시 하나가 양식비평 서술의 정답이라고 말할 수는 없다. 하지만 이 주석은 전통적인 역사비평을 표방하고 있으므로 실제 주석에서 양식비평이 어떻게 적용되는지를 파악하는 데 큰 도움을 줄 것이다.

다음 표는 크라우스의 책에서 시편 13편의 "양식"(Form)과 "장소"(Ort)를 주석한 부분을 우리말로 옮긴 것이다. 표의 오른쪽 칸에는 지금까지 우리가 다룬 양식비평의 요소들이 실제 주석에서 어떤 모습으로 적용되었는지를 짧게 설명해놓았다.

양식	시편 13편은 다윗 시편 모음집에 속한다. 짜임새에서 이 시편의 모습은 분명하다. 1절의 기술적인 서론적 언급에 이어, 본 시편은 2절과 3절에서 일련의 회의적 질문을 쏟아놓는다. 이 질문들은 4절과 5절에서 탄원 기도로 넘어간다. 반면에 결론격인 6절에서는 신뢰와 감사가 이어진다. 시연구성의 원칙은 제시할 수 없다. 음률도 불안정하다. 마소라 본문에 따르자면, 2절과 4절에서 운율은 4+4로 읽히며, 3절과 5절에서는 4+3, 6절에서는 3+3으로 읽힌다. 3절과 6절에서는 대구가 없는 네 낱말의 평행법이 쓰였다. 칠십인역에서 여기에 본문 요소가 추가된 것이 원래일지는 의문스럽다. 만약 그렇다면 6절에서는 두 개의 평행법이 있는 셈이다. 음률 구조를 수정하려는 시도들은 모두 만족스럽지 않은 졸작이다.	**문헌 단위의 양식** 여기서 크라우스는 본문의 짜임새에 대한 관찰에서 문헌 단위의 양식에 관한 고찰을 시작한다. 그런 뒤에 본문의 운율과 평행법에서 드러나는 불완전성을 중요한 양식적 특징으로 언급한다.
	시편 13편은 **기도송**(Gebetslieder, תפלה[트필라]) 장르에 속한다. 궁켈은 이 시편을 개인 탄원시(individuelle Klagelieder)로 분류하면서, 시편 13편은 특별히 이 장르의 전형적인 모습을 보여준다고 주장했다. 하지만 탄원시라는 개념은 폐기해야 한다. 시편의 기도자들은 탄식하지 않는다. 그리고 탄원에서 그치지도 않는다. 그들은 자신들의 곤경을 여호와 앞에 내어놓고 그분의 개입을 간구한다. 이것은 마땅히 기도라고 일컬을 수 있다. 이에 상응하는 히브리어 전통은 그러한 기도송을 תפלה(트필라)라고 부른다. 2-3절에서 עד־אנה(아드-아나; 어느 때까지입니까?)로 시작하는 질문들은 오래 지속되는 곤경의 상태를 말해준다. 이 상태에서 기도자는 여호와 앞에 선다. 4절과 5절에서	**관용구와 장르** 크라우스는 장르의 문제를 먼저 다루는데, 궁켈 이후 전통적으로 "개인 탄원 시편"으로 취급하는 데 반해, 그는 이 시편의 장르를 "기도송"으로 규정한다. 그리고 "기도송" 장르를

24 Kraus, *Psalmen 1-59*, 240-41.

	는 간구의 사역 명령형이 이어진다. 이 간구는 박해하는 대적자들에 맞닥뜨려 있는 매우 절박한 상태를 표현한다(5절). 6절에서는 두 가지 진술 의도를 구분해낼 수 있다. 먼저 전반절은 신뢰 표현을 담고 있는데, 이는 "저는 당신의 은총을 신뢰합니다"는 표현으로 요약된다. 이 신뢰 표현과 더불어 기도자의 마음이 여호와의 도우심(그분의 구체적인 개입)으로 기뻐할 수 있으리라는 확신과 바람이 연결되어 있다. 반면에 후반절은 이미 실현된 구원을 되돌아보며, 개인 감사 찬송시(토다)의 문체로 경험한 구원을 표현한다. "보도적 찬양"의 일환으로 여길 수 있다.	특징짓는 몇몇 도식을 근거로 든다.
장소	이 시편의 기도자는 어떤 상황에 처해 있는가? 기도송은 이 질문들의 응답으로 어떤 실마리를 제시하는가? 4절은 언제나 다시금 중요하게 주목받는다. 분명히 기도자는 죽음에까지 가까이 가 있다. 오랫동안 이어져 온 고난으로 녹초가 된 그의 생명력(2f)은 유린되었다. 그렇기에 죽을병에 걸린 것으로 생각할 수 있다. 하지만 실제로는 고난의 종류로서 질병에 관한 그 어떤 구체적인 실마리도 찾아볼 수 없다. 눈병이 문제일 수 있다는 슈미트의 견해는 "내 눈을 밝히소서!"가 간구의 의도라고 보는 것인데, 이는 적절하지 않다. 시편의 기도자가 탄식하는 실제 고난은 하나님으로부터의 분리 또는 하나님의 진노 경험이다. 하지만 (중상과 모략의 고소로 병의 원인이 될 수 있는 허물을 들추어내서) 약자를 없애버리려 애쓰는 대적의 등장(5절)도 주목을 받아야 한다. 그러나 본질적으로는 궁켈의 주장이 옳다. 그는 요점이 기도자의 신체적인 고통에가 아니라, "하나님을 향하는 그의 희망이 좌절되었고, 그의 신앙이 정당화되지 않은 것으로 보인다는 사실"에 있다고 강조했다. 완전히 다른 관점으로는 표제인 לדוד(르다비드; 다윗에게 속한)를 바탕으로 "메시아적" 모티브를 고려하고, 시편 13편을 극적인 탄원의식(歎願儀式; Klageritus)을 틀로 하는 "제왕 시편"(Königspsalm)으로 해석하기도 한다. 강렬하게 구성된 기도송 자체는 분명히 오래되었을 수 있다. 하지만 시대 규정은 거의 불가능하다. 이 시편은 성소에서 음송되었을 것이며, "기도 양식"(Gebetsformular)으로서 그 의미를 찾았을 것이다.	**삶의 자리** 크라우스는 시편 13편의 장르인 기도송의 삶의 자리 탐구를 개별 시편의 구체적 상황에 대한 논의에서 시작한다. 이는 이 장르의 형성사 문제다. 그리고 결론적으로는 성소에서 제의 과정에 불렀을 관용적 기도송으로 보편적이고 일반적인 삶의 자리를 추정한다.

크라우스는 시편 13편의 개별 주석에서는 양식사를 논의하지 않는다. 대신 책의 서론에 이 장르에 관한 전반적인 서술을 요약해놓았다.[25] 우리는 거기서 크라우스가 분류한 시편의 "기도송" 장르가 가진

25 Kraus, *Psalmen 1-59*, 49-60.

역사의 재구성을 확인할 수 있다. 크라우스는 "기도송"이라는 장르의 명칭에 관한 근거와 하위 범주(형식에 따라: 개인 기도송, 공동체 기도송, 개인 감사송/내용에 따라: 환자의 기도송, 고난받는 이의 기도송, 죄인의 기도송), 그리고 고대 근동의 기도 문학과의 연관성 등을 시편 전체와 구약성경의 시문학을 아우르며 설명한다. 이는 매우 전문적인 연구의 결과로서, 실제 주석에서는 이런 전반적인 통찰을 바탕으로 주석 본문의 위치가 어디인지를 밝혀주는 작업이 핵심적이라 하겠다.

- 출애굽기 24:1-11에 관용구나 특징적 표현들이 있는지 찾아보고 구약성경의 다른 용례를 찾아 그 삶의 자리("어떤 상황에서 쓰이는가?")를 추적해보시오.

- 주석을 위해 선택한 본문에서 관용구가 있는지 살펴보고, 본문의 장르를 설정해보시오.

잘 알려진 전래 동화 하나를 선택하시오("토끼와 거북이" 등). 그리고 몇 명이 한 조가 되어 한 사람은 그 이야기를 나름대로 처음부터 끝까지 구술하고 다른 사람들은 그 이야기를 받아적으시오. 이 과정을 몇 조가 함께한 뒤에 서로 받아 적은 이야기를 견주어보고, 공통점과 차이점을 찾아보시오. 또 이 공통점과 차이점이 무엇을 의미하는지 생각해보시오.

받아 적은 이야기	다른 조의 이야기와 견주기
	공통점:
	차이점:

어린 손주에게 옛날이야기를 해주는 할머니가 있다. 할머니의 옛날 이야기는 같은 줄거리라도 할 때마다 조금씩 다르다. 하지만 손주는 그 이야기가 매번 같은 이야기임을 안다. 그 이야기의 정체성을 이끄는 핵심 요소는 변함이 없기 때문이다. 또한 같은 이야기를 누가 하느냐에 따라서도 조금씩 차이가 나기 마련이다. 그런데도 이야기의 주요한 줄거리는 유지될 것이다. 주요 등장인물이나 사건의 진행 과정은 바뀌지 않기 때문이다.

이는 구두 전승 과정의 중요한 특징을 말해준다. 구두 전승에서는 모든 어구가 고정되어 전해지는 것이 아니다. 문헌 전승보다 전승자에게 훨씬 더 많은 자유가 주어진다는 말이다. 그렇기에 전승자가 누구이며 어떤 상황에 있느냐에 따라 전승들은 자연스레 분화한다. 하지만 구두 전승과 관련한 소극적인 원칙이 있다. 바로 전체적인 구조에서는 벗어나지 않는다는 것이다.

구약성경 주석에서 전승비평(Überlieferungskritik)의 분석적 작업과 전승사(Überlieferungsgeschichte)의 종합적 작업은 구약성경의 문헌 너머에 있는 구두 전승 과정에 관심을 둔다. 이 방법론은 구약성경의 형성이 구두 전승에서 시작했으며, 한 본문은 구약성경 안팎의 여러 요소와 상호작용을 통해서 정형화하거나 복수 전승의 형태로 전해지다가 어느 특정 시기에 문헌화되었을 것이라는 사실을 전제한다. 이런 전제는 구약성경의 실례들에 바탕을 둔다.

본문의 전승
전승비평/전승사

1. 전승비평/전승사의 배경과 용어 정의

"전승비평/전승사"라는 용어의 기원은 직접적으로는 마르틴 노트(Martin Noth)에게로 거슬러 올라간다.[1] 노트는 "오경"의 형성과 관련하여 이른바 "전승사적 해설 모델"(das überlieferungsgeschichtliche Erklärungsmodell)을 내놓았다. 그는 오경이 여러 "주제들"을 중심으로 구성되어 있으며, 이들은 원래 서로 독자적인 형성사를 가지고 있다고 주장했다. 노트는 오경에서 5개의 주요 주제와[2] 11개의 개별 이야기들을[3] 구분하고 이들이 어떻게 오경을 형성했는지의 역사를 재구성했다.

그런데 포러(G. Fohrer)나 슈텍은 노트가 제안한 넓은 의미의 "전승

---

1 M. Noth, *Überlieferungsgeschichte des Pentateuch*(Stuttgart: Kohlhammer, 1948).

2 Noth, *Überlieferungsgeschichte des Pentateuch*, 45-67. 구체적으로는 출애굽, 땅 차지, 족장 언약, 광야, 시내산 계시다.

3 Noth, *Überlieferungsgeschichte des Pentateuch*, 67-160. 구체적으로는 이집트에 내린 열 재앙과 유월절, 땅 차지 이야기, 바알 브올과 발람, 세겜 이전의 야곱, 요단강 동쪽 땅에서의 야곱, 이삭과 아브라함, 광야에서 겪은 갈증·배고픔·적군, 백성들의 불평, 헤브론의 갈렙, 하나님의 산과 미디안인, 시내산의 언약과 타락이다.

비평/전승사" 개념을 더 세분했다.[4] 그들에 따르면 "전승비평/전승사"는 문헌 형태 본문 이전의 구두 전승의 "전달 과정"(*traditio*)에 초점을 맞추는 것이고, 노트가 제안했던 구약성경을 형성하는 주요 주제, 곧 "전승된 내용"(*traditum*)을 둘러싼 논의는 다음 장에서 다룰 "전통비평/전통사"(Traditionskritik/ -geschichte)에 해당한다. 이 구분을 도식화해보면 다음과 같다.

넓은 의미	구분 기준	분석	종합
전승 비평	구두 전승의 전달 과정 (*traditio*)	전승비평	전승사
	전승된 내용 (*traditum*)	전통비평	전통사

우리는 이 구분을 따라 구약주석에 접근할 것이다. 따라서 피베거가 내린 다음 정의는 여기서도 유효하다.[5]

> "전승비평"은 (문헌비평적 단일) 본문이나 그것의 양식비평적 독립 부분에서 원래의 구두 전승을 가정할 수 있는지, 그렇다면 어떤 형태였는지 그 가능성을 연구한다. 그리고 "전승사"는 그에 덧붙여 이 구두 전승의 형성에서부터 문서화에 이르기까지 가능한 발전 과정을 (이상적인 경우를 가정해서) 서술한다. 여기서 이스라엘의 신학적·종교사적 발전의 여러 단계와 상응했을 구두 전승 사건들에서의 변화도 눈여겨보아야 한다.

물론 구약성경에는 처음부터 문헌화되었을 본문들도 있기에, 모든

4 Fohrer, *Exegese des AT*, 119 이하; Barth, Steck, *Exegese des AT*, 40-41; 이에 관한 요약적 논의는 크로이처, 『구약성경 주석 방법론』, 140-41을 보라.

5 크로이처, 『구약성경 주석 방법론』, 139.

본문에서 구두 전승을 추적할 수 있는 것은 아니라는 점을 명심해야 한다.

2. 전승비평/전승사 방법

어떤 본문에 관한 구두 전승 과정을 추정하기 위해서는 합당한 단서를 찾아야 한다. 전승비평의 목적은 특정 전승이 어떤 구두 전승 과정을 거쳐서 문헌화되었는지를 추적해 재구성하는 데 있다. 그렇기에 구두 전승을 찾아내서 추적하는 전승비평적 분석 작업과 문헌화까지의 과정에서 어떤 요소가 수정되었고, 어떤 요소가 유지되었는지의 역사를 재구성하는 전승사 연구의 종합 작업이 모두 이루어져야 한다.[6]

1) 전승비평 방법

어떤 본문에서 구두 전승 요소를 분석하기 위해서는 앞서 함께 토의한 내용의 기본적인 원리를 이해하고 있어야 한다. 곧 개별 본문을 넘어서는 구약성경 전체의 범위, 또는 더 나아가 고대 근동 문헌의 범위에서 세부 내용이 차이를 보이는 복수 전승이 있는지, 또 문헌비평에서 단순 단위로 결론을 내린 본문의 장르 자체에서 구두 전승의 흔적이 있는지를 찾을 수 있어야 한다.

6 여기서 다루는 전승비평/전승사의 구체적인 방법론은 다음 책들이 소개하는 내용을 비판적으로 수용했음을 밝힌다. Fohrer, *Exegese des AT*, 129-38; Barth, Steck, *Exegese des AT*, 42-46; 크로이처, 『구약성경 주석 방법론』, 141-51.

(1) 복수 전승 본문

① 복수 전승 본문 찾기

구두 전승 과정은 서로 다른 전승 집단 각각의 관심에 따라 저마다 조금씩 다른 양상으로 이어진다. 그리고 이 과정은 문헌화된 본문에 흔적을 남긴다. 구약성경의 경우 서로 다른 본문에서, 또는 인접한 다른 고대 근동의 문헌에서 비슷한 전승 과정(*traditio*)을 추정하게 하는 복수 전승 본문을 찾을 수 있다.

i) 구약성경의 복수 전승 본문

복수 전승의 관찰은 먼저 구약성경 본문에서 복수 전승을 찾아보는 것으로 시작할 수 있다. 가장 대표적인 보기가 족장 부인들의 위기에 관한 복수 전승이다. 이 이야기는 창세기 12장과 20장, 그리고 26장에서 비슷한 줄거리로 등장한다. 앞의 두 부분은 아브람(아브라함)과 사래(사라)가 주인공이며, 26장은 거의 비슷한 이야기가 이삭과 리브가에게서 반복된다. 이런 경우 서로 다른 족장과 족장 부인에 관한 구두 전승이 일정한 틀에 맞추어져서 입에서 입으로 전승된 뒤에 비로소 문헌화되었다고 보아야 한다. 구두 전승의 특성상 비슷한 주제의 이야기는 비슷한 틀을 이용할 때 훨씬 더 전달의 효과가 뛰어나기 때문에 이런 현상이 생겨난다.

이런 현상은 창세기에 기록된 아브라함, 사라, 하갈에 얽힌 불임과 두 아내의 갈등 이야기가 사무엘서에서 엘가나, 한나, 브닌나를 축으로 비슷하게 전개되는 데서도 찾아볼 수 있다. 구약성경에서 이런 복수 전승 본문을 찾을 때는 전승들 사이의 "비슷한 전승 과정"과 전승 자체의 구전성에 초점을 맞추어야 한다.

ii) 고대 근동 문헌의 복수 전승 본문

복수 전승 본문은 구약성경 안에서뿐 아니라 인접한 고대 근동의 다른 문헌에서도 찾아볼 수 있다. 이에 관한 몇 가지 보기는 잘 알려져 있다. 창세기 1-2장의 창조 이야기는 메소포타미아의 "에누마 엘리쉬"와, 창세기 6-8장의 홍수 이야기는 역시 메소포타미아의 "길가메쉬" 설화 등과 견주어볼 수 있다.[7] 또한 오경에 있는 여러 법 조항에서는 함무라비 법전으로 대표되는 고대 근동 법전들과의 공통 요소를 찾아볼 수 있다.[8] 그런가 하면 시편도 고대 근동의 시문학과 연관성이 있으며,[9] 욥기도 고대 근동에서 여러 중복 전승들을 찾아볼 수 있다.[10] 더욱이 잠언에는 여러 외국의 전승들이 포함되어 있는데, 가장 대표적인 것이 잠언 22:17-24:22에 수용된 이집트 아멘엠오페의 잠언이다. 그 밖에도 고대 근동의 지혜문학과 성경의 지혜문학은 여러 곳에서 복수 전승의 증거들을 내보인다.[11] 물론 주석 본문에서 이런 고대 근동의 구전 요소를 찾아내는 작업은 수월하지 않다. 그런데도 주석을 통해서 성경 본문의 고유한 뜻을 이끌어내기 위해서는 가능한 한 구전 전통의 복수 전승을 찾아내려는 노력을 기울여야 한다.

---

7 창조 이야기와 고대 근동 문헌과의 관계는 다음 자료들을 참고하라. 알렉산더 하이델 지음/윤영탁 옮김, 『고대 근동의 창조 설화, 홍수 설화와 구약성경의 비교』(서울: 도서출판엠마오, 1990); 존 H. 월튼 지음/강성열 옮김, 『창세기 1장과 고대 근동 우주론』(서울: 새물결플러스, 2017).

8 구약성경의 법전과 고대 근동 법전 사이의 관계 비교를 위해서는 다음 자료들을 참고하라. 김영진, 『율법과 법전: 율법과 고대근동의 법 연구』(서울: 한들출판사, 2005); 채홍식 역주, 『고대 근동 법전과 구약성경의 법』(의정부: 한님성서연구소, 2009).

9 시편과 고대 근동 시문학과의 관계에 관한 간략한 소개로는 K. 사이볼트 지음/이군호 옮김, 『시편입문』(서울: 대한기독교서회, 1995), 214-39을 보라.

10 욥기와 견줄 수 있는 고대 근동의 전승들로는 "수메르의 욥기", "루들룰 벨 네메키", "바벨론의 신정론" 등을 들 수 있다. 이에 관한 간략한 안내는 리처드 J. 클리포드 지음/안근조 옮김, 『지혜서』(서울: 대한기독교서회, 2015), 93-99을 보라.

11 고대 근동의 지혜문학과 구약 지혜문학 사이의 관계에 관한 간략한 안내는 클리포드, 『지혜서』, 27-53을 보라.

보록

고대 근동 문헌 찾아보기

이집트와 메소포타미아를 비롯한 고대 근동 지방에서 비롯한 문헌들은 매우 방대하다.[12] 그 모든 문헌을 다 훑어보고 주석을 위한 복수 전승 본문을 찾아내는 것은 별로 현실적이지 않으며 그럴 필요도 없다. 그 문헌들 가운데 구약성경과 특별한 관계가 있는 것들은 다음 책에 정리되어 있다.

- J. B. Pritchard(ed.), *Ancient Near Eastern Texts: Relating to the Old Testament*(Princeton: Princeton University Press, [3]1969)(=*ANET*).

게다가 이 책의 내용에서 구약성경과 직접 연관이 있는 본문들은 다시금 선집(Anthology) 형태로 출간되어 우리말로도 번역되었다.

- 제임스 B. 프리처드 엮음/강승일 등 옮김, 『고대 근동 문학 선집』(서울: 기독교문서선교회, 2016).[13]

---

12 현재까지 발견·해독되어 구약성경과 관련이 있다고 판단된 모든 고대 근동 문헌은 다음과 같이 독일어로 출간된 자료에서 확인할 수 있다. Otto Kaiser et al.(eds.), *Texte aus der Umwelt des Alten Testaments*(Bd. I-III; Güterloh: Güterloher Verlag, 1982-1997)(=TUAT); B. Janowski, G. Willhelm(eds.), *Texte aus der Umwelt des Alten Testaments: Neue Folge*(Bd. 1-7; Güterloh: Güterloher Verlag, 2004-2013)(=TUAT.NF).

13 이 역서 가운데 특히 주목할 부분은 "우가릿 바알 신화"(229-352)다. 우리말 역자는 *ANET*의 순서를 그대로 따르지 않고, 최근 연구를 참조해서 토판의 순서를 바로잡았다(229, 각주 1). 따라서 이 부분에 관한 우리말 역본의 가치는 남다르다.

주석자는 소극적으로 우리말 역본의 끝부분에 있는 성경 색인(846-851쪽)을 확인하는 것에서 시작할 수 있다. 하지만 그보다는 *ANET*의 좀 더 확장된 성경 색인(683-686쪽)을 반드시 확인해볼 것을 권장한다. 더불어 고대 근동의 문헌에 등장하는 여러 신화적·역사적 개념도 *ANET*의 821-844쪽에 간략하게 설명되어 있다. 그리고 좀 더 상세한 해설은 다음 사전을 통해 구약성경과의 관계라는 관점에서 확인하기 바란다.[14]

- K. van der Toorn et al.(eds.), *Dictionary of Deity and Demons in the Bible*(Leiden et al.: Brill, 1999)(=DDD).

고대 근동 지방의 문헌들과 구약성경의 본문을 직접 맞대어 견주고 분석한 다음 책은 구약성경에서 잘 알려진 본문들의 복수 전승을 찾고 분석하는 데 요긴한 도움을 준다.

- 크리스토퍼 B. 헤이즈 지음/임요한 옮김, 『고대근동문헌과 구약성경』(서울: 기독교문서선교회, 2018).

② 복수 전승 분석

구약성경 안팎에서 주석하려는 본문과 비슷한 전승 과정을 추측하도록 해주는 복수 전승을 찾았다면 이제 공통점과 차이점을 분석해야 한다. 앞서 언급한 것처럼 전승들이 공유하는 공통점은 구두 전승을 수월하

14 이 주제와 관련한 우리말 저작물 가운데서는 주원준, 『구약성경과 신들: 고대 근동 신화와 고대 이스라엘의 영성』(의정부: 한님성서연구소, 2012)을 참조할 수 있다.

게 해주고, 해당 전승의 일반적 특징을 인식하게 해주는 요소다. 이를 일반적으로 전승의 **불변 요소**라고 일컫는다. 반면 **가변 요소**라고 일컫는 차이점들도 존재하는데, 이는 개별 전승의 고유한 문맥을 식별하게 해준다.[15] 주석의 과정에서는 복수 전승의 불변 요소보다 가변 요소가 더 중요하다. 불변 요소가 해당 전승의 구술적 일반성을 드러낸다면, 가변 요소는 해당 전승이 개별 본문에서 가지는 고유한 문맥적 의미를 드러내 줄 수 있기 때문이다.

구약성경 안에서 찾아볼 수 있는 복수 전승의 보기를 살펴보자. 앞서 언급한 "족장 부인들의 위기" 전승(창 12, 20, 26장)은 다음과 같은 불변 요소를 공유한다.

- 이스라엘 족장 부부가 이방 지역에서 더부살이함
- 아내의 미모 때문에 현지 사람들이 남편을 죽이지 않을까 두려워함
- 남편이 아내를 자기 여동생이라고 말함
- 사실이 드러나 위기에 처하지만 이방 권력자가 남편을 꾸짖고 아내를 돌려줌
- 부부는 결국 많은 재산도 함께 얻음

이런 불변 요소 때문에 어떤 사람은 개별 이야기들이 한 이야기를 바탕으로 복사되었다고 보기도 한다. 하지만 이는 구두 전승의 특징을 이해하지 못한 채 내린 성급한 결론이다. 그 대신 이런 불변 요소는 해당 전승이 문헌화되기 전에 구두 전승에서 어떤 이야기 틀에 담겨서 전해졌는지를 추정하게 해준다. 물론 구약성경에서 이런 추정을 확인할 수 있는 이상적인 경우가 그리 많지 않다는 점은 분명히 알고 있어야 한다.

---

15 전승 과정의 "불변 요소"와 "가변 요소"에 관해서는 크로이처, 『구약성경 주석 방법론』, 142-46을 참조하라.

구약성경 안에서뿐 아니라 고대 근동 문헌과의 복수 전승에서도 불변 요소들이 드러난다.[16] 여기서는 시편 92:9[10]과 우가릿 바알 신화(KTU 1.2 IV, 8-9)를 보기로 살펴보자.[17] 두 본문을 맞대어 견주면 다음과 같다.

바알 신화	시편 92:9[10]
이제 당신의 적을, 오 바알이여! 이제 당신의 적을 치소서! 이제 당신의 적수를 무찌르소서!	진실로, 보소서, 당신의 적들을, 여호와여! 진실로, 보소서, 당신의 적들은 패망하리이다, 죄짓는 모든 자는 흩어지리이다.

기원전 13세기에 해양 민족의 침공을 받아 멸망한 것으로 여겨지는 우가릿 사람들이 남긴 바알 신화의 한 부분인 이 구절은 작성 시기가 시편의 구절보다 앞선다. 그리고 두 본문의 구절은 형식에서나 내용에서나 놀랍도록 비슷하다. 이를 바탕으로 추정컨대 신을 향한 탄원의 전형적인 양식이 구전으로 고대 사회에 널리 퍼져 있었으며, 그 틀이 우가릿의 바알 신화와 구약성경 시편에 수용되었을 것이다. 시편뿐 아니라 오경의 율법에서도 훨씬 이전의 법 조항들이 수용된 모습을 어렵지 않게 찾아볼 수 있다. 가령 출애굽기 21:22-25은 이른바 "동태/동해복수법"(*lex talionis*)을 말한다. 이는 "생명은 생명으로, 눈은 눈으로, 이는 이로, 손은 손으로, 발은 발로, 덴 것은 덴 것으로, 상하게 한 것은 상함으로, 때린 것은 때린 것으로" 갚으라는 규정이다. 자칫 복수를 조장한다고 오해받기 쉬운 이 법은 과도한 복수에서 빚어지는 악순환의 고리를 끊는 데 그 목적이 있다. 그런데 이런 법 규정은 고대 사회에서 낯선

16 고대 근동 문학과 구약성경의 전승사적 분석의 보기들은 엄원식, 『히브리 성서와 고대근동문학의 비교연구』(서울: 한국신약학회, 2000)을 참조할 수 있다.

17 이 보기의 분석은 크로이처, 『구약성경 주석 방법론』, 144-45을 보라. 또한 이 본문의 우리말 번역은 프리처드, 『고대 근동 문학 선집』, 245을 보라.

것이 아니었다. 기원전 18세기로 거슬러 올라가는 함무라비 법전(196-214조)에서도 같은 형태의 법 규정을 찾아볼 수 있을 정도다.

중요한 것은 이런 불변 요소 사이사이에 자리한 가변 요소다. 구약성경에서 찾을 수 있는 복수 전승과의 차이를 드러내는 가변 요소는 해당 전승이 문맥에서 어떤 의미가 있는지를 역설해준다. 또한 고대 근동 문학과의 복수 전승과 구별되는 가변 요소는 이스라엘 전승의 고유성과 특수성을 알 수 있게 해주는 단서 구실을 한다.

구체적으로 족장 부인들의 위기 이야기에서 가변 요소들은 다음과 같이 분석할 수 있다.

	창 12장	창 20장	창 26장
위기에 처한 부부	아브람과 사래	아브라함과 사라	이삭과 리브가
이방 권력자	이집트 파라오	그랄 왕 아비멜렉	그랄의 블레셋 왕 아비멜렉
위기 극복 과정	여호와가 파라오와 그 집에 큰 재앙을 내리심	하나님이 아비멜렉의 꿈에 나타나 지시하심	아비멜렉 스스로 사태를 알아차림
문헌비평	J	E	J

이렇게 가변 요소를 비교해보면, 우선 왜 아브라함의 이야기에 이 전승이 두 번 나오는지 짐작할 수 있다. 문헌비평의 관점에서 볼 때 두 이야기는 아마도 서로 독립된 문헌화 과정을 거쳤을 것이다. 그리고 그것은 강조점이 서로 다른 구두 전승으로 거슬러 올라간다. 곧 야휘스트에게 수용된 창세기 12장에서는 초자연적인 권능으로 파라오에게 영향을 미치시는 여호와의 개입이 강조되었다면, 20장에서는 엘로히스트의 전형적 특징인 "현몽"이 강조된다.[18] 그러므로 이 두 본문을 주석할 때는 제각각의 가변 요소를 중심으로 본문의 주요 강조점을 이끌어내야

18 이런 문헌비평적 특징에 대해서는 슈미트, 『구약, 어떻게 공부할 것인가?』, 320, 339-340을 보라.

한다. 또한 창세기 26장의 전승은 문헌비평의 관점에서 연관성이 있는 12장과 견주는 것이 효과적이다. 그리고 위기 극복 과정에서 달라진 상황을 통해 발전되어가는 이야기 전개에 주목해야 한다.

고대 근동 문학의 복수 전승과의 비교에서는 가변 요소가 주석을 위해 더 중요한 구실을 한다. 이스라엘의 종교는 고대 근동 세계와 분리된 채 진공 상태에서 존재하지 않았다. 더욱이 이스라엘을 둘러싸고 있던 이집트 문명과 메소포타미아 문명은 이스라엘의 문화와 사회는 물론 종교에도 큰 영향을 미쳤다. 그것은 여호와 신앙의 전승에서도 크게 다르지 않았으리라는 사실은 어렵지 않게 추정할 수 있다. 여호와 신앙이라는 내용을 어떤 그릇에 담아서 전달해야 가장 효과가 클지를 고대 이스라엘 사람들도 분명히 잘 알고 있었을 것이다. 그들은 구두 전승 단계에서부터 그 효과적인 방법을 실행하기 위해 사람들에게 잘 알려진 표현이나 이야기 방식을 취했을 것이다. 앞서 견주어본 것처럼 바알 찬미시의 형식이 시편에서 여호와를 찬양하는 데 수용된 것은 그런 관점에서 이해할 수 있다. 그런데도 이스라엘 사람들은 여호와 신앙의 본질을 양보하지는 않는다. 그들은 고대 이스라엘 시대에 흔히 접할 수 있었던 "찬미가"의 형식에 "여호와 신앙"의 내용을 담아서 전승했다. 이때 "찬미가"의 형식은 불변 요소이고, "여호와 신앙"의 내용은 가변 요소다.

앞서 언급한 동태/동해복수법에서도 이런 가변 요소는 뚜렷하게 드러난다. 이를 확인하기 위해 먼저 구약성경과 함무라비 법전의 몇몇 구문을 견주어보자.

출애굽기 21장		함무라비 법전[19]	
22	사람이 서로 싸우다가 임신한 여인을 쳐서 낙태하게 하였으나 다른 해가 없으면 그 남편의 청구대로 반드시 벌금을 내되 재판장의 판결을 따라 낼 것이니라.		[209-214]
23	그러나 다른 해가 있으면 갚되 생명은 생명으로,		
24	눈은 눈으로, 이는 이로, 손은 손으로, 발은 발로,	196	만약 한 자유인이 귀족의 눈을 멀게 하였다면, 그들은 그의 눈을 멀게 할 것이다.
25	덴 것은 덴 것으로, 상하게 한 것은 상함으로, 때린 것은 때림으로 갚을지니라.	197	그가 다른 자유인의 뼈를 부러뜨렸다면, 그들은 그의 뼈를 부러뜨릴 것이다.
		198	만약 그가 평민의 눈을 멀게 하였거나 평민의 눈을 멀게 하였거나 평민의 뼈를 부러뜨렸다면 그는 은 1미나를 달아 줄 것이다.
		205	만약 한 자유인의 노예가 자유인의 뺨을 때렸다면, 그들은 그의 귀를 잘라낼 것이다.
		209	만약 한 자유인이 다른 자유인의 딸을 구타하여 그녀로 하여금 태아를 유산하게 하였다면, 그는 그 태아에 대하여 은 10세겔을 달아 줄 것이다.
		210	만약 그 여자가 사망하였다면, 그들은 그의 딸을 사형에 처할 것이다.
		211	만약 그가 구타로 평민의 딸로 하여금 태아를 유산하게 하였다면, 그는 은 5 세겔을 달아 줄 것이다.
		212	만약 그 여자가 죽었다면, 은 2분의 1 미나를 달아 줄 것이다.
		213	만약 그가 자유인의 여자 노예를 구타하여 그녀로 하여금 태아를 유산하게 하였다면, 그는 은 2세겔을 달아 줄 것이다.
		214	만약 그 여자 노예가 죽었다면 그는 은 3분의 1미나를 달아 줄 것이다.

이 비교표에서 함무라비 법전과 출애굽기 율법 사이의 뚜렷한 차이점, 곧 가변 요소를 찾을 수 있다. 출애굽기에서는 신분에 따른 법 적용의 구분이 없는 반면, 함무라비 법전은 귀족, 자유인, 평민, 노예의 신분 차이에 따라 법 규정이 다르다. 이 가변 요소는 고대 사회에 잘 알려진 동태/동해 복수법이 왜 출애굽기의 언약 법전에 들어가 있는지를 분명히 알게 해준다. 곧 하나님이 지으신 생명은 계급의 차등 없이 공평한 대우를 받아야 한다는 점을 분명히 하는 것이다. 그리고 이는 구약성경의 여러 본문의 가변 요소에서 이끌어낼 수 있는 메시지다. 전승비평에서 구약성경 본문과 고대 근동 문학의 복수 전승을 견주고 분석하는 작업의 지향점이 바로 여기에 있다. 복수 전승의 불변 요소가 해당 전승의 구전성을 보여준다면, 구약성경 시대 이전에 존재했던 종교 문헌이나 지혜 문서의 전승을 구약성경이 왜 공유하는지, 또 그런 본문의 의미가 무엇인지는 복수 전승의 가변 요소에서 드러난다.

그런데 여기서 특히 고대 근동 문헌과의 복수 전승 본문에서 주목할 만한 점이 있다. 곧 고대 근동 문헌과 구약성경 본문이 공유하는 불변 요소는 구약성경의 고유한 사상이 반영된 가변 요소를 통해 구약성경의 세계 안에서 확장되어 전승될 수 있다는 것이다. 다시 말해 고대 근동 문헌과의 관계에서는 가변 요소인 구약성경의 내용이 구약성경 안 복수 전승의 맥락에서는 불변 요소가 될 수 있다. 가령 구약성경의 창조 이야기는 고대 근동 문헌에서도 찾아볼 수 있는 복수 전승에 해당한다. 이들은 신이 세상을 창조했다는 기본적인 불변 요소를 공유한다. 그러나 고대 근동 문헌, 특히 에누마 엘리쉬와 같은 메소포타미아의 창조 이야기가 신들의 전쟁을 전제하는 데 비해, 구약성경의 창조 이야기(창 1:1-2:4a; 2:4b-2:25)는 유일하신 하나님의 평화롭고 질서 있는 아름다운 창조를 이야기한다. 또한 메소포타미아의 신화는 인간의 창조가 피비린

19 번역문은 프리처드, 『고대 근동 문학 선집』, 392쪽을 참고했다.

내 나는 전쟁의 결과이며 인간은 신을 섬기기 위한 존재라고 묘사한다. 하지만 구약성경에서 인간은 하나님의 대리인으로서 세상을 다스리는 존재로 창조된다(참조. 창 1-2장; 시 8편 등). 이후 구약성경에서 창조 이야기는 고대 근동 문헌과 구별되는 가변 요소를 불변 요소로 하여 개별적인 가변 요소를 더해가며 저마다 독특한 구체적 의미 체계를 구성하는 개별 본문으로 전승된다.[20]

(2) 본문 내부의 구두 전승적 특징

구약성경 안팎에서 찾아볼 수 있는 복수 전승보다는 본문 내부에 존재하는 구두 전승의 특징이 더 많다. 이런 경우 문헌비평에서 하나의 통일된 단순 단위로 여겨지는 본문에서 해결할 수 없는 문제점들을 다룰 수 있다. 이는 곧 구술 형태로 존재하던 둘 이상의 전승들을 한 명의 문헌 저자가 문헌화한 경우다. 주석가는 이때 가장 먼저 구두 전승과 문헌화 단계의 층을 분리해야 한다. 이를 위해서는 다음과 같은 사항들을 검증해야 한다.[21] 여기서 다루는 두 가지 요소 모두 구두 전승과 문헌화가 이루어진 시대의 차이에서 오는 변화를 가리킨다.

① 내용상의 긴장

문헌비평 관점에서 문체나 구성에는 문제가 없지만 여전히 내용상의 긴장이 존재하는 경우가 있다. 이런 경우 서로 긴장되는 요소들은 서로 다른 구두 전승에서 비롯했다고 볼 수 있다. 이에 해당하는 대표적인 보기는 창세기 1:1-2:4a의 창조 이야기다. 이 문헌 단위는 일반적으로 제사장계(P)로 분류된다. 문헌비평에서 내리는 결론은 거기까지다. 그런

20 이에 해당하는 보기는 "부록"의 견본 주석에서 "전승비평"을 참고하라.

21 Fohrer, *Exegese des AT*, 129-36의 내용과 비교하라.

데 내용을 살펴보면 문헌비평으로 해결되지 않는 긴장 요소가 있다. 먼저 여덟 가지로 나뉘는 피조물이 엿새에 나뉘어 창조된 것으로 보도된다. 더 나아가 이른바 "말씀 창조"와 "행위 창조"가 쉽게 설명할 수 없는 이유로 뒤섞여 있다. 이 경우에 여덟 가지의 창조를 말하는 전승, 엿새 창조의 전승, 말씀 창조 전승과 행위 창조 전승이 제각각 구술 형태로 존재하고 있었는데, 제사장계 저자가 이들을 바탕으로 현재의 창조 이야기 본문을 구성했다고 추정할 수 있다.

② 전승의 형성과 문헌화의 시간적 거리

구약성경에는 전승의 형성과 문헌화 사이에 현격한 시간적 거리가 있는 경우가 많다. 이때 원래의 전승이 문헌화 당대의 상황에 따라 다른 전승과 자의적으로 합쳐지거나 변형되기도 한다. 그래서 문헌비평에서는 단순 단위이지만 여전히 내용상 긴장과 모순을 드러내게 된다. 기원론(起源論; Ätiologie, etiology)을 보기로 살펴보자. 기원론은 글을 쓰는 당대에 확인되는 특정한 상황이나 장소 등의 유래를 설명하는 과거의 이야기를 일컫는다. 구체적으로는 자연 현상(창 19장), 지명(창 21:22 이하), 제의 장소나 제의 관행(민 21:6 이하), 어떤 씨족이나 민족의 특징(창 16:11-12) 등이 이에 해당한다. 이런 기원론적인 전승의 경우 유래하는 이야기와 현재 본문의 이야기는 독자적으로 존재하다가 인위적으로 연결된 경우가 많다.

이를테면 창세기 19:30-38에서 중심 이야기는 롯의 두 딸이 소돔에서 나와서 아버지와 동침하여 대를 잇는다는 것이다. 그런데 36-38절은 그렇게 태어난 아이들이 오늘날 모압과 암몬 자손의 조상이 되었다고 덧붙인다. 이 구절은 글이 기록된 당대에 이스라엘 백성과 그 두 민족 사이에 존재하던 갈등 관계를 전제한다(참조. 신 23:3-6).[22] 곧 롯이

---

22 C. Westermann, *Genesis Kapitel 12,1-21,7*(BKAT I2.1; Neukirchen: Neukirchener Verlag,

후손을 이은 것에 관한 구두 전승이 문헌화 시대의 상황에 맞추어 부정적인 평가와 더불어 재구성된 것이다.

2) 전승사 재구성

전승비평의 분석적 방법은 구두 전승에서 문헌화에 이르는 역사를 재구성하는 종합적 방법으로 이어진다. 피베거가 제안한 것처럼 전승사 재구성을 위해서는 다음과 같은 기본적인 단계를 거쳐나가야 한다.[23]

① 구두 전승을 생각나게 하는 근거들과 구두 전승의 영역에서 일어난 형태의 변화를 추측하게 하는 언어적·역사적·신학적 이유들을 검증해보라.
② 구두 전승물들의 현재 모음집에서 그것들을 합치는 과정에서 생겼을 변경을 암시하는 용례들을 검증해보라.
③ 문서화를 이끌어내고 원래의 구두 전승을 변경하는 데 영향을 주었을 언어적·역사적·신학적 기준들을 설명해보라.

전승사의 재구성은 전승비평의 접근법과 마찬가지로 다음과 같이 두 방향으로 이루어진다.

(1) 복수 전승의 전승사

어떤 본문에서 구약성경이나 고대 근동 문헌과의 복수 전승을 찾아내고 그것들이 공유하는 불변 요소와 각 전승의 고유한 가변 요소를 분석

---

[3]2003), 384.

23 크로이처, 『구약성경 주석 방법론』, 151.

해냈다면 우선 각각의 상대적 연대기를 규명해야 한다. 그런 뒤에는 불변 요소인 기본 구두 전승 층이 문헌화해가는 과정에서 어떤 변화를 겪었는지에 주목하면서 개별 단계의 의미를 밝혀주어야 한다. 여기서 밝힌 개별 단계의 변화는 해당 본문의 뜻을 이끌어내는 주석에서 결정적인 역할을 할 수 있다.

가령 고대 법전과 복수 전승을 공유하는 출애굽기 21장의 동해/동태복수법의 경우, 두 법조문에 기본적인 불변 요소가 있음에도 가변 요소가 출애굽기 언약 법전의 고유한 의미와 가치를 역설해준다. 곧 계층에 따라 법 적용을 달리하던 고대 근동의 법 정신과는 달리 이스라엘은 인간이 계층과 상관없이 하나님 앞에서 평등하다는 점을 강조하기 위해 계층에 따라 달라지는 법 적용을 없앴다고 볼 수 있다.

(2) 본문 내부의 구두 전승적 특징에 따른 전승사

문헌비평에서 단순 단위로 분석된 본문 단위에서 내용적 모순이나 긴장이 있을 때, 또는 기원론 등 전승의 형성과 문헌화의 시점에 거리가 있을 때는 분리된 전승 층의 상대적 연대기를 먼저 규명해야 한다. 그런 뒤에는 원래 전승이 문헌화 과정에서 어떤 변경을 겪었는지에 주목하면서 그 변경의 원인을 언어적·역사적·신학적 기준에서 설명해야 한다.

가령 앞서 언급한 모압과 암몬의 기원론을 전하는 창세기 19장을 보자. 창세기 19:37의 "오늘날 모압의 조상이요", 38절의 "오늘날 암몬 자손의 조상이었더라"는 구절은 분명히 롯의 손자들과 관련해 전해온 구두 전승을 문헌화한 후대의 본문이다. 근친상간의 부정적 주제를 모압과 암몬 족속의 기원과 연결한 데는 앞서 밝혔듯이 신명기 23:3-6과 관련한 역사적 배경을 바탕으로 하는 신학적 판단이 한몫했을 것이다. 곧 이스라엘의 선택 사상을 강조하려는 의도가 이 기원론의 바탕을 이룬다고 볼 수 있다.

3. 전승비평/전승사의 보기: 시편 104:19-24

1) 전승비평

시편 104편은 전체적으로 창조주 하나님께 올려드리는 찬양 시편(Hymn) 장르다.[24] 문헌비평의 관점에서 이 시편은 여러 단순 단위와 부연 및 단편들이 합쳐진 합성 단위라고 보는 것이 보통이다.[25] 이 시편의 여러 개별 단위 가운데서 19-24절은 "해-달-밤의 어둠-아침의 일출"을 중심 심상으로 하여 여호와 하나님의 다스리심을 찬양하는 부분이다. 문헌비평에서는 이 단락을 단순 단위로 취급할 수 있다. 그 부분을 우리말로 옮기면 다음과 같다.

> **19**그분께서는 절기를 위해 달을 만드셨습니다.
> //해는 자기가 지는 때를 압니다.
> **20**당신께서는 어둠을 드리우셔서 밤이 되게 하셨습니다.
> //그때면 숲속의 온갖 짐승이 기어 나옵니다.
> **21**젊은 사자들은 먹이를 향해 으르렁거리고,
> //하나님에게서 그들의 먹이를 구하다가,
> **22**해가 뜨면 한데 모여
> //자기네 굴에 눕습니다.
> **23**사람들은 자신들의 일을 하러 나옵니다.
> //저녁때까지 수고합니다.
> **24**여호와여, 주께서 하신 일이 얼마나 많은지요?

---

24 이 시편의 장르에 대해서는 Kraus, *Psalmen 60-150*, 879을 보라.

25 참조. F. L. Hossfeld, E. Zenger, *Psalms 3: A Commentary on Psalms 101-150*(Hermeneia; Minneapolis: Fortress Press, 2011), 46.

//그것들 모두를 당신께서는 지혜로 지으셨습니다.

//땅은 당신의 피조물로 가득합니다.

시편 104편의 여러 본문은 흥미롭게도 기원전 14세기에 이집트에서 태양신 아톤을 숭배하던 파라오 아켄아톤의 문헌과 비슷한 복수 전승을 가지고 있다.[26] 그중 시편 104:19-24과 평행하는 본문은 다음과 같다.

당신이 서쪽 지평선에 저물 때, 땅은 죽음과 같이 어둠 속에 있습니다. 그들은 머리를 동여매고 방에서 잠을 잡니다. 한 눈이 다른 것을 보지 못합니다. 그들의 머리 아래에 있는 모든 것들은 도적질 당합니다. 그러나 그들은 인식하지 못합니다.

모든 사자는 그 굴에서 나옵니다. 모든 기어 다니는 것들은 침을 쏩니다. 어둠은 장막이 되고 땅은 고요합니다. 그들을 만든 자가 그의 지평선에서 쉬고 있기 때문입니다.

동이 트고 당신이 지평선에서 떠오를 때, 당신이 낮에 아톤으로 빛날 때 당신은 어둠을 몰아내고 당신의 광선을 내뿜습니다. 두 땅[*지은이 이집트의 남과 북]은 깨어 그들의 발로 일어나서 날마다 축제를 벌입니다. 당신이 그들을 일으켜 세웠기 때문입니다. 몸을 씻고 옷을 입고 그들의 팔은 당신의 모습에 찬양 가운데 들어 올려집니다. 온 세상은 다 맡은 일을 해갑니다.

우선 이 본문들이 공유하는 불변 요소는 두 가지로 정리할 수 있다. 먼저는 해가 뜨면 사람들이 일을 하고, 해가 지면 동물들이 나서는 자

26 평행하는 본문은 프리처드, 『고대 근동 문학 선집』, 615-21을 보라(=*ANET*, 369-71). 지금 살펴보는 단락의 우리말 번역도 이 책에서 발췌했다. 다만 몇몇 부분은 수정했음을 밝힌다.

연의 이치다. 다음으로는 사자, 숲속의 짐승 등이 소재로 쓰인다는 점이다. 시편 104편에서 쓰인 다른 복수 전승과 마찬가지로 이 단락의 복수 전승에서 드러나는 불변 요소들은 두 전승이 의심할 여지 없이 구두 전승의 형태를 공유하고 있었음을 짐작하게 해준다.

그런데도 두 문헌은 분명한 차이점을 보여준다. 두 전승의 가변 요소는 크게 태양과 어둠에 관한 인식과 연관된다. 먼저 태양은 이집트의 아톤 찬미시에서 "아톤 신"으로 이해되지만, 시편 104편에서는 여호와 하나님의 피조물로 격하된다. 그리고 아톤 찬미시에서는 어둠을 태양인 아톤이 휴식하는 시간, 또는 신의 부재기로 여기지만, 시편 104편은 창조 신학에 따라 여호와 하나님이 어둠을 밤이 되게 하셨음을 분명히 한다. 곧 시편에서는 신의 부재기가 없다는 사실이 강조되는 셈이다. 따라서 자연 세계의 제한 안에서 단일 숭배(Monolatrie)를 지향하던 아켄아톤의 아톤 신앙과, 창조주 여호와의 전지전능하심을 바탕으로 유일신 사상(Monotheismus)을 지향하는 시편 신앙의 근본적인 차이점이 가변 요소를 통해 분명해진다는 사실을 알 수 있다.

2) 전승사

시편 104편과 아톤 찬미시는 언어와 소재의 유사성을 바탕으로 볼 때 이집트와 팔레스타인 모두에서 구술 형태의 전승으로 존재했을 가능성이 크다. 이 전승의 불변 요소는 낮은 인간의 활동기이며 밤은 짐승의 활동기라는 인식이다.

이집트의 아톤 찬미시에서 낮은 태양인 아톤의 통치 아래 있지만 밤은 아톤의 휴식기이기 때문에 짐승들의 점령기가 된다. 곧 신의 부재가 명확히 존재한다. 반면 시편 104편에서는 낮이나 밤이나, 낮에 활동하는 사람들이나 밤에 활동하는 짐승들이나 공히 유일하신 여호와 하나님의 피조물이며 그분이 온 세상을 다스리신다는 사실이 강조된다.

결국 시편 104편의 본문은 고대 근동에서 공유되던 찬미시의 틀을 가져왔지만, 여호와 중심의 유일신 사상을 증언하기 위해 전승을 전용한 결과다. 이는 이 시편이 저작되는 당대의 이스라엘 독자들의 이해를 돕기 위함이었고, 이집트의 아톤 찬미시는 전달의 효과를 극대화할 수 있는 도구였을 것이다.

- 사무엘상 23:15-24장, 그리고 26장에서는 사울과 다윗, 십 사람들을 주인공으로 하는 이야기가 두 번 되풀이된다. 본문을 자세히 읽고 이 이야기들을 전승비평의 관점에서 설명해보시오.

- 주석을 위해 선택한 본문과 관련해서 구약성경이나 고대 근동 문헌의 복수 전승이 있는지 찾아보고, 만약 있다면 불변 요소와 가변 요소를 분석해보시오.

다음 자료는 구약의 원어를 해설하는 사전에서 "시온"을 설명하는 내용을 담고 있다.[1] 이 자료를 찬찬히 읽어보면서 근거로 제시된 성경 구절도 확인한 뒤에 "시온"의 개념이 무엇인지, 그리고 그것이 시대에 따라 어떻게 변했으며 그렇게 변한 이유는 무엇인지 생각해보자.

이 단어는 보호, 방어를 뜻하는 어근 ṣ-w-n에서부터 유래한 아람어 ṣâna와 관련된 듯하다. 그래서 ṣîyôn은 방어하는 "장소, 산성"을 의미하게 된 것 같다. 어떤 학자들은 어근 ṣāhâ가 "머리가 벗겨진"으로부터 유래했다고 주장한다. 참고로 이 이름의 시리아어 표기는 ṣehyôn이다.

시온은 기드론과 두로 골짜기 사이에 있는 요새화된 언덕으로, 다윗이 여부스 사람에게서 빼앗았던 곳이다(삼하 5:7). 그래서 이후에 시온은 다윗 성으로 알려지게 되었다. 그 언덕은 북쪽에 있는 성전과 더불어 후에 시온산으로 알려지게 되었다. 시온은 특별히 성전 근처, 혹은 그보다는 예루살렘 자체를 가리킨다. 때때로 시온은 언약 공동체인 이스라엘 국가 전체를 의미하기도 한다(사 1:27; 시 97:8). "시온"은 시편과 예레미야애가에서 자주 나타난다. 이것은 유다 왕국의 정치적인 수도의 의미로는 거의 쓰이지 않았으며, 대부분 새로운 시대에 임할 하나님의 도성이란 뜻으로 사용된다.

솔로몬이 성전을 건축한 이래로 시온은 여호와의 활동이 이루어지는 중심 무대가 되었다. 여호와는 자신을 "시온산에 계신 여호와"라고 하셨다(사 8:18). 하나님은 이곳에서 구원 사역을 시작하시고, 죄에 대한 심판도 이곳에서 시작하신다(암 1:2).

시온은 여호와가 거하시는 성전이란 의미로 시구(詩句)에 자주 나

1 브루스 K. 월트케 등 엮음/번역위원회 옮김, 『舊約原語 神學辭典(下)』(서울: 요단출판사, 2008), 954-55. 일부 표현이나 용어는 이 책의 통일성에 맞추어 수정했다.

타난다. 시편 48편은 시온산을 크게 칭송한다. 시온은 온 세계의 즐거움"과 "큰 왕의 성"(2[3]절)으로 불린다. 또한 이것은 북방에 있다고 한다(2[3]절). 가나안 종교에서는 신들의 회합이 북방에서 열린다고 생각했다. 그래서 시편 기자는 시온이 이스라엘뿐 아니라 온 세계의 종교적 중심지라는 사실을 나타내기 위해 시적인 언어를 사용하는 것이다. 여호와의 성이 이방인들의 집회 장소와 같은 곳이므로, 시온은 이 신들이 여호와를 떠나서는 존재하지도 않고 힘도 없음을 의미한다. 에스겔은 시온을 하나님이 지켜주시는 "세계의 중심"이라고까지 언급한다(겔 38:12. 여기서 'ereṣ가 팔레스타인 땅만을 가리키는 것일지도 모르지만). 그러나 시온의 거룩함은 지역적인 데 있는 것이 아니라, 전적으로 여호와가 그곳에 거하기로 택하셨다는 데 있다. 시온에 관하여 성서적 표현과 신화적 개념 사이에 뚜렷하게 구별되는 점은 시온이 창조 시에 거룩한 곳으로 따로 구별되지 않았다는 것이다. 시온이 원래 거룩했던 곳은 아니다. 그 땅은 역사 속에서 비로소 여호와와 이스라엘 민족에게 중요하게 되었다(참조. 시 78:68). 그래서 시온은 의미와 거룩함을 지니게 되었다. 이런 사실은 아브라함이 이삭을 제사 드리려 했던 곳을 모리아산이라고 부른 이외에 "시온"이 창조 기사나 모세 오경에서 전혀 언급되지 않는다는 사실로 더 확실해진다(창 22:3, 14; 대하 3:1). 시온에 관해 처음으로 언급된 곳은 사무엘하 5:7이다.

시온은 이처럼 중요한 곳인데도 이스라엘의 불순종 때문에 기원전 587/6년에 바벨론의 침략에 함락되었다. 예레미야애가에서는 시온의 멸망으로 인한 크나큰 슬픔을 표현하기 위해서 시온과 "시온의 딸"이란 말을 자주 사용한다(애 1:4, 6, 17 등). 시온이 사로잡혔을 때 시편 기자는 너무 좌절하여 시온에 관한 어떤 노래도 부를 수가 없었다(시 137:1 이하). 그러나 비록 사로잡혀 있지만 백성들은 여호와가 성읍을 재건하고 시온을 회복시켜주실 것을 믿고 계속 간구했다(시 102:13, 16[14, 17]; 69:35[36]).

어떤 예언서에서 특히 이사야, 예레미야, 요엘, 스가랴에서 시온은 여호와가 장래에 위대한 구원 사역을 행하실 중심부로 나타난다. 하나님은 심판하심으로써 시온의 죄를 씻으실 것이다(사 4:4). 곧 그 성은 의와 공평으로 구속될 것이다(사 1:27; 33:5). 하나님은 귀한 모퉁이 돌을 시온에 두심으로써 그 성을 재건하실 것이다(사 28:16). 출애굽기에 나타났던 여호와의 영광이 자연의 재해로부터 시온의 거민을 보호하기 위해 다시 나타날 것이다(사 4:5-6). 하나님은 적들에게서 그 성을 견고하게 지키실 것이다(사 33:20). 하나님의 백성은 이곳저곳에 흩어져 살고 있던 유랑지에서 노래하며 기쁨으로 돌아올 것이다(사 35:10; 51:11). 그 후에 그들은 다시 통곡하지 않을 것이다(사 30:19). 그 땅은 에덴동산과 같이 풍성하게 과실을 내게 될 것이다(사 51:3). 그 회복의 영역은 모든 민족을 포함한다. 곧 열방들이 예배하러 시온산에 오를 것이다(사 2:3; 미 4:2). 시온에서의 이 모든 엄청난 변화로 "나의 기쁨이 그에게 있다"라는 새로운 이름이 주어질 것이다(사 62:1-5). 그러나 무엇보다도 가장 큰 변화는 하나님이 그날에 그 땅에서 직접 다스리실 것이라는 사실이다(슥 8:3; 사 59:20).

"백의민족"(白衣民族)이라는 말은 글자 그대로 보자면, 흰옷을 입는 겨레를 뜻한다. 그러나 우리나라의 전통을 아는 사람이라면 이 말이 우리 겨레를 일컫는 말이라는 사실을 자연스레 알고 있다. 더불어 이 말이 품고 있는 역사적인 의미, 수많은 외침과 전란, 그 가운데서도 겨레의 순수성을 지키려 안간힘을 써온 선조들의 노력도 직관적으로 이해한다. 그러나 이런 전통적 의미를 외국 사람은 직관적으로 이해하기 어렵다. 우리가 이 땅에서 살아가면서 경험을 통해 몸소 얻은 이런 직관은 외국 사람들에게는 습득해야 할 지식이 된다.

문제는 이런 지식을 어떻게 습득하느냐다. 외국 사람이 이 개념을 이해하기 위해서는 먼저 이 낱말이 나오는 문헌들을 검색하고 그것들이 해당 문헌에서 어떤 뜻이며, 누구를 일컫는지부터 조사해야 할 것이다. 그러자면 부여인들의 흰옷을 언급하는 기원후 3세기의 "삼국지 위서 동이전"에서 시작해야 할 것이다. 그렇게 역사 문헌들을 되짚다 보면 결국 이 말이 우리 겨레를 일컫는다는 사실을 알게 될 것이다. 그리고 그런 용례들에서 겨레 정신을 이해하기 위해서는 해당 문헌들과 연관된 역사적 사건들을 심층적으로 분석하고 종합해나가야 한다.

사실 우리가 구약성경에서 "전통"(Tradition)을 찾고 그 의미를 새기려는 작업이 그와 같다. 이스라엘 백성은 역사 속에서 자신들의 종교적·국가적 정체성을 굳히고 이어가기 위한 주요한 사상 체계를 이루어갔다. 더불어 그런 체계를 위해 특정한 언어 표현을 사용했다. 그런 표현의 본뜻은 역사성이 전제되기 때문에 단순히 문자적이거나 문맥적인 의미의 파악만으로는 온전하게 이해하기 어렵다. 더욱이 이스라엘의 역사적 상황이 바뀌면 그 사상 체계의 의미도 바뀌기 마련이었고, 반대로 그 사상 체계에 관한 이해의 변화가 역사적 상황의 해석에 적용되기도 했다.[2] 구약성경 본문을 주석하기 위한 전통비평/전통사는 기본적으로 두 군데 이상의 구약성경 본문에서 사용되는 이런 사상 체계를 분석하고 의미를 파악한 뒤 그 역사를 재구성하는 작업이다.

2 참조. Utzschneider, *Arbeitsbuch*, 239.

12장

본문의 전통
전통비평/전통사

1. 전통비평/전통사의 배경과 개념

앞서 "전승비평"을 다룰 때 언급한 대로[1] 마르틴 노트가 주창한 넓은 의미의 "전승사"(Überlieferungsgeschichte)는 전승 과정(*traditio*)이 아니라, 전승된 내용(*traditum*)에 관심을 둔다. 그래서 최근에는 이 두 접근법을 세분해서 전자를 좁은 의미의 "전승비평/전승사"라 하고, 후자를 "전통비평/전통사"(Traditionskritik/-geschichte)라고 부른다. 따라서 "전승비평/전승사"에서는 구약성경 본문에서 구두 전승의 흔적을 찾아서 그 고유한 뜻을 이끌어내는 것에 초점을 맞추는 데 비해, "전통비평/전통사"에서는 구약성경을 형성한 이스라엘의 고유한 정신세계를 담은 개념이나 언어 표현의 내용에 집중한다. 가령 노트는 "오경의 전승사"에서 "출애굽", "팔레스타인 땅으로 인도", "족장 언약", "광야 인도", "시내산 계시"를 오경의 주요 주제로 보았다.[2] 그리고 각각의 주제들과 연관된 하

1 이 책의 "11장 1. 전승비평/전승사의 배경과 용어 정의"를 보라.

2 참조. Martin Noth, *Überlieferungsgeschichte des Pentateuch*(Darmstadt: Wissenschaftliche

위 주제들을 분류했다. 그리고 이 주제들을 이루는 주요 표현들과 이야기들을 분석했다. 노트의 이 작업이 "전통비평"의 주춧돌이 되었다고 말할 수 있다.

전통비평/전통사는 본문의 언어 표현에 집중한다는 점에서 양식비평/양식사와도 기본적인 관심사를 공유하며, 해당 언어 표현의 구약성경 용례를 조사하여 분석하는 방법까지 비슷하게 사용한다.[3] 하지만 양식비평/양식사가 언어 표현의 형식/양식(form)을 대상으로 삼는 데 비해, 전통비평/전통사는 언어 표현의 내용(content)에 집중한다는 점에서 근본적인 차이가 있다.

모든 언어 표현은 기표(signifiant)와 기의(signifié)로 이루어진다. 그런데 이른바 후기 구조주의에서 주장하는 것처럼 이 둘의 관계가 일대일로 고정되어 있는지는 재고해보아야 한다.[4] 가령 "나무"라는 기표에 대응하는 기의는 무엇인가? "나무"라는 기표를 들었을 때 거의 모든 사람은 뿌리, 줄기, 가지, 잎, 열매 등을 가지고 있는 물체를 떠올릴 것이다. 이런 점에서 "나무"라는 기표는 최소한의 범위에서 "기의"의 일탈을 통제한다. 그러나 구체적으로 개인들의 머릿속에 떠오르는 "나무"의 실체는 똑같지 않을 확률이 높다. 어떤 이는 사과나무를, 어떤 이는 참나무를 떠올리기 때문이다. 이는 개인의 차이이기도 하지만 문화와 인종, 역사에 따라서도 큰 차이를 보일 것이다.

이런 관점에서 "전통"(Tradition)에 관해 생각해볼 수 있다. 구약성경

Buchgesellschaft, [3]1966). 이 책은 다음과 같이 우리말로 번역되었다. 원진희 옮김, 『오경의 전승사』(서울: 한우리, 2004).

3 전통비평과 양식비평의 유사점에 관한 간략한 언급으로는 Utzschneider, *Arbeitsbuch*, 237을 보라.

4 후기 구조주의 또는 탈구조주의에서 말하는 기표와 기의의 관계에 관해서는 다음 자료들을 보라. 김형효, 『구조주의 사유체계와 사상: 레비-스트로스, 라캉, 푸코, 알튀세르에 관한 연구』(서울: 인간사랑, 2008); 자크 라캉 지음/민승기 등 옮김, 『욕망 이론』(서울: 문예출판사, 2009).

에 나오는 어떤 언어 표현(기표)과 의미(기의)의 상관관계는 오늘날 우리가 가진 것과 크게 다르다. 이스라엘 백성은 오랜 세월을 거치면서 종교·역사·사회적인 여러 경험을 쌓았다. 그 과정에서 이스라엘 백성들 고유의 사상과 신앙 체계도 형성되어갔다. 이런 체계들은 특정한 주제로 수렴되어 결정체가 되듯이 언어 표현과 결합했고, 그 흔적이 구약성경의 다양한 문헌에 남게 되었다. 그래서 이런 언어 표현들의 참 의미는 구약성경 전반에 걸쳐 있는 특정 주제를 살펴보아야 온전히 이해할 수 있다.

이처럼 구약성경의 여러 본문에 거듭 등장하며 이스라엘 고유의 사상과 신앙 체계를 드러내는 언어 표현을 "전통"(Tradition)이라 한다.[5] 전통은 특정 집단의 고유한 경험이 쌓여 있는 형태이기 때문에 전통을 분석해보면 그 전통을 보유하면서 이어온 특정 집단의 정체를 추측할 수 있다. 이런 점에서 "전통"과 비슷하지만 뚜렷하게 구분되는 "모티브"(Motiv) 개념을 살펴볼 필요가 있다. 앞서 "생각해보기"의 보기에서 알 수 있듯이 "전통"은 문자적이고 직관적인 의미 이외에 상징적인 의미와 연결된다. 이 "전통"은 여호와를 중심으로 하는 신앙 공동체인 이스라엘의 정신사를 형성하며 그들의 정체성을 드러낸다. 반면에 "모티브"는 문자적이고 직관적인 의미를 넘어선다는 점에서 "전통"과 비슷하지만 그 쓰임새가 특정 집단에 한정되지는 않는 표현들이다. 이를테면 "여호와는 나의 반석"(시 18:2[4]; 94:22 등)이라는 표현처럼 상징성이 있는 표현이나 "성문 앞의 재판"(삿 삼하 15:1-6)처럼 이스라엘의 특정한 상황이 전제된 표현을 말한다.

---

5 전통의 정의에 대해서는 다음 자료들을 견주어보라. Fohrer, *Exegese des AT*, 111; Barth, Steck, *Exegese des AT*, 78-79; Becker, *Exegese des AT*, 124-25; 크로이처, 『구약성경 주석 방법론』, 155.

2. 전통비평/전통사의 연구 방법

1) 전통비평

(1) 전통 식별

전통비평을 위해서는 먼저 구약성경의 특정 표현이 이스라엘의 정신사에서 유의미한 "전통"이 될 수 있는지를 판가름해야 한다. 앞서 정의한 대로 여기서 말하는 "전통"은 특정한 집단이 이어온 고유한 신앙과 사상 체계를 담은 언어 표현이다. 이런 언어 표현은 구약성경의 여러 곳에 스며 있다. 또한 앞서 밝힌 대로 이스라엘의 정신세계를 반영하는 주된 주제들이 "전통"의 **상위 범주**를 차지한다. 이런 범주들은 주로 "구약신학"(Theologie des Alten Testaments) 분야에서 다루는 주제들과 통한다.[6] 이를테면 이스라엘의 역사 과정을 고려한 슈미트(W. H. Schmidt)의 분류에 따르면 "족장", "출애굽", "시내산 계시", "여호와 신앙", "여호와의 전쟁", "언약", "선택", "성소", "절기", "희생 제사", "하나님의 왕권", "창조", "왕정", "시온", "예언", "지혜", "찬양과 기도", "이방 사상", "묵시 사상" 등이 상위 범주의 전통들에는 해당한다. 또한 이런 상위 범주의 전통들에는 각기 몇몇 **하위 범주**의 전통들이 포함된다. 가령 "시내산 계시"의 전통에는 시내산의 "신 현현" 전통(출 19장)과 언약 체결 전통(출 19; 24장)이 속해 있다. 이런 하위 범주에서는 더 구체적이고 미시적으로 특정한 언어 표현이 해당 전통의 의미 규정에 결정적인 역할을

---

6 전통비평을 위해 도움이 되는 구약신학 참고서로는 W. Zimmerli, *Grundriß der alttestamentlichen Theologie*(Stuttgart: Kohlhammer, [4]1981)(=김정준 옮김, 『구약신학』[서울: 한국신학연구소, 2005])와 W. H. Schmidt, *Alttestamentlicher Glaube*(Neukirchen: Neukirchener Verlag, [10]2007)[=차준희 옮김, 『구약신앙: 역사로 본 구약신학』[9판의 번역, 서울: 대한기독교서회, 2007])을 참조할 수 있다. 또한 뢰젤, 『구약성경 입문』, 199-305의 해당 주제도 참조할 수 있다.

한다. 예를 들어 "시내산 계시" 전통에서는 화산 활동이나 뇌우 같은 자연현상을 떠올리게 하는 묘사가 더불어 등장하는데, 슈미트는 이것이 각각 야휘스트와 엘로히스트 집단에 연관된다고 추정했다.[7]

① 전통의 언어 표현 형태 분석

실제로 주석하는 과정에서 구약성경의 "전통"을 다룰 때는 거꾸로 거슬러 올라가야 한다. 가장 먼저 개별 본문의 언어 표현에서 시작해야 한다는 말이다. 따라서 해당 언어 표현의 의미 영역을 공유하는 용례를 분류하여 분석하는 작업이 첫걸음이라 할 수 있다. 이를 위해 가장 유용하게 사용할 수 있는 도구는 "성구 사전"(Concordance)이다. 종이 책의 형태이든[8] 소프트웨어의 형태이든[9] 성구 사전을 이용하면 구약성경에서 해당 용례를 모두 찾는 데 큰 도움을 받을 수 있다. 용례를 다 찾으면 문맥의 의미 영역별로 분류하고 주석할 본문에서 지향하는 "전통"의 의미를 찾아볼 수 있다. 그러나 이 작업은 주석의 초보자에게는 쉽지 않다. 그 대신에 초보자들은 히브리어 사전에서 시작하는 것이 좀 더 수월하다.

בָּחַר(바하르; 선택하다)를 보기로 들어보자. 성구 사전에 따르면[10] 이 낱말은 구약성경에서 172번 쓰인다. 그런데 성구 사전은 이 낱말의 용례를 문법 형태에 따라 분류하고 있어서 그 뜻의 분화를 추적하기에는 어려움이 있다. 여기서 히브리어 사전의 도움을 받을 필요가 있는데, 이 경우에는 게제니우스 사전보다는 *HALAT*(=*HALOT*)가 더 유용하다.[11] *HALAT*에 따르면 동사 בָּחַר에는 크게 세 가지 의미가 있다. 첫째, "시

---

7 슈미트, 『구약신앙』, 120-22.

8 A. Even-Shoshan, J. H. Sailhamer, *A New Concordance of the Old Testament: Using the Hebrew and Aramaic Text*(Ada: Baker Publishing Group, [2]1993) 등.

9 Bible Works, Accodance 등.

10 Even-Shoshan, *Concordance*, 163-64.

11 *HALAT*, 115(=*HALOT*, 19-120).

험하다"의 의미다(사 48:10; 욥 34:4, 33). 둘째, 사람을 주어로 하는 "선택하다"의 의미다(창 6:2; 출 17:9; 18:25; 신 23:17; 삼상 17:40 등). 셋째, 하나님을 주어로 하는 "선택하다"의 의미다. 이 셋째 의미는 다시 하나님이 특정 장소를 선택하신다는 의미와,[12] 개인이나[13] 무리를[14] 선택하신다는 의미로 나뉜다. 반면에 בָּחַר와 마찬가지로 "선택하다"라는 뜻을 가진 יָאַל(야알), פָּלָה(팔라) 등은 한 번도 하나님을 주어로 하여 쓰이지 않는다.[15] 따라서 동사 בָּחַר 및 그와 연관된 파생어들은 "하나님의 선택 주제"를 표현하는 데 쓰이는 고유한 낱말이라고 잠정적으로 판단할 수 있다.

② **전통 검증**

구약성경의 용례 분석을 통해 내린 잠정적 판단은 "성서 신학 사전"을[16] 통해 의미론적 검증을 거치는 것이 좋다. 성서 신학 사전에서는 구약성경에서 쓰인 주요 낱말들의 어원에서부터 시작해 고대 근동 인접 언어와의 연관성, 구약성경 안에서의 용례들, 중간기와 신약성경과의 관계까지 포괄적으로 제시한다. 그렇기에 성서 신학 사전에 수록된 낱

---

12 신 12:5, 11, 14, 18, 21, 26; 17:8, 10; 26:2; 수 9:27; 왕하 21:7; 느 1:9 등.

13 시 78:70(다윗); 느 9:7(아브라함); 시 105:26(아론); 학 2:23(스룹바벨); 대상 29:1(솔로몬) 등.

14 왕상 3:8(백성); 대상 15:2(레위인); 대하 29:11(레위인) 등.

15 게제니우스, 『히브리어 아람어 사전』, 931-1030에 있는 "한글-히브리어 색인"은 이런 경우에 유용하게 사용할 수 있다. "선택하다"라는 항목은 979쪽을 참고하라.

16 가장 대표적인 구약신학 사전으로는, G. H. Botterweck, H. Ringgren, H.-J. Fabry(eds.), *Theologisches Wörterbuch zum Alten Testament*(9 vols.; Stuttgart: Kohlhammer, 1973-1996) [*ThWAT*](=T. Willis et al.[trans.], *Theological Dictionary of the Old Testament*[15 vols; Grand Rapids: Eerdmans, 1974-2006])[*TDOT*]를 들 수 있다. 이 책은 우리가 말하는 전통비평과 가장 가까운 서술을 한다. 그 밖에 E. Jenni, C. Westermann(hg.), *Theologisches Handwörterbuch zum Alten Testament*(2 vols.; München: Kaiser/Zürich: Theologischer Verlag, [6]2004)[*THAT*]도 참조할 만하다. 이 사전은 개별 낱말들의 용례를 매우 체계적으로 정리해놓았다. 또한 영미권에서 저작된 것으로는 다음 사전을 참고하라. W. A. VanGemeren(ed.), *New International Dictionary of Old Testament Theology & Exegesis*(5 vols.; Grand Rapids: Zondervan, 1997) [*NIDOTTE*].

말들은 구약성경의 전통을 반영한다고 여길 수 있다. 앞서 보기로 든 בָּחַר(바하르)의 경우를 살펴보자. *ThWAT*[=*TDOT*][17]는 먼저 이집트와 메소포타미아 언어에서 이에 해당하는 대응어를 언급한다. 그런 뒤에 이 낱말의 어원적 의미를 추적하고, 구약성경에서의 용례 분류와 분석을 제공한다. 바로 이 부분이 전통비평 관점의 서술이다. 구체적으로는 בָּחַר가 세속적 의미로 쓰인 구약성경의 용례를 분석한 뒤 하나님을 주어로 하는 경우의 의미 영역을 분류해서 개별 문맥의 의미를 풀어준다. 하나님을 주어로 하는 경우는 대상(왕, 제사장, 장소, 백성)에 따라 분류되는데 이는 앞서 히브리어 사전을 통해서 확인한 것과 같다. 여기에 "종교적 고백의 행위로서 사람들의 선택"도 덧붙는다(신 30:19; 수 24:15, 22; 사 56:4 등).

이렇게 성서 신학 사전에서 확인된 전통은 이제 "구약신학"을 통해 그 종합적인 의미를 파악해야 한다.[18] 지금까지의 과정을 통해서 알 수 있는 사실은, 히브리어 동사 בָּחַר(바하르)가 "하나님의 선택"이란 뜻으로 구약성경에서 쓰일 때 그것은 단순히 개별 저자의 고유한 언어라는 차원이 아니라 이스라엘 백성의 역사를 통해서 전통적으로 이어진 "하나님의 선택 사상"을 배경으로 한다는 것이다.

(2) 구약성경의 모티브

앞서 언급한 대로 구약성경의 "모티브"(Motiv)는 전통과 비슷하지만 분명히 차이가 나는 개념이다. 두 개념은 모두 구약성경의 두 곳 이상에서 쓰이며 문자적이고 직관적인 의미를 넘어선다. 하지만 전통과 달리 모티브는 특정 집단에 쓰임새가 제한되지 않는 것을 말한다. 구약성경과

---

17 참조. *ThWAT* I, 592-608(=*TDOT* II, 73-87).

18 בָּחַר의 경우는 다음 자료를 참조하라. 침멀리, 『구약신학』, 66-73.

관련해서 "모티브"는 특정한 상징적 심상으로 쓰이는 것과 특정 주제를 다루는 것으로 구분할 수 있다.[19]

① 심상 모티브

여느 글과 마찬가지로 구약성경에서도 수많은 언어 표현이 상징성을 가진다. 다시 말해 어떤 "시니피앙"이 직관적이고 문자적인 "시니피에"를 벗어나서 그것의 특정한 속성을 심상으로 삼아 문맥에서 새로운 상징적 "시니피에"와 결합한다는 것이다. 이를 두고 "심상(心象) 모티브"라고 일컫는다. 그런데 구약성경에서 이런 심상 모티브의 상징적 "시니피에"는 이스라엘 백성들의 고유한 경험 세계를 반영한다. 따라서 그들의 경험 세계와 동떨어져 직관적으로 그 의미를 이해하기 어려운 주석자는 해당 심상이 구약성경에서 어떻게 쓰이는지를 파악해야 한다.

심상 모티브의 언어 표현이 해당 문맥에서 쓰이는 상징적 "시니피에"는 오로지 "하나"다. "이슬"이라는 시니피앙을 보기로 살펴보자. 이 시니피앙의 직관적이고 문자적인 시니피에는 "공기 중의 수증기가 기온이 내려가거나 찬 물체에 부딪힐 때 엉겨서 생기는 작은 물방울"이다. 민수기 11:9에서 "밤에 이슬이 진영에 내릴 때에 만나도 함께 내렸더라"라고 표현한 경우가 이에 해당한다. 그러나 "우리가 그 만날 만한 곳에서 그를 기습하기를 이슬이 땅에 내림 같이 우리가 그의 위에 덮여"(삼하 17:12)나 "새벽 이슬 같은 주의 청년들이 주께 나오는도다"(시 110:3) 등의 표현에서 "이슬"은 문자적인 시니피에를 넘어선다. 그리고 "셀 수 없이 많은 수"라는 상징적 시니피에와 결합한다.

그런가 하면 호세아서에서 "너희의 인애가 아침 구름이나 쉬 없어지는 이슬 같도다"(호 6:4)라는 표현과 "내가 이스라엘에게 이슬과 같으

---

19 모티브의 규명 방법과 분류는 다음 자료들과 비교해보라. Fohrer, *Exegese des AT*, 105-11; 크로이처, 『구약성경 주석 방법론』, 159-61.

리니"(호 14:5[6])라는 표현은 같은 시니피앙을 쓰지만 전혀 다른 시니피에들과 결합한다. 전자가 아침 이슬이 해가 나면 이내 사라져버리는 속성을 말한다면, 후자는 식물에 생기를 불어넣어 주는 이슬의 속성을 말한다. 그러므로 개별 본문에서의 시니피에는 해당 시니피앙의 속성을 바탕으로 문맥에 따라 결정된다고 말할 수 있다.[20]

그 밖에도 널리 알려진 구약성경의 심상 모티브의 보기는 다음과 같다.

- **꽃**(צִיץ[치츠]): 이내 시듦으로써 인생의 덧없음을 표현한다(사 40:6-7; 시 103:15-16; 욥 14:1-2 등).
- **시내**(נַחַל[나할], 와디): 풍요로움을 가져다주는 근원이라는 의미로 쓰인다(시 36:8[9]; 미 6:7; 욥 20:17 등).
- **반석**: 여호와의 신실하심을 표현한다(시 28:1; 31:2[3] 등).

이런 심상 모티브를 해석할 때는 가장 먼저 본문에서 평행을 이루며 쓰인 심상의 의미에서 시작하고, 이어서 구약성경의 다른 용례들을 수집하여 분석한 후, 해당 시니피앙의 속성에서 뜻을 이끌어내야 한다. 이 과정에서 앞서 언급한 것처럼 문맥에 가장 걸맞은 "하나의" 속성을 찾아내는 것이 중요하다.

② 주제 모티브

구약성경에서 자주 쓰이는 모티브로서 고대 이스라엘의 관습이나 관념을 배경으로 하는 주제가 여러 곳에서 쓰이는 경우도 있다. 그렇기에 현대의 독자들에게는 그 의미가 직관적으로 전달되지 않을 수 있다. 그런데도 전승 집단을 특정할 수 없다는 점에서 전통과 구분된다. 그리고 전

20 이런 견해는 Fohrer, *Exegese des AT*, 107과 견주어보라.

승의 외형적인 틀보다는 주제에 집중되어 있다는 점에서 복수 전승과도 구분된다.

구약성경에서 찾아볼 수 있는 주제 모티브의 보기를 들자면 다음과 같다.[21] 요셉의 이야기와 다니엘의 이야기에서 지혜자의 자질로 해몽의 능력을 드는 경우에서처럼 현자의 해몽 모티브가 여러 번 사용되는 것을 볼 수 있다. 또한 요셉, 모세, 삼손, 다윗, 다니엘 등 수많은 영웅이 위기를 겪고 극복한다는 주제의 모티브를 자주 찾아볼 수 있다. 출애굽기와 민수기에서는 광야에서 백성들이 거듭 불평하는 모티브가 사용된다. 이런 불평의 모티브는 하나님의 기적적인 도우심으로 이어지는 경우가 대부분이다. 구약성경의 주요 여성들 이야기에는 사라, 한나 등 불임으로 고난을 겪던 여성이 하나님의 개입을 통해 기적적으로 출산한다는 모티브가 사용된다. 이는 고대 사회의 군사력과 노동력의 근간이었던 남아 출산의 중요성이 배경으로 작용하는 모티브다. 또한 우물가에서의 만남이나 성문 앞에서의 재판 등도 고대 이스라엘의 관습을 배경으로 하는 모티브로 쓰인다. 이런 주제 모티브는 대부분 문맥 안에서 그 의미가 파악될 수 있도록 완결된 구조를 지닌 경우가 많다. 그 대신 비슷한 주제의 모티브를 찾아 비교하면 고대 이스라엘의 배경에서 더 명확한 의미에 접근할 수 있다.

2) 전통사

구약성경의 전통이나 모티브는 그 의미 체계가 고정적이지 않다. 곧 특정 시니피앙은 시대나 환경이 달라지면 새로운 시니피에와 결합할 수 있도록 유동적이라는 말이다. 우리가 앞서 생각해본 "시온" 전통이 그렇다. 여부스 족속의 산성의 명칭이었던 "시온"은 다윗이 점령하면서부

21 이후에 언급되는 모티브들은 뢰젤, 『구약성경 입문』, 347-74의 책별 개관을 참조하라.

터 시니피에의 변환을 경험한다. 우선은 "다윗의 성"과 동일한 뜻으로 통했고 솔로몬이 성전을 건축한 이후로는 "성전"과 동일시되었다. 더욱이 히스기야 시대에 두 번의 앗시리아 침공을 받은 뒤로는 "여호와의 임재와 보호"라는 개념이 추가되었으며, 성전이 파괴된 이후에는 지리적 임재가 아니라, 추상적 의미의 임재를 뜻하는 데까지 나아갔다. 따라서 어떤 전통을 담고 있는 언어 표현을 찾아 분류했으면, 그 의미 체계를 분석해나가야 한다. 이 과정을 피베거는 다음과 같이 적절히 설명한다.

> 어떤 전통의 모든 문헌 증거들을 함께 놓고 면밀하게 검토하면서 서로 다른 본문에서 가공된 전통에 대하여 사용할 수 있는 모든 본문의 정보들을 분석해야 한다. 이 과정에서는 어떤 전통이 각각의 본문에서 어떻게 나타나는지도(확인하는지, 강화하는지, 해석하는지, 거리를 두는지 등도) 살펴보아야 한다.[22]

바로 이 과정에서 해당 전통을 보유한 집단의 정체성을 파악할 수 있는 단서가 나올 수 있다. 이를 위해서는 개별 전통을 담고 있는 용례들의 문헌 단위의 상대적 연대기에 따라 분류해야 한다. 상대적 연대기에 따른 분류를 위해서는 거시적 문헌비평의 관점에 대한 전반적인 이해가 도움을 준다. 따라서 거시적 문헌 단위별로 용례들을 분류한 뒤에는 각각의 강조점과 역사적 배경을 고려해서 의미를 추적하는 작업을 해야 한다.

가령 앞서 보기로 든 בָּחַר(바하르; 선택하다)는 역사적 과정에 따라 강조점이 달라졌다는 사실을 확인할 수 있다.[23] 가장 먼저 신명기에서는 "예배를 위한 장소의 선택"이 주된 주제가 된다(신 14:25, 23-24, 25;

---

22 크로이처, 『구약성경 주석 방법론』, 159.

23 בָּחַר에 관한 이하의 논의는 다음을 참조하라. *NIDOTTE* 1, 638-42.

12:5, 11, 14, 18, 21, 26; 16:2, 6, 7, 11; 17:8, 10; 18:6; 26:2; 31:11). 이 선택은 여호와를 향한 예배 공동체로서 이스라엘의 정체성 확립이 목적이었을 것이다. 그런 다음에 신명기계 역사서에서 주된 주제로 떠오른 것은 "다윗의 선택"이다(삼상 12장; 삼하 7장 등). 이는 지파 연합 공동체였던 이스라엘 백성들이 왕정 체제로 바뀌면서 이루어진 신학적 해석이라고 볼 수 있다. 신명기 신학의 영향에서 이루어진 또 다른 양상은 "제사장의 선택"이다(신 18:5; 21:5; 삼상 2:28; 대상 15:2; 대하 29:11).

신명기에 나온 선택 사상으로서 "이스라엘의 선택"도 한몫을 한다(신 4:37; 7:6-7; 10:14-16; 14:1-2). 포로기와 포로기 이후에 특별히 두드러지는 점은 이사야서의 선택 사상이다. 특히 제2이사야서에서는 왕과 제사장 등 하나님의 대리인으로서 선택받는 개인이라는 신명기의 사상을 이스라엘을 구원하고 이끌어갈 새로운 지도자상인 "종의 선택"에 적용한다(사 41:8-9; 42:1; 43:10; 44:1-2; 45:4). 이는 제3이사야서에서 이스라엘의 선택과 융합되는 모습으로 발전한다(사 65:9; 비교. 사 43:20). 이렇게 볼 때 "하나님의 선택" 전통은 신명기 신학이 밑바탕이 되었다고 할 수 있다. 소극적인 관점에서 이 신명기 신학은 요시야의 종교개혁 시대에 종교 혼합주의 척결과 왕권 강화의 배경에서 예루살렘 성전을 중심으로 한 정치·종교 집단을 중심으로 형성되었을 것으로 추정할 수 있다. 이 전통이 포로기 이후에는 정치적인 요소를 초월한 개인과 집단의 선택 사상으로 발전해갔을 것이라고 여길 만하다.

지금까지 살펴본 대로 전통사 재구성은 크게 두 단계로 진행할 수 있다. 먼저 특정한 전통을 담고 있는 언어 표현을 거시적 문헌 단위로 상대적 연대기에 따라 분류하여 분석하고, 다음으로는 그 전통의 보유 집단과 역사적 배경에 따른 의미를 추적하면서 그 의미의 변화까지 살펴보는 것이다. 주석에서 전통사 재구성의 궁극적인 목적은 주석 본문에서 해당 전통이 어떤 자리를 차지하며, 그 전통사적 의미가 무엇인지를 이끌어내는 데 있다.

3. 전통비평의 보기: 출애굽 전통[24]

우리가 앞서 살펴본 출애굽기 18:1-12 단락 중 1절에는 "여호와가 이스라엘을 이집트에서 인도하셨다(הוציא[호치], 그분께서 이끌어내셨다)"는 표현이 있다. 과연 여기서 쓰인 동사가 출애굽 전통을 표현하는 낱말인지, 또 그것은 어떤 집단의 어떤 의미를 반영하는지 살펴보자.

가장 먼저 이 낱말이 구약성경에서 출애굽 전통을 표현하는 낱말인지를 검증해보아야 한다. 성구 사전과 신학 사전의 도움을 받아 관찰해보면 출애굽 전통과 관련하여 עלה(알라; 올라가다), יצא(야차; 나오다) 두 동사가 주로 함께 쓰인다는 사실을 알게 된다. 이 결과는 이 낱말과 "이집트에서"(ממצרים[밈미츠라임])가 함께 쓰인 경우를 중심으로 검증해볼 수 있다. 이 과정에서 두 동사가 출애굽의 전통을 표현하는 데 중요한 역할을 한다는 사실을 확인하게 된다.

1) 출애굽 전통이 두 동사와 함께 쓰인 용례 분류

(1) עלה(알라; 올라가다)(42회)

이 동사는 출애굽 전통과 관련해서 42번 쓰이는데, 우선 관계문에서 사역형(Hiphil)으로 쓰이며 벧엘 성소를 중심으로 하는 오래된 제의를 반영한다(출 32:4, 8; 왕상 12:28; 느 9:18). 또한 포로기 이전의 전승에서는 모세를 주어로 하여 사용되었으며(출 32:1, 7, 23; 33:1), 이는 신명기계 문헌에 받아들여진 것으로 보인다(삼상 12:6; 왕하 17:36; 렘 16:14; 암 3:1).

---

24 참조. H. D. Preuß, "יצא," *ThWAT* III, 795-822; H. F. Fuhs, "עלה," *ThWAT* VI, 84-106; W. Groß, "Die Herausführungsformel: Zum Verhältnis von Formel und Syntax," *ZAW* 86(1974), 425-53; J. Wijngaards, "יציא-and העלה, a Twofold Approach to the Exodus," *VT* 15(1965), 91-102.

한편 이 동사는 사역 분사형("이끌어 올리신 분")으로 포로기 이전의 예전 양식을 짐작하게끔 해주기도 한다(시 81:10[11]; 렘 11:45; 수 24:17; 렘 2:6). 또한 관용적인 시대 표기에서 출애굽 사건을 구체적으로 가리킬 때도 쓰인다(בעלות ממצרים [이끌어 올리셨을 때]: 삿 11:13, 16; 삼상 15:2, 6 등). 결과적으로 이 낱말이 쓰이는 곳에서는 주로 사건의 보도에 치중한다는 사실을 알 수 있다. 또한 이 낱말은 이스라엘 백성이 이집트에서 올라온 사건을 이스라엘의 시작으로 보는 데 자주 사용되며 주로 포로기 이전에 쓰였던 표현으로 보인다.

(2) יצא (야차; 나오다)

이 낱말은 출애굽과 연관되어 자주 등장한다. 단순형(Qal)으로는 40회 정도 쓰이는데, 주로 이스라엘이 주어로 나온다("이스라엘이 나오다"). 언약이나 제의의 기원론적인 용법으로 쓰이거나(창 15:14; 출 13:3, 8), 여호와가 베푸신 해방의 역사를 나타내고(출 13:14; 20:2; 신 5:6; 6:12; 7:8; 8:14; 13:6, 11; 삿 6:8; 렘 34:13), 출애굽에 대한 신학적 성찰을 요구하는 데 쓰이거나(신 5:15; 15:15; 16:12; 24:18, 22), 출애굽 때의 불순종, 땅, 언약 등의 주제를 되살려 이스라엘의 순종을 권면하는 데 쓰이기도 한다(신 9:7; 11:10; 24:9; 25:17; 수 2:10; 왕상 8:9; 왕하 21:15; 렘 7:25; 미 7:15; 시 114:1).

단순형보다 더 자주 쓰인 것은 사역형으로서 구약성경에 91회나 등장한다. 대부분은 "여호와"가 주어이고 이스라엘이 목적어로 쓰인다. 이런 쓰임에서는 하나님의 해방과 구속(救贖)이 강조된다. 우리가 살피는 출애굽기 18장의 본문도 사실상 이 범주에 해당한다.

구체적으로는 성결 법전에서 율법 조항의 근거로 출애굽을 언급하는 데 쓰이며(레 19:36; 22:33; 23:43; 25:38, 42, 55; 26:13, 45), 신명기계 문헌에서는 "언약", "노예로부터의 해방" 등의 개념과 함께 쓰여 구속사적인 기원론을 표현한다(렘 7:22; 11:4; 31:32; 32:21; 34:13; 수 24:5-6; 삿 2:12; 왕상 8:16, 21, 51; 9:9). 또한 신명기에서는 율법을 주신 분이 해방자이신 여호와라는 뜻을 강조하는 데 쓰이거나(신 4:20, 37; 6:21, 23; 9:26, 28, 29; 26:8), "강한 손과 편 팔로"라는 말과 함께 쓰이고(신 4:34; 5:15; 6:21; 7:8, 19; 9:26, 29; 11:2; 26:8), 이집트에서 이스라엘 백성들을 이끌어 내신 여호와를 기억해야 한다는 말과 함께 쓰이기도 하며(신 6:12; 8:14; 13:5[6], 10[11]), "종살이하던 집에서부터"라는 표현과 함께 나오기도 한다(신 5:6; 6:12; 7:8; 8:14; 13:5[6], 10[11]).

제사장계 문헌에서는 이 낱말이 주로 출애굽에 대한 신학적 성찰을 표현하는 데 쓰이는데, 분사 형태의 자기 선언이나(출 6:7; 레 11:45 등), 관계문의 형태로 등장한다(출 6:6-7, 13, 26; 7:4-5; 8:14; 12:17, 39, 42, 51; 16:6, 32; 29:46; 민 15:41). 한편 포로기 문헌으로 에스겔서에서는 이 표현을 통해 출애굽의 목적이 약속된 땅을 주는 것과 더불어 그 땅에서의 유일 신앙을 지키라는 데 있다는 점이 강조된다(겔 11:7, 9; 20:6, 34, 38, 41; 34:13). 더 나아가 제2이사야서에서는 이 낱말이 새로운 "엑소더스"(Exodus)에 대한 약속과 서술에 쓰인다(사 40:26; 42:1, 3, 7; 43:8, 17; 48:20; 54:16 등). 결국 동사 יצא(야차)는 여호와 하나님을 주어로 해서 사역형으로 쓰이며 그분의 속성이나 율법, 더 나아가 새 출애굽이라는 주제와 연관되어 신학화되어 있음을 보게 된다. 이때 드러나는 것은 출애굽이 이스라엘 정체성의 근원이며 그 가운데 여호와 하나님이 계시다는 신학적 견해다.

이상의 관찰을 통해서 우리는 출애굽 전통을 표현하는 낱말로서 יצא(야차)가 עלה(알라)보다 더 후대에 쓰인 용어이며, 더 신학적이라는 사실을 알 수 있다. 그리고 두 동사를 통해서 이스라엘의 정체성이 출애굽에서 비롯한다는 사실이 강조됨을 알 수 있다.

2) 전통사

이상의 논의를 바탕으로 두 동사를 중심으로 한 "출애굽 전통"의 역사를 재구성해보면 다음과 같다.

아마도 예루살렘 성전 이전의 성소 제의를 배경으로 하여 이스라엘의 제의 공동체라는 자기 정체성의 기원을 가리키는 말로서 עלה(알라) 동사와 함께 쓰이는 출애굽 전통이 시작되었을 것이다. 그리고 이는 자기 정체성과 더불어 출애굽을 이끄신 여호와 하나님의 유일성과 그분의 율법이 가진 권위를 나타내기 위한 표현인, יצא(야차) 동사와 함께 쓰이는 전통으로 발전했던 것으로 보인다. 바벨론 포로기를 겪으면서는 이 전통이 새 "엑소더스"에 적용되면서 재해석되었다.

이런 "출애굽 전통"을 보존했던 사람들은 남북 왕국 가릴 것 없이 이스라엘 백성 전체라고 말할 수 있지만, 그 가운데서도 무엇보다 백성을 이끌었던 정치·종교 지도층이었다고 짐작할 수 있다. 왜냐하면 이런 전통은 국가적 차원의 성전 제의, 곧 여호와 숭배를 국가의 신관으로 삼은 역사와 더불어 형성되었을 것이기 때문이다.[25]

---

25 참조. 크로이처, 『구약성경 주석 방법론』, 163.

- 앞서 언급한 구약신학 서적 가운데 한 권을 택하여 구약성경에서 중요한 전통들이 무엇이 있으며, 그 개략적인 내용이 무엇인지 정리해보시오.

- 주석을 위해 선택한 본문 가운데 구약성경에서 또 다른 용례를 찾아볼 수 있는 모티브가 있는지 살펴보시오.

1. 출애굽기의 한 단락의 순서를 뒤섞어놓은 다음 네 가지 본문의 합리적인 순서를 정해보시오. 자신이 정한 순서와 그 이유를 말해보고 실제 순서를 성경에서 확인해보시오.

① 네가 만일 네 원수의 길 잃은 소나 나귀를 보거든 반드시 그 사람에게로 돌릴지며, 네가 만일 너를 미워하는 자의 나귀가 짐을 싣고 엎드러짐을 보거든 그것을 버려두지 말고 그것을 도와 그 짐을 부릴지니라.	② 너는 가난한 자의 송사라고 정의를 굽게 하지 말며 거짓 일을 멀리하며 무죄한 자와 의로운 자를 죽이지 말라. 나는 악인을 의롭다 하지 아니하겠노라. 너는 뇌물을 받지 말라. 뇌물은 밝은 자의 눈을 어둡게 하고 의로운 자의 말을 굽게 하느니라.
③ 너는 거짓된 풍설을 퍼뜨리지 말며 악인과 연합하여 위증하는 증인이 되지 말며 다수를 따라 악을 행하지 말며 송사에 다수를 따라 부당한 증언을 하지 말며 가난한 자의 송사라고 해서 편벽되이 두둔하지 말지니라.	④ 너는 네가 추수한 것과 네가 짜낸 즙을 바치기를 더디 하지 말지며, 네 처음 난 아들들을 내게 줄지며, 네 소와 양도 그와 같이 하되 이레 동안 어미와 함께 있게 하다가 여드레 만에 내게 줄지니라. 너희는 내게 거룩한 사람이 될지니 들에서 짐승에게 찢긴 동물의 고기를 먹지 말고 그것을 개에게 던질지니라.

2. 다음 본문(출 21:12-17)을 자세히 읽고 원래의 본문과 추가된 본문으로 나누어보시오. 그런 뒤 추가된 본문은 왜 그 자리에 추가되었을지 논의해보시오.

> 사람을 때려서 죽인 자는 반드시 사형에 처해야 한다. 그가 일부러 죽인 것이 아니라 실수로 죽였으면, 내가 너희에게 정하여 주는 곳으로 피신할 수 있다. 그러나 홧김에 일부러 이웃을 죽인 자는, 나의 제단으로 피하여 오더라도 끌어내서 죽여야 한다. 자기 부모를 때린 자는 반드시 사형에 처해야 한다. 사람을 유괴한 자는, 그 사람을 팔았든지 자기가 데리고 있든지, 반드시 사형에 처해야 한다. 자기 부모를 저주하는 자는 반드시 사형에 처해야 한다.

3. 다음 물음에 답해보시오.

① 열왕기하 17:7-23과 신명기 30:15-20은 어떤 관계에 있다고 생각합니까?

② 신명기 26:5-10은 성경의 어떤 책에 나오는 내용을 전제하고 있습니까?

③ 신명기 26:5-10에서 빠진 전통이 있다면 그것은 무엇이며, 그것이 빠진 이유는 무엇입니까?

구약성경 시대는 지금과 글을 쓰는 방식이 전혀 달랐다. 오늘날에는 특정한 저자가 자신의 이름을 걸고 글을 쓴다. 만약 그 글에 다른 이의 글을 인용하려면 반드시 각주를 통해서 분명한 출처를 밝혀야 한다. 이런 점에서 오늘날 저술되는 글은 이른바 "저자 문헌"(Autorenliteratur)이라고 말할 수 있다. 그러나 구약성경 시대의 글쓰기는 저자 문헌의 개념을 적용할 수 없는 경우가 많다. 그래서 베커의 말대로 조금 과장해서 표현한다면 구약성경의 문헌들은 "편집자 문헌"(Redaktorenliteratur)이라고 할 수도 있다.[1]

앞의 1번 문제는 출애굽기 22:29-23:8의 본문을 내용별로 묶어 흩어놓은 것이다. 성경을 보지 않고 이 본문들을 다시 배열하라면 아마도 성경과 다르게 하는 사람이 더 많을 것이다. 그들은 나름대로 다양한 근거를 그럴싸하게 댈 수 있다. 2번 문제에서는 출애굽기 21:12-17의 성장 과정이 분명히 드러난다. 본문에는 이른바 "모트-유마트"(반드시 사형에 처해야 한다) 법의 관용구가 이어지는 가운데, 군데군데 조건법이 들어가 있다. 이는 아마도 모트-유마트 법이 설정된 이후에 여러 판례를 바탕으로 확대된 법 규정이 출애굽기의 문서화 과정에서 추가된 결과일 것이다. 3번 문제에서는 개별 단위 문헌의 역사뿐 아니라 구약성경의 여러 책, 그리고 한 책 안의 여러 문헌 단위가 어떻게 최종 형태가 되었는지의 역사도 고려해야 한다는 사실을 확인할 수 있다.

편집사(Redaktionsgeschichte)는 바로 이 문제를 다룬다. 문헌비평의 분석 과정에서는 어떤 본문의 통일성 문제를 규명했다면, 편집사는 그 분석 결과를 종합하는 단계라 할 수 있다. 이는 곧 어떤 본문이 최초로 문서화한 데서 시작해 최종 형태의 문서로 형성되기까지의 과정과 그 의도를 규명하는 작업이다.

---

1 Becker, *Exegese des AT*, 83.

13장

최종 형태 본문의 구성
편집사

1. 편집사의 배경과 개념

1) 편집사의 배경

편집사는 문헌비평의 결과가 바탕이 된다. 그런 점에서 편집사의 연구사도 문헌비평과 잇닿아 있다. 곧 우리가 앞서 문헌비평에서 다루었던 구약성경의 문헌비평 연구사는 편집사의 선행 연구다. 특히 구약성경에서 편집사적인 관심은 20세기 중반 무렵에 집중되기 시작했다.[1]

그 가운데서 노트와 폰 라트(G. von Rad)를 주목할 수 있다. 그들은 오경과 역사서의 편집사에 주목했다. 노트는 앞서 전통비평에서 언급한 대로 오경 전통의 성장에 관해 주제적 접근을 시도했다. 그는 자신이 분석한 오경의 다섯 가지 주요 주제가 창세기부터 민수기까지를 완결된

1 구약성경의 편집사에 관한 연구사 조망은 다음 자료들을 참조하라. R. G. Kratz, "Redaktionsgeschichte/Redaktionskritik," *TRE* 28(1997), 367-78; Becker, *Exegese des AT*, 83-91.

작품으로 여기게 하며, 신명기는 여호수아서부터 열왕기까지 이어지는 역사서에 관한 서론 구실을 한다는 주장에 이르게 되었다. 그리하여 그는 신명기를 아우르는 "오경"(Pentateuch)이 아니라, 민수기까지만 일컫는 "사경"(Tetrateuch)과 신명기 신학을 바탕으로 하는 "신명기계 역사서"(das deuteronomistische Geschichtswerk=DtrG)를 주장하게 되었다.[2]

이와는 달리 폰 라트는 신명기 26:5-11의 이른바 "역사 소신조"(das kleine geschichtliche Credo)에 주목했다.[3] 그는 이 소신조가 이스라엘의 최초 신앙고백이라고 보았다. 그런데 이 신조에는 야곱 이야기를 중심으로 한 족장 전통, 출애굽 전통, 그리고 길갈 성소를 중심으로 하는 가나안 땅 진입 전통(!)이 포함되어 있다. 그래서 폰 라트는 기존의 오경이나 노트의 사경이 아니라, 여호수아서까지를 아우르는 "육경"(Hexateuch) 개념을 주장했다. 특히 그는 이 소신조에 시내산 전통에 대한 언급이 없다는 점에서 그 기원을 세겜 성소를 중심으로 하는 "언약 축제"(Bundesfest, 수 24장; 신 31:10 이하)로 보았다. 그리고 최종 형태의 육경은 "역사 소신조"의 주제들을 바탕으로 시내산 전통을 보유하고 있던 야휘스트에게서 비롯했다고 주장했다.

노트나 폰 라트의 이런 상반된 주장은 거기서 이어진 편집사 연구 분야에서 더 분화했다.[4] 급기야 크라츠(G. Kratz)는[5] 창세기부터 열왕기까지를 17개의 이야기 묶음으로 이루어진 문헌으로 보고, 이른바 "구경"(Enneateuch) 이론을 제시하기에 이르렀다. 이처럼 오경과 역사서의

---

2 Noth의 이 주장에 대해서는 M. Noth, *Überlieferungsgeschichtliche Studien*(Max Niemeyer Verlag: Tübingen, ³1967)(=원진희 옮김, 『전승사적 연구들』[서울: 한우리, 2006])을 참조하라.

3 Von Rad의 이 주장은 G. von Rad, *Das formgeschichtliche Problem des Hexateuchs*(Stuttgart: Kohlhammer, 1938)을 참조할 수 있다. 이 논문은 김정준 옮김, 『폰 라드 논문집』(서울: 대한기독교서회, 1990), 11-114에 우리말로 번역되었다.

4 오경과 역사서의 형성에 관한 자세한 논의는 쳉어, 『구약성경 개론』, 173-209을 보라.

5 참조. G. Kratz, *Komposition der erzählende Bücher des Alten Testaments: Grundwissen der Bibelkritik*(Göttingen: Mohr Siebeck, 2000). Kratz의 모델에 관한 설명은 쳉어, 『구약성경 개론』, 201-9을 보라.

편집사적 관심은 관점에 따라 유동적으로 변화되어왔다.

오경과 역사서는 물론 예언서와 성문서의 편집사에 관한 연구도 일찍부터 이루어졌다. 앞서 우리는 이미 문헌비평을 살펴보며 예언서와 성문서의 편집사를 개관했다. 따라서 여기서는 특별히 쿰란 문헌의 발견 이후 이루어진 시편의 편집사와 관련한 새로운 문제를 간단히 언급한다. 쿰란 문헌 가운데 시편 본문을 담은 것은 모두 36개의 필사본 단편이다(1QPs[a-c], 2QPs, 3QPs, 4QPs[a-x], 5QPs, 6QpapPs, 8QPs, 11QPs[a-e]). 그런데 이 필사본 단편들은 본문의 형태뿐 아니라, 개별 시편의 배열 순서에서도 조금씩 차이를 보인다. 가령 11QPs[a]는 시편 100-150(151)편의 대부분이 남아 있는데 이를 MT와 비교해보면 다음과 같이 순서가 다르다.

- 11QPs[a]의 배열 순서: 101-103; 109; 118; 104; 147; 105; 146; 148; 121-132; 119; 135; 136; 118; 145; 139; 137; 138; 93; 141; 133; 144; 142; 143; 150; 140; 134; 151.

여기서 우리는 개별 시편을 누가, 어떤 기준으로 배열했는지, 그리고 언제 최종 형태의 순서가 고정되었는지를 물을 수 있다. 우리가 앞서 살펴본 시편의 문헌비평적 구조는 적어도 쿰란 시편 필사본 단편의 그것과는 다르다는 점은 분명하다. 그리고 이 둘 사이의 관계는 여전히 답이 정해지지 않은 문제다.

2) 편집사의 개념

편집사는 문헌비평의 분석 결과에서 시작해 그 결과를 종합하려고 시도한다. 크로이처가 요약한 대로 편집사는 이 과정에서 다음과 같은 과

제를 수행한다.[6]

> ① 어떤 본문의 최초 문서화에서부터 여러 개정 작업을 거쳐 최종 형태까지 문헌적 전승의 역사와, ② 그 각각의 단계에서 의도한 진술 의도와 이해 가능성, 그리고 ③ 가능하다면 저자와 개정자의 역사적 장소와 문헌 사회학적 규정을 수행하고 설명해야 한다.

한마디로 어떤 본문이 문헌비평에서 여러 개별 문헌 단위가 합쳐져 있음이 밝혀지고 분석되었다면, 편집사에서는 그 개별 본문 단위들을 언제, 누가, 왜 최종 형태의 본문으로 구성했는지를 묻는다. 물론 이 질문에 관해 이상적인 차원에서 명백한 답을 찾을 수 있다면 좋겠지만, 구약성경의 본문 가운데서 그렇게 할 수 있는 경우가 많지는 않다. 그럼에도 문헌비평의 분석을 종합하는 작업은 그 자체에서 본문의 뜻을 이끌어내는 데 중요한 구실을 한다. 왜냐하면 중복되거나 모순을 이루는 개별 본문 단위들이 최종 형태의 본문에서 무슨 역할을 하는지를 질문해 최종 형태 본문을 바탕으로 하는 주석에서 결정적인 단서를 제공해줄 수 있기 때문이다.

그런데 우리가 문헌비평을 미시적 차원과 거시적 차원에서 살펴본 것처럼, 편집사도 두 차원에서 접근해야 한다. 편집사의 연구사에서 언급한 차원은 모두 거시적 차원의 접근이며, 이는 문헌비평에서도 다루었던 문제다. 이런 거시적 차원의 접근은 당연히 개별 본문에 대한 미시적 차원의 분석과 종합에서 시작해야 한다. 지금부터 편집비평 방법을 통한 미시적 차원의 접근이 어떻게 이루어지는지 살펴보고, 편집사를 통해서 미시적 차원의 개별 본문 역사가 거시적 차원에서 어떻게 재구성될 수 있을지를 논의해보자.

---

6 크로이처, 『구약성경 주석 방법론』, 165.

2. 편집사 재구성 방법

1) 편집비평

문헌비평을 통해서 본문 단위를 분석하고, 최초 문서화 이전 구두 전승과 연관한 여러 측면의 역사적 배경을 관찰했다면, 이제 최종 형태 본문의 구성 과정과 그 의미를 종합할 차례다. 이 단계의 최종 목표는 본문의 편집사를 재구성하는 것이지만, 먼저 문헌비평의 결과를 바탕으로 편집 층을 분석하는 "편집비평"(Redaktionskritik) 작업을 거쳐야 한다. 이를 위해서는 문헌비평과 다른 비평 방법들을 통해 분석된 문헌과 구두 전승의 개별 단위들이 어떤 형태로 구성되는지를 파악해야 한다.

(1) 본문 편집 층의 구성 파악

본문의 편집 층 구성을 분석하기 위해서 개별 문헌 단위의 성격에 대해 우선 다음과 같은 질문을 던지며 시작할 수 있다.[7]

- 편집자의 보충 본문이 어느 자리에 추가되었는가? 본문 단위의 첫 부분에 추가되어 기존 문헌 단위를 새롭게 소개하는가? 본문 단위 사이에 끼어 있는가? 이로써 기존 문헌 단위와 편집 층의 결합 형태를 파악할 수 있다.
- 편집자의 보충 본문은 어떻게 기존 문헌 단위를 구성하는가? 그 편집층이 기존 문헌 단위의 의미를 교정(Korrektur)하거나 강화(Bestätigung)하거나 수정(Modifikation)하는가? 이로써 편집 층의 기능과 의도가 판명된다.

---

7 편집비평을 위한 질문들은 Becker, *Exegese des AT*, 96-97을 견주어보라.

이런 질문을 통해서 본문 단위가 앞서 언급한 여러 형태 가운데 어떤 형태인지를 규명하고, 기존 문헌 층과 편집 층의 상호관계를 파악할 수 있다.

(2) 본문 편집 층의 기본 형태들

앞서 제시한 질문으로 주석할 본문의 구성 형태와 개별 단위 사이의 상호관계가 파악되었다면 이를 구체적으로 분석해야 한다. 단순 단위를 제외하면, 구약성경의 본문은 둘 이상의 편집 층이 결합한 형태인데, 그 형태는 일반적으로 다음과 같이 구분할 수 있다.[8]

① 단순 합성과 편집 조합

이 두 개념은 편집자가 자신만의 고유한 편집 층을 삽입하지 않고, 둘 이상의 문헌 단위를 서로 이어 붙여 "단순 합성"(Komposition)하거나, 편집자의 의도에 따라 재구성하여 "편집 조합"(Kompilation)하는 것을 말한다. 이 둘의 개념을 도식화하면 다음과 같다.

i) 단순 합성

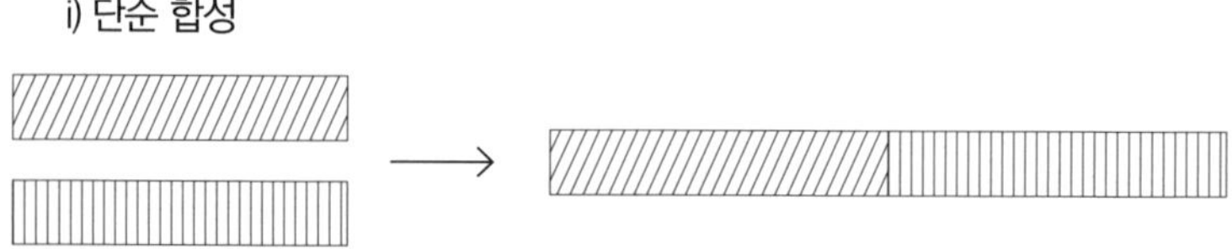

단순 합성은 완결된 두 이야기를 편집하지 않고 이어 붙이는 형식을 말한다. 창세기 1장과 2장의 두 창조 이야기를 보기로 들 수 있다.

8 본문 편집 층의 형태들에 대한 정의는 Becker, *Exegese des AT*, 91-95를 참조하라. 이후에 제시되는 도식들은 Utzschneider, *Arbeitsbuch*, 298-300을 참조했다.

ii) 편집 조합

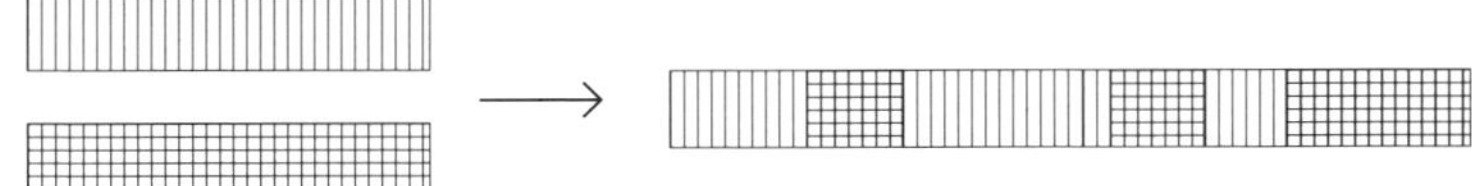

편집 조합의 보기로는 문헌비평적으로 중복과 모순이 가장 분명히 드러나는 창세기 6:5-8:22의 노아 홍수 이야기가 있다. 이 부분은 전통적으로 야휘스트 본문과 제사장계 문헌이 합성된 단위로 여겨지는데, 다음과 같이 야휘스트의 문헌 단위와 제사장계 문헌 단위가 교대로 편집 조합되어 있다.

- 창세기 6:5-8:22의 편집 조합 순서: 창 6:5-8(J), 9-22(P); 7:1-5(J), 6(P), 7-10(J), 11(P), 12(J), 13-16a(P), 16b(J), 17a(P), 17b(J), 18-21(P), 22-23(J); 7:24-8:2a(P), 2b-3a(J), 3b-5(P), 6-12(J), 13a(P), 13b(J), 14-19(P), 20-22(J).[9]

도식에서 드러나듯이 편집 조합의 경우에는 개별 단위들을 분리해서 연결해도 완결된 이야기가 된다.

② 개정(Bearbeitung)

개정은 개별 문헌 단위를 편집한 편집자가 자신의 손길을 이음매로 삼아 삽입하는 경우를 일컫는다. 구체적으로는 설명하거나 지시하는 짧은 편집구를 삽입하는 "해석 어구"(Glosse)와, 좀 더 광범위한 해석이나 현재화 추가 본문을 삽입하는 "이어쓰기"(Fortschreibung)로 나눌 수 있다.

9 참조. Eissfeldt, *Hexateuch-Synopse*, 9*-13*.

i) 해석 어구

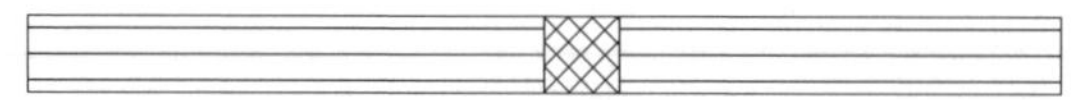

짧은 해석 어구는 최종 문헌 편집자가 동시대의 독자를 위해서 이전 문헌 단위의 내용을 현재화하여 설명하는 경우가 많다. 가령 창세기 32:31-33:1의 본문을 보자.

> **31**그가 브니엘을 지날 때에 해가 돋았고 그의 허벅다리로 말미암아 절었더라. **32**그 사람이 야곱의 허벅지 관절에 있는 둔부의 힘줄을 쳤으므로 이스라엘 사람들이 지금까지 허벅지 관절에 있는 둔부의 힘줄을 먹지 아니하더라. **33:1**야곱이 눈을 들어 보니 에서가 사백 명의 장정을 거느리고 오고 있는지라…(창 32:31-33:1).

여기서 이야기의 흐름은 창세기 32:31에서 곧바로 33:1로 이어진다. 이 두 구절 사이에 있는 창세기 32:32은 이야기의 진행에서 벗어나서 이스라엘 백성이 "허벅지 관절에 있는 둔부의 힘줄"을 먹지 않는 관습에 관한 기원론(etiology)을 제시하는데, 이런 경우가 바로 "해석 어구"에 해당한다.

ii) 이어쓰기

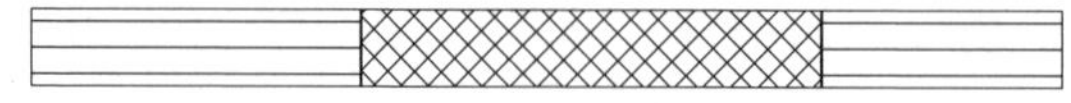

편집자가 기존의 본문 단위에 대한 현재적 해석을 추가한 경우는 앞서 "생각해보기" 2번 문제에서 살펴본 모트-유마트 법 관련 본문을 보기로 들 수 있다. 이때 출애굽기 21:13-14은 살인자에 대한 사형의 절대성이 미치지 못했던 판례가 생기면서 추가된 본문이다.

③ 복합 개정

구약성경에서 찾아볼 수 있는 대부분의 편집 층은 사실 지금까지의 보기들처럼 단순하지 않다. 곧 둘 이상의 개정 층이나 편집 층이 혼재하는 경우가 훨씬 더 많다는 말이다. 이런 경우 문헌비평에서 분석할 때부터 서로 연관된 문헌 층을 면밀하게 분류해놓아야 하며, 그 이전에 본문의 언어적 특징을 살필 때부터 그런 실마리를 수집하기 위해 노력해야 한다.

i) 한 편집자가 여러 번 편집 층을 삽입한 경우

창세기 16장의 하갈 이야기를 보기로 들 수 있다.[10] 이 본문의 기본 문헌 층은 야휘스트로 알려져 있다. 하지만 1전반절에서 사래의 불임 모티브를 언급하는 부분, 3절에서 아브람이 사래에게 하갈을 첩으로 주었던 시기를 밝히는 부분, 그리고 하갈의 아들 이스마엘의 이름을 언급하고 그때 아브람의 나이를 언급하는 15-16절은 제사장계 편집자의 손길이 미친 결과로 알려져 있다.

ii) 한 편집자가 여러 문헌 단위를 조합·합성하며 편집 층을 삽입한 경우

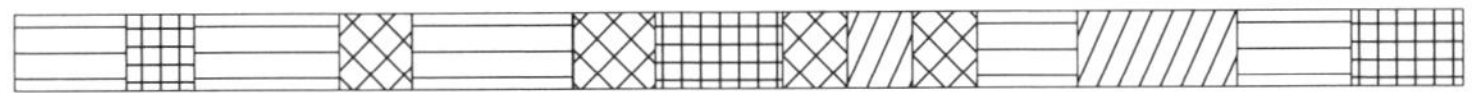

아이스펠트(O. Eissfeldt)의 분석에 따라[11] 신명기 마지막 부분의 문헌 층을 보기로 들어보자. 신명기 33장에 나오는 모세의 축복은 엘로히스트 문헌 층으로 여겨진다. 반면에 34:1a은 야휘스트와 엘로히스트, 그

10 참조. Eissfeldt, *Hexateuch-Synopse*, 24*-25*.

11 Eissfeldt, *Hexateuch-Synopse*, 199*-202*.

리고 최종 편집자로 여겨지는 제사장계의 문헌 층이 혼재하는 것으로 본다. 곧 첫 부분에서 모세가 "느보산"으로 올라갔다는 보도는 야휘스트, 그것이 여리고 동쪽 "비스가산" 꼭대기라는 정보는 엘로히스트, 그 사이에 출발점인 "모압 평지"를 언급하는 것은 신명기 첫 부분과 대응하는 구도 속에서 제사장계 문헌 층의 보충으로 본다. 그런 뒤에 신명기 34:1b-6에 기록된 모세의 죽음 보도는 야휘스트의 문헌 층, 나머지 7-12절의 본문은 오경 전체를 마무리하는 제사장계 편집자의 문헌 층으로 분석한다. 이 경우에서처럼 구약성경에서는 최종 형태 본문을 구성한 편집자가 기존의 몇몇 문헌 층을 바탕으로 본문을 편집한 경우도 찾아볼 수 있다.

iii) 둘 이상의 편집자가 한 본문에 편집 층을 삽입한 경우

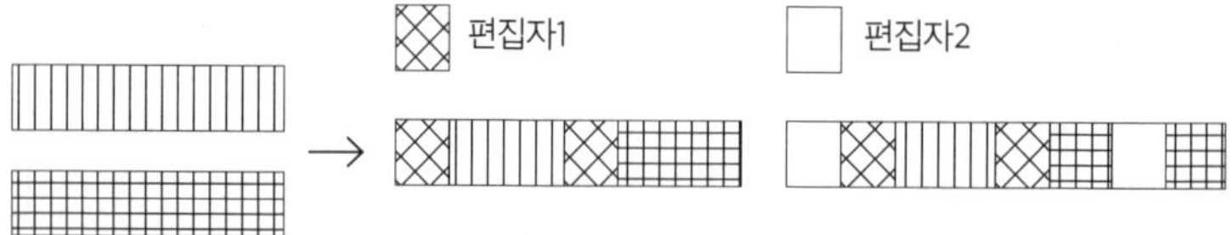

창세기 35:1-20은 야곱이 벧엘에서 하나님을 다시 만나는 장면과 벤야민의 출생, 그리고 그 어머니 라헬의 죽음을 그린다. 이 본문의 문헌 층을 살펴보면, 벤야민의 출생과 라헬의 죽음을 보도하는 야휘스트(J)와 엘로히스트(E)의 기본 문헌 층(7-20*절)에 먼저 제사장계 편집자(P^G)가 언약과 장소 명칭을 언급하는 편집 층을 일차 삽입하고(9-13, 15절), 그 뒤 후기 신명기 사가의 마지막 편집 층(R)으로서 "요셉의 무덤 관련" 이야기의 연장선에서 야곱이 벧엘에서 제단을 쌓는 "엘벧엘"의 이야기가 삽입되었다고 본다(1-7*절).[12]

12 이 본문의 문헌 층 분류는 다음 자료를 보라. 슈미트, 『구약, 어떻게 공부할 것인가?』, 285(P^G), 313(J), 334(E), 361(R).

2) 편집사 재구성

주석할 본문 단위의 구성 형태를 규명하고 상호관계를 파악하는 작업이 완료되었다면 이제 그 본문이 (구두 전승 단계를 거쳐) 최초 문서화에서 시작해 최종 형태의 본문 구성에 이르기까지의 역사를 재구성할 차례다.

(1) 구두 전승의 전단계(Vorstufe) 반영

편집사는 사실 문헌비평의 분석에 대한 종합이다. 그런데 우리가 문헌비평을 한 뒤에 양식·전승·전통비평을 거치고 편집사를 다루는 것은[13] 최초 문서화된 본문의 단위를 분석한 뒤 개별 문헌 단위의 전(前)단계를 추적하고, 마지막으로 최종 형태의 문헌 단위를 다루는 것이 논리적으로 더 옳다고 여기기 때문이다. 그래서 주석할 본문과 관련해 양식·전승비평에서 구두 전승의 전단계가 있다고 판명되었다면, 편집사를 재구성할 때 그 전단계의 핵심이 되는 본문 단위도 표시해주어야 한다. 그래야 개별 본문을 주석할 때 구두 전승에서부터 최종 형태의 본문 단위에 이르는 본문의 의미를 다양한 각도에서 풀어갈 수 있을 것이다. 우츠슈나이더(H. Utzschneider)가 제시한 다음의 보기는[14] 편집사 재구성에서 구두 전승의 전단계를 어떻게 반영할 수 있는지를 잘 보여준다.

13 이런 구성을 취하는 자료는 다음과 같다. Fohrer, *Exegese des AT*; 크로이처, 『구약성경 주석 방법론』. 반면에 다음 자료들은 "본문비평-문헌비평-전승비평-편집사-양식비평-전통비평"의 순서로 방법론을 다루는데, 이는 양식비평과 전통비평의 연관성 때문이라고 할 수 있다. Barth, Steck, *Exegese des AT*; Becker, *Exegese des AT*.

14 Utzschneider, *Arbeitsbuch*, 316-17.

◉ **창세기 25:19-26**

- P: [19]아브라함의 아들 이삭의 족보는 이러하니라. 아브라함이 이삭을 낳았고 [20]이삭은 사십 세에 리브가를 맞이하여 아내를 삼았으니, 리브가는 밧단 아람의 아람 족속 중 브두엘의 딸이요, 아람 족속 중 라반의 누이였더라.
- **구두 전승의 전단계**: [21]이삭이 그의 아내가 임신하지 못하므로 그를 위하여 여호와께 간구하매 여호와께서 그의 간구를 들으셨으므로 그의 아내 리브가가 임신하였더니
- **J 또는 후대 전승**: [22]그 아들들이 그의 태 속에서 서로 싸우는지라. 그가 이르되 "이럴 경우에는 내가 어찌할꼬?" 하고 가서 여호와께 묻자온대 [23]여호와께서 그에게 이르시되 "두 국민이 네 태중에 있구나. 두 민족이 네 복중에서부터 나누이리라. 이 족속이 저 족속보다 강하겠고 큰 자가 어린 자를 섬기리라" 하셨더라.
- **구두 전승의 전단계**: [24]그 해산 기한이 찬즉 태에 쌍둥이가 있었는데 [25]먼저 나온 자는
- **J 또는 후대?**: 붉고 전신이 털옷 같아서
- **구두 전승의 전단계**: 이름을 에서라 하였고 [26]후에 나온 아우는 손으로 에서의 발꿈치를 잡았으므로 그 이름을 야곱이라 하였으며
- P: 리브가가 그들을 낳을 때에 이삭이 육십 세였더라

이 분석에서는 본문의 기본 단위에 반영된 민담 형태의 구두 전승[15]이 어떤 과정을 거쳐서 최종 형태의 본문 구성으로 나아갔는지를 파악할 수 있다. 곧 야곱과 에서의 출생을 전하는 구두 전승은 신탁과 해설 형태의 일차 편집 층을 거치고, 족보와 연대기를 추가한 제사장계의 최종 편집자를 통해서 최종 형태의 본문으로 구성되었다고 볼 수 있다. 물론 구약성경 본문에서 이렇게 구두 전승의 전단계를 분명하게 파악할 수 있는 경우는 흔하지 않다. 다만 앞선 비평 방법론을 통한 고찰 과정에서 구두 전승의 전단계가 분명히 드러난 때는 그 결과를 밝혀주는 것이 맞다.

15 Utzschneider에 따르면 창세기에서 구두 전승의 전단계는 출생에 관한 짧은 이야기, 그리고 이름 짓기 등의 특징을 나타낸다. 참조. Utzschneider, *Arbeitsbuch*, 297.

(2) 최종 형태 본문의 시기와 편집자 추정

편집사의 재구성은 앞서 언급한 대로 누가, 언제, 왜 최종 형태의 본문을 구성했느냐는 질문에 대한 답을 찾아가는 과정이다. 이는 오경을 둘러싼 거시적 편집사의 논의에서 보았듯이 하나의 유일한 답을 찾는 것이 아니라 개연성 있는 역사를 재구성함으로써 궁극적으로는 본문의 의미를 파악하고자 하는 노력이다. 따라서 편집사 재구성에서 편집자와 그 시기를 규정할 때는 논의의 논리적 오류를 최소화하여 재구성한 역사의 개연성을 높이는 데 집중해야 한다. 크로이처의 말대로 "오류로부터의 경계" 안에서 논의를 진행해야 한다.[16]

① 최종 형태 본문의 구성 시기 추정

최종 형태 본문이 언제 구성되었는지 절대적 연대를 제시하는 일은 결코 쉽지 않다. 다음과 같은 경우에는 본문의 연대를 소극적으로 추정할 수 있다.[17]

ㄱ. 개별 책(보기. 렘 1:1-3; 호 1:1; 암 1:1)이나 문헌 단위(보기. 사 1:1)에 표제가 있거나 에스겔서에서 몇 차례 등장하는 것처럼 개별 문헌 단위의 연대 표기(보기. 겔 1:1; 8:1; 20:1)가 있는 경우는 비교적 신뢰할 만한 연대 추정이 가능하다. 하지만 이사야서, 예레미야서, 에스겔서처럼 한 책이 여러 시대에 걸쳐 형성된 것으로 여겨지면 시대를 세분해서 파악해야 한다.

---

16 크로이처, 『구약성경 주석 방법론』, 33. 구약성경 개별 책과 그것을 구성하는 거시적 문헌 단위들의 형성 연대와 저자 및 편집자에 관한 문헌비평/편집사 관점의 논의는 슈미트, 『구약, 어떻게 공부할 것인가?』와 쳉어, 『구약성경 개론』의 해당 부분을 참조하면 기본적인 정보를 얻을 수 있다.

17 참조. Fohrer, *Exegese des AT*, 148-49.

ㄴ. 본문의 내용과 별도로 최종 편집자의 동시대가 반영된 언급이 있는 경우(보기. 제2이사야의 고레스 언급, 바벨론 포로기 이전에 기록된 열왕기의 기본 본문과 포로기 후반의 편집 층)에는 둘 사이를 분리해서 연대를 추정해야 한다.

ㄷ. 본문의 특정 낱말이 최종 형태 본문의 구성 시기를 가늠하게 해 주는 경우가 있다(보기. 하박국서의 "카스딤"[כַּשְׂדִּים; 갈대아 사람→신 바벨론 제국] 등).

ㄹ. 연대 추정이 가능한 거시적 본문 단위와 상대적 연대기 작성이 가능한 본문(보기. 제2이사야와 사 34-35, 56-66장 등)도 소극적인 연대 추정을 가능하게 한다.

ㅁ. 신명기계 신학이나 제사장계 신학 등 거시적 관점에서 본 문헌 단위의 어떤 신학적 사조가 반영된 본문들도 소극적인 연대 추정이 가능하다.

이런 대다수 경우에 연대 추정의 목적은 절대적인 연대가 아니라, 본문의 연대 표기나 개별 본문 단위들의 상대적 연대기 분석을 바탕으로 최종 형태 본문의 구성에 **상한선**(*terminus a quo*)과 **하한선**(*terminus ad quem*)을 설정하는 것이다.[18] 곧 어떤 본문의 최종 형태 구성이 아무리 빨라도 어느 시점 전에는 이루어지지 않았으며, 아무리 늦어도 어느 시점 이전에는 구성이 완료되었다는 식으로 대략적인 범위만 구분하게 된다는 말이다. 또한 미시적 차원의 연대기 재구성은 거시적 차원의 문헌 단위를 통해 검증되어야 한다.

최종 형태 신명기계 역사서 본문의 구성 시기를 보기로 들어보자.[19] 신명기계 역사서 본문 구성의 상한선을 형성하는 기준이 되는 것은 열

18 참조. Becker, *Exegese des AT*, 99; 크로이처, 『구약성경 주석 방법론』, 176.
19 이에 대해서는 슈미트, 『구약, 어떻게 공부할 것인가?』, 385-86을 보라.

왕기하 25:27-30이다. 이 본문은 기원전 561년에 일어난 에윌므로닥(기원전 562-560년 재위)의 여호야긴 사면 사건을 언급한다. 따라서 최종 형태 본문의 형성 시기는 아무리 빨라도 그 이전으로는 거슬러 올라갈 수 없다. 그리고 신명기계 역사서 어느 곳에서도 기원전 539년에 일어났던, 페르시아 왕 고레스의 칙령에 따른 유다 민족의 해방이 전제되어 있지 않다. 따라서 최종 형태의 신명기계 역사서는 아무리 늦어도 페르시아 제국 시대 이전, 곧 바벨론 포로 말기에는 완성되었을 것이다.

② 최종 편집자의 정체성과 편집 의도 규명

본문에 저자와 관련한 언급이 있는 경우(예언서나 시편의 표제 등), 해당 본문에 관한 논의의 출발점으로 삼을 수 있다. 그러나 이 경우에도 미시적 본문의 저자는 문헌·편집비평을 통해 분석된 개별 본문 단위들의 역사를 통해서 최초 문서 저자와 최종 편집자로 구분되어야 한다. 그리고 최종 편집자는 거시적 차원에서 다시금 검증을 거쳐야 한다. 특히 본문에 저자에 관한 아무런 언급이 없다면 문헌비평의 상대적 연대기 검증을 통해서 최종 편집자를 설정하고 거시적 차원에서 검증해야 한다. 거시적 차원의 최종 편집자 검증을 위해서는 해당 본문 편집 층의 내용적 특징을 통해서 기존에 밝혀진 구약성경의 저자와 편집자 층의 특징에 관한 기본적 지식이 전제되어야 한다.[20]

더불어 구두 전승 및 최초 문서화 단계와 구분되는 최종 형태 본문의 의도와 뜻을 이끌어내는 작업이 중요하다. 이 작업을 위해서는 앞서 편집비평에서 다루었던 본문의 편집 층 분석이 유용하다. 편집 층이 기존 본문 단위를 교정하는지, 강화하는지, 수정하는지는 기존 본문 단위와 최종 형태 본문의 의도와 뜻을 파악하는 데 중요한 구실을 한다.

---

20 이를 위해서는 앞서 "각주 16"에서 언급한 개론서들이 유용하다. 이 개론서들에는 거시적 문헌 단위의 기원이 되는 장소와 그 특징이 잘 정리되어 있다.

역대기의 본문을 보기로 들어보자. 특히 역대기하의 본문은 많은 문헌 단위를 열왕기와 공유한다. 달리 말해 매우 많은 경우에 역대기하에서 최종 편집자의 편집 층을 구별해낼 수 있다는 말이다. 이때 열왕기의 문헌 단위가 강화되기도 하지만, 역대기하 편집자의 관점에서 수정되거나 교정되기도 한다(보기. 대하 33장의 므낫세 이야기). 특히 역대기 본문에서 분석해낼 수 있는 편집 층은[21] 성전 제의 중심, 유다 중심 등의 내용이 강조됨으로써 포로기 이후 "예루살렘 제의를 책임진 신정 통치적(theokratisch) 집단"에게서 비롯했다고 여겨지는 것이 보통이다.[22] 그리고 대부분 역대하 본문의 편집 의도는 포로기 이후 성전 제의 중심의 종교 공동체를 형성했던 유다의 정체성 확립을 고무하는 것이었다.

3. 편집사 재구성의 보기: 출애굽기 4:24-26

이 세 구절은 모세가 하나님의 부르심을 받은 뒤에 동족들과 파라오를 대면하기 위해 이집트로 내려가는 여정 가운데 있었던 희귀한 사건을 전해준다. 바로 앞 단락인 출애굽기 4:18-23은 이집트로 돌아가라는 하나님의 신탁인데, 일반적으로 이는 엘로히스트(E)와 야휘스트(J)의 문헌 층이 합성된 상태로 여겨진다.[23] 그리고 이어지는 단락인 출애굽기 4:27-31은 모세가 아론과 더불어 이스라엘의 장로들을 만나는 장면으로, 여기서도 두 문헌 층이 혼재하는 것으로 보인다.[24] 이 두 단락 가운데 자리한 출애굽기 4:24-26은, 우선 문맥으로 볼 때 앞뒤 단락의 내용

---

21 이런 편집사의 관점이 반영된 주석으로는 R. W. Klein, *2 Chronicles*(Hermeneia; Minneapolis: Fortress Press, 2012)를 참조하라.

22 참조. 슈미트, 『구약, 어떻게 공부할 것인가?』, 404.

23 참조. W. H. Schmidt, *Exodus 1,1-6,30*(BKAT II/1; Neulirchen-Vluyn: Neukirchener Verlag, 1988), 209-212.

24 Schmidt, *Exodus*, 237.

과 단절되어 구분되는 개별 문헌 단위다. 그런데 이 세 구절 자체도 단순 단위가 아니라 다음과 같이 구두 전승을 전제하는 문헌 층에 편집자의 해석 어구(Glosse)가 덧붙여진 개정 문헌이라고 볼 수 있다.

- **기본 문헌 층**: [24]모세가 길을 가다가 숙소에 있을 때에 여호와께서 그를 만나사 그를 죽이려 하신지라. [25]십보라가 돌칼을 가져다가 그의 아들의 포피를 베어 그의 발에 갖다 대며 이르되 "당신은 참으로 내게 피 남편이로다" 하니 [26]여호와께서 그를 놓아주시니라.
- **해석 어구**: 그때에 십보라가 피 남편이라 함은 할례 때문이었더라.

내용으로 볼 때 이 세 구절은 구약성경에서 가장 이해하기 어려운 본문 가운데 하나다. 여호와는 왜 모세를 죽이려 하시는가? 또 그 상황에서 십보라가 아들의 포피를 베어 모세의 생식기(성경은 "발치에"로 에둘러 표현함)에 댄 이유는 무엇인가? 십보라는 왜 모세를 "피 남편"이라고 일컬었는가? 구약성경 본문에서 다른 증거를 찾기 어려운 이런 질문들이 본문을 난해하게 한다.[25] 더욱이 이 본문이 왜 이 자리에 있으며, 그 의도가 무엇인지도 직관적으로 해결하기 어렵다. 그렇지만 확실한 것은 출애굽기의 최종 편집자는 지금 그 자리에 본문을 두는 데 무리가 없다고 여겼다는 사실이다. 바로 이 점이 편집사의 관점에서 최종 편집자의 의도를 밝혀서 이 난해한 본문에 접근해야 하는 이유다.

먼저 직관적으로 이해할 수 있는 본문의 주제는 "할례"다. 편집자는 여호와가 모세를 죽이려 하신 이유를 할례의 문제가 해결되지 않았기 때문이라고 여겼던 듯하다. 지금 모세는 이집트의 모든 맏아들을 죽이러 가는 길이다(23절). 이때 할례를 중시했을 편집자는 모세의 출생 비밀과 연관된 할례의 문제를 꼭 짚고 넘어가야 한다고 생각했을 것이다. 아마도 모세는 할례를 받지 않았거나 이스라엘 백성들에게 수치로 여

25 이 질문들에 대한 해답의 가능성은 Schmidt, *Exodus*, 218-26을 보라.

겨진(수 5:9), 부분 할례만 받은 것으로 볼 수도 있다.[26] 그런 최종 편집자에게 모세의 할례와 관련하여 "돌칼"(25절)을 언급하는 오래된 민담 전승이[27] 전해진 것으로 보인다. 논란의 여지가 있지만[28] 십보라가 모세를 향해 "피 남편"이라고 한 말은 노트의 주장대로 미디안을 중심으로 행해졌던 결혼 풍속 중 첫날밤의 주술의식을 반영하는 것으로 보인다.[29] 본문의 최종 편집자에게도 이 비밀스러운 이야기는 해설이 필요했을 것이다(출 4:26b의 해석 어구). 그런데 십보라는 모세 대신 그의 아들 게르솜에게 할례를 행했다. 이 기록은 유아 할례의 전통(참조. 레 12장)과 그보다 더 오래되었을 성인 할례의 전통(창 34:14-15, 24-25; 수 5:2-9)이 혼합된 것으로 보인다.[30] 어쩌면 편집자는 모세에게 직접 할례를 하면 며칠 동안 운신에 어려움이 있을 것이기 때문에, 이스라엘 역사상 가장 중대한 일을 하려는 모세가 절뚝거리는 일을 막기 위해 모세를 대신해서 아들에게 할례를 행했다고 해석했을 수도 있다.[31]

또한 엘로히스트 문헌과 야휘스트 문헌을 바탕으로 출애굽기 4장을 최종적으로 손본 편집자는, 할례 문제를 해결한 모세가 이제야 비로소 이스라엘의 장로들을 만나기에 충분한 자격을 갖추었다고 보고 그다음에 곧바로 이들의 대면 사건을 배치했다고 할 수 있다. 더 나아가 이토록 할례를 중시했던 편집자는 결국 예배 제도와 제의에 대해 특별한 관심을 두고 있던 제사장계 문헌 편집자(P)인[32] 듯하다. 이런 경향은 아브라함 언약과 관련해 야휘스트와 엘로히스트 문헌인 창세기 15장과는

26 이런 견해는 Durham, *Exodus*, 58을 보라.

27 참조. 노트, 『출애굽기』, 60.

28 비교. W. H. Cropp, *Exodus 1-18*(AYB 2; New Haven/London: Yale University Press, 2010), 233-38. 여기서 Cropp은 십보라가 모세에게 "피 남편"이라고 일컬은 이유는 모세가 이전에 저지른 살인을 가리킨다고 주장한다.

29 노트, 『출애굽기』, 60.

30 참조. 노트, 『출애굽기』, 60.

31 Durham, *Exodus*, 59.

32 참조. 슈미트, 『구약, 어떻게 공부할 것인가?』, 282.

달리 할례를 언약의 표징으로 언급하는 창세기 17장에서도 드러난다. 결국 이 본문은 고대 민담을 기본 문헌 층으로 한 제사장계 문헌 편집자의 편집 층이라 할 수 있다.

- 문헌비평의 결과로 주석을 위해 선택한 본문이 단순 단위가 아니라고 판단했다면 해당 본문의 편집사를 재구성해보시오.

- 주석할 본문이 단순 단위라면, 구약성경에서 본문 편집 층의 기본 형태에 해당하는 본문을 하나 찾아 분석해보시오.

제 6 부

본문 풀이

1. 다음의 본문을 다른 이에게 해설해보시오. 본문과 관련해서 무엇을 꼭 설명해주어야 하고, 또 어떤 부분을 직관적으로 설명할 수 없는지 말해보시오.

◆ 호세아 5:8–15

8너희가 기브아에서 뿔나팔을 불며 라마에서 나팔을 불며 벧아웬에
서 외치기를 "베냐민아, 네 뒤를 쫓는다" 할지어다. 9벌하는 날에 에
브라임이 황폐할 것이라. 내가 이스라엘 지파 중에서 반드시 있을 일
을 보였노라. 10유다 지도자들은 경계표를 옮기는 자 같으니 내가 나
의 진노를 그들에게 물 같이 부으리라. 11에브라임은 사람의 명령 뒤
따르기를 좋아하므로 학대를 받고 재판의 압제를 받는도다. 12그러
므로 내가 에브라임에게는 좀 같으며 유다 족속에게는 썩이는 것 같
도다. 13에브라임이 자기의 병을 깨달으며 유다가 자기의 상처를 깨
달았고 에브라임은 앗수르로 가서 야렙 왕에게 사람을 보내었으나
그가 능히 너희를 고치지 못하겠고 너희 상처를 낫게 하지 못하리라.
14내가 에브라임에게는 사자 같고 유다 족속에게는 젊은 사자 같으
니 바로 내가 움켜 갈지라. 내가 탈취하여 갈지라도 건져낼 자가 없
으리라. 15그들이 그 죄를 뉘우치고 내 얼굴을 구하기까지 내가 내 곳
으로 돌아가리라. 그들이 고난받을 때에 나를 간절히 구하리라.

2. 이른바 "묻지마 폭행"으로 딸을 잃은 아버지가 다음의 "탈리온 법"을 읽을 때, 어떤 생각을 할지 이야기를 나누어보시오. 또 그런 경우 어떻게 본문을 풀어주어야 할지 의견을 나누어보시오.

◆ 출애굽기 21:22–25

22사람이 서로 싸우다가 임신한 여인을 쳐서 낙태하게 하였으나 다
른 해가 없으면 그 남편의 청구대로 반드시 벌금을 내되 재판장의 판
결을 따라 낼 것이니라. 23그러나 다른 해가 있으면 갚되 생명은 생명

으로, 24눈은 눈으로, 이는 이로, 손은 손으로, 발은 발로, 25덴 것은 덴 것으로, 상하게 한 것은 상함으로, 때린 것은 때림으로 갚을지니라.

구약성경의 본문과 오늘날 우리들 사이에는 굉장한 시간과 공간의 거리가 있다. 위에서 살펴본 두 본문도 그렇다. 호세아서 본문의 경우 그 이면에 있는 역사적 배경, 곧 이른바 "시리아 에브라임 형제 전쟁"(기원전 734-732년; 참조. 왕하 15:29; 16:5-9; 대하 28:5-8, 16-21; 사 7:1-9)[1]을 알고 있지 않다면, 본문의 뜻을 제대로 파악하기 어렵다. 또한 "탈리온 법"의 경우 자칫 본문의 배경을 정확히 알고 있지 않다면 감정적 복수를 허용하는 것으로 오해할 수 있다. 고대 사회에서 이 법이 감정에서 비롯하는 지나친 보복의 고리를 끊기 위함이라는 원래 의도를 먼저 알고 있어야 제대로 본문의 뜻을 이끌어낼 수 있다는 말이다. 그래서 본문의 뜻을 이끌어주는 과정, 특히 목회 현장에서는 독자의 특별한 세계에 관한 공감 없이 기계적으로 본문의 뜻을 풀어주어서는 안 된다. 반대로 독자의 경험 세계와 감정이 어떤지를 먼저 공감하고 이해한 뒤에 본문의 원래 뜻을 풀어주어야 한다. 이것이 종교 공동체 일원들의 삶의 규범으로서 역할을 하는 성경 본문을 주석하는 이의 올바른 자세다.

이렇듯 구약성경 본문에 접근할 때는 여느 말이나 글과 마찬가지로 저자/발화자, 글/말, 독자/청자에 관한 세 요소가 필수적이다. 어떤 글이나 말의 뜻도 반드시 이 세 차원을 고려해서 이해해야 한다. 구약성경 본문의 글을 생성하는 저자에게는 고유한 경험 세계가 있다. 저자는 그 경험 세계를 자신이 속한 언어 집단에서 습득하고 공유하는 언어 기호를 사용하여 표현한다. 구약성경의 경우에 이 언어 기호는 히브리어나 아람어다. 그런데 저자의 손을 떠난 글은 사실상 그 순간 저자의 경험 세

1 "시리아 에브라임 형제 전쟁"과 관련한 이 본문의 풀이는 김정훈, 『호세아 주석』, 210-26을 보라.

계와는 독립적으로 존재하게 된다. 이는 구두 전승의 형태이든 글의 형태이든 동일하다. 그리하여 특정 본문은 중립적 의미 세계에 머문다. 이 본문의 뜻은 결국 독자의 독서 과정에서 구체화된다. 그런데 어떤 글의 뜻을 구체화한 독자도 저자와 동일하지 않은 경험 세계 속에서 그 글을 읽는다. 더구나 구약성경의 경우 독자 대다수는 저자의 역사·문화·사회·정치·경제적 경험 세계와 굉장한 거리가 있을 뿐 아니라, 사용하는 언어 체계도 완전히 다르다. 그래서 저자의 언어와 독자의 언어는 번역 과정을 통해야만 비로소 소통될 수 있다. 주석은 이 세 요소 사이의 틈을 메워주는 작업이 되어야 한다.

지금까지 우리는 구약성경 본문의 주석에서 이런 틈 메우기 작업을 위해 필요한 여러 차원의 접근법을 다루었다. 본문비평을 통해 본문 번역에서부터 시작해 본문의 언어·문맥적 분석을 거치며 기호 체계 사이의 소통을 위한 기본 작업을 했다. 그리고 저자의 경험 세계 파악을 위해 우리는 앞선 단원에서 다양한 시각으로 본문의 역사적 배경을 찾아가는 방법들을 살펴보았다. 곧 주석하려는 본문이 어떤 과정을 거쳐서 최종 형태의 본문으로 고정되었는지(문헌비평, 편집비평), 또 그 이면에 문서화 이전의 구두 전승 과정은 없었는지(양식비평, 전승비평), 또 어떤 본문이 독자들과 공유하지 않는 고유한 정신세계가 있는지를 살폈다(전통비평).

이제는 이 책의 첫머리에서 내린 정의대로 구약성경 본문의 "의도"와 "의미"를 본문의 맥락에서 이끌어내는 본문 주석 작업을 해야 할 차례다. 본문을 주석한다는 것은 이런 사전 작업들을 바탕으로 해당 본문의 뜻을 구체적으로 이끌어내는 것이다. 이 작업은 앞서 언급한 의사소통의 요소에 따라 세 가지 관점에서 이루어질 수 있다.[2]

---

2 아래에서 소개하는 다양한 관점의 접근 방법들에 관해서는 헤이네스, 『성서비평방법론과 그

첫째, 저자의 세계에서 고유한 의미를 밝히는 저자 중심적 해석이다. 사실상 역사비평이 바로 이 관점에서 진행된다. 물론 구약성경 본문을 저자 중심적으로 해석하는 것은 분명한 한계가 있다. 그럼에도 저자들의 세계를 무시한다면 주석가는 구약성경 본문의 저자와 올바른 의사소통을 할 수 없을 것이다.

둘째, 본문 지향적 해석 방법이다. 이 방법은 전통적으로 저자 중심적 해석의 한계에서 출발했다. 구약성경의 본문을 통해서 재구성한 저자의 세계가 과연 얼마나 저자의 경험 세계를 충실히 재구성할 수 있을까? 이런 회의(懷疑)는 저자의 세계보다는 최종 형태 본문의 세계에 주된 관심을 두도록 했다. 저자와 마지막 접촉점은 최종 형태 본문에서만 가능하다고 보는 것이다. 이른바 "수사비평"(rhetorical criticism), "서사비평"(narrative criticism) 등이 이런 관점을 지향한다. 이 관점에서는 최종 형태 본문을 이루는 구성 요소들을 분석해서 그것들이 본문에서 어떤 기능을 하며 어떤 뜻을 생성해내는지를 이끌어내려 한다. 본문 지향적 해석은 최종 형태 본문의 세계를 철저히 분석하는 데 강조점을 둔다는 점에서 긍정적인 평가를 받을 수 있다. 그러나 저자의 세계를 배제하고 본문을 분석하다 보면 본문의 원래 뜻과는 상관없는 뜻이 도출될 위험도 있다.

셋째, 독자 중심적 해석 방법이다. 이른바 "독자반응비평"(reader response criticism), 또는 "수용미학"(Rezeptionsästhetik)이라 부르는 방법들이 이 관점에서 본문에 접근한다. 독자 중심적 해석은 본문의 뜻을 구체화하는 독자의 경험 세계와 독서 과정에 초점을 맞춘다는 뜻에서 주석에서 반드시 거쳐야 하는 단계라 할 수 있다. 그러나 이 관점도 본문

적용』; 이동수, 『구약주석과 설교』를 참조할 수 있다. 그리고 좀 더 간략한 설명으로는 박동현, 『구약학 개관』, 165-71 등을 참조할 수 있다.

중심의 해석과 마찬가지로 저자의 경험 세계와는 별개의 주관적인 해석에 빠질 우려를 늘 안고 있다.

우리는 좀 더 통합적인 관점에서 본문의 세계에 접근해야 한다. 서로 배타적인 시각으로 세 차원을 바라볼 것이 아니라, 가능하다면 세 차원을 아우르는 해석을 지향하는 것이 올바르다는 말이다. 그래서 개별 본문을 주석할 때도 본문이 형성되던 때의 저자들이 가진 경험 세계를 향한 탐구에서 시작해 본문 자체가 생성하는 의미, 그리고 최종 본문, 특히 번역 본문을 읽는 공동체의 구성원을 향한 의미까지 고려해야 한다.

지금까지 주석할 최종 형태의 본문이 형성되기까지의 과정을 고찰하는 데 중심이 된 것은 개별 방법론의 고유한 관점에서 던지는 질문의 틀(Frageraster)이었다. 그러나 저자, 본문, 독자의 세계를 이어주는 주석의 마지막 단계에서는 그런 질문의 틀이 아니라 실제 개별 본문에서 말하고자 하는 바에 집중해야 한다.[3] 곧 그간 고찰한 본문의 특징이나 역사적 배경의 요소들이 개별 본문의 문맥에서 무엇을 뜻하는지, 또 구약성경 전체에서, 신약성경과의 연계성에서, 더 나아가서는 현대 독자들의 세계에 이르도록 어떻게 그 뜻이 확장되어갈 수 있을지를 이끌어내주어야 한다. 이 작업은 개별 본문에 대한 미시적 분석 작업인 "개별 주석"(Einzelexegese)과, 신·구약성경과 독자를 염두에 둔 거시적 작업인 "종합 해석"(Gesamtinterpretation)으로 구분할 수 있다.[4] 분석과 종합을 아우르는 이 두 작업을 통해서 주석자는 본문의 "의도"와 "의미"를 "이끌어내어 다른 사람들이 알기 쉽도록 그 뜻을 자세히 밝혀서 말해"주어야 한다.

---

3 참조. 크로이처, 『구약성경 주석 방법론』, 180.

4 이 구분에 관해서 Fohrer, *Exegese des AT*, 151-61; 크로이처, 『구약성경 주석 방법론』, 179-93을 보라.

개별 주석과 종합 해석

1. 개별 주석

1) 개별 주석의 개념과 방법

개별 주석에서는 본문이 해당 문맥에서 구체적으로 무엇을 말하고자 하는지의 문제를 집중적으로 다룬다. 그렇기에 이 단계에서는 앞서 다룬 방법론들의 결과를 구체적으로 문맥에서 해설해주어야 한다. 사실 앞서 2장에서 언급한 바와 같이 기존 주석서들에서 대부분의 분량을 차지하는 것이 이 개별 주석으로서 그만큼 주석의 핵심이라 말할 수 있다. 물론 실제 주석서에서는 (또한 설교에서도) 우리가 앞서 길게 다룬 것과 같이 본문비평이나 역사적 배경을 따로 분리하여 상세히 다루지 않는다. 교육적 목적으로 분리한 이 과정이 실제 주석서(또는 설교)에서는 전제가 되어 개별 주석에 스며들기 때문이다. 주석의 입문자는 이 점을 분명히 인지하고, 개별 주석에 앞선 여러 고찰 결과를 녹여내기 위해 힘써야 한다.

일반적으로 개별 주석은 한 절 단위로 하는 것이 원칙이지만 반드시 그럴 필요는 없다. 더러는 몇몇 구절이 한 사건이나 개념을 아우르는 경우도 있기에 앞서 본문 짜임새 구분에서 나눈 결과를 반영하는 것이 좋다. 다만 반드시 명심할 점은 개별 주석 단계에서 기존의 주석서를 먼저 보는 일은 삼가야 한다는 것이다. 지금까지의 고찰을 바탕으로 개별 주석을 작성한 뒤에 기존의 주석서들의 의견과 대화를 나누어도 늦지 않다.[1] 그렇지 않을 경우, 본문에 대한 고유한 주석보다는 기존 주석의 견해에 예속되기가 십상이기 때문이다. 또한 개별 주석에서는 크로이처가 강조한 대로 "사실들이나 개념들을 서로 연관성 없이 다루는 것이 아니라 본문의 사건이나 사고 체계를 인식할 수 있도록 해야" 한다.[2]

개별 주석에 고정된 방법은 없다. 하지만 주석의 입문자들을 위해 다음과 같은 과정을 제안한다.

① 도입

본문을 주석자의 언어로 다시 풀어서 언급하거나, 앞 구절이나 단락과의 관계를 설명한다. 여기서 해당 본문이 앞 구절이나 단락과 모순 또는 긴장 관계에 있다면 그것을 드러내준다.

② 본문 해설[3]

본문의 개별 구절의 "의도"와 "의미"를 해설해주는 이 부분에서는 다음과 같은 방법들을 적용할 수 있다.

- 양식비평의 관용구나 전통비평에서 다룬 전통에 해당하는 언어 표현, 모티브 등이 본문 단락의 흐름에서 무슨 뜻인지 풀어준다.

1 이 점은 박동현, 『구약학 개관』, 171-73에서도 강조한다.
2 크로이처, 『구약성경 주석 방법론』, 181.
3 비교. Fohrer, *Exegese des AT*, 153-55; 크로이처, 『구약성경 주석 방법론』, 181.

- 인물과 장소, 사건의 흐름을 풀어서 설명해준다.
- 해당 본문의 역사적·문화적·종교사적 위치를 설정해준다.
- 특정 표현이나 사건, 인물 등에 관해 구약성경이나 고대 근동의 문헌에서 견줄 수 있는 자료들을 제시해준다.
- 이 과정에서 중요한 점은 주석자가 직접 발견하고 분석한 내용을 서술해야 한다는 것이다. 만약 그 문제에 대한 학자들의 견해가 논쟁적일 때는 연구사를 간략하게 언급해도 된다.
- 가능하다면 본문의 히브리어에서 발견할 수 있는 문학적 특징(평행법, 교차대구법, 후렴구, 두운이나 각운 등)을 언급하고 그것의 문맥적 기능을 설명한다.

이 작업에서는 앞서 "통시적"으로 관찰했던 본문의 다양한 역사적 배경을 반영하고 더불어 본문의 언어적 특징이나 구조에 관한 분석을 통해 "공시적" 본문의 호소 구조도 풀어주려고 노력해야 한다. 이른바 "공시적 비평 방법론"에서 지향하는 것들도 이런 분석을 바탕으로 한다.

③ 정리

해당 구절의 역사적·문맥적·실천적 의미를 짧게 설명한다. 여기서 본문의 "의도"가 독자를 향한 "의미"와 어떻게 만나는지를 보여줄 필요가 있다.

2) 개별 주석의 보기

(1) 개별 주석 과정의 보기: 시편 30:11-12[12-13]

시편 30:11-12[12-13]에 관한 개별 주석의 보기를 통해 개별 주석 과정이 구체적으로 어떻게 이루어질 수 있는지를 살펴보자.[4] 우선 이 두 구절의 우리말 번역과 개별 주석은 다음과 같다.

11[12]당신은 제 통곡을 제게 춤으로 뒤바꾸셨습니다.
 당신은 제 베옷을 끄르시고
  기쁨으로 제게 두르셨습니다.
12[13]그리하여 (사람들은) 찬송으로 당신을 찬미하고 잠잠하지 않을 것입니다.
 여호와 내 하나님을 영원히 제가 찬송하겠습니다.

- 11[12]절 개별 주석

① 바로 앞 단락에서 기도자가 고난의 상황에서 부르짖었던 생생한 음성을 되새겼다면 12절은 기도자가 경험한 구원을 고백한다.

② 히브리어 본문은 "당신은 뒤바꾸셨습니다"(הפכת)로 시작한다. 여기서 쓰인 동사 "뒤바꾸다"(הפך)는 그야말로 바닥을 뒤집으며 들어 올려 천정이 되게 하는 행동이다. 곧 분위기가 완전히 반전된다는 말이다. "통곡"과 "베옷"은 이 시편에서 거듭해서 그림자 졌던 죽음의 심상을 달리 표현하는 소재다. 하나님이 뒤바꾸신 구원은 죽음의 통곡을 춤으로 만든다(참조. 시 149:3; 150:4; 렘 31:13). 이는 구원에 대한 신체적 반응을 나타낸다고 말할 수 있다. 삶의 겉모습이 달라져 죽음을 슬퍼하던 베옷이 기쁨의 옷으로 바뀐다. 그렇다면 기쁨이라는 감정은 구원에 대한 정신적 반응을 말하는 것이 아니겠는가? 이는 삶의 자세가 바뀐다는 말과도 다르지 않다.

③ 삶의 겉모습과 삶의 자세가 바뀐다는 말은 결국 존재 자체가 완전히 새로워진다는 말이 된다. 하나님의 구원을 경험한 사람의 진정한 모습은 어느 한 부분이 바뀌는 것이 아니라 존재의 총체적 변화가 뒤따른다는 사실을 알 수 있다. 거꾸로 생각하면 이 구절은 신앙인으로서의 자기 모습을 점검하는 기준을 우리에게 제시해준다.

- 12[13]절 개별 주석

① 13절은 이 시편의 처음으로 다시 돌아간다. 구원을 이루어주신 여호와 하나님을 찬양하겠다는 다짐이 그것이다. 그러나 여기서는 어감이 좀 더 강조된다. 기도자는 이제 잠잠하지 않을 것이며 영원히 찬송할 것이라고 서원한다.

② "잠잠하지 않겠다"는 말이 공간적 차원의 서원이라면 "영원히"는 시간적 차원의 서원이라고 말할 수 있다. 기도자가 드러내서 말하지는 않지만 시편의 여운 속에는 5-6절에서 기도자의 눈길이 머물렀던 공동체 일원의 전체적 서원이 초대되고 있다.

---

4 참조. 김정훈, 『시편 묵상』, 168-70.

③ 기도자의 고백은 이제 공동체의 고백과 서원으로 이어져야 하며 영원히 계속 되어야 한다. 그런 의미에서 이 시편이 하누카 절기에 사용되어 새로운 구원의 고백으로서 그 서원의 의미를 찾은 전통은 매우 뜻깊은 일이라 할 수 있으며 그 서원의 의미는 오늘 우리들에게도 이어져야 할 것이다.

12절의 개별 주석은 앞 구절과의 관계를 언급하는 것으로 시작했다. 12절에서 내용이 반전되는데, 이는 본문의 짜임새 구분과 언어적 특징을 관찰함으로써 분석해낼 수 있다. 그런 뒤에 내용의 반전을 구체적으로 다루어 "뒤바꾸다"라는 동사가 무슨 뜻인지 풀이하면서 본문에 쓰인 상징적 표현의 의미를 해석했다. 그리고 앞선 분석의 내용을 종합하여 독자들을 향한 실천적 의미를 제시해주는 것으로 개별 주석을 마무리했다.

13절에서는 좀 더 거시적으로 시편 30편 전체의 짜임새를 염두에 둔 관점에서 이 구절의 기능을 설명하는 것으로 시작한다. 여기서도 상징적 시어가 문맥에서 갖는 구체적 의미를 해설하는데, 시편 30편 안에서 13절과 연관되는 구절인 5-6절과의 관계가 특별히 언급된다. 12절에서와 마찬가지로 오늘날 독자를 향한 의미를 이끌어내는 것으로 개별 주석을 갈무리한다.

(2) 기존 주석서와의 개별 주석 비교

지금까지 살펴본 대로 개별 주석은 주석자가 본문의 의사소통 요소 가운데 어느 점을 부각하느냐에 따라 달라질 수 있다. 각 주석자의 관점에 따라 저자, 본문, 독자 가운데 어느 하나를 강조하면서 본문의 뜻을 이끌어낼 수 있다는 말이다. 하지만 주석 전집은 총괄적인 편집 원칙을 제시하며 주석의 관점을 정해놓기도 한다. 그래서 여기서는 저자와 본문의 세계에 치중하는 독일어권의 주석 전집인 *Biblischer Kommentar: Altes Testament*와, 본문과 독자의 세계에 강조점을 두는 영어권의 주석 전집인 *Word Biblical Commentary* 가운데 신명기 1:1의 첫 부분에 대한 개별 주석을 보기로 들어 견주어보고자 한다.

① BKAT의 보기[5]

페를릿(Lothar Perlitt)은 독일의 대표적인 신명기 연구가다. 이 책은 2012년에 그가 소천한 후 남겨진 원고를 바탕으로 출간되었다. 그래서 다른 책들과는 달리 신명기 전체에 관한 서론이 없이 본문 주석을 곧바로 시작한다. 이 주석 전집은 매우 방대한 내용을 제공하기에, 여기서는 1전상반절의 개별 주석만 살펴본다.

- BKAT 신명기 1:1a 주석

여호와와 모세의 발언은 신명기의 영향을 받은 여러 본문 범위에서 אֵלֶּה הַדְּבָרִים이라는 표제로 시작한다(출 19:6; 신 1:1; 렘 30:4; 비교. 출 35:1 P[S]). 이렇게 다소 드문, 적어도 일반적이지는 않은 형태로 책을 시작하는 관용구는 (a) 내용적이고, (b) 형식적인 전제 조건을 바탕으로 명사문장을 취하게 되었다.

[중략][6]

모세의 연설로 구성된 신명기에서 쓰인 화자의 이름(참조. BK II/1, 73-75, 보록 3: "'모세'의 이름")은 편집자가 모세의 작품(과 죽음)에 관한 이야기를 이어가는 데서 자연스럽게 언급된다. 이에 따라 5:1과 27:1에는 없다. 명사문장의 표제(신 1:1; 4:44, 45; 28:69; 33:1)뿐 아니라 동사문장의 연설 서두(신 1:3, 5; 5:1; 27:1, 9, 11; 29:1; 31:1, 7, 10, 25, 30; 32:44)도 모세를 언급함으로써 문학적 휴지(休止)를 만들어낸다. 신명기나 그 일부분의 화자로서 모세는 관용적으로 דבר의 강의형(pi.)으로 시작한다(신 1:1, 3; 4:45; 27:9; 31:1, 30; 32:44, 45). דבר משה와 הדברים האלה의 결합(신 1:1; 31:1; 비교. 32:45)은 이 책에서 가장 먼 거리의 신명기적 테두리를 보여준다.

이 결합은 신명기 1:1; 5:1; 27:9; 29:1; 31:1; 32:45에서만 연설을 이끄는 "인용 동사"(*verba dicendi*) 뒤에 등장하는 청중 כל־ישראל로 이어진다(신명기의 나머지 용례에서는 주어[신 13:12; 21:21; 31:11]로 쓰이거나 전치사 뒤에 있다[신 11:6; 18:6; 31:7; 34:12]). 신명기가 "백성들의 전체성과 내적 통일성"을 매우 강조한다는 개연성 있는 가정(G. v. Rad, *Das Gottesvolk im*

---

5 Lothar Perlitt, *Deuteronomium 1-6* (BKAT V1; Neukirchen-Vluyn: Neukirchener Verlag, 2013), 8-10.

6 이 부분에서 페를릿은 이 관용구의 내용적이고 형식적인 구약성경 용례를 양식비평의 관점에서 상술한다.

Dtn, 1929: *GesStud* II, 9-108, 18.58)은 כל־ישראל이라는 표현으로는 근거를 대기 어렵다. 왜냐하면 이 표현의 14번 용례 가운데 11번은 연설 서두의 테두리에 쓰이는 반면에, 신명기의 중심부에서는 13:12; 18:6; 21:21에서만 쓰이기 때문이다. 신명기의 이 용례는 구약성경 전체의 경향과 거의 일치한다. כל־ישראל은 예언서(말 3:22 예외), 시편, 사경(자료에 따르는 구절이 아닌 출 18:25; 민 16:34 예외)에서는 나타나지 않으며, 여호수아서-열왕기하에서만 극도로 자주 쓰인다. 참조. J. W. Flagen의 개요(162, 168). (Flagen처럼) 이 표현이 초기에는 매우 드물게 사용되고 몇백 년 동안 사용되지 않은 데서 오는 다른 모든 개연성을 고려하지 않고자 한다면, 신명기계 역사가의 의도적인 표현으로 여겨야 한다. 이들은 이스라엘의 역사에서 왕국 분열 이후에는 여러 이유로 기피하는 신학적이고 정치적인 정체성으로 모세를 소개하는 것이다. 모세가 "온 이스라엘" 말고 다른 청중을 대상으로 할 수 없었다는 사실은 신명기 표제의 저자에게는 그 자체로 이해되는 일이었다. 왜냐하면 모세는 당연히 그러해야 할 하나의 이스라엘에게 말하고 있기 때문이다.

② WBC의 보기[7]

크리스텐센은 본문 지향적 접근법인 수사비평(rhetorical criticism)의 전문가다. 그래서 그는 신명기 전체를 수사비평의 관점에서 주석한다. 그의 주석을 앞의 BKAT와 견주어보면 개별 주석이 주석자의 관점에 따라 얼마나 다양해질 수 있는지 분명히 알게 된다.

• WBC 신명기 1:1-2 주석

1-2절. 유대인들에게 통용되는 신명기 제목은 אלה הדברים("이것은 말씀들이다"), 또는 간략하게 דברים([그] 말씀들)이다. דבר라는 용어는 이 책 전반에서 다양한 방식으로 수사적 효과를 내기 위해 쓰인다. 이 중요한 히브리어 낱말에 일대일로 대응하는 영어 낱말은 없으며, 이는 그리스어 λόγος에 대략 상응한다.

כל־ישראל "온 이스라엘"이라는 구절은, 크레이기(Craigie [1976], 89-90)가 지적한 대로 전체 신명기를 에워싸는 인클루지오 구실을 한다. 신명기 1:1에서 "온 이스라엘"에게 전해지는 것은 모세의 "말씀들"인 반면에, 34:12에서 "온 이스라엘"의 목전에서 행한 것은 모세의 능력 있는 행위다. 이로써 그와 견줄만한 예언자가 없게 되었다. 모세는, 고대 이스라엘의 축제 때 정기적으로 소집되었던 이들과 같은 언약 공동체의 모임에서 지도자들, 장로들, 제사장들, 남자들, 여자들, 어린이들, 그리고 외국인 체류자들의 회중 앞에서 연설한 것으로 묘사된다. 특히 후대에 초막절 기간에는 에발산의 제단에서와 같은 배경에서 신명기 자체가 "온 이스라엘" 앞에서 낭독되었다(신 31:10-11을 보라).

[이하 생략]

7 D. L. Christensen, *Deuteronomy 1-21:9*(WBC 6A; Grand Rapids: Zondervan, ^{2}2001), 13-14.

보기로 살펴본 두 주석서가 보여주는 개별 주석은 주석자의 서로 다른 관점을 매우 분명하게 보여준다. 두 주석 모두 신명기의 첫 부분에 등장하는 "말씀"(דבר)과 "온 이스라엘"(כל־ישראל)을 풀이한다. 먼저 "말씀"(דבר)에 관해 페를릿은 양식비평의 관점에서 그 관용성과 역사를 재구성하는 반면, 크리스텐센은 분명히 서술하지는 않아도 이 표현이 최종 형태의 신명기에서 하는 "수사적" 역할을 언급한다. 둘째로, "온 이스라엘"(כל־ישראל)에 관한 두 학자의 견해 차이는 더욱 분명하다. 페를릿은 문헌비평/편집사의 관점에서 "온 이스라엘"이라는 언어 표현이 차지하는 역사적 의미를 추적하는 반면, 크리스텐센은 최종 형태의 신명기에서 이 표현이 어떻게 "인클루지오"를 구성하여 전체 신명기를 아우르는 수사적 구실을 하는지를 언급한다.

2. 종합 해석

1) 종합 해석의 개념과 방법

(1) 본문 내용 요약과 본문 의도 약술

포러는 주석의 마지막 단계인 종합 해석에서 해야 할 작업을 "본문 내용 요약"과 "본문 의도 약술"이라고 말한다.[8] 이 관점에서 종합 해석은 실제로 주석의 결론에 해당한다. 또한 목회 현장의 설교로 말하자면 이는 마지막의 종합적 권면에 해당한다. 일반적으로 종합 해석의 본문 내용 요약과 본문 의도 약술은 다음과 같이 세 단계로 서술할 수 있다.

8 Fohrer, *Exegese des AT*, 155-57.

① 본문의 맥락 요약

본문과 연관하여 그간 진행해온 여러 주석 단계들의 요점과 개별 주석에서 분석적으로 서술한 본문의 맥락을 종합하여 요약 서술해준다. 이 때는 무엇보다 본문의 전체 관점에서 고유하게 관찰한 주제를 요약해 줄 필요가 있다.

② 더 큰 문헌 층에서 해당 본문의 자리 언급

개별 본문 단위의 주석적 요점과 더불어 해당 본문이 개별 책이나 거시적 문헌 층, 또는 특정 형식이나 내용을 염두에 둘 때 구약성경 전체에서 차지하는 비중이나 의미도 언급해줄 필요가 있다. 이를 통해 본문에 관한 주관적이고 자의적인 해석에서 오는 해석학적 오류를 줄일 수 있다.

③ 해당 본문의 주제 서술

전체로서 구약신학의 관점에서 해당 본문이 어떤 주제와 연관되며, 그 주제의 어떤 구체적인 양상을 진술하는지 요약해서 서술해준다.

(2) 신약과의 관계성

앞의 단계에서 이미 구약성경 안에서 본문이 갖는 의미와 개별 문헌 단위에서의 문맥적 의미를 요약했다. 하지만 우리가 첫머리에서 정의했듯이, 기독교의 정경인 구약성경 본문을 주석하는 일은 가능하다면 신약성경과의 연계성 언급으로 나아가는 것을 권장한다. 신약에서 직접 인용된 본문의 경우에는 두 본문의 맥락을 비교할 수 있다.[9] 또한 새 언약

9 신약성경의 인용 본문들에 대한 분석으로는 A. L, Archer, G. Chirichigno, *Old Testament Quotations in the New Testament*(Eugene: Wipf & Stock Publishers, 1983); R. T. McLay,

의 관점에서 주제를 비교할 수도 있다.[10] 하지만 구약성경과 신약성경은 연속성과 더불어 단절도 존재함을 인정해야 한다. 이는 모든 구약성경의 본문을 기계적으로 신약과 (특히 알레고리 해석으로) 연관지으려는 자세는 좋지 않다는 말이다. 더러 구약성경의 본문은 그 자체만으로도 충분한 의미가 있다.

(3) 독자를 향한 메시지

한국교회 현장을 배경으로 하는 주석의 결론에서 그 현장을 고려하는 일은 매우 중요하다. 결국 주석을 읽는 이나 설교를 듣는 이는 그 현장 공동체의 일원이기 때문이다. 그런데 구약성경의 본문과 이런 구체적인 독자의 경험 세계를 어떻게 이어줄 수 있는지의 문제는 좀 더 깊이 고민해보아야 한다. 이 책의 첫머리에서 우리는 구약성경의 주석은 저자의 "의도"와 독자를 향한 "의미"로 이루어진 본문의 뜻을 이끌어내는 작업이라 정의했다. 그런데 구약성경은 대부분 공동체성을 지향한다. 달리 말해 구약성경 저자의 "의도"는 공동체의 구성원들이 함께 고민

The Use of the Septuagint in the New Testament Research(Grand Rapids: Eerdmans, 2003); H. Hübner, *Vetus Testamentum in Novo: Band 2. Corpus Paulinum*(Göttingen: Vnadenhoeck & Ruprecht, 1997); *Vol 1, 2. Evangelium secundum Iohannem*(Göttingen: Vnadenhoeck & Ruprecht, 2003) 등을 보라.

10 다음 자료들을 통해 구약성경과 신약성경의 관계를 주제 측면에서 전반적으로 안내받을 수 있다. 송영목, 『신약과 구약의 대화』(서울: 기독교문서선교회, 2010); 스티븐 모이스 지음/김주원 옮김, 『신약의 구약사용 입문: 신약성경에 나타나는 구약에 대한 해석』(서울: 기독교문서선교회, 2011). 신약에 사용된 구약성경 본문에 관한 주석으로는 다음 자료들을 보라. 크레이그 L. 블롬버그 등 지음/김용재 등 옮김, 『신약의 구약사용 주석 시리즈 1: 마태, 마가복음』(서울: 기독교문서선교회, 2010); 데이비드 W. 파오 등 지음/우성훈 등 옮김, 『신약의 구약사용 주석 시리즈 2: 누가, 요한복음』(서울: 기독교문서선교회, 2012); 하워드 마샬 등 지음/김현광 등 옮김, 『신약의 구약사용 주석 시리즈 3: 사도행전, 로마서』(서울: 기독교문서선교회, 2012); 로이 E. 시암파 등 지음/이상규 옮김, 『신약의 구약사용 주석 시리즈 4: 바울서신』(서울: 기독교문서선교회, 2012); 조지 H. 거스리 등 지음/김주원 등 옮김, 『신약의 구약사용 주석 시리즈 5: 일반서신, 요한계시록』(서울: 기독교문서선교회, 2012).

하고 지향해야 할 문제들을 다루는 경우가 많다는 것이다. 하지만 오늘날 한국교회, 특히 강단의 설교나 개별적인 성경 묵상은 지나치게 개인화되어 있다. 이는 개선해야 할 한국교회의 과제다.[11] 그러므로 종합 해석의 마지막 단계에서 저자의 "의도"와 독자를 향한 "의미"를 이어주기 위해서는 저자 공동체와 독자 공동체 사이의 거시적 안목도 고려해야 한다. 물론 공동체 구성원 개인의 경험 세계를 향한 메시지를 이끌어내는 것도 빠뜨릴 수 없다.

사실상 기존 주석에서 우리가 언급한 모든 조건을 다 충족하는 종합 해석을 매번 기대하기는 어렵다. 그런데도 주석의 입문자는 자신이 여태껏 작성한 주석의 결론인 "종합 해석"을 완성하기 위해 앞서 언급한 요소들을 반영하려는 노력을 기울여야 할 것이다.[12]

(4) 주석의 제목 설정

앞서 2장에서 언급한 것처럼 본문 주석의 제목을 정해야 한다. 물론 반드시 이 시점에 제목을 정해야 하는 것은 아니다. 그럼에도 다양한 관점에서 본문을 충분히 관찰한 뒤, 본문의 요점을 정리하는 종합 해석을 한 뒤에 그 모든 것을 압축하는 제목을 설정하는 것이 자연스럽고 수월할 수 있다.

2) 종합 해석의 보기: 시편 22편

개별 주석과 마찬가지로 종합 해석도 주석자의 관점에 따라 매우 다양

11 이 문제는 김근주, 『나를 넘어서는 성경읽기』에서 강조하여 다룬다.
12 구약성경 본문 주석의 과정에서 어떻게 마지막 독자의 경험 세계와 연결할 수 있는지를 보여주는 구체적인 본문 분석은 박동현, 『구약학 개관』, 197-352의 "구약본문 풀이 연습"을 보라.

해질 수 있다. 여기서는 신약성경에서 특히 예수의 십자가 사건과 관련해 자주 인용되는 시편 22편의 본문 주석에서 관점의 차이가 어떻게 다른 결론을 이끄는지 두 주석을 보기로 견주어보려고 한다. 앞서와 마찬가지로 BKAT와 WBC를 비교 대상으로 선택했는데, 두 주석의 종합 해석을 문단에 따라 나누고 제목을 붙이는 동시에 주된 특징에 관한 설명을 간단히 달아놓았다. 더불어 내가 작성한 시편 22편의 주석 중 종합 해석 부분을 마지막에 소개했는데, 이는 종합 해석에서 본문을 요약하고 메시지를 정리하는 단순한 방법이 어떻게 창의적으로 분화할 수 있는지의 가능성을 보여주기 위함이다. 그리고 마지막으로는 종합 해석의 최종 관점이 주석의 제목에 어떤 영향을 미치는지를 살펴보자.

(1) BKAT의 보기[13]

시편 22편은 이해하기 힘든 차원을 내달린다. 하나님의 부재라는 깊은 곳에서 구원받은 이들의 노래가 온 세상 차원의 찬미로 고양된다. 이 찬미에서는 죽은 이들도 여호와를 경배하는 데 참여한다. 그래서 우선 이 노래가 얼마나 "공동체와 밀접하게 연관되어 있는지"를 유의해 보아야 할 것이다. 극심한 외적 곤경에서 기도자는 이스라엘의 조상들이 탄원 기도를 통해 응답과 구원을 경험했다는 사실을 바탕으로 신뢰를 품는다(3-5[4-6]절).[14] 그의 삶은 קהל의 현실에 포함되어 있다. 이제 자신이 응답받은 뒤에는 그도 공동체에서 찬양을 부르며(23[22], 26[25]절), 장래 세대의 자기 자손들도 하나님의 위대한 역사를 기리게 될 것이라고 마지막으로 확신한다(31-32절). 이런 קהל과의 밀접한 관계는 기도자가 스스로를 ענוים 가운데 하나로 여긴다는 사실에 바탕을 둔다(25절). "고난을 당하는 이"와 "가련한 이"는 시온의 방문자를 가장 잘 압축해준다. 그는 자신의 존재 전체를 여호와께 내던지며(11절), 하나님의 구원하시는 도움을 기다린다. 그는 온전한 기쁨으로 기적적인 구원의 사랑을 경험한다(25[24절]). 그리고 탄원과 찬양 가운데 예루살렘 성전의 초월적인 실재를 향한다.	**내용 요약** 여기서 크라우스는 이 탄원 시편의 분위기 전환 이후에 초점을 맞추어 공동체적 신뢰를 주제로 삼아 내용을 요약한다.

13 H.-J. Kraus, *Psalmen 1-59*(BKAT XV1; Neukirchen-Vluyn; Neukierchener Verlag, [7]2003), 332-33.

14 "[ ]"안의 수는 개역개정 성경의 절 표시이며 이는 내가 덧붙인 것이다.

신약성경에서 시편 22편은 수난사에서 여러 번 인용된다. 2[1]절-마 27:46; 막 15:34/8[7]절-마 27:39; 막 15:29/ 9절-마 27:43/ 16[15]절-요 19:28(?)/ 19[18]절-마 27:35; 요 19:23-24. 수난사에서 시편 22편을 이처럼 거듭 언급한다는 점 때문에 초기 기독교의 주석에서는 시편 22편이 "메시아 예언"에 속한다는 결론에 이르렀을 것이다. 하지만 이 설명은 적합하지 않은 것으로 밝혀졌다. 시편 22편의 내용은 (마지막 때의 구원자라는 뜻에서) "메시아"에 관한 것이 아니다. 시편 22편은 "예언"도 아니다. 이런 뜻에서 궁켈(H. Gunkel)은 다음과 같이 판단했을 것이다. "이 시편이 예언을 전혀 담고 있지 않으며, 구약성경의 다른 곳에서 고난받는 메시아 사상이 낯설다는 사실을 깨달은 뒤로는 델리취(Delitzsch)가 대표적으로 주장하던 '메시아' 관련 해설은 소멸했다." 이 판단에는 오늘날 거의 대부분의 새로운 시편 주석에서 찾아볼 수 있는 이해가 반영되어 있다. 그래서 코헨(A. Cohen)은 "손치노 성경 주석"(Soncino Books of the Bible)에서 다음과 같은 결론을 내놓는다. "오랫동안 기독론적인 의도에서 이 시편을 읽어왔다. 그러나 현대의 기독교 주석자들은 당시에 존재하던 상황을 묘사할 뿐, 장래에 일어날 사건을 예언하지 않는다는 데 동의하고 있다." 따라서 질문이 다음과 같이 재설정되어야 한다. 곧 시편 22편과 신약성경의 수난사 사이에 내적 관계성이 어디 있느냐는 것이다.	**신약과의 연속성** 여기서 크라우스는 신약성경과 시편 22편의 관계에 관해서, 기존의 기독교에서 메시아 수난사 예언 시편이라고 이해해왔던 데 의문을 제기한다. 그리고 그보다는 둘 사이의 관계성을 탐구하는 것으로 방향을 전환해야 한다고 주장한다.
프란츠 델리취(Franz Delitzscj)가 그의 시편 주석에서 제시한 다음과 같은 해설을 여기서 언급할 수 있다. "시편 22편에서 다윗은 탄식과 더불어 깊은 곳으로 하강하는데, 그곳은 그가 겪고 있는 고통의 깊이 저편에 있다. 그리고 그는 희망과 더불어 높은 곳으로 상승하는데, 그곳은 자신의 고통에 대한 보상의 높이 너머에 있다." 이 독특한 사실을 델리취는 "고유한 예언적 상승"이라 일컬었다. 델리취는 시편 22편의 죽을병에 대한 언급은 개개인의 운명을 초월한다고 제대로 파악했다. 고난과 찬양 진술의 전형성은 이상적이고 초개인적인 것들에 대한 관습적인 언어와 사상의 수단을 통해서 거듭 파악된다. 예수가 십자가 위의 단말마(斷末魔)에서 시편 22편의 첫 구절로 기도할 때 두 가지가 발생한다. ① 예수는 구약성경의 기도자가 경험하고, 확장적 언어와 심상으로 표현한 하나님의 부재에서 비롯하는 고난에 진입한다. 이로써 예수가 완전한 고난에 연합했음을 보여준다. 장차 하늘에서 재림할 인자의 길은 아주 깊은 곤궁으로 이어진다. ② 초기 교회는 시편 22편의 구약성경 기도자의 운명과 예수의 십자가 죽음 사이의 상관성을 보았다. "예언-성취"의 범주에서 그들은 외적이고 내적인 사건의 상응성을 포착했다. 그러나 구약성경에서 시편 22편의 전형적이고 초개인적인 진술 내용은 넓게 펼쳐진 충족과 성취의 범위를 제시해주는 "예언적" 요소에 가깝다.	**신학적 의미** 시편 22편의 내용 자체가 전형적이고 관습적인 표현들을 사용하여 초개인적인 "예언성"을 지니고 있으며, 그 때문에 예수의 십자가 단말마에서 인용되었고, 초기 교회에서 이 시편의 예언성에 초점을 맞추게 되었다고 주장한다.

(2) WBC의 보기[15]

<table>
<tr><td>파스칼은, 삶의 끝에서는 "누구나 홀로 죽는다"(on mourra seul)는 말을 한 것으로 알려져 있다. 시편 기자는 죽음과 맞닥뜨린 외로움을 표현하는 것으로 자신의 탄원을 시작한다. 그것은 하나님의 부재에서 오는 외로움인데, 여기에 동료애도 위로도 주지 않는 사악한 사람들의 존재가 더해진다. 따라서 첫 부분에서 시편은, 욥기의 끔찍한 저주(욥 3:1-26)와 예레미야의 탄식(렘 20:14-18)과 같이 깊은 고립감을 표현하는 구약성경의 다른 문헌을 보충한다. 그리고 욥과 예레미야와 마찬가지로 시편 기자는 자기 출생의 때를 되새기며, 자기 삶이 왜 이 지경에 이르게 되었는지 의아해한다(시 22:10-11[9-10]). 그러나 결국에 이 시편은 예전적 특징 때문에 욥과 예레미야의 경험에 관한 기록과는 구분된다. 곧 예전문은 곧바로 죽음과 맞닥뜨린 외로움을 돌보아주는 공동체의 배경에 두는 것이다. 다급한 고립감에서 자기 말을 시작하는 예배자는 자기 동료 예배자들을 하나님을 찬양하는 데 동참하도록 초대하는 것으로 끝맺는다(시 22:23[22]). 고립에서부터 구원하는 중개인은 하나님 자신이다. 그러나 구원이 선포되는 맥락은 다름 아니라 하나님의 백성 공동체다.</td><td>내용요약
크레이기와 테이트는 이 종합 해석의 첫 문단에서 이 시편의 탄원에 주목한다. 그리고 이 모티브를 욥이나 예레미야의 그것과 견준다. 그런데도 이 시편이 후반부에 예전문에 포함되면서 욥이나 예레미야의 모티브와 달라졌다고 주장한다. 결국 이 시편의 이중성에 초점을 맞추었다.</td></tr>
<tr><td>이 시편은 (몇몇 학자들이 28-32[27-31]절을 메시아적 재연[relecture]으로 보더라도, 참조. Martin-Achard의 논문) 원래의 의미나 배경에서 메시아 시편이 아니지만, 신약성경의 관점에서 분명한 메시아 시편으로 해석된 듯하다. 십자가 위에서 한 예수의 기록된 말씀에서 보면 그가 자기 자신의 외로움과 고난을 시편 기자의 그것과 동일시했다는 사실이 분명하다(마 27:46; 막 15:34). 그리고 복음서 기자들이 이 시편이 장면을 묘사하는 말을 사용하며 이 시편의 관점에서 십자가 사건을 해석했다는 사실도 분명하다(마 27:39; 막 15:29; 참조. 눅 23:35; 시 22:8[7]). 실제로 이 시편은 선행 예언의 형태를 취한다. 곧 대제사장과 서기관과 장로들은 시편 기자가 대적들을 두고 말하는 방식 그대로 예수를 대적한다(시 22:19[18]; 참조. 요 19:24; 마 27:35; 막 15:24; 눅 23:34). 이 시편이 십자가 사건 때문에 "다섯 째 복음서"라고 불리는 이유가 있다(Frost, CJT 8 [1962] 102-15).</td><td>신약성경과의 관계
이 부분에서 크레이기와 테이트는 크라우스와 상반된다. 곧 여기서는 크라우스와 달리 시편 22편의 메시아적 예언성을 적극 인정하는 관점에서 신약성경의 인용문을 제시하며 연계성을 입증하려 한다.</td></tr>
</table>

15 P. C. Craigie, M. E. Tate, *Psalms 1-50*(WBC 19; Grand Rapids: Zondervan, ²2004).

신약성경의 관점에 대해 가장 중요한 것은 예수가 고난 받는 시편 기자와 스스로를 동일시했다는 점이다. 왜냐하면 이것은 십자가 사건의 일부 의미에 관한 통찰을 제공해주기 때문이다. 시편 22편의 고난받는 이는 하나님의 부재와 대적의 존재 앞에서 죽음의 폭력을 경험하는 인간이다. 예수의 고난, 곧 죽음의 폭력 안으로 들어와서 동참하는 예수에게서 우리는 하나님을 깨닫는다. 그분은 고난과 죽음을 공감하신다. 하나님이 예수 안에서 그 고립감에 관계하시기 때문에 그분께서는 시편 기자가 걸었던 곳을 지금 걸어가는 우리의 고립감을 위로해주신다. 그러나 시편 기자의 고난 경험과 예수의 그것 사이에는 뚜렷한 차이점도 있다. 시편은 고난받던 이가 죽음을 모면했기 때문에 찬양으로 끝맺는다. 하지만 예수는 끝내 죽는다. 하지만 이 시편의 후반부(22-32[21]31)는 메시아적 관점으로 읽을 수도 있다. 22[21]절에서의 분위기 전환은 이제 시편 기자의 경우에서처럼 죽음에서부터의 구원이 아니라, 부활로 성취된 죽음을 통한 구원으로 이해되는 것이다. 그리고 고난받던 이(23-27[22-26]절)와 "큰 회중"(28-32[27-31]절) 모두에게 찬양의 근거는 그 구원이다.	**신학적 의미** 앞서 이 시편의 메시아적 예언성에 초점을 맞추었기 때문에 이어지는 결론도 그 관점에서 서술된다. 특히 여기서는 이 시편의 분위기 전환을 두고서 시편 기자와 예수의 십자가 사건 사이의 차이점(죽음에서부터 구원/죽음과 부활을 통한 구원)에 주목하여 마무리한다.

(3) 새로운 종합 해석의 보기[16]

나는 성경 본문의 뜻을 이끌어내어 마지막으로 "종합 해석"을 작성할 때 그림이나 소설, 영화 등도 중요한 도구가 될 수 있다고 본다. 나는 그런 다양한 가능성을 모색하며 "포토에세이"[17]나 "명화"[18] 등을 매개로 성경 본문의 뜻을 독자들에게 더 효과적으로 전달해보려고 시도했다. 시편 22편은 다음 보기와 같이 비슷한 주제에서 출발하는 두 소설과 견주며 본문의 고유한 뜻을 이끌어내고자 해보았다. 종합 해석 단계에서 주석자들은 좀 더 창의적으로 접근하면서 본문의 뜻을 동시대 독자나 회중에게 제대로 전해주기 위해 노력할 필요가 있다.

---

16 김정훈, 『시편 묵상: 예술·문화와 함께 하는 열두 시편 풀이』(서울: 기독교문서선교회, 2012), 111-15.

17 김정훈, 이경면, 『순례: 사진 이야기와 함께 하는 순례시편 풀이』(서울: 기독교문서선교회, 2014).

18 김정훈, 『미술관에서 읽는 창세기』(서울: 기독교문서선교회, 2014).

• **소설로 다시 보는 본문**

소설1: 프란츠 카프카 지음/곽복록 옮김, 『변신』(서울: 신원문화사, 1993).
소설2: 하일지, 『경마장의 오리나무』(서울: 민음사, 1992).

> **[7]그러나 저는 벌레이지 인간이 아닙니다./**
> **사람의 조롱거리이고 백성의 경멸거리입니다.//**
> **[8]저를 보는 모든 이들이 저를 비웃습니다./**
> **그들은 입술을 씰룩입니다. 머리를 흔듭니다(시 22:7-8).**

이 구절을 읽으면, 어느 날 일어나 보니 벌레(Ungeziefer)가 되어버린 평범한 회사원 그레고르 잠자(Gregor Samsa)가 생각난다. 프란츠 카프카의 소설 "변신"에서 그레고르 잠자는 이렇게 벌레가 되어 사람들을 피해 가구 밑으로 기어 들어가야 겨우 안심하는 존재로 전락해버렸다. 그레고르에게 벌레는 소외 상태에 대한 두려움인 동시에 소통의 단절로 얻을 수 있는 혼자만의 세계에 대한 쾌감이기도 했다. 사실 소설의 첫머리에서 그레고르는 자신의 혐오스러운 모습을 다음과 같이 묘사한다.

> **그레고르 잠자는 어느 날 아침, 밤새도록 악몽에 시달리다가 눈을 뜨니 자신이 어느새 침대 위의 거대한 독충으로 변해 있는 것을 발견했다. 철갑처럼 단단한 등껍질을 아래로 하고 누워 있는데, 고개를 조금 쳐들고 살펴보니 갈색의 불룩한 배가 눈에 들어왔다. 배는 여러 개의 활 모양을 한 띠로 나뉘어 있었다. 배 위에는 금방이라도 흘러 떨어질 듯한 홑이불이 위태롭게 걸쳐져 있었고 몸의 다른 부분에 비해 한심할 정도로 섬약한 다리가 무수히 돋아나 있었으며, 그것들이 바로 그의 눈앞에서 불안스럽게 바르르 떨고 있는 것이었다(카프카, 『변신』, 26).**

소설가는 늘 지배인의 눈치를 봐야 하는 "세일즈맨"의 소외되고 고독한 신세를 균형이 맞지 않고 흉측한 벌레로 형상화했다. 그런데 흥미로운 점은 그레고르가 어둡고 습한 틈새에 들어가서 묘한 쾌감을 느낀다거나, 흉측스럽기만 했던 무수한 다리들이 스스로를 지탱해주는 모습을 발견하고 전신을 휘감는 쾌감을 느낀다는 것이다. 자신의 의지와 상관없이 소외된 주인공이 스스로를 소외시켜가는 과정을 역설적으로 묘사하는 대목이라 하겠다. 결국 그레고르는 그렇게 고립된 채 죽어가는 것으로 소설이 마무리된다. 소설 『변신』은 시편 22:7-9 본문을 눈에 보듯 생생하고 자세히 그려주는 것이 아니겠는가.

여기서 우리는 또한 하일지의 소설 『경마장의 오리나무』를 떠올려 볼 수 있다. 하일지는 『경마장 가는 길』에서 시작해서 "경마장"이 제목에 들어간 다섯 권의 연작 소설을 썼다. 그 가운데 『경마장의 오리나무』는 넷째 소설이다. 이 소설은 "어느 날 새벽, 잠에서 깨어난 나는 문득 도망가기로 결심했다"로 시작한다. 평범한 회사원에 가장이었던 "나"는 그렇게 스스로 영문도 모른 채 일상에서 벗어난다. 그에 걸맞게 소설에서는 "나도 왜 그렇게 했는지 알지 못한다"와 "나는 아무 말 하지 않았다"라는 구절이 자주 등장한다. 그렇게 그는 그레고르가 벌레가 된 것처럼, 이 세상에 없는 존재처럼 철저히 소외된 채 어디로 가는지 모르는 길을 떠난다. 흥미로운 것은 『경마장의 오리나무』에도 얼핏 그레고르의 모습이 보인다는 점이다.

서울역 역사 입구에는 20대 후반의 남자 한 사람이 바닥에 쓰러져 있었다. 그는 시멘트 바닥에 등을 대고 누운 채, 마치 거꾸로 뒤집힌 곤충과 같이 두 팔과 두 다리를 허공에 쳐든 채 부르르 떨고 있었다. 그의 눈에는 눈동자가 없고 흰자위만 있었다. 그의 입에서는 거품이 흘러나오고 있었다(하일지, 『경마장의 오리나무』, 85).

마치 두 주인공이 서로 만난 듯한 장면이다. 여하튼 주인공은 그렇게 철저히 소외된 채, 마치 그레고르가 벌레가 되어 세상과 단절되었던 것처럼, 시각장애인 행세를 하며 방랑으로 허무하게 삶을 허비한다. 주인공이 마지막으로 한 행동을 눈여겨볼 필요가 있다. "밤에 떠나는 기차"를 타고 무작정 길을 떠나는 주인공.

한참 동안 차창을 멍하니 바라보고 있던 나는 문득 손가락을 들어 뿌우옇게 습기가 서려 있는 창유리 위에다 <경마장의>라고 썼다. 그리고 이어 <오리나무>라고 썼다(하일지, 『경마장의 오리나무』, 279).

"경마장의 오리나무"는 특별한 뜻이 있다기보다 주인공에게는 소외와 단절을 해소해줄 수 있는 이상향의 표상 정도로 이해할 수 있을 것이다. 하일지는 주인공이 읽은 소설의 내용 형식을 빌려 "경마장의 오리나무"를 소개한다.

Y에 따르면 경마장의 오리나무는 모든 가지마다 온통 수정으로 덮여 있었다. 그러나 이렇게 말하면 자칫 사람들이 경마장의 오리나무에 대한 과장된 인상을 받을지도 모른다고 생각했던지 Y는 즉시, 그것은 물론 은유적 표현이라고 말하고, 경마장은 온통 안개로 덮여 있었는데 그 안개들이 모든 나뭇가지에 결빙되어 나무들은 흡사 두꺼운 수정으로 덮여 있는 것처럼 보인다고 그는 설명한다. 물론 오리나무뿐만은 아니었다. 상수리나무와 피나무와 백양나무와…그리고 모든 풀잎과 모든 바위도 온통 두꺼운 얼음으로 덮여 있었다. 그래서 경마장은 온통 두꺼운 수정으로 덮여 있는 것 같았고 오리나무는 눈부시게 빛나는 가지들을 하고 서 있었던 것이다(하일지, 『경마장의 오리나무』, 151).

사람들은 별것 아니라고 말하고, 대수롭지 않게 보는 결빙된 안개를 머금은 오리나무가 이상향이 된다는 것, 그것은 가치가 전도되어 삶의 주체가 되어야 할 인간이 소외되는 현실을 빗댄 것은 아닐까. 하일지도 소설의 후기에 다음과 같이 쓴다.

현대에 와서는, 특히 우리나라와 같은 극단적 자본주의 사회 속에서는 한 개인의 존엄성이 그가 소유하고 있는 재화로써 등급 매겨지기도 하기에 전통적 의미에 있어 영웅 혹은 주인공은 이미 죽었다고 말할 수밖에 없다는 사실이다.

카프카의 『변신』이나 하일지의 『경마장의 오리나무』는 사회로부터 소외된 인간의 자기소외(Selbstverfremdung)를 그린다는 공통점이 있다. 시편의 구절도 마찬가지 아닌가? 그러고 보면 소외는 동서고금의 구분이 없는 듯도 하다. 어쨌거나 시편의 구절과 두 소설의 심상은 공통점이 있다 하겠다. 그러나 해결점은 전혀 다르다. 두 소설은 소외를 일종의 비관적 "메조키즘"으로 해결하려 했다. 그레고르가 벌레의 형상으로 자신을 소외시킨 것과 하일지 소설의 주인공이 스스로 시각장애인 행세를 한 것이 그렇다. 그러나 그런 비관적 "메조키즘"은 또 다른 소외, 곧 스스로가 스스로를 소외시키는 악순환을 빚어버렸다. 그리하여 소설은 비극적인 결말로 끝날 수밖에 없었다.

반면에 시편은 같은 소외 상황에서 눈을 하늘로 든다. 거기에는 우리가 탄원 시편에서 거듭 찾아볼 수 있는 것처럼, 위로와 구원의 하나님이 계신다. 상황은 변함이 없다. 앞으로도 변하지 않을지도 모른다. 그러나 그분은 지금뿐 아니라 이전에도 줄곧 함께 계셨고, 앞으로도 변함없이 함께 계실 것이다. 그분을 보는 눈은 곧바로 상황 인지의 변화를 가져온다. 곧 "나는 절대로 혼자 있지 않다"는 인식이다. 앞서 본 두 소설의 주인공은 철저히 혼자였다. 그러나 시편의 시인은 이렇게 고백한다.

> **저를 사자의 입에서 구원해주십시오./ 그리하여 당신께서는 들소들의 뿔에서 제게 응답하셨습니다(시 22:22).**

사자의 입에서 구원해주십사는 간구를 드리고, "들소들의 뿔"이라는 고난 상황을 입에 담기도 전에 시인의 눈이 열렸다. 상황은 달라지지 않았을지 몰라도 시인은 이미 구원을 경험한다. 하나님의 임재를 경험했다는 말이다. 이것이 탄원 시편을 통해서 우리가 배울 수 있는 가장 귀중한 교훈이 아니겠는가.

시편 22편에 관한 종합 해석으로 견주어본 세 가지 주석은 저마다 강조점이 다르다. 그렇기에 세 주석의 제목도 서로 다를 수밖에 없다. 관습적이고 초개인적인 고난의 묘사에 이은 분위기 전환과 공동체의 찬미 제의에 초점을 맞춘 크라우스는 "하나님의 부재에서 구원받음"(Aus der Gottverlassen)이라는 제목을 달았다. 한편 크레이기와 테이트는 이 시편의 메시아적 예언성을 강조하며, 예수의 죽음과 부활을 통한 구원을 예언하는 것에 초점을 두어 "죽음"의 주제와 공동체 "예전"의 기능에 집중했다. 그래서 주석의 제목은 "죽음으로 위협받은 이를 위한 예전문"(Liturgy for On Threatened with Death)이 되었다. 나는 이 시편의 첫 구절의 단말마를 고난의 상황에 대한 묘사인 동시에 하나님을 향한 절대 신뢰를 표현하는 핵심으로 보아 "내 하나님, 왜 저를 버리셨습니까!"로 잡았다. 이처럼 주석의 제목은 주석의 첫 단계에서부터 종합 해석에 이르기까지 일관되는 주제를 핵심적으로 표현해야 하며 그렇기에 막바지 단계에서 정하는 것이 더 실제적이라고 하겠다.

- 기존의 주석서를 몇 개 선택해서 이번 장에서 다룬 개별 주석과 종합 해석의 방법이 어떻게 적용 및 응용되어 있는지 분석해보시오. 가능하면 서로 다른 편집 원칙을 지닌 주석 전집에서 대상을 선택하시오.

하나님의 승리, 온전한 예배자[1]
(시 24:1-10)

1. 본문 번역

1다윗의 노래.[2] 땅과 거기에 가득한 것은 여호와의 것이다./[3]

세계[4]와 거기에 거하는 것들[a]은[5] 여호와의 것이다.

2(-)[a]여호와가 바다 위에 땅을[6] 세우셨다./

---

1 이 부록을 작성한 사람들은 내가 원장으로 있는 우리말씀연구소(Woori Biblical Institute; www.wooribi.org)의 연구원들(일반대학원 석사 과정 박성현, 최윤철, 이선영)과 연구 보조원들(신학대학원 조은아, 주민규)이다. 이들이 작성한 본문 주석의 보기는 우리가 다룬 모든 방법론을 이상적으로 반영하고 있지는 않으며, 정답을 제공할 정도로 완벽하지도 않다. 그런데도 구약성경 주석 방법론 강의실에서 실제로 실습을 하는 학생들에게 현장감을 주기 위해 최소한의 수정만 거친 상태로 제시한다.

2 개역개정역과 표준새번역은 "다윗의 시"로, 가톨릭 성경은 "시편. 다윗"으로 번역했다. "시" 또는 "시편"으로 번역한 히브리어 "미즈모르"(מִזְמוֹר)의 어근은 "노래하다", "연주하다", "찬송하다"는 뜻의 "자마르"(זָמַר)로 사전적 의미를 고려하여 "다윗의 노래"라는 번역이 더 적절하다고 판단했다.

3 BHS에서 한 문장을 두 부분으로 나누는 기호인 "아트나"(֑)를 따라 1절을 두 문장으로 나누어 번역했으며 이를 "/"로 표기했다(이후 "/"는 모두 동일한 표기임).

4 개역개정역은 "세계", 표준새번역은 "이 땅", 가톨릭 성경은 "누리"로 번역했다. 육지, 또는 땅을 의미하는 "테벨"(תֵּבֵל)을, 역시 같은 의미로 번역할 수 있는 앞부분의 "에레츠"(אֶרֶץ)와 구별하기 위해 개역개정역의 "세계"를 채택했다.

5 개역개정역은 "그 가운데 사는 자들", 표준새번역은 "거기에 살고 있는 모든 것", 가톨릭 성경은 "그 안에 사는 것들"로 번역했다. "야샤브"(יָשַׁב)는 "앉다", "살다", "거주하다"라는 뜻이 있다. 상대적으로 더 포괄적인 의미인 "사는 것들"로 번역했다.

6 "예사다흐"(יְסָדָהּ)는 능동형 동사(칼) "야사드"(יָסַד)에 3인칭 여성단수 대명접미사 "-아흐"(הּ)가 붙은 형태다. "-아흐"는 1절의 "땅"(אֶרֶץ [에레츠])을 받으므로 그대로 "땅"으로 번역했다.

여호와가 강들 위에 (세계를)[7] 견고하게 하셨다.[8]

3누가 여호와의 산에 올라갈 것인가?/
누가 그의 거룩한 곳에 설 것인가?
4죄 없는[9] 두 손(바닥)[10]과 깨끗한[11] 마음을 가진 자,/
[a]나의 마음이[a] 헛된 곳에 오르지 않고[12], 거짓을 맹세하지 않는 자[b](-)
5그는 여호와로부터 나오는 복을 받을 것이다./
그의 구원의 하나님으로부터 긍휼을[13] 얻을 것이다.

---

7 "예코느네하"(יְכוֹנְנֶהָ)는 "굳다", "세우다"라는 뜻을 가진 "쿤"의 강의형인 필펠(Pilpel) 미완료형 "예코넨"(יְכוֹנֵן)에 3인칭 여성 대명접미사 "하"(הָ)가 붙은 형태다. "하"는 1절의 "세계"를 받는 대명사이므로 그대로 번역했다.

8 BHS 편집자는 כּוֹנְנָהּ (코나나흐[완료형]; 그것[세계]을 견고하게 하셨다)로 읽을 것을 제안한다. 전반절의 동사인 יְסָדָהּ (예사다흐; [바다를] 세우셨다)가 완료형이기에, 후반절의 동사도 완료형으로 일치시키라는 제안이다. 칠십인역도 단순과거를 사용했고 한글 번역 성경인 개역개정역("건설하셨도다"), 표준새번역("세우셨구나"), 가톨릭 성경("세우시고")도 과거형으로 번역했다. 분명 본문은 히브리어 동사 완료형의 의미를 전달하고 있지만, 시편에서는 시적 허용으로 완료를 미완료형으로 사용하는 경우가 흔하다. 그리고 이런 변용은 운율과 관련이 있는데, 전반절의 동사 "예사다흐"의 첫 자음인 "요드"를 "예코느네하"에도 첫 자음으로 추가하여 운율을 맞추려 했을 것이다. 편집자의 제안은 문맥을 고려한 제안 사항이기 때문에, 본문을 고칠 이유가 되지는 않는다. 그렇기에 여기서는 마소라 본문을 그대로 따른다.

9 "느키"(נְקִי)는 "결백한", "순결한", "죄 없는"의 뜻을 갖는 형용사다. 개역개정역과 표준새번역, 가톨릭 성경은 모두 "느키"를 "깨끗한"으로 번역했다. 하지만 물리적인 깨끗함이 아닌 하나님 앞에서의 결백함을 의미하는 단어이기에 "죄 없는"으로 번역했다.

10 "카프"(כַּף)는 "손바닥"을 뜻하며 때로 "손"을 의미하기도 하는데 마소라 본문에는 "카프"의 쌍수형(손이나 발처럼 원래 쌍으로 이루어진 명사를 표시할 때 쓰는 형태)인 "카파임"(כַּפַּיִם)으로 쓰였기에 "두 손(바닥)"으로 번역했다.

11 "바르"(בַר)는 "깨끗한", "맑은", "순결한", "정결한"의 의미를 가진 형용사다. 개역개정역은 "청결한", 새번역은 "해맑은", 가톨릭 성경은 "결백한"으로 각각 번역했다. 한글 번역의 의미를 살리기 위해 "깨끗한"을 취했다.

12 "나사"(נָשָׂא)는 능동태(칼 형)로 "들다, 들어 올리다, 쳐들다, 높이다"의 뜻이 있다. 개역개정역은 "둔다", 가톨릭 성경은 "정신을 쏟다"로 번역했지만 원어의 느낌을 살려 "올리다"로 번역했다.

13 여기서 긍휼로 번역한 "츠다카"(צְדָקָה)는 "올바른 것", "공정", "의", "정의", "공평"을 의미한다. 다양한 의미를 지닌 이 단어를 개역개정역은 "의"로, 표준새번역과 가톨릭 성경은 "의롭다고 인정받음"으로 각각 번역했다. 칠십인역은 이 단어를 "엘레모쉬네"(ἐλεημοσύνη)로 번역했는데, "엘레모쉬네"는 "긍휼"이라는 뜻이다. 그렇기에 이 부분은 "츠다카"와 "엘레모

6이 세대는 [a]그분을 구하는 자들[a],/
야곱 [b]당신의 얼굴[b]을 찾는 자들이다. 셀라[c]

7문들아, 너희의 머리를 들어라! 영원의 문들아 들려라![14]/
영광의 왕께서 들어가신다.
8이 영광의 왕은 누구신가? 강하고 능력 있는 여호와이시다./
전쟁에 뛰어난 여호와이시다.
9문들아, 너희의 머리를 들어라! 영원의 문들아 들어라![a]/
영광의 왕께서 들어가신다.[b]
10이 영광의 왕이 바로 누구신가? 만군의 여호와,/
그분께서[15] 영광의 왕이시다. 셀라[a]

2. 본문비평

1) 1a. "사는 것들"(יֹשְׁבֵי[요쉬베])

칠십인역에서는 πάντες οἱ κατοικοῦντες(판테스 호이 카트오이쿤테스; 사는 **모든** 것들)로, "모든"이란 의미를 띠는 "판테스"가 들어 있다. 시리아

쉬네"의 공통 의미인 "긍휼"로 번역했다.

14 "들려라"의 동사 "힌나스우"(הִנָּשְׂאוּ)는 "나사"(נָשָׂא)동사의 수동(니팔 형) 명령형으로 "일어나다"의 뜻이 있다. 이를 개역개정역에서는 "들릴지어다"로, 표준새번역에서는 "활짝 열려라"로, 가톨릭 성경에서는 "일어서라"로 각각 번역했다. 히브리어 본래 형태의 의미를 살리기 위해 "들려라"로 번역했다.

15 "만군의 여호와"의 원어 "아도나이 츠바오트"(יְהוָה צְבָאוֹת)와 "영광의 왕"의 원어 "멜렉 하카보드"(מֶלֶךְ הַכָּבוֹד) 사이에는, 직역하면 "그"라는 뜻을 가진 히브리어 "후"(הוּא)가 있는데 이것을 각각 개역개정역에서는 "곧"으로, 표준새번역에서는 "…이야말로"로, 가톨릭 성경에서는 "그분께서"로 번역했다. 여기서는 히브리어 원어의 의미를 비교적 잘 살린 가톨릭 성경의 "그분께서"라는 번역을 채택했다.

어 번역본인 페쉬타도 마찬가지로 칠십인역의 형태를 지지한다. 페쉬타는 충실한 직역 이후에 부연과 해석을 덧붙인 것으로 알려져 있기에 마소라 본문과 칠십인역보다는 가치가 떨어진다.[16] 한편 마소라 본문과 칠십인역은 둘 다 비중 있는 본문 증거이기에 여기서는 외적 기준보다는 내적 기준으로 살펴보아야 한다. 내적 기준으로 보았을 때, 칠십인역의 본문이 마소라 본문보다 길다. 내적 기준에 따르면 짧은 본문이 더 개연성이 있으므로 마소라 본문이 더 개연성 있는 본문이라 할 수 있다. 또한 "판테스"를 사용하면 창조물을 더 넓은 범위로 확장시키면서 창조의 의미를 더 강조하는 효과를 줄 수 있기에 본문의 의미가 더 명확해진다. 그러므로 칠십인역이 "판테스"를 추가한 이유는 본문의 의미를 더 풍부하게 하려는 번역자의 의도에 따른 것으로 해석할 수 있다.

2) 2a. "참으로"(כִּי[키])

칠십인역과 심마쿠스, 테오도티온 역에는 כִּי에 해당하는 번역이 없다. 칠십인역과 마소라 본문 모두 비중 있는 본문 자료이기에, 외적 근거보다는 내적 근거를 통해 본문을 살펴보아야 한다. 내적 근거의 원칙에 따르면, 짧은 본문이 더 개연성이 있으므로 "키"가 없는 칠십인역, 심마쿠스, 테오도티온 본문이 더 개연성 있다. 또한 어려운 본문이 더 개연성 있는 것으로 판단되기에 "키"가 없는 것이 더 개연성 있다. "키"가 있으면 하나님의 창조 행위를 훨씬 강조하는 효과를 줄 수 있기 때문이다. "키"가 마소라 본문에 들어간 이유는 본문을 강조하는 측면뿐 아니라, 운율적인 측면에서도 고려해볼 만하다. 마소라 본문을 살펴보면 2절의 시작은 "키", 3절의 시작은 מִי([미; 누구), 4절의 시작은 נְקִי(느키;

16 S. 크로이처 등 지음/김정훈 옮김, 『구약성경 주석 방법론』(서울: 기독교문서선교회, 2011), 78.

죄 없는)로 이루어진 것을 볼 수 있는데, 모두 같은 모음 "이"(ִי)로 시작한다. 그렇기에 마소라 본문은 3절과 4절의 운율을 맞추고 시의 흐름을 조금 더 매끄럽게 이어가기 위해 2절의 시작에 "키"를 삽입한 것으로 볼 수 있다. 이와는 다르게 크레이기는 이 부분의 본문비평 결과 "키"가 있는 것이 더 개연성 있다고 판단한다.[17] 하지만 크레이기의 주장에는 "키"가 있는 것이 왜 개연성 있는지에 관한 근거가 전혀 없을 뿐이라, 내적 기준의 기본적인 관점으로 보았을 때도 설득력이 없다.

3) 4a-a. "나의 마음이"(נַפְשִׁי[나프쉬])

아람어 번역본인 타르굼과 다수의 히브리어 필사본, 많은 역본에는 נַפְשׁוֹ(나프쇼; 그의 마음)로 쓰고 있다. 타르굼은 유대교 공동체의 필요에 따라 번역되었는데, 이 필요 때문에 글자를 고치기도 하고, 첨가하기도 하는 경향을 보인다.[18] 따라서 외적 근거로서 무게 있는 본문은 마소라 본문이다. 내적 근거의 원칙으로 보았을 때, 본문이 길어지거나 짧아지는 경향을 보여주는 본문이 없기에 내적 근거의 원칙 중 "짧은 본문이 더 개연성 있다"는 원칙은 여기에 적용할 수 없다. 그렇다면 어느 본문이 더 이해하기 쉬운가를 따져보아야 한다. 마소라 본문은 "마음"의 주체가 1인칭인 반면, 타르굼, 다수의 히브리어 필사본 외에 많은 역본은 "마음"의 주체가 3인칭이다. 앞선 3절을 보면 "누가 그의 거룩한 곳에 설 것인가?"라고 말하면서 "여호와의 산"에 오를 자격을 갖춘 사람이 누구인지 묻는 질문이 나온다. 이때 "그"가 누구인지 물었기에 3인칭으로 대답하는 것이 마땅하다. 그러나 마소라 본문은 3인칭이 아닌 1인칭

---

17 피터 크레이기 지음/손석태 옮김, 『시편(상)』(WBC 성경주석 19; 서울: 도서출판 솔로몬, 2000), 283.

18 에른스트 뷔르트바인 지음/방석종 옮김, 『성서 본문비평 입문』(서울: 대한기독교출판사, 1987), 111.

을 사용하고 있기에 본문의 흐름이 매끄럽지 못하다. 마소라 본문 외에 다른 본문들이 주체를 3인칭으로 바꾼 이유는 본문을 매끄럽게 하고 이해를 더 쉽게 하기 위한 까닭이다. 어려운 본문이 더 개연성이 있기에 마소라 본문이 더 개연성 있다고 생각할 수 있다.

4) 4b. (—)

칠십인역에는 τῷ πλησίον αὐτοῦ(토 플레시온 아우투; 그 이웃에게)가 추가되어 있다. 마소라 본문과 칠십인역은 외적 기준으로 그 우열을 가늠하기 쉽지 않기에 내적 기준을 적용해야 한다. 칠십인역을 보면 "그 이웃에게"라는 말이 추가되어 본문이 뚜렷이 길어진 것을 알 수 있다. 본문이 길어졌을 뿐 아니라 "그 이웃에게"라는 말이 추가되면서 거짓 맹세를 하지 말아야 할 대상을 명확히 함으로써 본문을 조금 더 구체적으로 서술한다. 또한 번역자는 여기서 한발 더 나아가 "그 이웃에게"라는 말을 통해 이 추가 부분이 십계명의 9계명과 비슷하다는 사실을 전달하고 있는 듯하다. 성경을 잘 알고 있는 독자가 이미 알고 있는 지식을 예상치 못한 곳에서 발견할 때, 본문이 전달하는 의미를 강렬하게 경험하게 될 수 있다. 번역자의 삽입 의도 또한 이런 효과를 노린 것이라고 할 수 있다.

5) 6a–a. "그분을 구하는 자들"(דֹּרְשָׁו [도르샤브])

타르굼과 다수의 히브리어 필사본들은 "케레" 형태인 "도르샤브"를 취한다. 몇몇 칠십인역 필사본(영국 런던 박물관 파피루스[G^U], 베로나 사본[G^R], 루키아노스 개정본[G^L])에서는 ζητούντων τὸν κύριον(제툰톤 톤 퀴리온; 주님을 찾는 자들)으로 번역한다. 반면 칠십인역은 ζητούντων αὐτόν(제툰톤 아우톤; 그를 찾는 자들)으로 번역했다. 마소라 본문의 케티브와 케레, 어느 형태를 받아들이느냐에 따라 칠십인역의 번역과 마소라 본문의 내용을 같게 볼 수도 있고 다르게 볼 수도 있다. 내용을 다르게 볼 수 있는 경우는, 마소라 본문에 나타나는 "케티브"가 자음의 형태상 단수 형태를 띠고 있으므로 이것을 "도르샤브"(그분을 구하는 자들)가 아닌 דֹּרְשׁוֹ(도르쇼; 그분을 구하는 자)로 읽을 때 가능하다. 하지만 "도르쇼" 형태는 구약에 한 번도 나타나지 않고 "구하다"라는 뜻을 가진 동사 "다라쉬"의 분사 단수 형태인 "도레쉬"와 함께 대명접미어가 사용되는 경우 역시 구약에는 나타나지 않는다. 두 번째, "케티브"와 "케레"의 정서법 차이를 감안한다면 칠십인역과 같은 내용을 전달한다고 볼 수 있다. "케티브"와 "케레"의 차이는 "요드"가 있느냐 없느냐의 차이인데, "요드"는 정서법에 따라 빠지고 첨가되는 경향을 보인다. "요드"의 이탈이 자유로운 이유는 요드가 빠지더라도 본문의 뜻을 새기는 데 큰 문제가 없기 때문이다. "케티브"처럼 요드가 빠진 형태를 "불완전 서법", "케레"처럼 요드가 들어간 형태를 "완전 서법"이라고 하는데,[19] 완전 서법은 쿰란 사본에 나타나는 히브리어 서법의 주요한 특징이고, 마소라 학자들이 본문의 형태를 통일시키려고 한 "케레" 전통에서도 많이 나타난다.[20] 그렇다면 6절의 "케티브"는 쿰란 히브리어 서법이나 마소라 학자들의 "케레" 전통 이전의 본문의 형태가 남아 있는 것이라고 볼 수 있다. 더 오래된 전통이 "케티브"에 남아 있다고 결론을 내렸기에, 본문은 "케티브" 형태로 남겨두는 것이 더 개연성 있다. 더욱이 "다라쉬"를 분사 복수형으로 쓰고 대명접미어를 연결해 사용한 경우는 구약 안에서 그 용례를 찾아볼 수 있기에(시 22:27), "케티브"가 전달하려는 것이 복수의 의미라는 것이 확실해진다. 이것은 칠십인역이 복수 형태로 번

19 완전 서법과 불완전 서법에 관한 더 자세한 문법 사항은 게제니우스 지음/신윤수 옮김, 『게제니우스 히브리어 문법』(서울: 비블리카 아카데미아, 2003)§8 i-l과 §25 b를 참조하라.

20 A. 샌즈-바딜로스 지음/최명덕, 박미섭 옮김, 『히브리어 발달사』(서울: 도서출판 기혼, 2011), 84, 153.

역한 것과 내용상 일치한다. 내적 기준으로 보았을 때 마소라 본문, 칠십인역과 형태가 다른 몇몇 칠십인역 필사본(G^U, G^R, G^L) 은 마소라 본문이 사용하는 "그"라는 뜻을 가진 대명접미어 "브"(ו)를 주님으로 바꾸어 번역했다. 이로써 본문이 조금 길어졌을 뿐 아니라, 혼동하기 쉬운 대명사의 의미를 풀어 서술하여 문장을 더 쉽게 이해할 수 있도록 했다. 그러므로 내적 기준에서 "어려운 본문이 더 개연성 있다"와 "짧은 본문이 더 개연성 있다"는 두 가지 원칙은 모두 마소라 본문을 지지한다고 볼 수 있다.

6) 6b-b. "당신의 얼굴"(פָּנֶיךָ [파네카])

칠십인역에는 "당신"을 뜻하는 2인칭 대명접미어가 없는 대신 "얼굴" 다음에 τοῦ θεοῦ(투 테우; 하나님의)가 연결되어 있다. 또한 2개의 히브리어 필사본과 페쉬타에는 칠십인역의 번역과 일치하는 אֱלֹהֵי (엘로헤; 하나님의)가 추가되었다. 타르굼에는 2인칭 남성단수 대명접미어인 "카" 대신 "그"를 의미하는 3인칭 남성단수 대명접미어인 "오"(וֹ)가 붙었다. 이처럼 비중 있는 본문 증거인 마소라 본문과 칠십인역이 서로 다른 형태를 보이므로 내적 근거를 통해 본문을 살펴보아야 한다. 내적 근거로 판단했을 때, 2개의 히브리어 필사본과 칠십인역, 페쉬타는 모두 마소라 본문보다 본문이 길다. 이 본문들이 마소라 본문에 나타나는 "당신"이라는 대명접미어를 빼고 "하나님의"라는 말로 바꾼 이유는 바로 뒤에 등장하는 "야곱"을 해결하기 위한 것으로 보인다. "하나님의"라는 뜻의 "엘로헤" 혹은 "투 테우"를 추가하면 "야곱의 하나님의 얼굴"이 되지만, 마소라 본문을 그대로 따른다면, "야곱 당신의 얼굴"이 되기에 본문을 이해하는 데 어려움을 겪게 되기 때문이다. 타르굼의 번역자가 2인칭 대명접미어를 버리고 3인칭 대명접미어를 사용한 것은 6전반절의 "그분의 얼굴을 구하는 자들"과 평행을 이루게 하려는 것으로 볼 수 있다. 이는 곧 후반절의 "당신"을 전반절의 "그"로 고쳐 본문을 더 이해하기 쉽게 한 것이다.

7) 6c. "셀라"(סֶלָה [셀라])

페쉬타에는 "셀라"에 해당하는 번역어가 없다. 하지만 비중 있는 본문 증거 중 하나인 칠십인역에는 6절 마지막에 "셀라"의 그리스어 번역인 "디아프살마"(διάψαλμα)가 있어서 마소라 본문의 형태를 지지한다. 내적 기준으로는 페쉬타 본문이 더 짧기에 개연성이 있어 보인다. 하지만 앞의 본문비평 "1a"에서 설명했던 것처럼 페쉬타는 본문의 증거로서 마소라 본문과 칠십인역에 비해 무게감이 떨어지기에 마소라 본문과 칠십인역이 보유하고 있는 형태를 지지하는 것이 옳다. 어쩌면 페쉬타를 번역할 때 가지고 있던 대본에는 6절 마지막 부분에 셀라가 없었을지도 모른다.

8) 9a. "들어라!"(וּשְׂאוּ [우스우])

시편 24편 7절과 9절은 동일한 형태의 본문인데, 9전하반절의 동사만 형태가 다르다. 몇몇 히브리어 필사본과 다수의 역본에는 7절과 같이 **והנשאו**(바히느스우; 들려라)라는 수동 명령형이 남아 있다. 칠십인역의 번역도 수동태 ἐπάρθητε(에파르테테; 열려라)다. 마소라 본문과 칠십인역 모두 무게 있는 본문 증거로 외적 기준으로는 판단을 내리기가 힘들기에, 내적 기준을 적용해야 한다. 우선 마소라 본문은 "우스우"로 나타나기에, 7절에 사용한 "바히느스우"와 다르다. 곧 본문의 대칭이 깨졌다는 의미다. 그리고 수동태가 아닌 능동태를 사용해서 문이 행위의 주체가 되는 듯한 의인화를 사용했다. 몇몇 히브리어 필사본과 역본들, 그리고 칠십인역이 7전하반절과 같은 형태로 동사를 맞춘 이유는 본문의 평행을 꾀했기 때문인데 이로써 시적 허용으로 사용한 의인법이 사라졌다. 마소라 본문이 7절의 수동태를 9절에서 능동태 "우스우"로 쓴 이유는 시적 변용을 통해 시의 단조로움을 피하고, 갑작스러운 의인법 사용을 통한 수사적 효과를 극대화하며, 점층적으로 고조되는 분위기를 주기 위한 것으로 볼 수 있다.

9) 10a. "셀라"(סֶלָה)

칠십인역에는 이 "셀라"에 해당하는 번역어가 없다. 마소라 본문과 칠십인역 모두 비중 있는 본문 증거로서 외적 기준으로는 본문의 개연성을 판단하기 어렵다. 내적 기준을 통해 본문을 살펴보면 본문의 길이가 짧은 칠십인역이 더 개연성 있어 보인다. 마소라 본문과 칠십인역 사이의 본문의 차이를 생각해보기 위해 "셀라"의 용례를 한 번 살펴보자. "셀라"는 구약에서 총 75번 쓰이는데, 칠십인역에서 이것을 번역하지 않은 경우는 총 4번이다(시 3:9, 24:10, 46:12, 88:11). 이런 점에서 칠십인역이 원칙상 시편 히브리어 대본의 "셀라"를 번역하지 않는 경우는 거의 없다고 보는 편이 옳은데, 어쩌면 칠십인역의 번역자가 가진 히브리어 대본에는 셀라가 없었을 것이라고 추측해볼 수도 있다. 셀라를 본문비평하기 위해 사용할 만한 학자들의 여러 논의가 있지만 셀라가 무엇을 의미하는지, 본문 안에서 어떤 역할을 수행하고 있는지에 관한 합의된 사항은 없는 실정이다. 따라서 여기서는 잠정적으로 마소라 본문을 따라 셀라가 있는 쪽을 선택하기로 한다.

3. 본문의 짜임새와 역사적 배경

1) 본문의 짜임새

(1) 본문의 언어적 특징

본문	문장 차원	낱말 차원	음운 차원	화용론
1전상반절	표제	לְדָוִד מִזְמוֹר (르다비드 미즈모르)		
1전하반절	NS(prep)	대조제유(땅) 1후반절과 연결	"-아흐"(ָה) 어미	표현적 형태
1후반절	NS, pt const, mp	대조제유(세계)	"-아흐"(ָה) 어미 복수 연계형+전치사	표현적 형태
2전반절	iVS, pf, ms	1후상반절의 땅과 연결. 여호와가 바다 위에 땅을 세우심.	"-아흐"(ָה) 3인칭 여성 단수 접미어	표현적 형태, 3ms
2후반절	iVS, pf, ms	1후하반절의 세계와 연결. 여호와가 강 위에 세계를 견고하게 하심.	"-하"(הָ) 3인칭 여성단수 접미어	표현적 형태, 3ms
3전반절	VS. impf, ms	의문사 "미"(מִי)	두운, 모음 "이"	선언적 형태, 3ms
3후반절	VS. impf, ms	의문사 "미"(מִי)	두운, 모음 "이", "-오(וֹ) 3인칭 남성단수 접미어	선언적 형태, 3ms
4전상반절	NS	형용사-명사/ 명사-형용사	두운, 모음 "이"	표현적 형태
4전하반절	RC: VS, pf ,ms	관계사 "아쉐르"로 앞 명사문장을 설명. 자격: 헛된 것을 바라지 않고(부정사 "로"[לֹא])	"-이"(ִי) 1인칭 공성단수 접미어	표현적 형태, 3ms
4후반절	VS, pf, ms	자격: 거짓에 맹세하지 않는(부정사 "로"[לֹא])		표현적 형태, 3ms

5전반절	VS, impf, ms	"여호와로부터 복"		표현적 형태, 3ms
5후반절	NS	"하나님으로부터 긍휼" 전발절의 동사와 연결	"-오"(וֹ) 3인칭 남성단수 접미어	표현적 형태
6전반절	NS, pt mp	지시사 "제"(זֶה; 이) 사용, 주체가 복수로 전환. "도르"(דּוֹר), "도르샤브"(דֹּרְשָׁו) 두운법	"-브"(ו) 3인칭 남성단수 접미어	표현적 형태
6후반절	NS, pt const, mp	"므바크쉐"(מְבַקְשֵׁי), "파네카"(פָנֶיךָ), "야아코브"(יַעֲקֹב) 두운법	복수 연계형 "-카"(ךָ) 2인칭 남성단수 접미어	표현적 형태
7전상반절	VS, impv mp	명령문(능동형)	명사 복수 연계형 + "-켐"(כֶם) 2인칭 남성 복수 접미어	선언적 형태, 지시적 형태, 2mp
7전하반절	VS, impv mp	명령문(수동형)	명사 복수 연계형	선언적 형태, 지시적 형태, 2mp
7후반절	VS, impf, ms	접속사 바브+ 미완료		선언적 형태, 3ms
8전상반절	NS	의문사 "미"(מִי)+ 지시사 "제"(זֶה)		선언적 형태
8전하반절	NS	질문에 대한 대답, 명사(주님)+형용사+형용사		선언적 형태
8후반절	NS	질문에 대한 대답, 명사(주님)+형용사+명사		선언적 형태
9전상반절	VS, impv mp	명령문(능동형)	명사 복수 연계형 + "-켐"(כֶם) 2인칭 남성복수 접미어	선언적 형태, 지시적 형태, 2mp
9전하반절	VS, impv mp	명령문(능동형)	명사 복수 연계형	선언적 형태, 지시적 형태, 2mp
9후반절	VS, impf, ms	접속사 바브+ 미완료		선언적 형태, 3ms
10전상반절	NS	의문사 "미"(מִי)+ 인칭대명사 "후"(הוּא) + 지시사 "제"(זֶה)		선언적 형태

10전하반절	NS	질문에 대한 대답 "아도나이 츠바오트"(יְהוָה צְבָאוֹת; 만군의 여호와)		선언적 형태
10후반절	NS	질문에 대한 대답, 인칭 대명사 "후"(הוּא)+명사+명사		선언적 형태

1전하반절과 1후반절은 여호와가 땅과 세계를 만드신 분이라는 사실을 선포한다. 이때 땅과 세계로 창조물을 간소화하여 하나님의 창조 전체를 설명하는 대조제유법(*merismus*)이 사용된다. 문장의 차원에서 보면 1절은 분사를 사용한 명사문장이다. 분사는 현재적 의미를 전달하는 동사처럼 사용될 수도 있지만, 여기서는 현재적인 의미를 전달하기보다 시편에 흔하게 나타나는 분사 찬양으로 보아야 한다. 음운론적 차원에서 1전하반절과 1후반절은 3인칭 여성 대명접미어인 "-아흐"(הּ)를 사용한다. "거기에"라는 대명사로 번역하는 이것은 1전하반절, 1후반절 "땅"과 "세계"가 여성 명사이기에, "땅"과 "세계"를 받아 "-아흐"로 표현해 언어의 중복을 피했다. 더욱이 마소라 본문에 따르면 1전하반절과 1후반절을 끝맺는 말이 이 "-아흐"이기에, 의도적으로 각운(rhyme)을 형성해 시의 흐름을 부드럽게 했음을 알 수 있다.

2전반절은 1전하반절의 "땅"과 연결된 진술을 한다. 동사문장이지만, 2절은 일반적인 히브리어식 문장과는 다르게 동사가 문장의 앞에 나오지 않고 뒤에 위치한다. 2절 처음에 나오는 낱말은 히브리어식 문장 특성에 따르면 본문에서 특별히 강조하고자 하는 내용이다. 2절의 문장은 "후"(הוּא; 그)로 시작하는데, 시인은 이 문장에서 "여호와"를 특별히 강조하는 것이다. 1절의 "땅"과 연결되어 시가 이어지기에, 음운론적으로 2전반절의 마지막 역시 1전하반절과 1후반절의 끝맺음과 동일하게 "-아흐"를 사용한다. 앞서 표제를 제외한 1절 전체와 2전반절이 각운을 맞추기 위해 "-아흐"를 사용해 시구를 끝맺은 것 같이 2후반절은 "강들"이라는 복수를 받는 대명접미어 "하"를 사용하여 각운을 만들어나간다.

뒤따르는 3-6절은 1-2절의 창조 이야기와는 다르게 의문사를 사용해 "여호와의 산에 오를 자, 그 거룩한 곳에 설 자"의 자격에 대해 질문하고 응답하는 내용이다. 1-2절이 표현적인 형태의 본문이라면 3-6절은 선언적 형태의 본문으로서 문장의 구조로 보면 동사가 서두에 나오는 동사문장이다. 3절부터는 창조의 이야기에서 벗어나 의문사 "미"(מִי; 누구)를 사용하면서 갑자기 질문을 던지기 때문에 분위기가 전환되는 것을 느낄 수 있다. 3절부터는 1-2절에 사용된 각운이 나타나지 않는다. 오히려 의문사 "미"가 두운의 역할을 한다. 모음 "이" 두운은 3-4절까지 나타난다. 3전반절이 "미"로 운을 떼었다면, 3후반절도 정상적인 문장 구조 안에서 "미"로 문장이 시작되면서 전반절에 시구를 맞추고 있다.

3절이 "여호와의 산"에 오를 수 있는 사람이 누구인가 하고 질문한다면, 4절부터는 "여호와의 산"에 오를 수 있는 사람들의 자격에 관해 설명한다. 4전상반절은 동사 없이 형용사와 명사로만 이루어진 명사문장이다. 이 문장은 נְקִי(느키; 죄 없는)로 시작하면서 3전반절, 후반절의 문장을 시작하는 의문사 "미"와 두운을 맞춘다. 4전하반절과 후반절은 "죄 없는 손바닥과 깨끗한 마음을 가진 자"가 누구인지 설명하는 명사문장을 꾸미는 관계사 אֲשֶׁר(아쉐르)를 사용하면서 더 자세한 설명을 이어간다. 앞선 명사문장이 무엇을 가져야 하는지를 물었다면, "아쉐르" 이후의 부연 문장은 부정사 לֹא(로; 아니다)를 사용하면서 하지 말아야 할 것을 설명한다. 본문비평에서도 설명했듯이, 특별히 4전하반절에서는 본문이 설명하는 대상이 3인칭에서 1인칭으로 바뀐다. 인칭의 변화는 이 시를 두 무리 이상의 회중들이 번갈아 가며 노래로 불렀을 것이라고 추정할 수 있게 하는 좋은 표지다. 인칭의 변화와 관련한 사항들은 석의 안에서 계속 언급될 것이다.

5절 전체는 “여호와의 산”에 설 수 있는 사람들이 받게 될 복에 관해 설명한다. 5절 전반절은 어순에 맞는 동사문장이라면, 5후반절은 분사를 사용한 명사문장이다. 5후반절에서 우리는 교창의 흔적인 인칭의 변화를 다시 확인할 수 있다. 6절은 전체적으로 분사가 사용된 명사문장이다. 6절 안에서는 4-5절과는 다른 두운이 사용된다. 6전반절의 דּוֹר(도르; 세대)와 דֹּרְשָׁו(도르샤브; 그분을 구하는 자들), 6후반절의 מְבַקְשֵׁי(므바크쉐; 찾는 자들), פָּנֶיךָ(파네카; 당신의 얼굴) 그리고 “야아코브”에서 볼 수 있듯, 전반절은 “오” 두운, 후반절은 “아” 두운을 사용한다. 여기서는 “그분”의 얼굴을 구하는 자들이라는 말의 주체가 “이 세대”임을 확인할 수 있다. 다시 한번 주체의 전환이 이루어진 것이다.

7-10절은 유사한 진술이 반복되는 형식의 본문으로서 시편 24편 전체의 후렴구(refrain)를 이룬다. 먼저 7절은 일반적인 동사문장으로 이루어져 있고, 8절은 분사를 사용하지 않은 명사문장이다. 9절은 9전하반절의 동사 형태가 수동태에서 능동태로 변했다는 사실만 제외한다면 7절과 비슷한 본문으로서 7절과 마찬가지로 일반적인 동사문장이다. 10절 역시 8절처럼 명사를 사용한 문장이 나타난다. 이런 구조로 보면 7-10절이 AB // A′B′의 구조로 배열되어 있다는 사실을 알 수 있다.

(2) 본문의 짜임새

시편 24편은 단편적인 몇 부분으로 구성된 시로서 하나님의 창조 사역을 드높이고, 피조물들이 하나님께 드려야 할 예배에 관해 노래하며, 예배드리는 자들의 자격을 설명한다. 또한 마지막 부분은 그 하나님께 드리는 제의의 절정을 보여준다.

창조의 사역은 1-2절에 자세히 나타난다. 이후에 나타나는 창조 전통을 다룰 때 살펴볼 것이지만, 이 창조 전통은 창세기에서 나타난 것과는 조금 다르다. 여기서는 창조 그 자체에 대한 찬양보다는 하나님이 창조하신 피조물이 영원무궁할 것이라는 사실을 고백한다. 이로써 하나님을 향한 예배에는 두 가지 사실이 포함된다는 것을 알게 되는데, 그것은 하나님이 창조하신 것의 완전하심을 고백하는 것과 우리 스스로가 피조물이라는 사실을 고백하는 것이다.

이어지는 3-6절에는 "여호와의 산에 오를 자, 그 거룩한 곳에 설 자"의 자격에 관해 이야기하는 내용이 나온다. 여기서는 인칭의 변화가 일어나면서 시를 노래하는 주체가 바뀌는 것을 볼 수 있다. 앞서 밝혔듯이 이는 몇몇 무리가 교창하는 듯한 모습이다(4절: 나의, 5절: 그는, 6절: 이 세대는). 차차 설명하겠지만 여기서는 전승비평, 양식비평적 관점으로 본문을 살펴볼 수 있다. 성경의 많은 본문이 그렇듯이 시편 24편도 이스라엘 안에서 독자적으로 나타난 내용은 아니다. 고대 근동 지역에 나타나는 제의 상황을 보면 시편 24편과 유사한 내용을 만날 수 있다. 교창의 형태는 예배 의식에서 사용하는 경우가 많은데 이 점은 뒤에 다룰 양식비평에서 살펴보기로 한다.

7-10절은 앞선 본문들과 경계가 뚜렷이 구분된다. 이제 이전에는 쓰지 않았던 명령형의 사용이 두드러지면서 제의의 절정을 그려준다. 이 부분도 양식비평적으로 생각해볼 만한데, 3-6절의 삶의 자리와는 다른 자리를 차지하는 본문이 함께 어우러지면서 한 편의 시를 이루기 때문이다. 앞서 이야기했던 것처럼 이 시편은 몇 개의 단편적인 내용이 얽혀 있는 본문이지만, 그것들은 제의의 관점에서 유기적으로 구성된다. 이 짜임새를 도식화하면 다음과 같다.

표제: "다윗의 노래"(1전상반절)
선포: 창조의 위대함을 선포(1전하반절-2절)
- 땅과 거기에 가득한 것, 생명의 주인이신 여호와(1전하반절)
- 세계와 거기에 사는 것, 물질의 주인이신 여호와(1후반절)
- 생물들의 터전을 마련하신 여호와(2전반절)
- 물질이 있어야 할 모든 자리를 마련하신 여호와(2후반절)

교창 1: 하나님께 드릴 예배에 참여하는 자들의 자세와 그들이 받을 복과 긍휼(3-6절)
- 질문: 누가 예배의 자리에 들겠는가?(3절)
- 응답1: 죄 없는 손(바닥)과 깨끗한 마음을 가진 자(4전반절)
- 응답2: 헛된 것을 바라지 않는 자, 거짓을 맹세하지 않는 자(4후반절)
- 진술: 그들이 복과 긍휼을 얻음(5절)
- 다짐: 예배에 나온 이들이 가져야 할 마음가짐(6절)

교창 2: 영광의 왕을 찬양함(7-10절)
- 선언1: 문들아, 너희의 머리를 들어라!(7절)
- 질문과 응답: 영광의 왕은 누구신가? 여호와시다!(8절)
- 선언2: 문들아, 너희의 머리를 들어라!(9절)
- 질문과 응답: 영광의 왕은 누구신가? 여호와시다!(10절)

2) 본문의 역사적 배경

(1) 본문의 통일성/비통일성

① 미시적 문헌비평

ㄱ. **본문의 경계 설정**: 다른 구약성경 본문과 달리 시편은 문학적 특성상 시편 대다수가 본문 바로 전후의 단락과 연결되지 않는 개별성을 가진다. 시편 24편은 시편 3-41편의 "다윗의 시"에 속한다. 전봉순은 시편 23편에서 시인이 "주님의 집에 살기를 바라는(시 23:6) 원의를 표현했고 시편 24편에서는 실제로 성전에 들어가는 행위로 옮겨간다고 본다.[21] 그러나 우리는 전후에 있는 시편 23편과 25편을 연결된 하

21 전봉순, 『시편 1-41편』(거룩한 독서를 위한 구약성경 주해 23-1; 서울: 바오로딸, 2014), 261.

나의 시문으로 보기 어렵다고 생각한다. 그 이유는 시편 23-25편이 의미적으로 연관성을 가진다고 볼 수 있다고 해도, 하나의 시로 생각할 만한 분명한 근거가 없기 때문이다. 다만 "목자 되신 주"가 주제인 시편 23편과 "신뢰 기도"가 주제인 시편 25편은 여호와 하나님을 의지하는 내용이며 그사이에 있는 시편 24편이 성전에서 (특정 절기 때) 드리는 예배를 위한 제의시라는 점에서 의미를 둘 수는 있다.

ㄴ. **본문의 통일성/비통일성**: 시편 24편은 한 명의 저자가 기록한 시문으로 보기는 어렵고, 각각의 여러 단락을 성전 제의를 위해 하나의 시편으로 구성한 것이라고 할 수 있다. 그 근거는 다음과 같다. 우선 시편 24편을 세 단락으로 구분하는 표면적인 특징은, 각 단락에서 나타나는 여호와 하나님에 대한 개념이 서로 긴장 관계에 있다는 점이다. 1-2절은 창조주 하나님, 3-6절은 거룩한 산(성전)에 계신 하나님, 7-10절은 전쟁의 왕이신 하나님이다. 거기에 더해 6절과 10절에 나타나는 "셀라"는 한 단락을 종결하는 의미를 가진다.

각 단락은 표현 양식에 있어서도 서로 긴장 관계를 드러낸다. 1-2절의 화용론적 특징은 "고백적 표현"이다. 또 각운이 나타나는데 1절에는 전반절과 후반절에 "-아" 어미가 접미어로 자리한다. 반면 2절에는 전반절에 "-아흐", 후반절에 "-하"의 3인칭 여성단수 접미어가 나타난다. 그리고 낱말 차원에서는 대조법과 제유법이 사용된다. 3-6절은 교창 형식의 구조로 되어 있다. 3절은 의문사 "미"를 사용한 의문문의 형식으로 질문하고, 주어가 3인칭 남성단수인 4-5절은 3절의 질문에 대한 답변의 형식이다. 6절은 3인칭 남성복수를 주어로 하며 전반절과 후반절에 두운법을 사용했다. 3-6절 안에서 드러나는 인칭과 문장 형식의 차이는 이 시편을 교창 형식의 찬양시 또는 제의시로 보는 근거가 된다. 7-10절의 화용론적 특징은 "선언적 형태"다. 7절과 9절은 명령형을 반복하여 사용한다. 8절과 10절은 각 전반절이 의문문으로 질문하고 각 후반절에서 선포의 형식으로 답변하는 구조다. "문", "영광의 왕"이 반복되어 나타나면서 "전쟁"에서 승리한 여호와를 경배하는 승전가의 모습을 보여준다.

ㄷ. **본문의 단위 구분과 상대적 연대기**: 시편 24편은 세 개의 단순 단위가 성전 예식이라는 하나의 목적 아래 결합한 합성 단위다. 시편 24편이 제의 때 사용된 기도문의 일부분이었는지, 하나의 문학적인 작품으로 형성된 하나의 찬송시 형태를 이루었는지 규명하기는 어렵다. 그러나 크레이기는 시편 24편 전체가 하나의 문학작품으로서 유대교의 정기 예배 때 사용되었던 것은 분명하다고 주장한다.[22] 이는 그리스어 구약성경에 나타난 시편 24편의 제목이 "안식일 다음 날에 사용되는 시"라는 점에서 뒷받침받는다. 또한 탈무드에서도 이 시편을 창조의 역사와 관련시키는데 그 근거는 1-2절이다. 결국 크레이기에 따르면 시편 24편은 초기에 여호와의 왕권을 찬양하는 연례적인 의식에 사용되었던 찬미가였으며 후대에 들어서는 성전 예배에서도 사용되었다.[23]

이런 본문의 배경으로 볼 때 세 단락의 상대적 연대기를 규명하기는 쉽지 않다. 그러나 정확한 시기는 알 수 없지만 "성전" 제의를 위해 하나의 시편으로 결합되었다고 생각할 수 있다. 따라서 성전(여호와의 산, 거룩한 곳)이라는 개념이 반영된 두 번째 단락(3-6절)이 앞뒤에 자리한 두 단락보다 우선한다고 보는 것이 타당하다. 세 번째 단락(7-10절)의 상대적 연대기가 그다음에 위치한다. 그 이유는 세 번째 단락의 중심 배경이 되는 언약궤의 이동과 관련이 있다. 언약궤의 이동은 사무엘하 6:12-19의 다윗 왕 시대, 또는 열왕기상 8:1-11의 솔로몬 왕 시대의 사건으로 볼 수 있는데. 일부 학자는 이를 스룹바벨 때의 성전 회복(Hoeso)이나 마카비 시대의 성전 재봉헌으로 보기도 한다(Duhm, Treves). 하지만 김정우는 "만군의 여호와"에 대한 언급과 "영광의 왕이

22 크레이기, 『시편(상)』, 284-85.

23 크레이기, 『시편(상)』, 285.

성안으로 들어가는" 묘사는 언약궤의 이동과 연관된다고 보았다.[24] 따라서 세 번째 단락의 정확한 연대를 규정하기는 쉽지 않으나, 언약궤와 관련된 성전 제의와 관계가 있다는 것은 확실하다. 두 번째 단락이 성전(거룩한 산)과 관련된 교창 형식의 시문이라면 성전 및 언약궤의 이동과 연관이 있는 세 번째 단락이 이보다 우선할 수는 없어 보인다. 상대적 연대기의 마지막에 위치하는 것은 첫 번째 단락(1-2절)이다. 상대적 연대기를 가장 뒤에 두는 이유는 앞선 두 단락과 관련한 중심 개념의 역사적 배경은 어느 정도 추정할 수 있는 반면, "창조" 전통에 대한 역사적 배경은 그 시기를 명확하게 설정할 수 없기 때문이다. 첫 번째 단락에 나오는 "창조" 전통의 개념은 왕정 시대에서 포로기 이후 시대까지 넓게 나타나기에 상대적 연대기는 제일 후대가 된다. "창조" 전통에 대한 구체적인 설명은 "전통비평"에서 다룰 것이다.

② 거시적 문헌비평

시편이 150개의 개별 텍스트를 한데 모아 놓은 것이기는 하지만, 서로 관련 없는 개별 기도와 노래들의 우연적인 나열은 아니다.[25] 쳉어(Erich Zenger)는 계획적인 배열과 편집에 의한 의도적인 표제어 및 모티브 연쇄라는 문학적 기법을 통해 개별 시편들이 더 큰 의미 맥락들 안으로 옮겨진다고 보았다.[26] 시편의 개별 시에 거시적으로 접근할 때는 이런 관점에 따를 필요도 있다.

시편 24편은 5권으로 분류되는 시편의 제1권에 속하고, 5개의 군으로 모인 "다윗의 시편"(3-41편, 51-72편, 101-103편, 108-110편, 138-145편) 중에서도 첫 번째에 해당한다. "다윗의 시편"은 주로 원수들에

---

24 김정우, 『시편주석1』(서울: 총신대학교출판부, 2010), 552.

25 에리히 쳉어 등 지음/이종한 옮김, 『구약성경개론』(왜관: 분도출판사, 2012), 609.

26 쳉어, 『구약성경개론』, 609.

게 괴롭힘을 당하는 개인의 비탄 기도와 청원 기도로 이루어지지만, 각 모음군 중심에 찬양 시편과 감사 시편이 배치된다는 점에서 공통점이 있다. 기도하는 "나"는 고난 중에 있는 왕의 특징적 면모를 지니고 있으며 지상의 성전 또는 천상에 거하는 왕(하나님)이신 여호와께 도움과 구원을 부르짖는다. 다른 한편으로 "나"는 가난한 자, 의인으로 제시되며 여호와의 구원하시는 정의에 호소한다.[27]

시편 24편은 앞선 시편 23편에서 "목자 되신 주"에 대한 찬양과 감사의 시, 뒤이어 나오는 시편 25편의 개인 신뢰의 시 사이에 위치함으로써 시인이 부르짖는 대상이 창조주 하나님, 거룩한 산(성전) 위에 계신 하나님, 전쟁에 능하신 영광의 하나님이심을 나타내는 동시에 그 하나님께 예배드리는 모습을 묘사한다. 시편 24편은 첫 번째 "다윗의 시편" 모음군에서 탄원의 대상, 구원의 주체, 예배받으실 하나님이 누구이신지를 분명하게 드러내는 위치에 있다.

(2) 본문의 장르와 삶의 자리

① 문헌 단위의 양식

앞서 문헌비평에서 살펴보았던 것처럼 시편 24편은 서로 다른 기원을 가진 세 개의 단위가 합성된 형태의 시편이다. 1-2절에는 창조의 모습이 반영되어 있고, 3-6절에서는 "여호와의 산"과 "그의 거룩한 곳에 설 자"가 누구냐는 질문을 던지면서 지정된 한 장소에 들어설 자격을 갖춘 자를 설명하는 본문이 이어진다. 여기서는 인칭의 변화가 드러나는데, 시를 한절씩 돌아가면서 노래하는 듯한 모습을 보여준다. 명령형을 사용하며 특색 있는 문체를 보여주는 7-10절은 하나의 큰 선포로서 "영광의 왕", "만군의 여호와"를 칭송하는 시다. 여기서도 회중들이 돌아가

---

27 쳉어, 『구약성경개론』, 612.

면서 시를 노래했던 흔적을 발견할 수 있다.

② 관용구

시편 24편은 언어의 형태보다 시형의 측면에서 보편성을 가진다. 여기서 말하는 시형은 두 무리 혹은 그 이상이 함께 노래를 불렀을 것으로 추정하게 하는, 물음과 응답이 나타나는 형태를 말하는데, 앞서 몇 차례 이야기했듯이 3절부터 10절까지는 이런 물음과 응답으로 시가 진행되고 있다. 이 부분과 비슷한 형태를 보이는 본문은 시편 15편이 있다. 또한 이사야 33:14-16에서도 교창의 형태를 발견할 수 있어서, 시편 24편의 시형이 구약에서 독자적인 형태가 아니라는 사실을 알 수 있다. 두 무리 이상의 회중이 함께 시를 부른 흔적은 이 시가 제의 상황을 반영하고 있다는 중요한 표지다. "질문", "응답", "확언"의 세 부분[28]으로 이루어진 3-6절을 예로 들어보자. 우선 제의를 인도하는 자가 3절 말씀을 가지고 질문을 하면, 4-5절에서 제의에 참여하는 자들이 질문을 받아 제의에 참여할 수 있는 자의 자격을 함께 노래한다. 우리는 여기서 본문비평 "4a"에 등장한, 노래의 주체가 왜 3인칭에서 1인칭으로 변화했는지의 문제에 대한 힌트를 얻을 수 있다. 그리고 6절을 통해 이 모든 물음과 응답을 정리하면서 제의의 한 부분이 마무리된다.

같은 제의의 영역에서 사용되고 있지만 7-10절은 일차적으로 다른 상황을 전제한다. "영광의 왕", "만군의 여호와"를 칭송하는 7-10절의 기초에는 사무엘하 6:12-19에 기록된 언약궤 이송 장면이 자리 잡고 있다. 언약궤는 전쟁 시에 승리를 가져다주는 하나님의 임재를 상징한다.[29] 그렇기에 7-10절은 언약궤 이송을 배경으로 하여 하나님의 승리를 드높이는 승전가라고 할 수 있다. 구약의 다른 부분에서 승전가

28 크레이기, 『시편(상)』, 284.

29 크레이기, 『시편(상)』, 285.

는 민수기 10:35에서 찾아볼 수 있다. 이 본문에서도 언약궤는 하나님의 승리를 의미하는데, 모세는 언약궤가 지나갈 때 여호와가 그분의 대적들을 흩으실 것이라고 노래한다. 시편 24:7-10을 승전가로 볼 수 있게 해주는 언어의 유사성과 관련해서 주목해야 하는 본문은 출애굽기 15장이다. 여기에는 바로의 압제에서 벗어나게 해주신 여호와의 승리를 노래하는 모세의 찬송이 등장한다. 특별히 출애굽기 15:3에 "여호와는 용사"라는 말이 나오는데 여기서 용사는 אִישׁ מִלְחָמָה(이쉬 밀하마), 곧 "전쟁의 사람"이다. 더불어 시편 24:7에는 גִּבּוֹר מִלְחָמָה(깁보르 밀하마)라는 말이 나오는데 이를 직역하면 "전쟁의 용사"다. 이처럼 구약에서 하나님을 용사로 묘사하는 승전가는 공통적으로 운문의 형식을 가지고 있고, 전쟁의 주체를 하나님으로 보는 경향이 있다.

③ 본문의 장르

시편 24:3-10에는 두 개의 장르가 동시에 존재한다. 3-6절은 제의문이다. 이 시가 제의문이라는 증거는 본문 안에서 발견되는 교창의 흔적 외에도 칠십인역 시편 24편 서두에 나오는 문구 τῆς μιᾶς σαββάτου(테스 미아스 사바투; 안식일의 첫째 날)와 이 시를 안식일 다음 날 사용했다는 사실을 밝히는 미쉬나(m Tamid 7,4)가 있다. 이런 증거들은 이 시편이 영향사적 측면에서 바라보았을 때 제의와 관련이 있다는 사실을 드러내준다.[30] 7-10절은 앞서 관용구에서도 살펴보았던 것처럼 승전가이며, 구약의 승전가는 전쟁에 승리하고 그 전쟁의 주도권을 하나님 앞으로 돌리는 형식을 띤다. 승전가가 시편 24편의 테두리 장르로서 마지막에 자리 잡고 있지만, 7-10절도 3-6절과 마찬가지로 양식상으로는 물음과 응답의 형식을 가진 제의문의 기능을 수행한다. 본문을 살펴보면 8절과 10절 전상반절에서 물음을 확인할 수 있고, 이어서 그에 따른 응

30 쳉어, 『구약성경개론』, 84, 153.

답을 발견할 수 있다.

④ 삶의 자리

이 노래가 어떠한 상황을 전제로 하고 있는지에 관해서는 학자들마다 의견이 다르다. 하지만 궁켈, 베스터만, 크레이기 같은 학자들도 이 시가 예배를 인도하는 자와 회중, 또는 순례 행렬과 성전 문지기 사이에 주고받았던 일종의 제의문이었을 것이라는 데는 의견을 같이한다. 특별히 크라우스는 역대하 5장을 기초로 이 시가 "초막절"에 이루어진 정기적인 성전 봉헌 의식에 불렸던 노래라고 생각한다.[31] 제의문은 제의가 일어나는 장소를 필요로 한다. 그렇기에 이 시편의 삶의 자리는 제의가 일어나는 장소, 곧 성전이라고 할 수 있다.

⑤ 장르의 역사

교창은 제의문이라는 사실을 알 수 있게 해주는 중요한 표지다. 앞서 설명한 교창 형태는 시편 15편이나 이사야 33:14-16 외에도 시편 50, 68, 81, 95, 115편[32] 등 많은 곳에서 등장하고 예레미야 8:18-21에서도 발견된다.[33] 교창이 제의문의 일반적인 형식이라는 사실은 밝혀낼 수 있지만, 각 제의문의 역사적 정체성을 규명하는 일은 쉽지 않다. 쳉어도 제의 시편이 전례에 사용되었다는 사실이 제의 시편들의 시기를 정할 수 있는 근거가 되지는 않는다고 말한다.[34] 제의 시편에서 우리가 알 수 있는 사실은 이 시들이 성전에서 사용되었고, 성경 안에 나타나는 본문의 증거로는 확실히 밝혀낼 수 없는 특정 절기, 혹은 예배 시에 사용되었다

---

31 한스 요아킴 크라우스 지음/신윤수 옮김, 『시편의 신학』(서울: 비블리카 아카데미아, 2004), 204.

32 James Limburg, "Psalms, Book of," ABD 5, 7207.

33 Jack R. Lundbom, "Jeremiah (Prophet)," ABD 3, 4258.

34 쳉어, 『구약성경개론』, 84, 154.

는 점이다. 교창은 구약뿐 아니라 신약에도 영향을 미쳤는데, 요한계시록은 천상의 존재들이 찬양할 때 교창의 형태를 띤다고 묘사한다(계 4:8–11; 5:9–14; 7:9–12; 11:15–18; 16:5–7; 19:1–4, 5–8).[35]

(3) 전승과 전통

① 본문의 전승

시편 24:3-6에서 말하는 "신이 임재하는 곳에 거하는 자"에 관한 고대 근동의 **복수 전승**으로는 "아다파"(Adapa) 이야기를 들 수 있다.[36] 시편 24:3-6과 "아다파" 전승 사이의 유사점(불변 요소)을 통해서는 당시 이스라엘을 포함한 고대 근동의 공통된 제의 문화를 엿볼 수 있을 것이다. 또한 이 둘의 차이점(가변 요소)을 통해서는 고대 근동의 문화와는 다른 성경 기록자들의 고유한 신관을 알아볼 수 있을 것이다. 먼저 두 문헌의 연관 본문을 대조해보면 다음과 같다.

35 David. E. Aune, "Worship, Early Christian," ABD 6, 9516.

36 E. A. 스파이저 지음/강승일 등 옮김, 『고대근동문학선집』(서울: 기독교문서선교회, 2016), 162-169. 이후 "아다파 전승"의 내용은 모두 동일 참고 문헌을 참조.

시 24:3-6	아다파("아다파와 남풍")
3 ①누가 여호와의 산에 올라갈 것인가? 누가 그의 거룩한 곳에 설 것인가?	… ③그는 그에게 지혜를 주었다. 그는 그에게 영원한 생명을 주지 않았다. 그날들에, 그날들에, 에리두에서 온 현자에게 에아는 인간의 본보기로 그를 창조했다. 그는 현자였다. 그의 명령을 누구도 무시할 수 없었다. 아눈나키 가운데 능력 있고, 가장 현명한 자가 그였다. 손이 깨끗하고 고결한 이, 도유 사제, 의례를 지키는 자 빵 굽는 자들과 함께 빵 굽는 일을 수행한다. 에리두에서 온 빵 굽는 자들과 함께 그는 빵 굽는 일을 수행한다. 에리두의 빵과 물을 그는 매일 제공한다.
4 ②죄 없는 손(바닥)과 깨끗한 마음을 가진 자, 곧 나의 마음이 헛된 것을 바라지 않고, 거짓을 맹세하지 않는 자	②깨끗한 손으로 그는 희생 제단을 정돈한다. 그가 없으면 희생 제단을 깨끗이 할 수 없다. 그는 배를 몰아서, 에리두에서 어부 일을 수행한다. 그날들에, 아다파는, 에리두의 사람은 그동안 에아는 침대에 있었다. ①매일 그는 에리두의 성소에 출석했다.…
5 ③그는 여호와로부터 나오는 복을 받을 것이다. 그의 구원의 하나님으로부터 긍휼을 얻을 것이다.	…③"자, 아다파여! 왜 너는 먹고 마시지 않았는가? 너는 (영원한) 생명을 얻을 수 없으리! 아, 불쌍한 인간이여!" "제 주인이신 에아께서 명령하셨습니다. '너는 먹지도 마시지도 마라!'" "그를 데려가 땅으로 돌려보내라!"
6 이 세대는 그분을 구하는 자들, 야곱 당신의 얼굴을 찾는 자들이다. 셀라.	

"아다파"는 "에아"가 만든 에아의 아들이자 종이며, 메소포타미아에서 인간에게 문명을 전해주기 위해 에아가 대홍수 이전에 보낸 일곱 현자 중 첫 번째 사람이다, 아마르나와 니느웨에서 전해지는 아다파 이야기에서 아다파는 영원한 생명을 얻을 기회를 놓친 사람으로 나온다. 그는 인간의 본보기이며 현자이고, 능력 있는 사람인 동시에 깨끗한 손으로 희생 제단을 정돈할 수 있는 유일한 사람이다. 아다파는 물고기를

잡아 유통시킴으로써 신전 경제를 운용한다. 그러던 중 남풍의 날개를 부러뜨려서 신의 노여움을 사지만 에아의 도움과 아다파의 훌륭한 성품으로 인해 결국에는 신들의 마음을 얻는다. 아다파를 향한 신들의 감정이 분노에서 호감으로 변화되자 신들은 아다파에게 영생을 주려고 한다. 하지만 이미 에아의 충고를 충실히 따르고 있던 아다파는 에아의 명령을 따라 생명의 물을 마시지 않고 결국에는 다시 땅으로 돌아오게 된다.

"아다파" 전승과 시편 24:3-6의 불변 요소와 가변 요소를 정리하면 다음과 같다.

<table>
<tr><td>불변 요소</td><td colspan="2">① 신이 머무는 장소가 존재한다.
② 그 곳에 들어갈 수 있는 사람의 자격은 제한되어 있다(신에게 인정받은 고결한 자).
③ 신은 사람에게 복을 준다.</td></tr>
<tr><td rowspan="2">가변 요소</td><td>시 24:3-6</td><td>① 존재하는 신은 오직 여호와 하나님이시다.
② 따라서 성소에 거하는 거룩한 자는 하나님으로부터 복(구원과 긍휼)을 받는다.
③ 거룩한 곳을 찾아간 사람이 하나님을 구한다.</td></tr>
<tr><td>아다파 전승</td><td>① 다양한 신들이 존재한다.
② 신들 사이에 의사소통이 원활히 이루어지지 않아 아다파는 영생을 얻지 못한다.
③ 신들의 부름을 받아 신에게로 나아간다.</td></tr>
</table>

이 표에서 드러나는 대로, 여러 신이 존재함으로써 피차간에 인간을 위해 선을 행하려는 의도는 있음에도 불구하고 합일된 복을 내리지 못하는 고대 근동의 신들과는 달리, 여호와 하나님은 유일한 신이기에 그분께서 작정하시는 복은 인간에게 그대로 이루어질 것이라고 기대할 수 있다. 또한 신의 부름을 받아야만 만날 수 있는 고대 근동의 신과는 달리 여호와 하나님은 찾아갈 수 있는 신이기에 인간과 더 가까이 있는 신이라고 할 수 있다.

시편 24:3-6과 유사한 성경 내 **복수 전승 본문**으로는 시편 15편, 이사야 33:14-16을 들 수 있다. 고대 근동 전승에 대한 성경 본문의 가변 요소는 성경 내의 병행 본문들의 불변 요소로 작용하기도 한다. 성경 내의 병행 본문들 사이의 가변 요소를 통해, 동일한 고유 신관을 갖는 이스라엘 민족들이 시대와 문화에 따라 드러내 보인 신학적 특성을 발견할 수 있을 것이다. 이 가운데 유사성이 더 높은 시편 15편과 3-6절을 견주어보면, 이 둘은 문답 형식뿐 아니라 내용에서도 매우 비슷하다는 사실을 알 수 있다. 이 두 본문 사이의 불변 요소와 가변 요소를 살펴보면 다음의 표와 같다.

<table>
<tr><td>불변 요소</td><td colspan="2">① 성소에 이르는 자에게 자격이 필요
② 그 자격은 행동과 마음 두 가지를 모두 요구함
③ 자격을 갖춘 자에게 하나님이 복을 내리심
④ 문답형 구조</td></tr>
<tr><td rowspan="2">가변 요소</td><td>시 24:3 -6</td><td>① 한 집단(순례자)을 향한 문답[37]
② 성소에 서는 자들의 자격이 추상적으로 제시됨
③ 하나님이 주시는 복은 구원과 긍휼</td></tr>
<tr><td>시 15편</td><td>① 두 집단을 향한 문답[38]
② 성산뿐 아니라 “주의 장막”이 명시됨
③ 거룩한 곳에 머무는 자들의 자격이 10개의 세부 항목으로 제시됨
④ 하나님이 주시는 복은 “영원히 흔들리지 않는 것”</td></tr>
</table>

두 시편, 그리고 표로 다루는 않았지만 또 다른 평행 본문인 이사야 33:14-16은 모두 거룩한 곳에 이르는 사람들에 관해 문답식으로 이야기한다. 다만 시편 24:3에서 여호와의 산은 “올라가서”, “서는” 일시적인 공간이며 그 대상은 한 집단, 곧 예배자를 의미한다. 반면 시편 15:1에서 주의 장막은 “머무르고”, “사는”, 곧 좀 더 장기적인 체류가 이

37 시편 24:3의 “알라”(עָלָה; 오르다)와 “쿰”(קוּם; 서다)은 순례 과정의 연장선상에 있는 행위를 나타내는 동사들이다(단어의 의미는 모두 『게제니우스 히브리어 아람어 사전』 참조).

38 시편 15:1의 “구르”(גּוּר)는 잠시 머물다 가는 사람들에게 사용하는 동사이며, “샤칸”(שָׁכַן)은 정주하여 삶을 영위하는 사람들을 대상으로 사용하는 동사다.

루어지는 장소인 동시에 그 대상은 "일시적 체류"를 하는 사람들과 "영주하는" 사람들의 두 집단을 말한다. 또한 시편 24:4이 여호와의 산에 올라가는 사람의 자격과 관련해 "죄 없는 두 손(바닥)과 깨끗한 마음을 가진 자, 곧 나의 마음이 헛된 것을 바라지 않고, 거짓을 맹세하지 않는 자"라고 외적 측면과 내적 측면을 추상화해서 드러냈다면, 시편 15:2-5에서는 이를 구체화하여 열 가지 항목을 말한다.

또한 세 가지 평행 본문은 거룩한 곳에 이르는 사람에게 필요한 자격을 문답형으로 제시하는 양식이 있었을 것임을 암시해준다. 하지만 시편 24:3-6은 이 문답을 시의 한 부분으로 삼고 특히 창조주 여호와를 향한 찬양 다음에 배치해서 하나님의 전능하심과, 모든 것에게 명령하실 수 있는 권한을 드러내는 데로 방향 짓고 있다.[39]

따라서 본문은 여호와 하나님께 예배드리기 원하는 예배자를 그 사회적 지위나 경제적 조건으로 한정하지 않고 오직 그의 마음과 행실로 제한함으로써 예배 공동체로서의 자기 정체성을 확립한다. 동시에 자신들이 경배하는 대상이 바로 세상에 대한 전권을 가지신 유일한 신이라는 이스라엘 민족의 고백을 담고 있다.

② 본문의 전통: "창조"(1–2절)

ㄱ. **전통비평**: 본문 1-2절에는 구약에서 보통 하나님의 창조 행위를 나타낼 때 사용하는 전문용어인 בָּרָא(바라), עָשָׂה(아사), יָצַר(야차르)와 같은 낱말들이 사용되지 않는다. 그런데도 1-2절 내용을 살펴보면 하나님의 창조 행위를 묘사한다는 사실을 파악할 수 있는데, 특별히 2절에서는 "바라", "아사", "야차르" 말고 하나님의 창조 기사를 표현하는 두 낱말을 발견할 수 있다.

첫 번째 낱말은 2절 "바다 위에 땅을 세우셨다"에 나오는 동사 "예

39 A. 바이저 지음/김이곤 옮김, 『시편(1)』(국제성서주석 17; 서울: 한국신학연구소, 1992), 312.

사다흐"(יְסָדָהּ)의 어근이 되는 "야사드"(יָסַד)다. 이 단어는 "세우다", "설립하다", "기초를 놓다"라는 기본적인 의미를 가지고 있다.[40] 또한 "최초로 지어진 새로운 것"을 넘어서 "기존에 세워진 것의 튼튼함과 영속성"을 나타내는 의미론적 요소로 사용되기도 한다. 구약성경에서 "야사드"는 건물을 짓는 행위를 표현하는 단어로 가장 자주 사용되는데, 첫째로는 영구적인 도시의 건축물(수 6:26; 왕상 16:34; 스 3:12; 사 54:11),[41] 둘째로는 예루살렘 제1성전과 제2성전을 세우는 행위를 나타낸다(왕상 5:17; 6:37; 스 3:6, 10-12; 사 44:28; 학 2:18; 슥 4:9; 8:9 등). 또한 "야사드"는 여호와를 찬양하는 시에서 그분의 창조 행위를 진술할 때 사용된다(시 24:2; 78:69; 89:11; 102:26; 104:5 등).[42] 이런 구절들은 단순히 과거에 여호와가 행하신 창조 행위를 묘사하는 것이 아니라, 그가 세우신 땅의 기초와 그가 지으신 하늘이 없어지지 않고 영원불변할 것임을 묘사한다.

두 번째 낱말은 2절 "강들 위에 세계를 견고하게 하셨다"에 나오는 동사 "예코느네하"(יְכוֹנְנֶהָ)의 어근, "쿤"(כּוּן)이다. 이 단어는 "굳게 서다", "견고히 세워지다", "고정되다", "확립하다"라는 기본적 의미가 있다. 구약성경에서 "쿤"은 "어떤 것을 형성하다"(삿 12:6; 욥 31:15; 시 119:73; 겔 16:7 등)라는 원초적 어원의 의미를 넘어서 "이미 형성되어 있는 어떤 것이 확실하게 제 기능을 하며 존재하게 하다"라는 개념으로 받아들여진다.[43] 특별히 하나님의 창조 행위에 있어서 하나님이 땅을(시 24:2; 68:10; 사 45:18; 렘 10:12; 51:15), 산들을(시 65:7), 하늘을(시 89:3; 잠

---

40 어원적으로 "단단하고 영구불변함을 보장하는 건물의 기초"(아카드어), "정착한 집단이 튼튼한 재료들로 영구적인 건물들을 짓는 삶의 방식"(셈어)이라는 의미가 있다. 이에 관해 R. Mosis, "יסד," *TDOT* 6, 110을 보라.

41 도시의 기초를 세운다고 언급된 부분들은 왕궁과 성전처럼 거대한 성벽에 둘러싸인 방어적 건축물을 의미한다.

42 Mosis, "יסד," 117.

43 Klaus Koch, "כּוּן," TDOT 7, 95-97.

3:19; 8:27), 태양과 달의 빛을(시 8:4; 74:16)[44] 만드셨을 뿐 아니라, 잠언 8:27-29에서처럼 큰 우주적 세계를 견고하게 세우시고 그 세계를 유지하게 하시는 분이심을 나타낸다.

ㄴ. **전통의 역사**: 이스라엘 백성들이 통일 왕조 체제하에 있을 당시 "창조주 여호와"는 땅과 하늘, 그리고 그 사이를 채우는 모든 생물을 만든 신이었다. 하지만 포로 생활을 겪으면서 이스라엘은 이방 민족들이 섬기는 신들 역시 창조의 신으로서 기능하는 양상을 접하게 되었다. 대표적인 예로 바벨론의 메소포타미아 창조 서사시인 "에누마 엘리쉬"에서는 다신론이 나타나며,[45] 마르둑이 자신과의 전쟁에서 패배한 티아맛의 몸을 이용해 창조한 것이 땅과 하늘이다. 여호와 외에도 창조를 행한 다른 신들이 존재한다는 것은 이스라엘의 유일신관에 혼란을 가져다주었고, 이에 대한 신학적인 해답으로 제시한 것이 "야사드"와 "쿤"을 이용한 창조 기사 찬양이었다고 볼 수 있다. "야사드" 또는 "쿤"을 이용해 여호와의 창조 사역을 찬양한 시 속에는 이방 신(시 68, 78, 102편; 사 45장; 렘 10, 51장) 또는 "물"의 심상이 함께 나타난다(시 89, 93, 104편; 렘 10, 51장). 고대 근동에서 보통 혼돈과 악을 의미하던 "바다" 또는 "물"을 은유적으로 사용하여, 여호와가 그것들을 제압하고 다스린 후 땅의 기초를 그 위에 세우셨으므로 여호와께 대적할 존재는 아무것도 없음을 찬양하는 것이다. 이 개념이 시편 24:1-2에서도 그대로 나타난다.

1-2절은 시편 24편 전체 본문의 도입부에 해당한다. 예배를 받으시는 대상인 여호와는 창조주이시며 모든 생물이 살아가는 땅과 세계마저 세우시고 견고히 하신다. 그런데 그는 이 땅을 "바다" 위에 세우시고 "강들" 위에 견고하게 하셨다. 곧 시편 24편에서 경배의 대상이 되시는 여호와 하나님은 세상 그 무엇과도 견줄 수 없는 가장 뛰어난 신이시다.

---

44 게제니우스, 『히브리어 아람어 사전』, 342.

45 스파이저, 『고대근동문학선집』, 90-97.

"아사"와 "바라"에서 "야사드"와 "쿤"으로 여호와 하나님의 창조 사역이 변모해가는 것을 볼 때, 단일신의 울타리 안에서 벗어나 다신론 또는 종교 혼합을 겪은 이스라엘 민족이 유일신론을 주장하며 신앙의 정체성을 지키려고 노력했던 사상의 흐름을 엿볼 수 있다.

(4) 최종 형태 본문의 형성사

① 편집비평

문헌비평을 통해 시편 24편이 세 개의 단순 단위를 하나의 합성 단위로 묶은 성전 제의를 위한 시문이라는 것을 밝혔다. 박동현은 시편 24편이 제의 시편 중에서도 성전에 들어가거나 올라가는 제의 시편(시 15, 24, 120-134편)에 속한다고 했다.[46] 크레이기도 후대에는 시편 24편 전체가 하나의 문학작품으로 유대교의 정기 예배 때 사용되었던 것은 분명하다고 말한다.[47] 시편 24편을 이루는 단순 단위의 단락들이 각각 나름의 고유한 의미를 지니고 있었다고 해도, 최종 편집 형태가 가지는 의미는 성전 제의를 위한 시편이었음이 분명하다. 또한 양식비평에서 시편 24편에 나타나는 교창 형식의 시형이 제의와 관련되어 등장했음도 밝혔다. 이 근거는 본문이 제의 시편이라는 확증을 더해준다.

시편 24편을 이루는 세 개의 단순 단위는 편집자의 의도에 따라 개정되거나 편집되었다고 보기 어렵다. 문헌비평에서 살펴보았듯이 각 단락이 분명한 긴장 관계를 보여주고 있다는 점에서 시편 24편은 세 개의 단순 단위가 **단순 합성**으로 최종 편집되었다고 판단할 수 있다.

---

46 박동현, 『구약성경개관』(서울: 장로회신학대학교출판부, [2]2016), 194.

47 크레이기, 『시편(상)』, 284-85.

② **편집사**

ㄱ. **최종 형태 본문의 구성 시기 추정**: 시편 24편의 표제는 "다윗의 노래"다. 이 표제어에서 시편 24편의 최종 형태가 형성된 상한선은 다윗 시대 이후임을 알 수 있다. 또한 앞서 살펴보았듯이 "다윗의 노래"가 다윗이 지은 시로 제한되지 않고, 그 이후 시대에 다윗을 기리는 목적으로 지어졌다는 주장을 고려한다면 하한선은 본문을 분석한 양식비평, 전승비평, 전통비평에 근거해서 추적해야 한다.

우선 문헌비평에서 상대적 연대기에 따라 1-2절이 가장 후대의 단순 단위의 본문이며, 전통비평을 통해 1-2절에 사용된 "야사드"(יסד)는 (시온) 성전의 설립에 관련하여 사용되었음을 알아보았다. 이 어휘가 주로 사용된 위치는 신명기계 역사서(열왕기상)와 성전 재건과 관련된 예언서(학개서, 스가랴서) 및 역사서(에스라서)다. 이런 점에서 제1성전의 설립 이후를 **상한선**으로, 2차 성전의 설립 이후를 **하한선**으로 생각할 수 있다. 또한 양식비평에서는 7-10절의 본문이 언약궤가 성전에 들어가는 사건과 관련이 있다고 보았다. 그렇다면 상한선은 성전과 언약궤가 동시에 존재하는 시대, 곧 솔로몬 시대로 추정할 수 있다. 하지만 언약궤가 실제로 성전 외부로 나갔다가 다시 성전의 지성소로 들어갔다는 구체적인 근거는 성경 어디에서도 찾을 수 없고, 시편 24편의 시적 묘사가 유일할 뿐이다. 따라서 성전과 언약궤의 유무와 상관없이 이 시편은 크라우스의 주장대로 특정 절기에 성전 제의를 위한 제의시 역할만 했을 수 있다.[48] 쳉어도 교창 형태의 제의 시편이라는 특징만으로 그 연대를 추정할 수 없기에 시문의 형태로 그 연대를 추정하기는 어렵다고 주장했다.[49]

ㄴ. **최종 편집자의 정체성과 편집 의도 규명**: 시편 24편의 최종 편

48 H. J. Kraus, *Psalmen 1-59*(BKAT XV1; Neukirchen: Neukirchener Verlag, 2003), 343-44.

49 쳉어, 『구약성경개론』, 154.

집자가 누구인지 정확하게 알아낼 방도는 없다. 그러나 최종 편집자의 정체성과 의도는 전통비평의 연구를 통해 어느 정도 파악할 수 있다. 편집자는 하나님의 창조에 관한 히브리어 동사 "바라"(ברא)와 "아사"(עשׂה)가 아닌 "야사드"(יסד)와 "쿤"(כון)을 사용했다. 우리는 편집자가 "야사드"(יסד)를 통해서 성전의 영원성을 염원하며, "쿤"(כון)을 사용함으로써 무너진 것을 세우고 온전하게 하시는 하나님, 혼돈을 정복하시는 유일한 하나님의 창조성을 드러내고 찬양하고자 하는 의도를 발견했다. 이런 의도를 가진 편집자는 성전 제의를 통해 성전 중심의 예배를 중요시하는 예배와 관련된 인물(제사장, 성전 문지기)이었을 것이다.

또한 전승비평을 통해서 시편 15편과 시편 24:3-6을 대조하며 시편 24편이 더 후대의 저작물임을 밝혔다. 두 시편의 내용을 대조해보면 시편 24:6의 내용이 두드러지는데, 이를 통해서도 편집자 개인의 고백이 아닌 공동체(세대)의 고백임이 드러난다. 따라서 최종 편집자는 하나님이 온전하게 세우신 성전에서 예배를 드리는 새로운 세대가 갖추어야 할 예배자의 모습(태도)을 규명하려는 의도를 가졌다고 보인다.

이상과 같이 우리가 추정하는 최종 편집자는 성전과 예배의 참된 가치를 알고 그 의미를 온전하게 하라는 시대의 부름에 응답하는 존재일 것이다. 시편 24편은 이런 목적과 의도가 정기적으로 드려지는 예배나 일상의 예배를 통해 지속적으로 고백되었을 것이다.

4. 개별 주석

1) 표제

마소라 본문 1절은 "다윗의 노래"라는 표제로 시작한다. 다윗의 이름으로 시작하는 시의 표제는 "미즈모르 르다비드"(מִזְמוֹר לְדָוִד) 형태가 일반적이지만, 24편은 "르다비드 미즈모르"(לְדָוִד מִזְמוֹר) 형태다. "다윗의 노래"가 의미하는 것이 무언인지를 찾으려는 시도들은 많았다. 히브리어 전치사 "르"(לְ)가 소유의 의미를 가진 "~의"라는 뜻이 있기에 다윗이 지은 시로 보려는 시도뿐 아니라, 다윗의 시라고 밝힌 시편들 가운데 그의 일생과 시의 내용 사이의 나타나는 시대착오적 모순 때문에 "르"가 가진 다른 의미들, 곧 "~에 속한", "~에게", "~에 대한"으로 해석하길 원하는 학자들도 있었다.[50] 어떠한 해석을 하느냐에 따라서 시의 방향성이 달라질 수 있다. 확실한 것은 다윗의 노래라는 표제가 붙은 시를 모두 다윗의 저작으로 보기에는 무리가 있다는 사실이다. 그것은 앞서 설명했던 것처럼, 시와 다윗의 행적 사이에는 피치 못할 모순점이 있기 때문이다. 가령 시편 30편은 "성전 낙성가"이지만, "다윗의 노래"다. 성전이 솔로몬 시대에 지어졌다는 사실을 감안한다면, 이것은 확실히 시대착오적이다. 따라서 본문의 "다윗의 노래"는 다윗의 저작을 확정하는 표현이라기보다는 "다윗에게 바쳐진" 혹은 "다윗에게 속한"이란 의미로 보아야 한다.

2) 1-2절

시편 24편은 여호와께 예배를 드리기 위해 나아가는 예배자의 찬양이다. 1-2절은 예배의 대상이신 여호와가 어떤 분인지를 고백한다.

1절에서 저자는 여호와가 땅과 세계를 만드신 분이시며 땅과 세계를 구성하는 모든 생명체 및 물질을 주관하시는 분이심을 고백한다. 여기서 여호와의 창조 사역을 직접적으로 표현하지 않는 것은 창조의 기원이나 행위보다 창조주 여호와의 속성에 초점을 두기 위한 것으로 보인다. 여호와는 그분이 창조하신 땅과 세계를 넘어 모든 영역에서 우주

50 이에 관해서 김정우, 『시편주석1』, 79-83을 참조하라.

적인 주권을 가지고 활동하는 분이시다.

2절과 관련해 고대 근동 신화에서 "바다"와 "강"과 같은 은유적인 표현은 혼돈과 악을 의미한다. 따라서 여호와가 바다 위에 땅을 세우시고 강들 위에 세계를 견고하게 하신 분이라고 고백하는 것은 여호와가 무에서 유를 창조하셨을 뿐 아니라, 역사 가운데 일어나는 혼돈과 악을 제압하시고 새로운 질서를 세워가는 분이심을 확인하는 것이다. 여호와는 그분이 창조하신 세계를 기반으로 계속해서 새로운 역사를 이루어 가심으로써 그분이 창조하신 세계를 견고하게 하는 분이시다.

전반적으로 1-2절은 여호와가 무에서 유를 창조하신 창조주이자, 우주적인 주권을 가지고 역사 속에서 활동하는 분이시라고 찬양한다. 이는 이방에서 비롯한 다신론으로 인해 여호와 신앙에 대한 회의에 빠져 있던 이스라엘 사람들로 하여금 그들이 믿는 여호와는 세상 그 어떤 신과도 견줄 수 없는 가장 뛰어난 경배의 대상이심을 고백하게끔 하는 것이다.

3) 3-6절

앞선 단락에서는 예배를 받으시는 하나님이 어떤 분이신지에 초점을 맞추었다. 이어지는 3-6절은 여호와 하나님의 임재 안에 거하는 사람, 곧 예배자에게 시선을 돌린다.

3-6절은 문답형으로 여호와의 거룩한 곳에 서는 사람의 자격을 논한다. 자격 문답은 묻는 이와 답하는 이를 상정하고 있기에 누가 누구에게 질문하는가를 생각해보아야 한다. 이 문제에 관해 몇몇 주석서들은 순례자들이 제사장에게 질문을 하고(3절), 제사장이 응답을 선포한 후(4-5절), 순례자들의 대표가 확언을 한다(6절)고 소개하거나[51] 두 제

51 크레이기, 『시편(상)』, 284; 바이저, 『시편(1)』, 312.

사장 사이의 의식 교환이었다고 보기도 한다.[52] 4절의 "나의 마음이"를 염두에 두고 살펴본다면 4절을 제사장 한 사람이 하는 말로 보기에는 무리가 있다. 3절은 순례 여정에 있는 예배자들의 제사장을 향한 질문, 4절 상반절은 제사장의 대답, 4절 하반절은 예배자들의 답, 5절은 제사장의 선포, 그리고 6절은 모두가 함께 하는 확언으로 보는 것이 타당하다고 본다.

형식에 이어 내용을 살펴보기로 하자. 본문의 경우 이 자격은 내적 자격과 외적 자격을 모두 아우른다. 제사장이 "죄 없는 두 손(바닥)"으로 외적 자격을, "깨끗한 마음을 가진 자"로 내적 자격을 선포하자, 예배자들은 바로 자신들이 그런 사람이라는 듯이 "나의 마음이 헛된 곳에 오르지 않고"로 내적 자격을, "거짓을 맹세하지 않는"다는 말로 외적 자격을 말한다. 이 자격은 하나님과 개인의 관계에 국한되지 않으며, 예배자가 살아가면서 맺는 모든 관계 안에서 증명되어야 한다. 4절에서 제사장의 선창에 이어지는 후반부를 자신 있게 고백할 만한 순례자는 그리 많지 않을 것이다. 따라서 이 부분은 전적인 고백이라기보다는 순례자들이 여호와 앞에 서기 전 자신의 삶을 반추하고, 고백하며, 동시에 나아가야 할 모습을 소망하는 마음으로 선포하듯 부르는 모습이라고 보아야 할 것이다.

이런 순례자들의 고백에 이어 5절에서 하나님은 심판과 정죄가 아닌 구원과 긍휼로 다가오신다. 여기 제시된 조건들은 비록 다다를 수 없는 예배자의 조건이지만 하나님의 기준을 지향점으로 삼아 매일 조금씩 더 나은 모습을 소망하고 다짐하며 살아가는 순례자들에게 여호와는 복을 허락하신다. 따라서 이 긍휼은 막막한 인생에서의 구원일 수도 있지만, 이미 자격 미달인 자신을 만나주신다는 의미의 구원이며 긍휼

52 트렘퍼 롱맨 3세 지음/ 임요한 옮김, 『시편 I · II』(틴데일 구약주석 시리즈15-16; 서울: 기독교문서선교회, 2017), 191.

일 수도 있다.

6절에서는 거룩한 예배의 자리에 선 자신들이 바로 여호와를 만나길 바라는 자들, 구원의 하나님으로부터 긍휼을 얻기 위해 온 자들임을 제사장과 순례자들이 함께 고백하며 하나님을 찾는다.

전체적으로 3-6절은 문답 형식으로 예배자의 자격을 논하는 동시에 구원과 긍휼을 베푸시는 하나님을 만나길 원하는 마음을 표현하고 있다.

4) 7-10절

앞선 단락은 "여호와의 산에 오를 자"에 관해 설명했지만, 이후 7-10절에서는 시편 24편 전체의 후렴구(refrain)에 해당하는 새로운 본문이 시작된다. 양식비평에서 확인했던 것처럼, 7-10절에는 부분 장르인 승전가가 끼어들었다. 하지만 이 부분도 3-6절처럼 교창의 형식으로 전환되어 제의문의 일부로서 기능한다.

본래 승전가가 승리의 주체를 하나님으로 보는 경향이 있기에 7-10절에 나타나는 언어도 전쟁에서 승리하신 하나님을 찬양하는 언어가 나타난다. 7절의 영광에 해당하는 "카보드"(כָּבוֹד)와 10절의 만군의 여호와, 곧 "아도나이 츠바오트"(יְהוָה צְבָאוֹת)가 그것이다. "카보드"는 동사 כָּבֵד(카베드; 무겁다)에서 파생된 명사라는 사실에서 알 수 있듯이 어떠한 물질적인 현상을 설명하는 말이지만 의미가 발전하여 "힘센"이라는 뜻으로 전환되기도 한다(사 8:7; 10:16; 17:4).[53] 마찬가지로 10절의 "아도나이 츠바오트"도 하나님의 힘과 권능을 상징하는데, 그것은 칠십인역이 "츠바오트"를 δυνάμεων(뒤나메온; 힘센)으로 번역한다는 데서 알 수 있다.

---

53 Moshe Weinfeld, "כָּבוֹד," TDOT 7, 22-38.

이처럼 시편 24편의 마지막에 드러난 하나님의 승리는 앞선 본문들을 통합하고 정리하는 역할을 한다. 먼저 1-2절에서 강과 바다 위에서 승리를 성취하시고 그 위에 세상을 세우신, 곧 혼란과 이방 신을 무너뜨리고 자신의 의지대로 행하신 하나님의 승리를 다시금 선포한다. 그리고 3-6절에서 보았던 것처럼 하나님은 우리가 그분 앞에 설 수 있을 만한 마땅한 자격이 없음에도 불구하고 자격을 부여해주시고 그 앞에 설 수 있는 환경을 만들어주셨다는 점에서 우리를 승리로 이끌어주신 분이다. 이처럼 7-10절은 시편 24편에 드러난 하나님의 모든 승리의 행위에 마침표를 찍는 역할을 한다.

5) 종합 해석

(1) 본문의 내용과 의도

본 시편은 5개의 "다윗의 시편" 중 첫 번째 모음에 속한다. "다윗의 시편"은 주로 탄원과 청원 기도이지만 중심 위치에 찬양과 감사가 배치되어 있다. 시편 24편은 전후에 있는 시편 23편, 시편 25편과 함께 이에 해당한다고 볼 수 있다.

예배의 대상인 창조주 하나님을 향한 찬양인 1-2절을 시작으로 하여 3-6절은 하나님께 예배를 드리는 자들이 갖추어야 할 자격으로 이어진다. 7-10절은 우리에게 승리를 안겨주시는 왕이신 하나님을 찬양하는 제의문의 성격을 가진다.

시편 24편 전체에 흐르는 주제는 "하나님의 승리"와 "예배자"다. 전통비평이 24편 본문에 드러난 창조를 잘 설명해주었던 것처럼 시편 24편을 수놓는 창조의 언어는 고대 근동 지역에 있던 수많은 신이 참 신이 아니라, 하나님이 참 신이라는 사실을 역설한다. 더불어 혼란을 상징하는 "강"과 "바다" 위에 질서가 잡힌 땅과 세계를 만들어 만물이 살아가도록 허락하신 분이 하나님이라는 사실을 드러낸다.

하나님의 승리는 온 세상에 가득하기에, 승리하신 하나님이 만드신 세상에 거하는 그분의 백성들도 하나님의 승리를 경험하며 살아간다. 그 승리는 하나님이 만드신 세상 곳곳에서 드러나는데, 직접적으로는 피조물일 뿐 아니라 하나님의 영광에 참여할 자격이 없는 그의 백성들을 그분의 성전에서 예배할 수 있게 하시고, 자격이 없는 자에게 자격이 있다고 말씀해주시면서 인간들의 자격 없음을 해결해주시는 하나님의 선포에서 분명하게 드러난다. 그렇기에 7-10절의 찬양은 단순히 시편의 찬양을 넘어 언제까지나 함께하실 그분의 승리를 찬양하는 우리들의 목소리가 되는 것이다.

(2) 새 언약의 관점에서 본 본문

시편 24:4은 마태복음 5:8에서 인용된다. 마태복음의 본문에서 예수는 하나님을 볼 수 있는 자의 요건을 들어 마음이 "청결한 자"라고 말씀하신다. 여기서 "청결한 자"는 그리스어로 καθαρός(카타로스)인데, 시편 24:4에 나타나는 "깨끗한 자"에 대한 칠십인역의 번역을 그대로 사용한 것이다.[54] 예수의 말씀은 예배를 드리는 자들의 자격에 관해 설명하는 3-6절의 말씀을 다시 한번 생각하게 한다. 우리는 3-6절에 나열된 자격을 모두 충족시킬 수도 없고 그것을 늘 유지할 수도 없다. 그래서 인간의 부족함에 대한 하나님의 승리가 예배자들에게 절실하다. 그러나 하나님의 승리가 성도들의 경건 생활의 유예를 뜻하지는 않는다. 예수님의 말씀처럼 실제로 우리 가운데 청결한 마음이 없다면 하나님을 볼

---

54 비교. 도날드 헤그너 지음/채천석 옮김, 『마태복음(상)』(WBC 성경주석 33; 서울: 도서출판 솔로몬, 1999) 217; W. F. 올브라이트, C. S. 만 지음/이강택 옮김, 『마태복음』(앵커바이블; 서울: 기독교문서선교회, 2010), 314.

수 없다. 곧 우리 대신 승리를 안겨주신 하나님이 계시다는 사실을 지각할 수 없다. 하나님의 승리는 우리를 예배로 이끄는 힘이지만 깨끗한 마음을 유지하기 위한 예배자의 경건은 그런 하나님을 만날 수 있는 필요조건이 된다. 하나님의 승리와 성도의 경건은 동시적이다.

(3) 본문의 메시지

한날 왕을 대하는 데도 그에 따른 법도가 있듯이, 경배의 대상인 하나님을 대할 때도 하나님이 원하시는 방법이 있다. 하지만 하나님이 당신을 뵈러 오는 예배자들에게 요구하시는 자격은 사람이 결코 완벽하게 이를 수 없는 경지에 있다. 그럼에도 하나님은 예배자가 가져야 할 자격과 인간의 불완전함의 간극을 그분의 승리로 메워주신다.

예배자는 "완전"한 존재가 아니기에 승리의 하나님이 필요하다. 그러나 하나님이 승리하신 것이 곧 우리의 승리라는 일대일식 도식은 위험하다. 하나님이 우리의 불완전함에 승리를 안겨주셨다는 실제적인 체험이 없이, 하나님의 승리를 표면적으로 우리의 자랑이라고 내뱉어서는 안 된다. 하나님의 승리, 우리를 하나님의 자리로 인도해주시는 하나님의 승리를 온전하게 경험한 자만이 하나님의 승리를 이야기할 수 있다.

실제적인 승리의 체험은 우리의 경건을 통해 이루어진다. "깨끗한 마음"을 가지도록 늘 노력하는 삶, 예배의 자리에 나올 수 있도록 우리를 승리로 이끌어주신 하나님을 체험하도록 늘 노력하는 삶이 수반될 때 하나님의 승리는 우리의 것이 된다. "완전"하지는 않지만 우리의 모습을 그렇게 "온전"하게 유지할 때, 그제야 7-10절의 노래는 우리의 노래가 될 것이다.

1. 성경 편집본과 역본

1) 마소라 본문 편집본

Elliger, K., W. Rudolph, eds. *Biblia Hebraica Stuttgartensia*(Stuttgart: Deutsche Bibelgesellschaft, 1967-1977; [5]1997)=『슈투트가르트 히브리어 구약성서: 한국어 서문판』(서울: 대한성서공회, 2008)[BHS].

Kittel, R., P. Kahle, eds. *Biblia Hebraica*(Stuttgart: Württembergische Bibelanstalt, 1929-1937)[BH/BHK].

Schenker, A., et al., eds. *Biblia Hebraica: Quinta editione cum apparatu critico novis curis elaborato*(Stuttgart: Deutsche Bibelgesellschaft, 2004-)[BHQ].

Fasc. 1. Genesis(2016)

Fasc. 5. Deuteronomy(2007)

Fasc. 7. Judges(2012)

Fasc. 13. Twelve Minor Prophets(2010)

Fasc. 17. Proverbs(2009)

Fasc. 18. Five Megilloth(2004)

Fasc. 20. Ezra and Nehemia(2006)

2) 칠십인역 편집본 및 현대어 역본

(1) 칠십인역 편집본

Septuaginta Vetus Testamentum Graecum. Auctoritate Academiae Scientiarum Gottingensis editum(Göttingen: Vandenhoeck & Ruprecht)[LXX-Gö].

I. Genesis(Wevers, 1974)

II, 1. Exodus(Wevers/Quast, 1991)

II, 2. Leviticus(Wevers/Quast, 1986)

III, 1. Numeri(Wevers/Quast, 1982)

III, 2. Deuteronomium(Wevers/Quast, [2]2006)

IV, 3. Ruth(Quast, [2]2009)

VII, 2. Paralipomenon II(Hanhart, 2014)

VIII, 1. Esdrae liber I(Hanhart, [2]1991)

VIII, 2. Esdrae liber II(Hanhart, 1993)

VIII, 3. Esther(Hanhart, [2]1983)

VIII, 4. Iudith(Hanhart, 1979)

VIII, 5. Tobit(Hanhart, 1983)

IX, 1. Maccabaeorum liber I(Kappler, 1990)

IX, 2. Maccabaeorum liber II(Hanhart, [3]2008)

IX, 3. Maccabaeorum liber III(Hanhart, [2]1980)

X. Psalmi cum Odis(Rahlfs, [3]1979)

XI, 4. Iob(Ziegler, 1982)

XII, 1. Sapientia Salomonis(Ziegler, [2]1980)

XII, 2. Sapientia Jesu Filii Sirach(Ziegler, [2]1980)

XIII. Duodecim Prophetae(Ziegler, 1943)

XIV. Isaias(Ziegler, [3]1983)

XV. Ieremias, Baruch, Threni, Epistula Ieremiae(Ziegler, [4]2013)

XVI, 1. Ezechiel(Ziegle/Fraenkel, [2]1999)

XVI, 2. Susanna, Daniel, Bel et Dracho(Ziegler/Fraenkel, [2]1999).

Brooke, A., N. McLean, eds. *The Old Testament in Greek according to the Text of Codex Vaticanus: supplemented from other uncial manuscripts*(Cambridge, 1906-1940) [Br.-M.].

Rahlfs, A., ed. *Septuaginta Id est vetus testamentum Graece iuxta LXX interpretes*(Würtemberg: Würtembergische Bibelanstalt, 1935); Rahlfs-Hanhart, *Septuaginta: Editio altera*(Stuttgart: Deutsche Bibelgesellschaft, 2006)[LXX-Ra].

Swete, H. B., ed. *The Old Testament in Greek according to the Septuagint*(Cambridge, 1887-1894).

(2) 칠십인역 현대어 역본

Harl, M., ed. *La Bible d'Alexandrie: Traduction et annotation des livre de la*

Septante(Paris: Édition du Cerf, 1986-).

Karrer, M., W. Kraus, eds. *Septuaginta Deutsch. Bd. 1: Das griechische alte Testament in deutscher Übersetzung; Bd. 2: Erläuterungen zum griechischen Alten Testament in deutscher Übersetzung*(Stuttgart: Deutsche Bibelgesellschaft, 2009, 2011).

Pietersma, A, B. G. Wright, eds. *A New English Translation of the Septuagint*(New York/Oxford: Oxford University Press, 2007).

3) 헥사플라 편집본

De Montfaucon, D. Bernard. *Origenis Hexaplorum quae supersunt: multi partibus auctiora quam a Flamino Nobilio et Joanne Drusio edita fuerint*(2 vols.; Paris, 1713).

Field, F. *Origenis Hexaplorum quae supersunt: sive veterum interpretum graecorum in totum vetus testamentum fragmenta*(2 vols.; Oxford, 1867, 1874; repr. Hildesheim, 1964).

4) 사마리아 오경 편집본

Von Gall, A. F. *Der hebräische Pentateuch der Samaritaner*(5 vols.; Giessen: Töpelmann, 1914-1918; repr. Berlin, 1966).

5) 쿰란 성경 필사본 편집본 및 역본

(1) Discoveries in the Judaean Desert Series(DJD)

※아래 목록은 시리즈 순서에 따름

Barthélemy, D., J. T. Milik. *Qumran Cave 1*(DJD I; Oxford: Clarendon, 1955).

Benoit, P., J. T. Milik, R. de Vaux. *Les grottes de Murabba'at*(DJD II; 2 vols.; Oxford: Clarendon, 1961).

Baillet, M., J. T. Milik, R. de Vaux. *Les 'petites grottes' de Qumrân*(DJD III; 2 vols.; Oxford: Clarendon, 1962).

Sanders, J. A. *The Psalms Scroll of Qumrân Cave 11(11QPsa)*(DJD IV; Oxford: Clarendon, 1965).

Allegro, J. M. with A. A. Anderson. *Qumrân Cave 4.I(4Q158–4Q186)*(DJD V; Oxford: Clarendon, 1968).

De Vaux, R., J. T. Milik, *Qumrân grotte 4.II: I. Archéologie, II. Tefillin, Mezuzot et Targums(4Q 128–4Q157)*(DJD VI; Oxford: Clarendon, 1977).

Tov, E. with the collaboration of R. A. Kraft. *The Greek Minor Prophets Scroll from Nahal Hever(8HevXIIgr)*(DJD VIII; Oxford: Clarendon, 1990; reprinted with corrections 1995).

Skehan, P. W., E. Ulrich, J. E. Sanderson. *Qumran Cave 4.IV: Palaeo-Hebrew and Greek Biblical Manuscripts*(DJD IX; Oxford: Clarendon, 1992).

Ulrich, E., F. M. Cross, et al. *Qumran Cave 4.VII: Genesis to Numbers*(DJD XII; Oxford: Clarendon, 1994; reprinted 1999).

Attridge, H. et al., in consultation with J. VanderKam. *Qumran Cave 4.VIII: Parabiblical Texts, Part 1*(DJD XIII; Oxford: Clarendon, 1994).

Ulrich, E., F. M. Cross, et al. *Qumran Cave 4.IX: Deuteronomy, Joshua, Judges, Kings*(DJD XIV; Oxford: Clarendon, 1995; reprinted 1999).

Ulrich, E., et al. *Qumran Cave 4.X: The Prophets*(DJD XV; Oxford: Clarendon, 1997).

Ulrich, E., et al. *Qumran Cave 4.XI: Psalms to Chronicles*(DJD XVI; Oxford : Clarendon, 2000).

Cross, F. M., et al. *Qumran Cave 4.XII: 1-2 Samuel*(DJD XVII; Oxford : Clarendon, 2005).

Martínez, F. García, E. J. C. Tigchelaar, A. S. van der Woude. *Qumran Cave 11.II(11Q2–18, 11Q20–31)*(DJD XXIII; Oxford: Clarendon, 1998).

Puech, É. *Qumran Cave 4.XVIII: Textes hébreux*(4Q521 – 4Q528, 4Q576 – 4Q579)(DJD XXV; Oxford: Clarendon, 1998).

Pfann, S. J. *Qumran Cave 4.XXVI: Cryptic Texts*; P. S. Alexander, et al., in consultation with J. VanderKam, M. Brady, *Miscellanea, Part 1*(DJD XXXVI; Oxford: Clarendon, 2000).

Charlesworth, J., et al., in consultation with J. VanderKam, M. Brady. *Miscellaneous Texts from the Judaean Desert*(DJD XXXVIII; Oxford: Clarendon, 2000).

(2) 쿰란 성경 본문 편집본

Ego, E., et al., eds. *Biblia Qumranica vol. 3B: Minor Prophets*(Leiden/Boston: Bril, 2005).

Ulrich, E. *The Biblical Scrolls: Transcription and Textual Variants*(Leiden: Brill, 2010).

(3) 쿰란 성경 본문 영어 역본

Abegg Jr., M., et al. *The Dead Sea Scrolls Bible*(New York: Harper Collins, 1999).

6) 우리말 성경 역본

대한성서공회 엮음. 『성경전서 개역 한글판』(서울: 대한성서공회, 1956).

_____. 『공동번역 성서』(서울: 대한성서공회, 1977, ²1999).

_____. 『성경전서 표준새번역』(서울: 대한성서공회, 1993, ²2001).

_____. 『성경전서 개역개정판』(서울: 대한성서공회, 1998, ⁴2005).

천주교중앙협의회 엮음, 『성경』(서울: 천주교중앙협의회, 2005).

2. 사전류

1) 성구 사전, 필사본 목록집

Abegg, Martin G., et al., eds. *Dead Sea Scrolls Concordance, Vol. 3: The Biblical Texts from the Jedaean Desert*(2 Vols.; Leiden: Brill, 2009).

Even-Shoshan, A., J. H. Sailhamer. *A New Concordance of the Old Testament: Using the Hebrew and Aramaic Text*(Ada: Baker Publishing Group, ²1993).

Fraenkel, D. *Die Überlieferung bis zum VIII Jahrhundert*(Septuaginta Vetus testamentum Graecum Auctoritate Academiae Scientiarum Gottingensis editum Supplimentum I,1; Göttingen: Vandenhoeck & Ruprecht, 2004).

Hatch, E., H. A. Redpath. *A Concordance to the Septuagint*(Grand Rapids: Baker Books, ²1998).

Rahlfs, A. *Verzeichnis der griechischen Handschriften des Alten Testaments*(MSU II; Göttingen: Vandenhoeck & Ruprecht, 1914).

Tov, E., ed. *The Text from the Judaean Desert: Indices and an Introduction to the Discoveries in the Judaean Desert Series*(DJD XXXIX; Oxford: Clarendon, 2002).

2) 언어 사전

Bauer, W. *Wörterbuch zum Neuen Testament*(Berlin/New York: Walter de Gruyter, ⁶1988).

Brown, F., S. R. Driver, C. A. Briggs. *A Hebrew Lexicon of the Old Testament with an appendix containing the Biblical Aramaic*(Oxford: Clarandon Press, 1906)[BDB].

Gesenius, W., F. Buhl, ed. *Hebräisches Aramäisches Handwörterbuch über das Alte Testament*(Leipzig: F. C. W. Vogel, [17]1921). 이정의 옮김, 『게제니우스 히브리어 아람어 사전』(서울: 생명의 말씀사, 2007).

Gesenius, W., H. Donner, ed. *Hebräisches Aramäisches Handwörterbuch über das Alte Testament*(Berlin: Springer, [18]2013).

Koehler, L., W. Baumgartner. *Hebräisches und Aramäisches Lexikon zum Alten Testament*(5 Bände; Leiden: Brill, 1967-1995)[*HALAT*]. M. E. J. Richardson, trans., ed. *Hebrew Aramaic Lexicon of the Old Testament*(2 vols.; Leiden: Brill, 2001; *HALOT*).

Lust, J et al., eds. *Greek-English Lexicon of the Septuagint*(Stuttgart: Deutsche Bibelgesellschaft, 2003).

Muraoka, T. *A Greek-English Lexicon of the Septuagint*(Leuven et al.: Peeters, 2009).

댄커, 프레데릭 윌리엄. 김한원 옮김, 『신약성서 그리스어 사전』(서울: 새물결플러스, 2017).

바우어, 발터. 이정의 옮김, 『바우어 헬라어 사전』(서울: 생명의 말씀사, 2017).

3) 성경·신학 사전

Betz, O. et al., hg. *Calwer Bibellexikon*(2 Bde.; Stuttgart: Calwer Verlag, 2003).

Botterweck, G. J., H. Ringgren, H.-J. Fabry, hg. *Theologisches Wörterbuch zum Alten Testament*(9 Bde.; Stuttgart: Kohlhammer, 1973-1996)[*ThWAT*]. J. T. Willis, et al., trans. *Theological Dictionary of the Old Testament*(15 vols.; Grand Rapids: Eerdmans, 1974-2006)[*TDOT*].

Freedman, D. N., ed. *Anchor Bible Dictionary*(6 vols.; New Haven: Yale University Press, 2008)[ABD].

Jenni, E., C. Westermann, hg. *Theologisches Handwörterbuch zum Alten Testament*(2 Bde.; München: Kaiser/Zürich: Theologischer Verlag, [6]2004)[*THAT*].

Van der Toorn, K. et al., eds. *Dictionary of Deity and Demons in the Bible*(Leiden et al.: Brill, 1999)[*DDD*].

VanGemeren, W. A., ed. *New International Dictionary of Old Testament Theology & Exegesis*(5 vols.; Grand Rapids: Zondervan, 1997)[*NIDOTTE*].

해리스, R. 레어드 등 엮음. 번역위원회 옮김, 『구약원어신학사전 상, 하, 색인』(서울: 요단출판사, 1986).

3. 인용된 연구 문헌

1) 외국어 문헌

Alt, A. *Die Ursprünge des israelitischen Rechts*(Leipzig: Hirzel, 1934).

Anderson, F. I., D. N. Freedman. *Hosea*(AYB 24; New Haven/London: Yale University Press, 2008).

Anderson, R. T., T. Giles. *The Samaritan Pentateuch: An Introduction to Its Origin, History, and Significance for Biblical Studies*(Atlanta: Society of Biblical Literature, 2012).

Archer, G. L., G. Chirichigno. *Old Testament Quotations in the New Testament*(Eugene: Wipf & Stock Pub, 1983).

Barth, H., O. H. Steck. *Exegese des Alten Testaments. Leitfaden der Metodik: Eine Arbeitsbuch für Proseminare, Seminare und Vorlesungen*(Neukirchen: Neukirchener Verlag, [11]1987).

Barthélemy, D. *Les Devanciers d'Aquila*(VTS 10; Leiden: Brill, 1963).

Becker, U. *Exegese des Alten Testaments*(Tübingen: Mohr Siebeck, [4]2015).

Benot, P., et al., eds. *Les grottes de Murabaᶜât*(DJD II; Oxford: Clarendon, 1961).

Brock, S. P. "Die altlateinische Übersetzung des alten Testaments," *TRE* 6(1980), 177-78.

_____. "Die Übersetzungen ins Syrische," *TRE* 6(1980), 186-89.

Charlesworth, J. H., L. Novakovic. *The Pesharim and Qumran History: Chaos or Consensus?*(Grand Rapids: Eerdmans, 2002).

Christensen, D. L. *Deuteronomy 1-21:9*(WBC 6A; Grand Rapids: Zondervan, [2]2001).

Craigie, P. C., M. E. Tate. *Psalms 1-50*(WBC 19; Grand Rapids: Zondervan, [2]2004).

Cropp, W. H. *Exodus 1-18*(AYB 2; New Haven/London: Yale University Press, 2010).

David N. Freedman, Astrid B. Beck, James A. Sanders, eds. *The Leningrad Codex: A Facsimile Edition*(Grand Rapids: Eerdmans, 1998).

De Regt, L. J. "Wordplay in the OT," *NIDB* 5(2009), 898-99.

Dibelius, M. *Die Formgeschichte des Evangeliums*(Tübingen, 1919).

Durham, J. I. *Exodus*(WBC 3; Waco: Word Books, 1987).

Fernández Marcos, N. *The Septuagint in Context*(Leiden: Brill, 2000).

Fischer, A. A. *Der Text des Alten Testaments: Neubearbeitung der Einführung in die Biblia Hebraica von Ernst Würthwein*(Stuttgart: Deutsche Bibelgesellschaft, 2009).

Fitzmyer, J. A. *A Guide to the Dead Sea Scrolls and Related Literature*(Grand Rapids: Eerdmans, 2008).

Fohrer, G., et al. *Exegese des Alten Testaments: Einführung in die Methodik*(Heidelberg: Quelle und Meyer, 41983).

Fuchs, H. F. "עלה," *ThWAT* VI, 84-106.

Gaster, T. H. "Samaritans," *IDB* 4(1962), 190-95.

Garfinkal, Y., S. Ganor, M. G. Hasel. *Khirbet Qeiyafa Vol. 2. Excavation Report 2009-2013: Stratigraphy and Architecture(Areas B, C, D, E)*(Jerusalem: Israel Exploration Society, 2014).

Ginsburg, C. D. *Introduction to the Messoretico-Critical Edition of the Hebrew Bible*(London: Trinitarian Bible Society, 1897; repr. New York: Ktav Publishing House, 1966).

Grant, R. M. *A Short Hirtory of the Interpretation of the Bible*(Minneapolis: Fortress Press, ^{2}1984).

Groß, W., "Die Herausführungsformel: Zum Verhältnis von Formel und Syntax," *ZAW* 86(1974), 425-53.

Gunkel, H. *Schöpfung und Chaos in Urzeit und Endzeit: Eine religionsgeschichtliche Untersuchung über Gen 1 und ApJoh 12*(Göttingen: Vandenhoeck&Ruprecht, 1895).

_____. "Die Grunprobleme der israelistischen Religionsgeschichte," in H. Gunkel, *Reden und Aufsätze*(Göttingen: Vandenhoeck & Ruprecht, 1913).

_____. *Genesis*(HKAT 1; Göttingen: Vandenhoeck & Ruprecht, ^{3}1910=^{9}1977).

Gunkel, H., J. Begrich. *Einleitung in die Psalmen: Die Gattung der religiösen Lyrik in Israel*(HKAT, Ergänyungsband zur II. Abteilung; Göttingen: Vandenhoeck&Ruprecht, 1933=^{4}1985).

Heinrich, Graetz. *Kohelet, oder der Salomonische Prediger*(Leipzig: Carl Winters Universitätsbuchhandlung, 1871).

Hossfeld, F. L., E. Zenger. *Psalms 3: A Commentary on Psalms 101-150*(Hermeneia;

Minneapolis: Fortress Press, 2011).

Hübner, H. *Vetus Testamentum in Novo, Band 2: Corpus Paulinum*(Göttingen: Vnadenhoeck & Ruprecht, 1997).

_____. *Vetus Testamentum in Novo, Vol 1, 2: Evangelium secundum Iohannem*(Göttingen: Vnadenhoeck & Ruprecht, 2003).

Janowski, B., G. Willhelm, eds. *Texte aus der Umwelt des Alten Testaments: Neue Folge*(Bd. 1-7; Güterloh: Güterloher Verlag, 2004-2013)(*TUAT.NF*).

Jaroš, Karl. *Hundert Schriften aus Kanaan und Israel*(Fribourg: Schweiz. Kath. Bibelwerk, [2]1989).

John I. Durham, *Exodus*(WBC 3; Waco: Word Books).

Joosten, Jan. "Tatian's Diatessaron and the Old Testament Pesheitta," JBL 120(2001), 501-23.

Kenyon, F. G., H. J. M. Milne. *The Codex Alexandrinus: in reduced photographic facsimile*(5 vols.; London, 1909-1957).

Kim, Jong-Hoon, *Die hebräischen und griechischen Textformen der Samuel- und Königebücher: Studien zur Textgeschichte ausgehend von 2Sam 15,1-19,9*(BZAW 394; Berlin/New York: Walter de Gruyter, 2009).

_____. "Intetionale Varianten der Habakukzitate im Pesher Habakuk: Rezeptionsästhetisch untersucht," Biblica 88(2007), 23-37.

_____. "The tradition of Ketib/Qere and its relation to the Septuagint text of 2.Samuel," *ZAW* 123(2011), 27-46.

Kitchen, K. A. "Exodus, The," ABD 2, 700-8.

Klein, R. W. *Textual Criticism of the Old Testament: The Septuagint after Qumran*(Philadephia: Fortress Press, 1974).

_____. *2 Chronicles*(Hermeneia; Minneapolis: Fortress Press, 2012).

Koch, K., *Was ist Formgeschichte: Methoden der Bibelexegese*(Neukirchen: Neukirchener Verlag, [5]1989).

Kratz, R. G., "Redaktionsgeschichte / Redaktionskritik," *TRE* 28(1997), 367-78.

_____. *Komposition der erzählende Bücher des Alten Testaments: Grundwissen der Bibelkritik*(Göttingen: Mohr Siebeck, 2000).

Kraus, H.-J., *Psalmen 1-59*(BKAT XV1; Neukirchen: Neukirchener Verlag, [7]2003).

Kreuzer, S., Textkritik, in: S. Kreuzer et al. *Proseminar 1: Altes Testament. Ein*

Arbeitsbuch(Stuttgart: Kohlhammer, ²2005).

_____. "Von der Vielfalt zur Einheitlichkeit: Wie kam es zur Vorherrschaft des Masoretischen Textes?," in A. Vonach et al., eds. *Horizonte biblischer Texte: FS Josef M. Oesch zum 60. Geburtstag*(OBO 196; Fribourg/Göttingen: Vandenhoeck & Ruprecht, 2003), 117-29.

Lim, T. H. *The Dead Sea Scrolls: A Very Short Introduction*(Oxford: Oxford University Press, 2005).

Lisowsky, G. *Konkordanz zum hebräischen Alten Testament*(Stuttgart: Deutsche Bibelgesellschaft, 1993).

McCarter, P. K., II Samuel. *A New Translation with Introduction, Notes and Commentary*(AB 9; Garden City: Doubleday, 1984).

_____. *Textual Criticism: Recovering the Text of the Hebrew Bible*(Philadephia: Fortress Press, 1986).

McLay, R. T. *The Use of the Septuagint in the New Testament Research*(Grand Rapids: Eerdmans, 2003).

Muraoka, T. *A Syntax of Septuagint Greek*(Leuven et al.: Peeters, 2016).

Murphy, J.-O'Connor. "Qumran, Khirbet," ABD 5, 590-94.

Noth, M. *Überlieferungsgeschichte des Pentateuch*(Darmstadt: Wissenschaftliche Buchgesellschaft, ³1966).

_____. *Überlieferungsgeschichtliche Studien*(Max Niemeyer Verlag: Tübingen, ³1967).

Orlinsky, H. M. *The Origin of the Kethib-Qere System*, in G. W. Anderson et al., eds. *Congress Volume Oxford 1959*(VT.S 7; Leiden: Brill, 1960), 184-92.

Kaiser, Otto, et al., eds. *Texte aus der Umwelt des Alten Testaments*(Bd. I-III; Güterloh: Güterloher Verlag, 1982-1997)[=*TUAT*].

Parker, D. C. *Codex Sinaiticus: The Story of the World's Oldest Bible*(London: The Britisch Library, 2010).

Perlitt, L. *Deuteronomium 1-6**(BKAT V1; Neukirchen-Vluyn: Neukirchener Verlag, 2013).

Preu, H. D., "יצא," *ThWAT* III, 795-822.

Pritchard, J. B., ed. *Ancient Near Eastern Texts: Relating to the Old Testament*(Princeton: Princeton University Press, 31969)[*ANET*].

Reventlow, Henning G. *History of Biblical Interpretation, vol. 1: From the Old Testament to Origen*(trans. by Leo G. Perdue); *vol. 2: From Late Antiquity to the*

End of the Middle Ages(trans. by James O. Duke); *vol. 3: Renaissance, Reformation, Humanism*(trans. by James O. Duke); *vol. 4: From the Enlightment to the Twentieth Century*(trans. by Leo G. Perdue)(Atlanta: Society of Biblical Literature, 2009-2010).

Schabert, J. "ברך brk," *TDOT* II, 279-308.

Schart, A. *Die Entstehung des Zwölfprophetenbuchs: Neubearbeitungen von Amos im Rahmen schriftenübergreifender Redaktionsprozesse*(BZAW 260; Berlin: Walter de Gruyter, 1998).

Schmidt, W. H. *Exodus 1,1-6,30*(BKAT II/1; Neulirchen-Vluyn: Neukirchener Verlag, 1988).

Schökel, L. A. *A Manual of Hermeneutics*(Sheffield: Shefield Academic Press, 1998).

Shanks, H., ed. *Understanding the Dead Sea Scrolls: A Reader from the Biblical Archeology Review*(New York: Random House, 1993).

Swete, H. B. *An Introduction to the Old Testament in Greek*(Peabody: Hendrickson, 1989).

Tilly, M. *Einführung in die Septuaginta*(Darmstadt: Wissenschaftliche Buchgesellschaft, 2005).

Tompson, E. M., *Facsimile of the Codex Alexandrinus*(4 vols.; London, 1879-1883).

Tov, E. *Hebrew Bible, Greek Bible, and Qumran: Collected Essays*(Tübingen: Mohr Siebeck, 2008).

_____. *Scribal Practices and Approaches Reflected in the Texts Found in the Judean Desert*(Leiden/Boston: Brill, 2004).

_____. *Textual Criticism of the Hebrew Bible*(Minneapolis: Fortress Press, 2012).

_____., ed. *The Text from the Judaean Desert: Indices and an Introduction to the Discoveries in the Judaean Desert Series*(DJD XXXIX; Oxford: Clarendon Press, 2002).

Trible, P. *Rhetorical Criticism: Context, Method and the Book of Jonah*(Minneapolis: Fortress Press, 1994).

Tropper, J. *Ugaritische Grammatik*(AOAT 273; Münster: Ugarit-Verlag, 2000).

Tsedaka, B., S. Sullivan. T*he Israelite Saramitan Version of the Torah*(Grandrapids/Cambridge: Eerdmans, 2013).

Ulrich, E., ed. *The Biblical Qumran Scrolls: Transcriptions and Textual Variants*(S.VT 134; Leiden/Boston: Brill, 2010).

Utzschneider, H., S. A. Nitsche. *Arbeitsbuch: Literturwissenschaftliche Bibelauslegung: Eine Methodenlehre zur Exegese des Alten Testaments*(Gütersloh: Gütersloher

Verlaghaus, [4]2014).

Vanderkam, J. C. "Identity and History of the Community," in P. W. Flint, J. C. Vanderkam, eds. *The Dead Sea Scrolls after Fifty Years: A Comprehensive Assessment*(vol. 2; Leiden/Boston/Köln, 1999).

Von Rad, G. *Das formgeschichtliche Problem des Hexateuchs*(Stuttgart: Kohlhammer, 1938).

Wagner, Paul D. *Textual Criticism of the Bible: Its History, Methods & Results*(Downer Grove: Inter Varsity Press, 2006).

Waltke, B. K., M. O'Connor. *An Introduction to Biblical Hebrew Syntax*(Winona Lake: Eisenbrauns, 1990).

Watson, W. G. E. *Classical Hebrew Poetry: A Guide to its Techniques*(Sheffield: Sheffield Academic Press, 1995).

Weinfeld, M. *Deuteronomy 1-11*(AYB 5; New Haven/Oxford: Yale University Press, 2008).

Weil, Gérard E. *Massorah Gedolah: Iusta Codicem Leningradensem B19a*(Rome: Pontificum Institutum Biblicum, 1971).

Wellhausen, J. *Prolegomena zur Geschichte Israels*(Berlin, [2]1883).

———. *Die Composition des Hexateuchs und der historischen Bücher des AT*(Berlin, 1885).

Westermann, C. *Genesis Kapitel 12,1-21,7*(BKAT I2.1; Neukirchen: Neukirchener Verlag, [3]2003).

Wijngaards, J. "יציא-and העלה, a Twofold Approach to the Exodus," VT 15(1965), 91-102.

Wonneberger, R. trans., D. Daniels, *Understanding BHS: A Manual for the Users of Biblia Hebraica Stuttgartensia*(Rome: Biblical Institute Press, 1984).

Würthwein, E. *Der Text des Alten Testaments: Eine Einführung in die Biblia Hebraica*(Stuttgart: Deutsche Bibelgesellschft, [5]1988).

Yeivin, I. *Introduction to the Tiberian Masorah*(Atlanta: Scholars Press, 1980).

2) 번역서

거스리, 조지 H., 등. 김주원 등 옮김, 『신약의 구약사용 주석 시리즈 5: 일반서신, 요한계시록』(서울: 기독교문서선교회, 2012)

게제니우스. 신윤수 옮김, 『게제니우스 히브리어 문법』(서울: 비블리카 아카데미아,

2003)[Ges].

깁슨, 스캇. 김현회 옮김, 『구약을 설교하기』(서울: 디모데, 2009).

나이트, 더글라스, 등. 박문재 옮김, 『히브리 성서와 현대의 해석자들』(고양: 크리스천다이제스트, 1996).

노트, 마르틴. 이선희 옮김, 『출애굽기』(국제성서주석; 서울: 한국신학연구소, 1988).

______. 원진희 옮김, 『오경의 전승사』(서울: 한우리, 2004).

______. 원진희 옮김, 『전승사적 연구들』(서울: 한우리, 2006).

드라이차, M., 등. 하경택 옮김, 『구약성서 연구 방법론』(서울: 비블리아아카데미아, 2005).

라캉, 자크. 민승기 외 옮김, 『욕망 이론』(서울: 문예출판사, 2009).

뢰젤, 마틴. 김정훈 옮김, 『구약성경 입문』(서울: 기독교문서선교회, 2017).

림, 티모시 H. 황선우 옮김, 『사해 두루마리 사본』(서울: 동연, 2011).

마샬, 하워드, 등. 김현광 등 옮김, 『신약의 구약사용 주석 시리즈 3: 사도행전, 로마서』(서울: 기독교문서선교회, 2012)

모이스, 스티븐. 김주원 옮김, 『신약의 구약사용 입문. 신약성경에 나타나는 구약에 대한 해석』(서울: 기독교문서선교회, 2011).

바우어, 데이비드 R. 황의무, 왕희광 옮김, 『성경연구를 위한 손안의 서재』(서울: 새물결플러스, 2014).

브로츠만, 엘리스 R. 이창배 옮김, 『구약 본문비평의 이론과 실제』(서울: 기독교문서선교회, 2002).

블룸버그, 크레이그 L., 등. 김용재 등 옮김, 『신약의 구약사용 주석 시리즈 1: 마태, 마가복음』(서울: 기독교문서선교회, 2010).

사이볼트, K. 이군호 옮김, 『시편입문』(서울: 대한기독교서회, 1995).

소쉬르, F. 김현권 옮김, 『일반언어학 강의』(서울: 지식을만드는지식, 2012).

슈미트, 베르너 H. 차준희, 채홍식 옮김, 『구약성서입문 I』(서울: 대한기독교서회, 2002).

______. 차준희 옮김, 『구약신앙. 역사로 본 구약신학』(서울: 대한기독교서회, 2007).

슈미트, 한스-크리스토프. 차준희 등 옮김, 『구약, 어떻게 공부할 것인가?』(서울: 대한기독교서회, 2014).

스템베르거 G. 이수민 옮김, 『미드라쉬 입문』(유다·그리스도교 고전 입문 총서 III-2; 서울: 바오로딸, 2009).

스튜어트, 더글라스. 박문재 옮김, 『구약 주석 방법론』(고양: 크리스천다이제스트,

2008).

스피노자. 김호경 옮김, 『신학-정치론』(서울: 책세상, 2015).

씨암파, 로이 E., 등. 이상규 옮김, 『신약의 구약사용 주석 시리즈 4: 바울서신』(서울: 기독교문서선교회, 2012).

앤더슨, 버나드 W. 김성천 옮김, 『구약성경 탐구』(서울: 기독교문서선교회, 2017).

우즈, 에드워드 J. 김정훈 옮김, 『신명기』(틴데일 구약주석 시리즈 5; 서울:기독교문서선교회, 2016).

월튼, 존 H. 강성열 옮김, 『창세기 1장과 고대 근동 우주론』(서울: 새물결플러스, 2017).

주옹-무라오까. 김정우 옮김, 『주옹-무라오까 성서 히브리어 문법』(서울: 도서출판 기혼, 2012)[GM].

좁스, 캐런, 모세 실바. 김구원 옮김, 『70인역 성경으로의 초대』(서울: 기독교문서선교회, 2007).

쳉어, 에리히, 등. 이종한 옮김, 『구약성경개론』(왜관: 분도출판사, 2012).

침멀리, 발터. 김정준 옮김, 『구약신학』(서울: 한국신학연구소, 2005).

켈리, 페이지 H., 등. 강성열 옮김, 『히브리어 성서(BHS)의 마소라 해설』(서울: 비블리카 아카데미아, 2005).

크로이처, S., 등. 김정훈 옮김, 『구약성경 주석 방법론』(서울: 기독교문서선교회, 2011).

클리포드, 리처드 J. 안근조 옮김, 『지혜서』(서울: 대한기독교서회, 2015).

파오, 데이비드 W., 등. 우성훈 등 옮김, 『신약의 구약사용 주석 시리즈 2: 누가, 요한복음』(서울: 기독교문서선교회, 2012).

퍼듀, 레오 G. 임요한 옮김, 『히브리 성경 연구』(서울: 기독교문서선교회, 2016).

폰 라트, 게르하르트. 김정준 옮김, 『폰 라드 논문집』(서울: 대한기독교서회, 1990).

푸타토. M. 김정훈 옮김, 『구약성경 히브리어 시작하기』(서울: 기독교문서선교회, 2013).

프리처드, 제임스 B., 엮음. 강승일 외 옮김, 『고대 근동 문학 선집』(서울: 기독교문서선교회, 2016).

하이델, 알렉산더. 윤영탁 옮김, 『고대 근동의 창조 설화, 홍수 설화와 구약성경의 비교』(서울: 도서출판 엠마오, 1990).

헤이네스, 스티븐, 등. 김은규, 김수남 옮김, 『성서비평방법론과 그 적용: 역사비평에서 사회과학적 비평을 거쳐 해체주의까지』(서울: 대한기독교서회, 1997).

헤이즈, 크리스토퍼 B. 임요한 옮김, 『고대 근동 문헌과 구약성경』(서울: 기독교문서선교회, 2018).

3) 우리말 문헌

강사문, 등. 『구약성서개론』(서울: 한국장로교출판사, 2000).

김근주. 『구약의 숲』(대전: 도서출판 대장간, 2014).

______. 『나를 넘어서는 성경읽기』(서울: 성서유니온, 2017).

김근주, 김선종, 김정훈, 우상혁. "칠십인경 우리말 번역을 위한 연구: 창세기 1,1-2,3절의 예로(1)", 「성경원문연구」 21(2007), 53-68.

김영진. 『율법과 고대근동의 법 연구: 율법과 법전』(서울: 한들출판사, 2005).

김정훈. 『칠십인역 입문: 본문의 역사와 연구의 실제』(유다·그리스도교 고전 입문 총서 I-1; 서울: 바오로딸, 2009).

______. 『시편 묵상: 예술·문화와 함께 하는 열두 시편 풀이』(서울: 기독교문서선교회, 2012).

______. 『우리말 역본과 함께 하는 호세아 주석』(서울: 기독교문서선교회, 2013).

______. 『미술관에서 읽는 창세기』(서울: 기독교문서선교회, 2014).

김정훈, 이경면. 『순례, 사진 이야기와 함께 하는 순례시편 풀이: 시편 120-134편』(서울: 기독교문서선교회, 2014).

김종렬 엮음. 『총회교회력과 성서정과에 따른 예배와 강단』(서울: 기독교문사, 1988ff).

김한원. 『바이블웍스 길라잡이』(서울: 세움북스, 2014).

______. 『바이블웍스 완전정복』(서울: 세움북스, 2017).

김형효. 『구조주의 사유체계와 사상: 레비-스트로스, 라캉, 푸코, 알뛰세르에 관한 연구』(서울: 인간사랑, 2008).

김혜윤. 『구약성경 통권노트』(서울: 생활성서사, 2009).

문희석. 『구약석의방법론』(서울: 대한기독교출판사, 1995).

민경진. 『민교수의 구약해설』(인천: 제이엔케이, 2013).

민영진. "「BHQ」 룻기의 본문비평 장치 해설", 「성경원문연구」 4(1999), 7-23.

______. "「BHQ」의 서문, 부호와 약자, 용어 정의와 해설 번역", 「성경원문연구」 4(1999), 121-76.

박동현. 『예레미야 I』(대한기독교서회 창립 100주년 기념 성서주석 23-1; 서울: 대한기독교서회, 2006).

______. 『구약성경 개관』(서울: 장로회신학대학교출판부, ²2016).

______. 『구약학 개관』(서울: 장로회신학대학교출판부, ²2016).

배철현 역주. 『타르굼 옹켈로스 창세기』(의정부: 한님성서연구소, 2005).

송영목. 『신약과 구약의 대화』(서울: 기독교문서선교회, 2010).

엄원식. 『히브리 성서와 고대근동문학의 비교』(서울:한국신약학회, 2000)
왕대일. 『구약주석 새로 보기』(서울: 감신대성서학연구소, 2005).
이동수. 『구약주석과 설교』(서울: 장로회신학대학교 출판부, 2000).
______. 『심판에서 구원으로: 호세아 12-14장의 본문과 구조』(서울: 장로회신학대학교 출판부, 1998).
이형원. 『구약성서 비평학 입문』(대전: 침례신학대학교출판부, 1995).
정장복 엮음. 『예배와 설교 핸드북』(서울: 양서각, 1984ff).
주원준. 『구약성경과 신들: 고대 근동 신화와 고대 이스라엘의 영성』(의정부: 한님성서연구소, 2012)
정태현, 강선남 역주. 『칠십인역 창세기』(왜관: 분도출판사, 2006).
채홍식 역주. 『고대 근동 법전과 구약성경의 법』(의정부: 한님성서연구소, 2009).
최형익. 『스피노자의 신학정치론 읽기』(서울: 세창출판사, 2017).
허웅. 권재일 엮음, 『언어학 개론』(서울: 지식을만드는지식, 2011).

4. 인용된 웹사이트

대한성서공회(http://www.bskorea.or.kr)
디지털 쿰란 문헌(http://www.deadseascrolls.org.il/home).
레닌그라드 사본(https://openlibrary.org/works/OL16105687W/The_Leningrad_Codex_(Codex_Leningradensis))
바티칸 사본(http://digi.vatlib.it/view/MSS_Vat.gr.1209)
사마리아 오경 필사본(http://cudl.lib.cam.ac.uk/view/MS-ADD-01846/)
시나이 사본(http://www.codex-sinaiticus.net)
알렉산드리아 사본(https://archive.org/details/CodexAlexandrinus)
알렙포 사본(http://www.aleppocodex.org/aleppocodex.html)
외국어 주석 목록(https://www.bestcommentaries.com/)
키르벳 케이야파 발굴단(http://qeiyafa.huji.ac.il/index.asp).
표준국어대사전(http://stdweb2.korean.go.kr/main.jsp)

구약주석 어떻게 할 것인가?

구약 본문의 이해와 주석을 위한 길잡이

1쇄 발행 2018년 9월 11일
3쇄 발행 2022년 9월 23일

지은이 김정훈
펴낸이 김요한
펴낸곳 새물결플러스

편 집 왕희광 정인철 노재현 정혜인 이형일 나유영 노동래
디자인 박인미 황진주
마케팅 박성민 이원혁
총 무 김명화 이성순
영 상 최정호 곽상원
아카데미 차상희

홈페이지 www.holywaveplus.com
이메일 hwpbooks@hwpbooks.com
출판등록 2008년 8월 21일 제2008-24호
주 소 (우) 04118 서울시 마포구 마포대로19길 33
전 화 02) 2652-3161
팩 스 02) 2652-3191

ISBN 979-11-6129-077-5 93230

책값은 뒤표지에 있습니다.